中樂因您更動聽

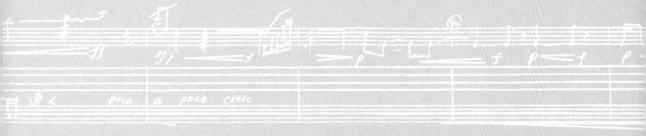

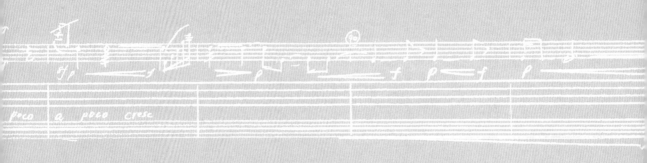

中樂因您更動聽

—— 民族管弦樂導賞（上冊）

陳明志 編著

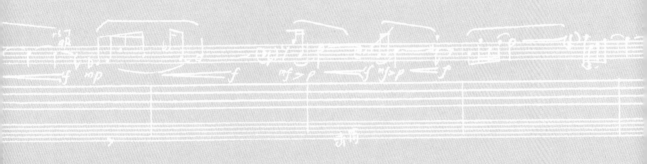

三聯書店（香港）有限公司

序 一

　　香港中樂團一直致力發揚中國傳統音樂藝術，發展民族管弦樂，並且於音樂教育和推廣的工作上不遺餘力。這次樂團精心編製的《中樂因您更動聽 —— 民族管弦樂導賞》，除概述民族管弦樂的發展史、民族器樂與傳統文化藝術的微妙關係外，更以深入淺出的手法，向讀者介紹逾六十首近半世紀以來創作的民族管弦樂作品，讓讀者可加深對民族管弦樂的認識。相信這本書必能引領音樂愛好者進入優美的音樂世界，漫步於民族管弦樂的殿堂。

　　我誠意向各位讀者推薦這本民族管弦樂導賞專書。

香港特別行政區
民政事務局局長

2003 年 12 月 16 日

序 二

　　音樂事業的蓬勃發展是由作曲家、演奏家、指揮家、觀眾、音樂理論家、評論家、樂器改革者、媒體,以至藝術行政工作人員共同努力的成果,缺一不可。其中同業的團結、互助至為重要,只有團結、互助,大家才能凝聚成一股強大的力量,不斷湧現新的創意,將深厚的中華音樂文化推展到更廣泛的層面。

　　在藝術創作及耕耘的艱辛路上,能遇到知音者是藝術家最欣慰的事。我於1997年開始,曾為香港中樂團設計了多個不同系列的主題音樂會,其中於1998年至2000年連續三年,由觀眾及業內專業人士共同選出每年最受歡迎的作品,然後隆而重之舉辦名為「年度精選之夜」之互動性的音樂會,受到熱烈歡迎,甚至一票難求。有感於此,2002年,我向香港電台第四台提出,是否可以將這一音樂會創意利用互聯網的優勢及聯合業內其他專業中樂團、媒體,推展到更深入的層面,舉辦「世紀中樂名曲選」活動及音樂會的這個構思時,非常高興得到電台的認同和支持。在各位的支持下,才使得規模空前之「世紀中樂名曲選」活動成功舉行。

　　為希望市民能對民族管弦樂有進一步的認識,更為支持和熱愛,香港中樂團特意編著民族管弦樂的導賞書《中樂因您更動聽——民族管弦樂導賞》。我衷心感謝陳明志博士及為此書曾獻出每一分努力的人,為「世紀中樂名曲選——揭曉音樂會」這活動寫下一個完美的句號。

　　中樂因您的參與更蓬勃!音樂因您的熱愛更動聽!

香港中樂團藝術總監

2003 年 8 月於香港

序 三

　　古往今來，一切藝術都是與其特定的審美對象相互依存的。靜止的建築、雕塑尚且如此，更何況隨着時間流動、瞬息即逝的音樂呢？如果說音樂與其他姊妹藝術有甚麼不同的話，那就是，除了與其審美對象共生、共存、共榮、共亡之外，還多了一層兩者間的互動，即聽眾的參與，捨此，再美的音樂也將索然無味，了無生氣了。

　　在香港稱作大型中樂合奏的民族管弦樂隊，從誕生到如今，已經半個多世紀了。匯集中華民族五千年的樂器精華，並參照歐洲交響樂隊編制創建的這一現代民族管弦樂團，在五十多年裡，經歷了風風雨雨，也造就了自己的輝煌。然而，隨着藝術本身的日趨多元和生存環境的變化，民族管弦樂也和任何藝術品種一樣，不但要面對競爭，而且必須在競爭中求得更大的生存和發展空間；也就是說，不僅要維繫住老聽眾，還要不斷為自己尋覓新的知音。或許正是出於這樣的目的，陳明志博士編寫了這本為中樂導讀的書。

　　陳博士是一位出色的作曲家，而且難得的博學多才。因此，在這本書裡，作者不僅簡約地向讀者介紹了大型民族管弦樂合奏的歷史沿革、編制和它與中國文化傳統以及姊妹藝術的關係，更以主要篇幅對半個世紀以來民族管弦樂的代表性作品，分門別類地作了詳盡的分析和介紹。其囊括作品之廣，涵蓋風格品種之多樣，是我初次見到的。這本書無疑為每一位愛樂者走近民族管弦樂，以至登堂入室，架起了一座平坦又寬闊的橋。

　　注重音樂與觀眾的互動，是本書的另一特色。確如書名所示：

中樂因您更動聽！

中國音樂學院教授

2003 年 11 月 23 日
於北京絲竹園

序 四

　　由漢族樂器組成，配備吹管、打擊、彈撥、拉弦四組，各具高、中、低音區樂器的民族管弦樂團，雖然只有約半個世紀的歷史，但經過多方的探索，中國民族樂團無論是樂隊的建制，還是創作模式方面，均已建立了一套較完整的體系，且湧現了不少具有濃郁民族風格和傳統神韻，以及較能發揮樂隊效果的作品。

　　由於不同時代、流派和文化背景的作曲家皆有不同的風格和創作特徵，加上中國器樂豐富的題材與內涵，和地方風格、民謠、樂種模式、文學及宗教意義、慣用語彙手法等中國固有文化的色彩，造就了民族管弦樂複雜多變的音色和表達形式。這對慣於以旋律導向的傳統中樂欣賞者或音樂愛好者來說，正是令其如在雲裡霧中的主要原因。適逢香港中樂團主辦「世紀中樂名曲選」的契機，特意編寫這本以提示導賞為主調的書籍，希望能藉此培養和提高更多音樂愛好者對民族管弦樂的興趣與欣賞水平，以及對現今備受教育界重視的「素質教育」產生積極的推動作用。

　　本書的立足點是為讀者提供一把開啟民族管弦樂世界大門的鎖匙，讓讀者能以多元的角度，領會民族管弦樂的萬千世界。由於藝術的殿堂裡，任何一首作品皆為作曲家以創造的方式，將自身的感情投射加工而成，因此我們亦儘可以自由大膽的精神去觀照和欣賞，不用將本書對樂曲的提示看得太死板、太狹窄。因為欣賞音樂始終是一種積極及創造性的思維活動，每位聽眾均可將自己在現實生活所感所遇，融匯音樂欣賞的感情體驗中。在反覆多聽的基礎上，用經驗、印象和知識的積累去補足或提昇對民族管弦樂的感受和理解。

　　由於音樂始終是時間與聲音的藝術，為免「紙上談聲」及讓大家能加深對這些樂曲的理解，特意為大家選取多首民族管弦樂曲的樂段，以鐳射唱片的方式，夾附在本書內。

　　至於本書有關中國器樂與傳統文化部分，乃香港中樂團與香港大學美術博物館「藝術全體驗計劃」合辦的「自然・中樂・人生」系列講座，及與中西區區議會合辦「輕鬆啲啦香港人」之「聽出『滋味』來」文化系列講座的內容整理而成。而所推介的樂曲，則主要為「世紀中樂名曲選」的候選樂曲，以及由香港中樂團樂師選出的部分香港作曲家作品。內容方面，則為本人於香港電台第四台主持的同名節目的基礎上補充而成，惟礙於篇幅所限，有些作品難免未被納入其中。此外，如書中有錯漏不足之處，懇請各行友好見諒及賜教指正，以便日後再版時能予以修正。

　　本書能得以順利出版，實有賴香港中樂團理事會的鼎力支持、藝術總監閻惠昌先生提供的寶貴意見、行政總監錢敏華女士和市務及拓展經理黃卓思小姐為統籌工作付出的辛勤努力，以及中樂團全體樂師的各方配合，在此僅向各位致以萬分的謝意。

2003 年 8 月 28 日

於香港

目 錄

前　言

　　作為聽覺藝術的音樂，既看不見亦摸不着，所以「音樂甚麼都能表達」與「音樂就是音樂，甚麼也沒有表達及不能表達」這兩種截然不同的論調，一直是音樂美學上長期爭論不休的課題。為此，我們得先知悉音樂的分類和特質，才便於明瞭作為聆聽欣賞者應有怎樣的準備及可從哪些角度來感受音樂帶來的種種體驗。

　　在音樂的殿堂裡，一般可分為只有一條旋律的，如無伴奏獨奏／唱、齊奏／唱等單聲部音樂；由數個曲調參差進入，相互配合又獨立發展的複調音樂和由一個聲部演奏主旋律，其餘聲部以節奏、和聲等方式為其伴奏的主調音樂幾類[1]。

　　音樂的分類方式，還可以包括：

標題音樂

　　具有一定的主題構思，並用標題暗示中心內容的器樂曲。常以文學歷史、民間傳說或現實生活為素材，並以較細緻的副標題來說明每一段落／樂章的特性。換句話說，作曲家預先指示一個方向，以幫助欣賞者聯想，如《昆蟲世界》（林樂培曲）、《豐年祭》（關迺忠曲）等。

輕音樂

　　與嚴肅音樂相對的，一種結構短小、輕快活潑、通俗易聽的音樂。由於直觀性較強，一般無需用深層的哲理思考來探釋作品的內涵。這些樂曲亦大多有別緻的標題，示明某種或特定的情景，如《彩雲追月》（任光曲）、《花好月圓》（黃貽鈞曲）等。

純音樂

　　不借用任何標題，全靠旋律、和聲等音樂語言來表達內容的作品。雖然樂曲亦有名稱，但只是表明音樂的體裁，而非曲中的內容。欣賞者需先行對音樂的理論、樂曲的背景，或作曲家的經歷／音樂觀等有一定的認識，才易於進入樂曲表現的世界。《第一民族交響樂》（劉星曲）、《第一二胡狂想曲》（王建民曲）等便屬於這類。

　　管弦樂合奏曲（無論是西洋的交響音樂或東方的民族管弦樂曲）由於音響豐富及結構多樣，確實較難令人一下子聽懂。究其「難懂」的原因，大體為：不知音樂所表達的內容是甚麼；與音樂聆聽者本身的審美觀不太相符（如那些有很多半音進行，陰暗沉緩的旋律等）；音響較複雜，而且長時間沒有旋律（最典型的就是協奏曲等音樂中的發展段落，人們不習慣聽沒有歌唱性旋律的音樂，不知聽音樂時該注意甚麼）以及聽不出演奏的優劣等。

　　事實上，音樂 (2) 所表達的情感是只能意會而不能言傳的，內容更是不能用語言和文字說清楚。因為音樂的創作跟其他藝術不同：文學寫出一部小說來，創作的過程已經完成；傳統戲劇需要二度創作，因寫成後還需演出；至於音樂，則除演繹者的二度創作外，還需一個三度的創作，就是聽眾如何來欣賞和理解這首作品。換句話說，聽眾需要投入創作中，這部作品的創作過程才算全部完成。

　　器樂曲由於沒有歌詞，不能像歌曲一樣可直接訴說內容，所以惟有利用音樂本身的特質，如旋律的起伏、和聲的變化、音色的轉換等塑造音樂不同的形象或描述作曲者內心的情感。事實上，作曲家在創造音樂的過程中，總是將自己的情感、文化體驗融入到音樂中，因而音樂就不僅是單純的聲響創造，還是一種受主觀左右的創造文化。而聆聽的人呢，也需發揮自己的主觀能動性才能有所收穫。標題音樂可幫助大家理解作品的具體形象，但無標題的音樂就需從人的心理狀態和感情上去理解。因沒有標題的約束，音樂的概括性變強，內涵亦較豐富，即使聽一百遍還會有新的發現；而且，隨着我們年齡的增長、閱歷的加深，對作品的理解也會更加深刻。因此，在音樂欣賞的過程中，不同的審美方式往往令欣賞者得到截然不同的體驗。

該聽甚麼？怎樣聽？

　　這問題涉及欣賞者的目的、認知角度和審美方面的問題。畢竟聆聽音樂的體驗取決於聆聽者的終極關懷，亦即是關於欣賞狀態的問題。

所謂「內行看門道，外行看熱鬧」，從欣賞者的接受目的來看，要是將音樂作為悠閒生活的一部分，音樂對他們來說，是起於當起之時，止於當止之際，即可有可無、無足輕重。若覺得聆聽音樂還需要甚麼，可從中感受到創作過程或箇中的文化底蘊或情感特徵時，那麼聆聽者已經進入了音樂的門庭，達到精神上的交流。

另從作品的認知角度來說，對音樂的理解包括對音樂中如樂器名稱、類別等顯性形式的識別；作品解讀，即積極地運用思維去把握音樂的音色、力度、演奏法等；確認某些調性、音型、節奏、旋律進行所對應的情感或感觀等形式背後的含義幾個階段。此外，還可探究作品的「弦外之音」：發掘其中的意韻，體味作品中所藏的某種特殊情調、旨趣、氛圍及意境等骨子裡的精妙之處。

至於審美方面，則蘊含着各種不同的含義與層面：第一階段莫如純粹為出於對音響的樂趣而傾聽。在這個階段聽音樂，不需任何的思考方式，只需敞開心懷、放下任何觀念，輕輕鬆鬆地去感受音樂中富有表現力的旋律、豐富多彩的和聲、千變萬化的音色等純粹的聽覺的美，讓音樂帶我們到一種無意識而又有魅力的心境中去 (3)。

其次，我們可嘗試將音樂起伏跌宕的變化和內心的感受結合起來，讓自己的情緒與音樂同步，從而領會音樂予人的微妙細膩、豐富多變的情緒體驗。當然，我們亦不用介意自己的感受是否與作曲家的表現意圖相同。進一步的聆聽方式是嘗試探求品味整首音樂的發展過程，就如欣賞足球運動中的組織進攻與電影中的高潮鋪墊一樣。在這基礎上，我們可將音樂與作曲家的創作背景及體驗融匯起來，繼而是融入整首音樂的語彙、曲式、風格等技術細節。經過以上的幾個階段後，音樂會予人另一番感受。

第三階段，就需培養自己對音樂審美的鑒別力，因音樂除令人觸動的音響和所表達的感情外，還存在對音樂的處理。雖然每個演奏家均有其不同的審美偏好，同一首曲子有人處理得明朗、有人處理得較黯淡，但音樂審美也是有其普遍的標準：如果錯音很多、節奏不穩、沒有變化，又或花巧太多等，都很難被大多數人接受 (4)。

　　無庸置疑的是，我們確應更多地在第三階段感受音樂，畢竟，作曲家透過各種的方式來調動音樂素材，明智的聆聽者應該加強自己對音樂素材及其發展情況的理解，才能更有意識地聆聽旋律、節奏、和聲及音色的變化。此外，為追隨作曲家的思路，我們最好亦懂得一些音樂曲式的原理。如是者，當我們逐漸掌握這些竅門時，聆聽的天地也就豁然開朗。

　　當然，我們從不會單獨在某一階段上聆聽音樂，更多時候是各階段相互聯繫，甚至在同時進行。很多時候這種方式是無意識的，不需思考，憑直覺便可自然而行。因聆聽音樂最終的標準始終是在各人的心中，只要先抓住自己喜歡聽的，但同時也不要放棄一些富創意、別具風格的作品，繼而抱着一種積極投入和參與的心態，那就會發現音樂愈來愈有意思、愈來愈動聽了！

陳明志

2003 年 8 月 28 日

....

(1) 在當今的音樂範疇裡，曲調的形態可說是種類繁多：除旋律外，更有音色、節奏等各式各樣的呈現方式，為便於理解，這裡概指以音調構成的旋律。

(2) 這裡是指器樂，因與附有歌詞的聲樂不同，不能直接訴說內容，所以往往通過和聲、節奏、配器等變化，將音樂素材塑造出不同的形象。

(3) 這類音樂愛好者在這階段較易養成不良的聽音樂的習慣。因其是藉着聽音樂作為一種安慰或解脫，無需思考日常生活中的現實，當然他們也沒有思考音樂，所以音樂與他們的關係始終是疏離的。需知音樂的價值並非僅訴諸於美感的程度，最好聽的音樂也不一定由最偉大的作曲家所寫。問題在於作曲家使用音響素材及方式個個不同，所以風格亦千差萬別，這點在聆聽音樂時必須加以考慮。因此縱使在入門階段，也值得採取更有意識的聆聽方式。

(4) 這方面，有時專業音樂工作者又太全神貫注於技術的處理而忘了他們所演奏樂曲更深刻的內涵。但從外行的角度來看，提高自己對正在演奏的音符的理解又比克服聽音樂的不良習慣更為重要。

精堪的藝術
也要有智慧的欣賞者才能相得益彰
否則
永遠只落得曲高和寡的命運

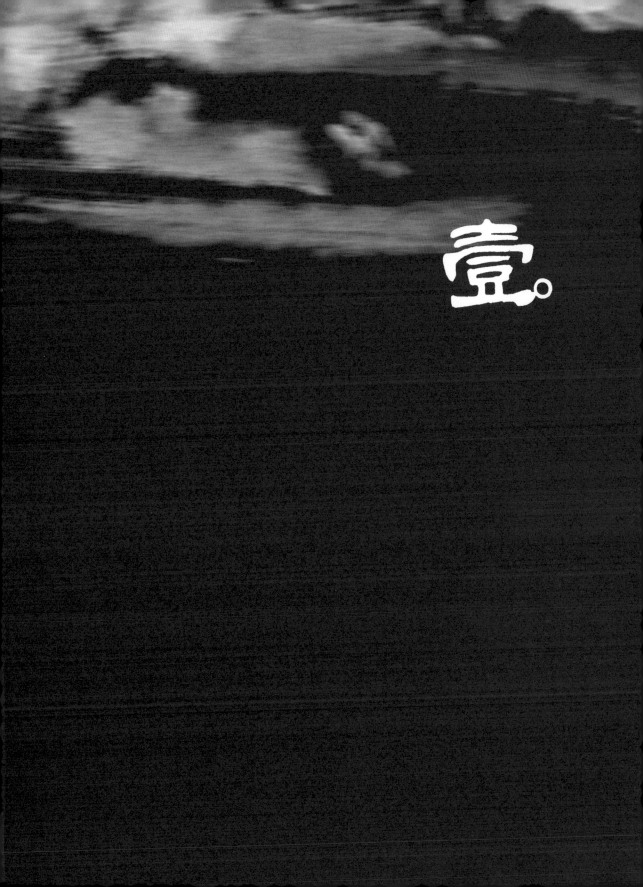

壹。

薪火相傳

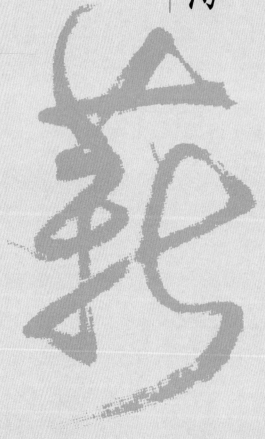

壹

民族器樂大合奏的發展沿革

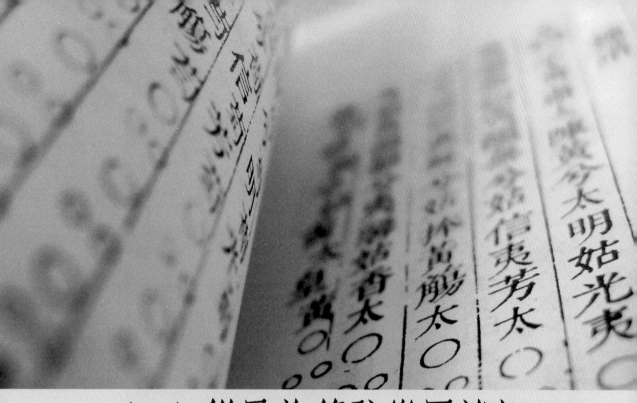

（一）從民族管弦樂團談起

　　由於各地的情況不同，民族管弦樂團除被稱為中樂團外，亦有民樂團（大陸）、國樂團（台灣）及華樂團（新加坡）之稱。但從廣義上來說，皆為中國民族器樂合奏團[1]，而演奏的民族管弦樂曲，則是屬於民族器樂[2]裡的大型合奏類。

　　回顧中國歷史的長河，這種以不同類型樂器共同演奏的方式可說是由來已久：如周代以鐘鼓為主的鐘鼓之樂和以絲竹為主的竽瑟之樂，漢代以吹管樂器為主的鼓吹音樂及其後發展成吹、打樂器並重的吹打音樂，加有擦弦樂器的絲竹音樂等。近代則有以鑼鼓為主的鑼鼓樂隊，彈撥樂器為主、胡琴配奏的弦索樂隊等，可謂各式其式。

　　據喬建中[3]的研究，在現今的民族管弦樂團正式出現前，中國各民族地區的傳統樂隊類型組合，大約可歸納為以下幾種：

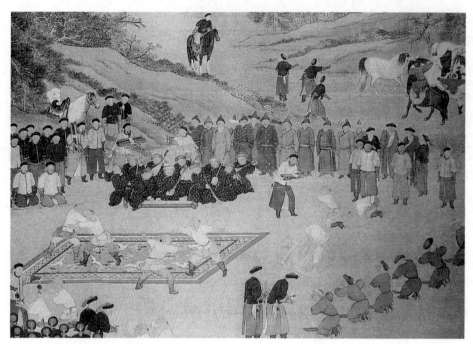

清乾隆《塞宴四事圖》中的蒙古樂。

宮廷樂隊

　　用於歷代王朝宮廷中祭祀、宴饗、出行、狩獵等活動中的樂隊。

鑼鼓樂隊

　　由鼓、鑼、鐃、鈸等樂器組成的樂隊，主要用於民間習俗中的祭儀活動。

民間吹打樂隊

　　由膜鳴鼓為代表的打擊樂器和以嗩吶、管子、笛子等為主的吹奏樂器組成的樂隊[4]。

民間絲竹樂隊

　　由拉弦、彈撥及笛、笙等絲竹類樂器組成的樂隊，如江南絲竹、廣東音樂及添加笛、笙的潮州「弦詩」等。

弦索樂隊

僅有拉弦和彈撥樂器組成的樂隊。

民間戲曲樂隊

戲曲的伴奏樂隊又分文、武樂隊兩種。文場樂隊基本上是弦索或絲竹樂隊，武場樂隊則有鼓、鑼、鈸、梆、板等。

民間曲藝樂隊

用小型樂隊伴奏的曲藝，如京韻大鼓所用的鼓、板、三弦、四胡。

宗教樂隊

即為佛、道法事活動而演奏的樂隊，這類樂隊以吹打樂隊為主。

各類單編樂隊

由一種樂器或不同尺寸的樂器組成的樂隊，如壯、瑤、苗等族的銅鼓樂隊，苗、瑤、侗等族的蘆笙樂隊，傣、佤、壯等族的鈜鑼樂隊等。

木卡姆樂隊

為維吾爾族、烏茲別克族古典樂舞伴奏的樂隊。

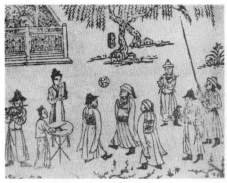 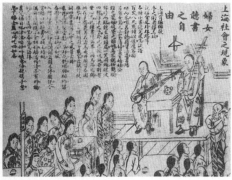

圖為《事林廣記》中的「唱賺圖」（左）及上海曲藝表演（右）。

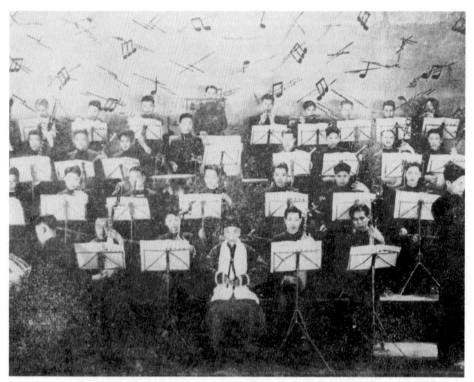

二十世紀二十年代上海大同樂會。

　　以上各類型的樂隊常因地域、民族、功能、規模的差異而有所分別，所以在音響、音色和編制上亦不盡相同。但總的來說，這些樂隊（團）的音樂活動，其本質皆滿足了社會的需要，提供了藝術化的社會娛樂功能和呈現了其所處社會的音樂生產與消費情況。

　　至於現代的民族管弦樂團則源自絲竹樂隊。1920年，上海大同樂會成立，初期以復興雅樂為主。1925年柳堯章改編《潯陽月夜》為樂隊合奏《春江花月夜》後，其注意力轉向絲竹樂，民間樂隊的結構開始產生改變。

　　1935年，前中央廣播電台音樂組民樂隊成立。開始樂隊是演奏廣東音樂與江南絲竹，規模僅十餘人。後來北方藝人高子銘的加入，帶入了風格音色完全不同的吹打樂，使當時國樂隊體制擴大，到1942年前的編制有：高、二、中、大、低胡等十六人，琵琶等彈撥樂器五人，笛、管、笙及嗩吶等八人，打擊樂器二人,可見當時試圖建立以環繞弓弦樂器為核心的立體式樂隊聲部結構。由於民族樂團是由絲竹樂隊而來,並沒有像西洋管弦樂團般起源於弦樂為支架的背景,加上琵琶等彈撥樂器曾是歷史上的重要樂器族,在絲竹樂本身音樂特質上是不能省掉的,於是以吹、拉(擦)、彈、打四類樂器的組合模式的民族管弦樂團體系便初告定型。因此,可以說是中樂器的先天屬性決定了中樂團的體系模式,而非是模仿西洋的管弦樂團的結果。

正如廣播民族樂團的創團宗旨「不是某一種地方音樂的擴大,而是南北各個地方民間樂隊的一種綜合」。因為有些樂器很柔和,有些樂器則很剛暴,使它們協調在一起演奏便要通過樂器改革。而樂器改革的首要目標也就是要擴大樂器的音量,因「絲竹音樂」音量本來就不大;還有就是要保持樂器的特殊音色,否則民族樂團就沒有意義了。因此,擴大音量,然後純化音質,再而擴充音域,便成為初期樂器改革的基本原則,並一直貫徹至今。

此外,有關民族樂團分高、中、低音組以及如胡琴細分成高胡、二胡、中胡、革胡、低音革胡聲部等問題,其實並不等同於西洋管弦樂團中小提琴、中提琴、大提琴的劃分。原因是樂器的高、中、低亦是由樂器本身的自然屬性決定的,就如胡琴和小提琴,相近的只是它們同屬弓弦樂器,但音色與使用方法卻完全不一樣。

再者,若將西洋的管弦樂團裡第一與第二小提琴的樂譜對換,對整體效果也不會有太大影響。但在中國的民族樂隊裡,讓高胡和二胡的譜子調換的話,問題就大了。因兩者不僅音域不同,音色也不能相互替代,這些都構成中國弦樂器的特色。至於彈撥樂更是獨特,因西洋的管弦樂團還沒有將其納入常規的編制;因此,彈撥樂器便成為中國民族管弦樂團結構中獨特的組成部分。

民族管弦樂最大的特點在於以西方管弦樂團之模式,將中國博大精深的文化發揮得淋漓盡致,又或以全新的音響/技法,重新詮釋或變化固有的樂思,從而在藝術性的考量上高於傳統的實用性。這是一種創新,同時也是一種改革,展示了傳統音樂的織體及表現手法隨着時代進步而不斷改進的情況。

就民族管弦樂的功能而言,傳統樂曲與民俗文化較為貼近,着重於實用及應用,在學術上的價值則較偏向樣本化;而現代民族管弦樂因吸收了西方風格與技術,較注重舞台的演出效果以及作曲家的創意,因而藝術質量亦大為提高。

由於音樂作品本身必定與時空、地域、文化及作曲家的背景、性情等相關，因此，縱使一些作品在現今的大環境下，雖然一些帶有西方前衛音樂風格、又或有別於傳統的創作方式（如結合多媒體等）的作品亦未被大多數樂迷接受，但在原創性的大前提下，各種創作手法均是無可厚非的，而且也真正展示出民族管弦樂的天地裡可待發展的廣大空間。

此外，就題材及內容而言，環境、歷史、宗教、思想與文學等同樣是影響作品內涵的主因。自古以來，中國的文學作品往往以外在的情愫感染較多，內心情感的抒發往往被認為藝術價值不高。這點投射在音樂的創作上，與西方自古典樂派以來存在的「絕對音樂」概念的主要區別在於創作考量上，舊有編制模式的民族管弦樂鮮有以「純粹聲音織體變化及樂曲結構」為主導的作品。

大部分的現代民族管弦樂曲，在取材方面，某種程度上仍以敘事或描繪性的內容居多，在組織上則強調藝術性的統一，而非建築式的結構性組織。民族管弦樂豐富的題材與內涵，加上中國固有文化的色彩、傳統樂種模式、慣用語彙等造就了現代民族管弦樂千變萬化的形式。這些外觀看似鬆散平淡的音樂結構模式，由於文化內涵上的統一而相互緊密地結合起來，這成為民族管弦樂的一大特色。

在處理各種繁複的內容素材上，對音樂本身表達及聲響的需求，往往亦相對地提昇。樂曲結構方面，最常出現於現代民族管弦樂的是「ABA'」三段體及如文章中「起、承、轉、合」的形式較自由變化的幻／隨想曲與敘事曲，又或者綜合式的組織模式。

就和聲而言，現代的民族管弦樂無論創作或改編，多以調式素材為基礎，輔以調性及具色彩變化的和聲居多。與西方的教會調式一樣，中國五聲、七聲音階及調式亦有其主次音之分，作曲家透過調性及和聲的功能概念，將曲調整合與發展，再加上民族器樂獨有的音色和演奏法，使作品所呈的風貌並不遜於西方的大型管弦樂團。

至於風格的問題，民族地方風格色彩始終是民族管弦樂最別緻的注目點。由於西方的創作手法現已被大量地運用在民族管弦樂作品中，甚至在同一作品中出現多種素材，從而形成了多樣的形貌。誠然，在多元的現代領域裡，無法以絕對的是非來評論一首音樂的優劣。其中的臨界點是當一段以五聲音階調式

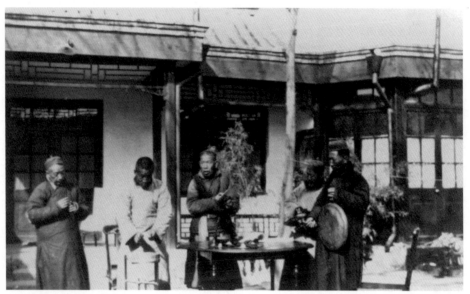

二十世紀三十年代民間樂隊。

為主的曲調中，出現了西方調性系統中最強烈的大三和弦及屬七功能和弦時，一些熟悉西方音樂語彙的人便會覺得突兀難耐，畢竟聽覺與審美是極為主觀的。但我們確信的是：作品若要進入藝術的殿堂，就須有精緻的風格和組織，否則便會隨時間而漸次消逝，這些均非作曲家所能主觀掌控。

　　此外，綜觀音樂曲目選擇和推廣方面，現時中國大陸、香港，以及台灣，民族管弦樂還是備受推廣的形式之一。在國內，差不多各城市皆有專業之民族管弦樂團，演出各類型的民族管弦樂曲，並積極參與地方以至國際的文化活動。以香港來說，香港中樂團除經常演奏交響性的作品外，亦採集及改編許多民謠、流行歌、西方樂曲等不同的曲種，藉以將民族管弦樂從藝術領域推廣到普及的文化層面，並透過演出的媒介，引進許多具特色的音樂作品，藉演出而擔負起文化傳播或娛樂等功能。

（1）由於這些樂團的英文譯名皆為 Chinese Orchestra，查 Orchestra 的由來（《新訂標準新音樂辭典》），為演化自希臘語，原指希臘劇場舞台前的一個地方，可以作為舞蹈及歌唱之用，中世紀後指劇院內供樂隊演奏的舞台本身。十七世紀後，因獨立的管弦樂團產生，Orchestra 便成為管弦樂團的專用名詞。管弦樂團是由不同樂器演奏者混合編成，專門演奏交響性或其他類管弦樂曲的組織，所以民族管弦樂團，亦可解讀為由不同的民族樂器組成的樂團。

（2）按袁靜芳主編的《中國傳統音樂概論》所載：器樂是借助樂器的性能特徵，結合演奏技巧的運用，表現一定意境的音樂作品。

（3）中國藝術研究院研究員，香港中樂團顧問。

（4）這類樂隊又可細分為兩大類別，一是打擊樂器為主的「吹打樂隊」，一是吹奏樂器為主的「鼓吹樂隊」。

參考資料

1. 鄭德淵 《Chinese Orchestra 在世界樂壇的定位》，http://art.tnca.edu.台南：台南藝術學院。

2. 江明惇編著 《中國民族音樂欣賞》（第 2 版），北京：高等教育出版社，1994 年。

3. 余少華主編《中國民族管弦樂發展的方向與展望——中樂發展國際研討會（1997 年 2 月 13-16 日）論文集》，香港：香港臨時市政局，1997 年。

4. 梁茂春 《中國當代音樂（1949-1989）》（第 1 版），北京：北京廣播學院出版社，1993 年。

5. 喬建中 《現代民族管弦樂隊與中國傳統音樂》，香港中樂團「探討中國音樂在現代的生存環境及其發展」座談會，2003 年。

6. 羅仕藝編著 《大學生民族音樂欣賞》，北京：中國青年出版社，2001 年。

7. 袁靜芳主編 《中國傳統音樂概論》，上海：上海音樂出版社，2000 年。

8. 歷史簡述 http://clubs.ncue.edu.tw/~chinamusic/history.htm，瀏覽日期：23/07/2003。

9. 中國民族器樂 http://www.yalasol.com/chinesefolkinstru.htm，瀏覽日期：23/07/2003。

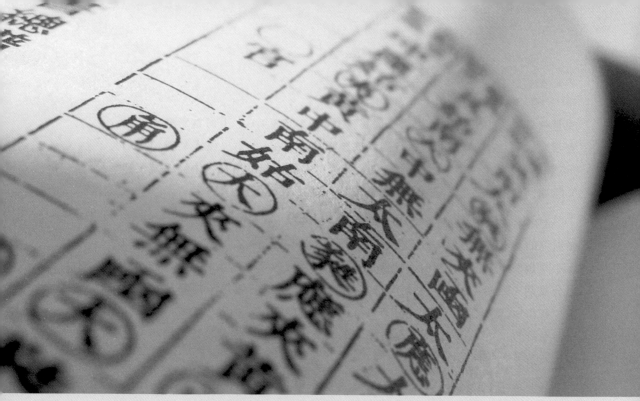

（二）近代民族管弦樂發展

如前文所述，民族管弦樂團的發展與社會的變遷、樂器的改革有着密不可分的關係。作為樂團根本的民族樂器，在各國各地悠久的文化交流與融合中，不論是源自本土還是外來的，均不斷地演變和改良。除樂器改革外，直接影響樂隊整體效果的便是樂團編制、人數以及樂曲種類、體裁和內容等因素。

回顧民族樂團在過去逾半個世紀的發展，大致可分為二十世紀二十年代至文革前（1920 至 1966 年）；文革時期（1966 至 1976 年）；文革後至二十世紀八十年代末 （1976 年至 1989 年）；二十世紀九十年代初到現在四個階段。

二十世紀五十年代以前，傳統的如笙管、吹打等民間民族樂隊[1] 的規模雖然較小，編制也不固定，但為近代大型民族管弦樂團的組建揭示了樂器與編制上的探索成果。至 1925 年，上海大同樂會的柳堯章將琵琶曲《潯陽夜月》改編為絲竹合奏《春江花月夜》後，民族管弦樂團的編制便始具雛形。

二十世紀五十年代，更多的如上海民族樂團（1952 年）、中央歌舞團民族管弦樂隊（1952年）、中國廣播民族樂團（1953年）、上海電影樂團民族管弦樂隊（1956年）、前衛歌舞團民族樂團（1956年）、中央民族樂團（1960年）等專業和業餘樂團相繼成立，加上音樂作品的大幅度增加、樂器系統化和樂隊編制的漸趨完備，民族管弦樂在當時可說是最為蓬勃。

1954年中國廣播民族樂團在絲竹樂隊的基礎上，訂立了中國民族管弦樂團結構的基本體制。樂團除把民族樂器中如梆笛和曲笛、高笙和中笙等已有的大小同類樂器歸類外，同時亦把傳統的樂器改良或改革成為新的系統。如胡琴類分高胡、二胡、中胡、大胡、低胡等；膜笛類分高音膜笛、短膜笛、長膜笛、新笛加笛膜等；此外，亦分有高、中、低音的喉管、中阮、大阮等類。除樂器系統的建立外，亦擴大了樂隊樂器的品種，如琵琶、揚琴、阮、嗩吶、雲鑼、新笛及一些色彩性的樂器。

建國後至文革前的一段時間，民族管弦樂隊的編制更呈現多樣化。1956年至1961年，樂隊的拉弦樂器大部分沿用絲弦，低音部分仍以馬頭琴系統和革胡為主。彈撥樂器則有兩種編配方式，包括月琴、揚琴、琵琶、中阮、大阮、大三弦；以及小阮、中阮、大阮、揚琴等方式，而小三弦和秦琴不再納入編制內。吹管樂器方面，雖已備有各種擴大音量和音域的笙，但次中音和低音聲部仍然薄弱，而轉調等問題亦有待解決。至於打擊樂器仍以京劇打擊樂器和蘇南某些吹打樂器為主，但亦出現一種兩個一套的木框定音鼓。

1961至1966年間，拉弦樂器的絲弦以鋼絲取代，低音拉弦樂器也由皮膜振動改為皮膜、板面和皮板結合振動等多種方式。彈撥樂器中的月琴由柳琴取代，大三弦退居為色彩樂器；中阮的比重和數量有所上升，琵琶也就減少；並配置成柳琴、琵琶、中阮、大阮、揚琴等樂器作為基本編制，此外，彈撥樂器亦同樣採用尼龍纏鋼絲弦及金屬弦取代絲弦。吹管樂器方面，加入不同音高的蘆笙系統，以及加鍵中、低音管子，令整個聲部內次中和低音部分得以加強，提高樂隊的交響性能。打擊樂器，29音與38音的雲鑼、花盆式定音鼓、11音定音鼓等亦先後登場，並被民族管弦樂團普遍使用。

至於演奏的作品，二十世紀五十年代的民族管弦樂曲多是中小型合奏曲，曲體亦以單樂章為主，樂曲在段落之間的對比較少，形象、情緒也較為單一，而且樂曲多以主調為主，如《花好月圓》（黃貽鈞曲）、《紫竹調》（滬劇曲牌，新影

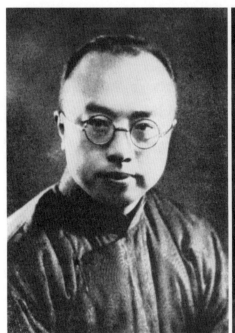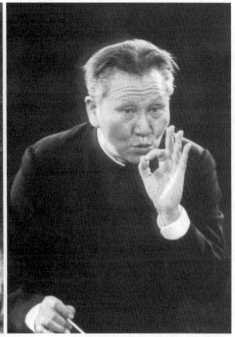

圖為二十世紀三十年代的劉天華（左）及八十年代的彭修文（右）。

民族樂團編曲）等。民族管弦樂中小型的合奏，其素材甚至旋律多取材自地方戲曲、民歌和民間器樂作品，如《喜洋洋》（劉明源曲，取材自山西民歌）、《翻身的日子》（朱踐耳曲，取材自北方民間音調）、《幸福年》（劉明源曲，取材自東北民間音樂）、《武術》（何彬曲，取材自山東民歌）等。也有以吹打樂、鑼鼓樂等民間音樂改編的作品，如《大得勝》（何化均、劉漢森整理，取材自山西民間音樂）、《舟山鑼鼓》（據浙東鑼鼓改編）、《拋網捕魚》（據潮州大鑼鼓改編）等。期間，中國廣播民族樂團[2]，開始移植西洋管弦樂作品，較為人熟悉的有《瑤族舞曲》（茅沅、劉鐵山曲，彭修文編配）、《春節序曲》（李煥之曲，彭修文改編）、《陝北組曲》（馬可曲，謝直心改編）等，為民族管弦樂日後的發展和樂隊音響作出了可喜的探索與嘗試。

　　據北京舉辦的「全國民族樂隊座談會」參與者的粗略估計，建國後（1949年）至 1961 年民族音樂的創作和改編樂隊作品，約有一百多首[3]。雖然這些作品較多基建於傳統音樂素材，但已為初具規模的民族管弦樂提供不少探索範例和成果。

民族管弦樂在這時期得以長足發展，樂器的改革實在佔有很大的因素。其實早在二十世紀五十年代前，劉天華已將二胡定弦規範化，增加琵琶的品相。中央廣播電台音樂國樂隊對樂器製作和音調進行標準化的工作，整體樂器已漸趨系統化。建國後至文革前的一段時間，更實行在各類樂器的原型基礎上，擴展出整套大小參差的樂器組，各個樂器組造成不同尺寸的樂器等一系列措施。經過數次的樂器改革座談會及展覽會，其後進行改革的樂器包括了，在樂器基本形制不變的情況下，作局部改良的板胡、牛皮二胡等；保留了原樂器特色，只作些微改動的鋼絲箏、半音揚琴等；完全改變原有的形態和演奏方法的鍵盤笙等不同形式的樂器。(4)

1966 至 1976 年期間，民族管弦樂的發展適逢十年「文化大革命」，在這政治動盪的社會環境下，任何民族樂隊編制的發展，以至器樂改革及創作都十分困難。因此，文革時幾乎完全停頓的音樂活動同時阻礙了民族管弦樂團的發展。當時樂隊演出的作品多以「樣板戲」的唱段或革命歌曲改編而成，如以「樣板戲」選段移植成樂隊演奏的《亂雲飛》(改編自京劇《杜鵑山》中的唱段)。此外，亦有民族器樂合奏《漁舟凱歌》(浙江歌舞團創作)、《奪豐收》(李民雄曲)和《豐收鑼鼓》(彭修文曲)等少數新作。

民族管弦樂團的發展經歷了近十年的真空期後，演奏和創作都出現了由恢復到發展的局面。一些音樂活動原來在本質上有政治目的，現轉變為普及與提高音樂水平的目的，民族器樂創作受到積極的鼓勵。1980 年在上海舉辦的「上海之春」，就有七千多人參加演出，亦進行了二百三十多個不同形式的節目。同年還有類似的大型活動舉行，為推動民族音樂的發展做出了努力。

文革後的樂器改革方面，以吹管樂器的改革較多，如加鍵嗩吶、加鍵笛等，且無論在性能及質量方面皆往前跨了一大步，而彈撥樂器則有快速轉調箏與蝶式箏、揚琴的定位滾車轉調等技術方面的改進。此外，還開展了如方響(5)、雁柱箜篌、複製的曾侯乙墓編鐘、編磬等古代樂器的複製工作。這些樂器的改良及改革使民族管弦樂的表現力得以大大提昇。民族管弦樂團的編制亦漸趨統一，大多數樂團均以演奏方法將樂器分為「吹、彈、拉、打」四聲部，而各部亦再組分為高、中、低音組 (6)。

　　文革以後至八十年代，民族器樂曲的數量可說是往前邁進了一大步，其中原創的作品更是史無前例的繁盛，改編的作品則相對地減少。當中中國打擊樂的藝術價值隨着民間鑼鼓藝術的復興而得到重新評價。此期間，打擊樂合奏曲如《龍騰虎躍》（李民雄曲）、《鴨子拌嘴》、《老虎磨牙》（安志順曲）、《鼓詩》（譚盾、李真貴曲）等成為了音樂會常演的曲目之一。

　　一些借鑒西洋管弦樂的曲式如協奏曲、交響樂、交響詩、音詩、音畫、幻想曲等相繼在民族管弦樂出現。這些被稱為「大型合奏」的作品日益增多；由於以此為體裁的作品不僅要求樂隊的編制儘量完整，同時要求樂隊整體技藝有較高的水平，更重要的是作曲家必須具備較強的構思能力，才能夠創作出適合大型民族管弦樂隊演出的作品。

　　二十世紀八十年代的民族管弦樂合奏作品的題材方面，一部分作品仍採用古代題材或民間生活為題，如《流水操》（彭修文曲，取材自古琴曲）、《秦·兵馬俑》（彭修文曲，以秦腔音樂為素材）等；有部分作品則採用現實生活題材，配合西方現代音樂技巧，如《達勃河隨想曲》（何訓田曲）等；亦有模仿古代的樂舞作品，如《絲路花雨》、《仿唐樂舞》等。

　　此外，「協奏曲」方面可說是最為百花齊放的樂類，而且不少作品在演奏技巧上均有所突破，其中包括有琵琶協奏曲《花木蘭》（顧冠仁曲）、二胡協奏

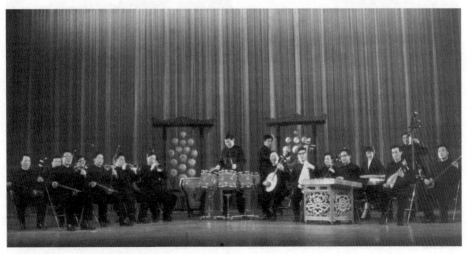

二十世紀八十年代的上海樂團民族樂隊。

曲《長城隨想》（劉文金曲）、管樂協奏曲《神曲》（瞿小松曲）、月琴協奏曲
《北方生活素描》（劉錫津曲）、二胡協奏曲《紅梅隨想曲》（吳厚元曲）、雙箏
協奏曲《迴旋協奏曲》（王樹曲）、伽耶琴協奏曲《沈清》（安國敏曲）等。

　　一些將現代的創作觀念和技法引進民族樂隊的作品，國內普遍稱之為「新
潮民樂」。雖然這有異於民族傳統的創作路向，有時甚至成為一些保守人士的
攻擊目標，但不少作品均體現了作曲家尋找與西方管弦樂隊作品的不同音色和
技法的嘗試。還有一些作品表現與傳統不同的題材和內容，令民族管弦樂添上
新的色彩和形態，其中就包括有《琵琶協奏曲》（譚盾曲）、中阮協奏曲《雲南
回憶》（劉星曲）等樂曲。

　　二十世紀八十年代出現的「新潮民樂」，主要以突破傳統創作模式為目
標，並以模仿西方二十世紀現代創作技法為手段。到了九十年代，民族管弦樂
的創作就更趨成熟及多元化了，其中包括《西北第一組曲》（譚盾曲）、《滇土
西風兩首》（郭文景曲）、《后土》（唐建平曲）等。

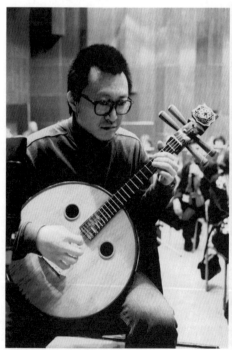 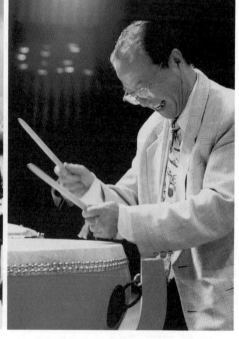

圖為劉星（左）及李民雄（右）。

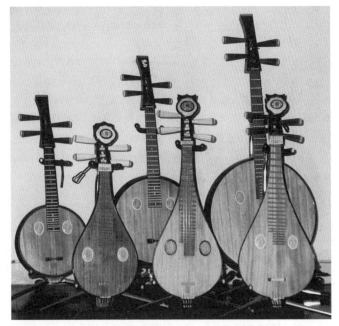

圖為阮仕春於二十世紀九十年代開始進行改革的柳琴及阮系列。

　　綜觀當代的民族器樂創作大多不僅以古典傳統作為思維模式，超過半數的作品均是採用現代思維、新技法創作而成。在中西文化交流及資訊發達的情況下，中國音樂呈現了豐富而且多樣的面貌。

　　至於民族管弦樂器的改革和研究，為配合現代社會的不斷變遷和對民族器樂聲音不同的審美要求，至今仍不斷地進行中 (7) 。

（1）傳統的民間民族樂隊主要有笙管、吹打、絲竹等樂隊；為戲曲、曲藝伴奏的樂隊；以及以單類樂器組合為主的如蘆笙、銅鼓、鈸鑼、冬不拉等樂隊。（喬建中）

（2）現稱為中國廣播藝術團民族樂團。（1985，中國藝術研究院音樂研究所《中國音樂詞典》編輯部編《中國音樂詞典》）

（3）其中創作的包括有合奏樂曲如《東海漁歌》（馬聖龍、顧冠仁曲）、《漁家組曲》（王加路曲）；改編的合奏作品如《春江花月夜》（古曲，秦鵬章、羅忠鎔改編）、《月兒高》（古曲，彭修文改編）、《京調》（京劇曲牌，顧冠仁編）等。

（4）1953年由中華全國音樂工作者協會改組的中國音樂家協會，其副主席李元慶在1954年就樂器改革提出：在樂器的形狀、演奏方法或音色上，儘量以保持原有的民族特點；採用十二平均律；把同類樂器歸類為高、中、低音等三組；成立民間的專業樂團，並組織作曲家為民間樂隊作曲；以及專門的樂器工廠與專家不斷地改進民間樂器的質量等五項原則。這亦令樂器改革得以進一步發展。

（5）方響，古代打擊樂器。始於南北朝的梁代。由十六枚大小相同的長方形鐵板組成，以其厚薄不同定音高。鐵板分上下兩層懸垂，以繩繫在架上，用小鐵槌敲擊。隋唐時用於燕樂，後世用於宮廷雅樂。（1985，中國藝術研究院音樂研究所《中國音樂詞典》編輯部編《中國音樂詞典》）

（6）如1977年正式成為職業樂團的香港中樂團亦以此為樂器的分類原則。

（7）如2003年在北京的樂器專家及廠商成立了樂器改革製作專業委員會、香港中樂團成立的樂器改革研究小組等，這些由專家或專業樂團領導的研究組織，在推動民族管弦樂發展方面相信將會發揮非常重要的影響及帶頭作用。

參考資料

1. 中國藝術研究院音樂研究所《中國音樂詞典》編輯部編，《中國音樂詞典》，北京：人民音樂出版社，1985年。

2. 李元慶《談樂器改良問題》，載《人民音樂》，1954年第二期，頁24-28。

3. 李民雄《論中國民族樂隊》，香港中樂團「探討中國音樂在現代的生存環境及其發展」座談會，21-24/3/2003。

4. 梁茂春《中國當代音樂（1949-1989）》，北京：北京廣播學院出版社，1993年。《探討現代國樂交響化》，載余少華主編《中國民族管弦樂發展的方向與展望：中樂發展國際研討會論文集》，香港臨時市政局，1997年，頁14-21。

5. 喬建中《土地與歌──傳統音樂文化及其地理歷史背景研究》，濟南：山東文藝出版社，1998年。《嘆詠百年》，濟南：山東出版集團，2002年，頁298-309。《現代民族管弦樂隊與中國傳統音樂》，香港中樂團「探討中國音樂在現代的生存環境及其發展」座談會，21-24/3/2003。

6. 喬建中主編《20世紀中國專業音樂》：歷史脈絡概述http://www.ccnt.com.cn/music/chwindow/culture/yinyue/other/yycz2.htm，瀏覽日期：15/10/2003。

7. 秦鵬章《要交響化，不要交響樂隊化──淺述中國民族樂隊的發展簡況》，載余少華主編《中國民族管弦樂發展的方向與展望：中樂發展國際研討會論文集》，香港臨時市政局，1997年，頁1-5。

8. 國立北門高級中學歷史科資料網站：鄭德淵：《現代國樂之發展》，民族音樂中心：專賣場／教師論壇http://210.60.224.5/book1/0509-10A.htm，瀏覽日期：23/8/2003。

9. 國立台南藝術學院顧冠仁：《努力發展民族樂隊交響性功能及交響性創作手法》，http://art.tnca.edu.tw/ethnomu/index.asp，瀏覽日期：30/7/2003。

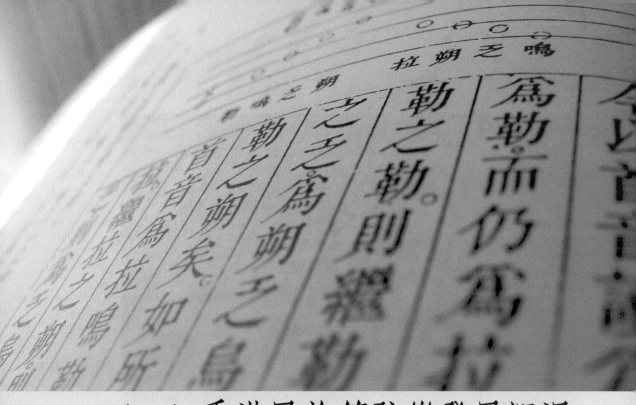

（三）香港民族管弦樂發展概況

　　香港的民族管弦樂與前述中國大陸的民族管弦樂雖然關係密切，但由於社
會環境的不同，所以發展的模式及速度亦有區別。

　　香港業餘民族管弦樂團的發展，可說是始自1957年成立的「華南電影工
作者聯合會」的中樂組。1958年，香港「華南電影工作者聯合會」的成員為
了一場在油麻地普慶戲院舉行的籌款音樂會，特意組織了一個頗具規模的民族
管弦樂團。雖然團員來自四方，音樂背景亦不相同，但由於各界的鼎力支持，
演出十分成功，而且觀眾反應熱烈。樂團亦因而保持下來，翌年，樂隊團員已
有三十多名。

　　早年香港的中樂發展可說是困難重重：樂譜、樂器、指揮、人才俱缺，練習
場地等設施均大大不足。當年有限發行的樂譜簡直是鳳毛麟角，拉二胡的只有劉
天華的《四十七首練習曲》及張韶的《二胡講座》可以參照，更遑論民族管弦樂
曲。於是，一些從未出版總譜的樂曲，得靠團員自行聽默記譜，然後再抄寫分

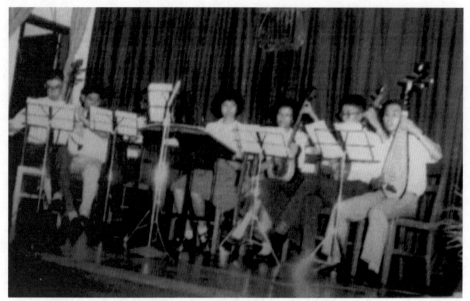

1963年香港基督教女青年會中樂團於女青年總會演出的情形。

譜，可說是「一曲難求」。因此，一曲《東海漁歌》（馬聖龍、顧冠仁曲）便可立足香港樂壇數十年而不倒，成為香港以至東南亞各地民族樂團的至寶。

　　二十世紀六十年代末期香港還沒有影印機，抄譜的流程通常是用一疊極薄的「航空信紙」，中間再插入「過底紙」作大量抄作。由於樂譜來源的渠道不同，以及分工抄寫等原因，當時中樂團所用的樂譜往往是工尺譜、五線譜和簡譜混合的「三及第」。到1972年左右，影印服務才開始在香港流行，但由於價格不菲，所以在影印時，須精心利用每一吋空間，將樂譜儘量拼湊一起才影印，於是樂譜再開分後，形狀便大小不一。

　　此外，由於當時民族器樂中並沒有低音樂器，有的樂團便曾試過以西洋管弦樂團的巴松管吹奏《蘇武》（劉洙曲）中的低音旋律。而當時在中樂隊中經常擔任指揮的是盧家熾、張永壽、陳自更生、源漢華等幾位「樂壇名宿」。隨着樂團成員的成長，才漸次出現一些樂團中堅分子兼任指揮。

　　三十多年前，演奏中樂的人大部分是在中學求學的學生，在學校裡以「高教低」的情況下薪火相傳。不少的業餘樂團，他們亦透過個別成員的關係，在不同的中學吸納新團員。如「宏光國樂團」多為男拔萃書院的學友，又或「女

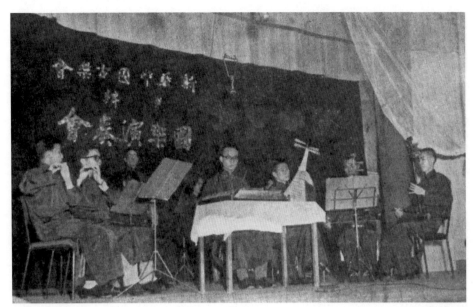

六十年代新亞國樂會。

青年會中樂團」多為英皇書院的學友等，而且大部分的業餘中樂團亦以「教班」的形式普及中樂。

隨着經濟的起飛，港人生活日趨富裕，附庸風雅也好，自娛尋根也好，學習中樂的人日趨增多。港人對中樂的熱愛在二十世紀六十年代的火紅歲月至七十年代的高峰期中表露無遺，可說這是港人在殖民統治與民族情懷之間尋求平衡的一種愛國現象。

到二十世紀七十年代的十年間，據統計有十二個業餘個中樂團成立。連同五六十年代成立的樂團，七十年代的香港有十六到十七個活躍的業餘中樂團，可說是香港業餘民族管弦樂團的發展高峰期。香港的民族管弦樂活動，在五十至七十年代期間由業餘樂團所推動，其發展方針是不斷地追隨國內的模式。因此演奏的多是國內作曲家的樂曲，樂隊編制亦與國內的樂隊相若。

進入二十世紀八十年代，當年的熱血青年漸入中年，取而代之是家庭和事業，年輕一代在西方文化的薰陶下欠缺了五六十年代香港青年的那種熱血情懷，雖然中樂在各方面努力下確是較以前更為普及，但情況卻是不冷不熱。一些業餘樂團出現青黃不接的情況，到九十年代，團員老化更迫使一部分樂團停

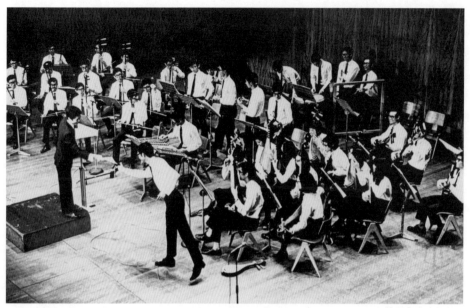

1970年宏光國樂團在香港大會堂演出，由陳自更生指揮，反應熱鬧。

止了活動，甚至解散。現時仍然活躍的樂團包括有「香港基督教女青年會中樂團」、「香港青少年國樂團」、「香港青年中樂團」、「屯門青年國樂團」、「新聲國樂團」、「宏光國樂團」、「香港愛樂民樂團」、「香港青年音樂協會中樂團」、「香港青年彈撥中樂團」等。

　　如果說七八十年代的業餘中樂團活動是「量」的表現，現在的業餘中樂環境可說是較重於「質」的要求。時局轉變，人才流失，社會瀰漫着一片迷茫，業餘中樂團在九十年代並無例外地面對前所未有的困境。這一段調整期中，團體間各自努力尋求生存的空間，當然路向不同，收效自然各異。

　　近年大部分業餘中樂團音樂會的入座率均有普遍下降的現象，其原因當來自不同的方面：經濟不景氣，但音樂會數量未有因市場收縮而減少；聽眾要求不斷提高；音樂會曲目一成不變等。事實上，中樂愈普及，聽眾的欣賞水平便愈高，於是對水準不穩定的演出的容忍程度相對亦降低，這要求樂團必須不斷提高演奏技巧和合奏水平。此外，全球經濟一體化與互聯網的便利令各式各樣資訊充斥，娛樂節目亦多姿多彩，加上影音設備的先進和廉價亦搶走了不少音樂廳內的聽眾。隨着時代的不斷進步，人與事都受潮流和時局等因素影響，今天的金科玉律，或許是明日黃花。種種挑戰，令各類中樂團必須在保留傳統的同時，不斷增添新元素，尋求新創意。

另一方面，與業餘中樂團的活動相比，近年大專學校和中、小學的民族音樂活動卻有較大的發展。大專民族管弦樂團如「香港科技大學學生會中樂團」、「中文大學新亞國樂會」、「理工大學學生會中樂組」等經常在校內外作公開演出。此外，在特區政府成立的優質教育基金的支持和幫助下，中、小學民族樂團的發展亦有迅速且良好的表現。就如2002年12月由香港音樂事務處主辦的全港中、小學民族樂團匯演，參加學校就超過五十多間，而且大多表現不俗，可見民族管弦樂壇的生力軍及後援力量，同時亦展示了音樂教育近年的成果。

參考資料

1. 潘志明《香港業餘中樂的回顧一》，載《宏光國樂團四十週年紀念團刊》，2003 年，頁 11。

2. 關永強《香港業餘中樂的回顧二》，載《宏光國樂團四十週年紀念團刊》，2003 年，頁 12-16。

3. 徐英輝《九十年代香港中樂活動發展研究報告》，載余少華編《中國民族管弦樂發展的方向與展望——中樂發展國際研討會（1997 年 2 月 13-16 日）論文集》，香港：香港臨時市政局，1997 年，頁 184-194。

4. 梁茂春《香港作曲家——三十至九十年代》，香港：三聯書店（香港）有限公司，1999 年。

5. 華僑日報編《香港年鑑 1993》，香港：華僑日報，1994 年。

6. 香港中樂團 http://www.hkco.org

7. 香港青少年國樂團 http://www.hkjycco.org.hk/index1.html

8. 香港女青年會中樂團 http://come.to/hkywcaco

9. 香港青年中樂團 http://hkyco.uhome.net/news.htm

10. 屯門青年國樂團 http://www.tmyco.org.hk

11. 新聲國樂團 http://www.newtune.org

12. 宏光國樂團 http://www.wangkwong.org

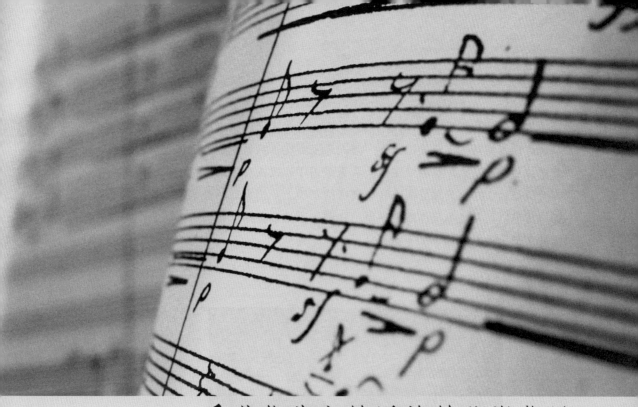

（四）香港作曲家的民族管弦樂作品

　　雖然香港早於二十世紀五六十年代已成立了民族樂團，但初期的香港樂團無論在樂團架構、曲目安排以及編制等，均追隨國內民族樂團的模式，因此原創的作品不多。及至六七十年代，國內一些作曲家先後移居香港，加上一些土生土長的香港作曲家亦先後從國外學成回港，漸次形成一個活躍的創作群體。七十年代，民族器樂風氣興盛，加上1977年香港成立了首個配置齊備的職業中樂團，而首任總監吳大江為貫徹其民族樂團交響化的理念，以委約的方式，邀請了很多不同風格的作曲家為中樂團創作，因此，香港的民族管弦樂作品大部分均與香港中樂團有關（詳見附錄三——香港中樂團委約／委編作品一覽表）。

　　香港特殊的地理環境，加上華洋雜處和文化方面的東西匯聚，形成香港作曲家的作品風格異彩紛呈，表達形式亦極為豐富多彩。他們為香港中樂團這個以中國民族樂器為表達媒體，編制及結構基本參照西方管弦樂團模式的民族樂團創作樂曲時，大多在考慮旋律、意境、標題、節奏，甚至特色樂器，着重於選用中國傳統音樂素材及民族音樂素材，而在音樂語言、音樂美學方面則嘗試參照西方音樂的寫作手法。作曲家借鑒的西方音樂手法包括有調性音樂、印象派及無調性音樂等，涉及範圍廣泛，時間跨度亦從十八世紀到二十世紀。至於在音樂技巧方面，大致有數條主線：着重選用中國民族音樂的素材；着重運用西方音樂技巧；在充分理解西方音樂技法的基礎上，構築新的音樂語言；以及不拘風格但以可聽性為創作原則。以這些創作手法為脈絡，我們可以將香港中樂團的大部分委約作品作如下分析：

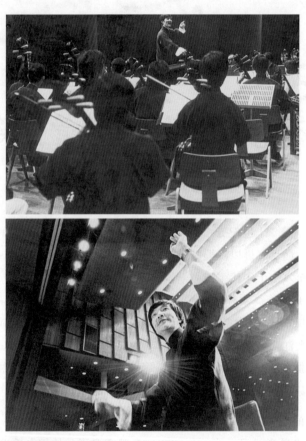

香港中樂團首任總監吳大江。

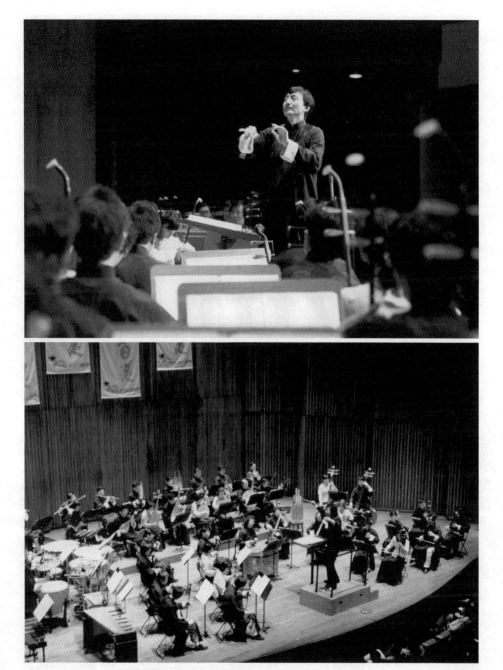

圖為香港中樂團第二任總監關迺忠（上）及第三任總監石信之（下）。

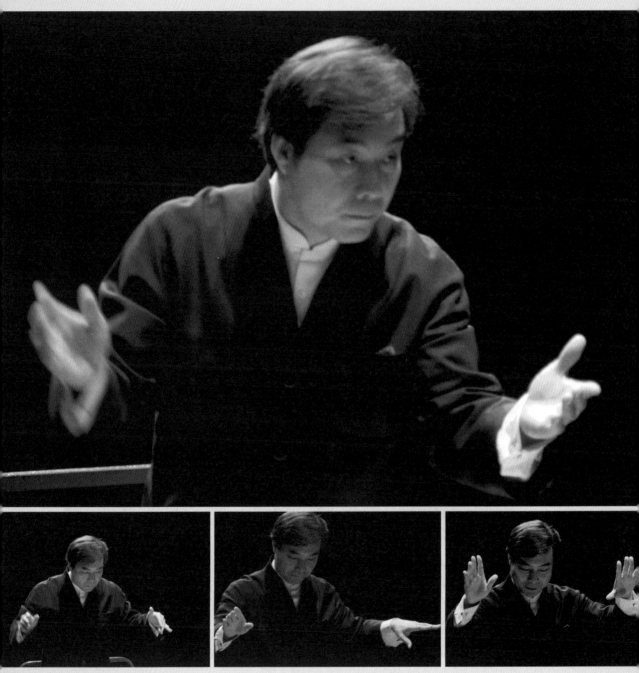

香港中樂團現任總監閻惠昌。

基於傳統民族風格的創作

　　此類作品在二十世紀七八十年代極為盛行，在觀眾中的知名度亦較高。作品大多直接採用民俗音樂的主題或素材，如民歌、鑼鼓經、民間音樂，然後配以西方古典及浪漫時期的音樂手法，又或東歐民族樂派經常採用的大小調和聲與調式和聲。這些作品重視運用明確的主旋律，然後配以各種形式的伴奏。偶爾亦附加副旋律或打擊樂。由於伴奏形式涉及和聲，於是處理上有時亦會出現小量如 t-d，s-d 等功能對位，甚至純粹旋律的對位。旋律對位很多時又會用到平衡四度、五度等比較具有民族風格的方式。至於和聲的整體佈局則以從主音至屬音的五度關係為主。

　　這一類型的作品包括有：《彝族酒歌》（1978年，盧亮輝曲）、《騎着毛驢去趕集》（1978年，郭迪揚曲）、《林中夜會》（1979年，關聖佑曲）等。

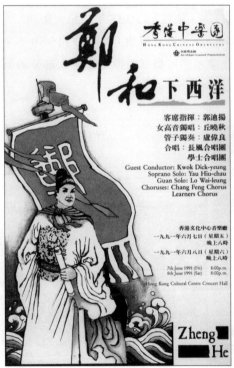
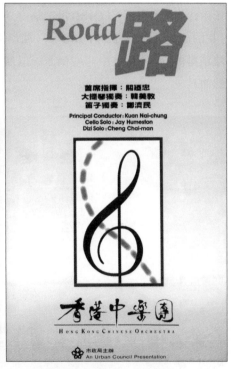

圖為香港中樂團於 1991 年演奏的《鄭和下西洋》（左）及 1990 年演奏的《路》（右）節目單。

另一種是同樣採取上述的方式寫作，但運用的對位及和聲手法，複雜程度較高，如《望夫石的故事》（1979年，張永壽曲）、《鄭和下西洋》（1980年，郭迪揚曲）、《海港之晨》（1982年，李超源曲）等。

在表現民族風格的主調上，作曲家在創作技巧方面又各有不同的處理，如陳能濟在採用較具土俗風情素材的同時，又融入了許多新的創作意念。其音樂語言大致以巴托（Bartok）、史特拉汶斯基（Stravinsky）為基準，再加以不同形式的變化，如《故都風情》（1984年）、《夢鎖》（1984年）便是其中較明顯的例子。至於關迺忠的作品，中國傳統音樂色彩則較淡薄，其採用的多是如柴可夫斯基（Tchaikovsky）、拉克曼尼諾夫（Rachamaninov）式的純粹西洋浪漫派手法，加以適度的變化，如《第一二胡協奏曲》（1988年）、大提琴協奏曲《路》（1990年）、笙協奏曲《孔雀》（1998年）等。

此外，一些作品除較少應用純粹的民族素材外，和聲亦以史特拉汶斯基（Stravinsky）式新古典樂派的半音旋律為主幹，再加入部分十二音音列的寫作手法。《鷹與天》（1980年，衛庭新曲）、《旅程》（1985年，紀大衛曲）、《我的故鄉——香港》（1988年，陳培勳曲）、《第二組曲（青年）》（1989年，陳培勳曲）等便是其中一些例子。其實此體系亦可概括香港中樂團大部分的委約曲目。

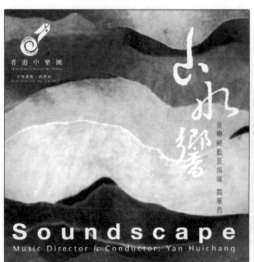 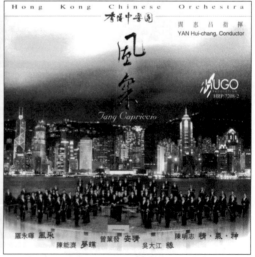

圖為香港中樂團錄製的兩張唱片：山水響（左）及《風采》（右）。

以西方前衛音樂手法及思維為主導的創作

二十世紀七十年代先後有一批在香港土生土長及學習西洋音樂的作曲家（如林樂培、羅永暉、曾葉發等）從外國留學回來，適逢香港中樂團成立不久，其所有的曲目有限，實難應付每年舉行十幾場音樂會且每場上演不同形式曲目的要求，故而需要委約大量的新作品。加上當時的音樂總監吳大江所持的融匯百家的開放態度，於是出現了由學習西樂出身的作曲家為香港中樂團作曲的現象。所以在當時的情況下，可以說既是一種接受外來新事物的表現，在某種程度上來說，也是為了應付當時的局面。這些作曲家因為當時熱衷於西方的前衛音樂和各種實驗作品的創作，所以在香港中樂團成立初期，出現了許多具實驗性的中樂作品。從這類作品中可以看到從四五十年代西歐開始出現的被視為前衛音樂的如十二音音列等手法。此類手法雖統稱前衛音樂，其實極為多樣化，其主要出發點在於推翻長期以來以旋律和聲佔主導地位的音樂語言，突出節奏、音色、音響、力度及配器的作用。方法有從簡潔的點描手法到澎湃的音群，以至從複雜的節奏處理到開發樂器的新音響不等，為的是令音樂表現更富於變化。中樂作品中如揚琴的碼外音、箏彈外弦與吹管樂器的多聲奏法等都屬於這些所謂前衛風格的手法。當然各種手法的具體運用因人而異，對於中國民族音樂的汲取程度亦不盡相同。如《層疊》（1979年，林敏怡曲）採用的就是純西方前衛音樂形式；《山水響》（1983年，羅永暉曲）用音響及音型描繪大自然景致；而《秋決》（1978年，林樂培曲）雖採用前衛音樂的手法，但同時又十分注重京劇中的舞台效果，整首作品極富實驗派風格。

以亞洲美學 / 哲學為依歸的創作

第三類作品與上述兩類有很大的不同。前兩類作品的音樂美學及包括旋律和聲在內的音樂技巧均以西洋方式為主，然後結合中國民族音樂的素材。但第三類音樂的重點在於包括中國音樂體系在內的亞洲美學或東方美學上。為此，作品中採用了包括西方及東方的傳統及現代音樂的各種不同技巧。這類作品又可細分為兩類：

一、復古風格

這類作品大都出於二十世紀八十年代。一些作曲家如曾葉發認為大部分現時我們所謂的傳統樂曲實際上是以清代開始盛行的音樂為準的。但因為清代的音樂在當時已接受了西方音樂的許多影響，所以不能被認為是中國傳統民族音樂的典型代表。回顧中國傳統民族音樂幾千年的發展歷程，作曲家們甚至可以從唐朝或更遠的音樂傳統中得到許多靈感，從而對音樂的創作原點有另一番的認識，如參照韓國國樂音響的《問蒼天》（1981年，林樂培曲）及仿照唐代雅樂音響所創作的《思賢曲》（1985年，曾葉發曲）。當然這種國樂雅樂是通過諸如韓國、日本回傳而得到作曲家們認知、模擬後產生的模式。作品的創作手法包括有亂聲、單旋律變奏，或是五聲音階不等。配器及曲式變化、整體音樂結構則注重採用東方的音樂體系。這類作品還有曾葉發的《竹意》（1988年）、《古靈》（1995年）等曲。

二、以亞洲美學為基礎，構築新的音樂語言

這類作品是基於「音靈」的概念為出發點，亦即將聲音作為生命體來看待，從而體現東方音樂中和合的美學追求。作品所呈現的多是以音色、音響為主的結構形式，也正因如此，任何傳統的音樂表達方式已不再是絕對的重要。無論是演繹還是聽覺經驗，這類作品的上演均為香港中樂團帶來了新的挑戰，如以即興手法寫成的《靈界》（1980年，曾葉發曲），及注重體現氣韻流動與樂隊整體效果的《精・氣・神》（1998年，陳明志曲）等。

調性回歸——群眾路線的創作

由於尖端的事物較少人接受，不少作曲家因此有意無意地走上群眾路線。這種現象在二十世紀八九十年代的中樂團的曲目中逐漸明顯。這類作品的特色是可以融匯以上所提的幾種創作手法，但注重旋律和強調可聽性。在突出可聽性這一前提下，又可加以適當的變化以使作品形式多樣化。這些變化可以是廣東式音樂、祭祀式音樂，又或是參照荷李活電影音樂創作手法的標題音樂不等。如《昇平樂》（1992年，陳永華曲）、《電車走過的日子》（1998年，陳錦標曲）、《香港素描組曲》（1998年，李家華曲）。

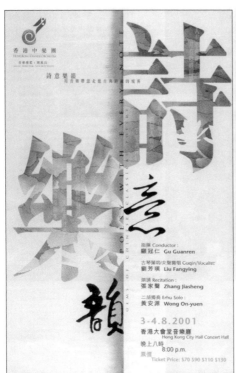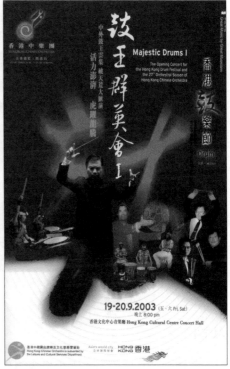

圖為香港中樂團於2001年演奏的《詩意樂韻》（左）及2003年演奏的《鼓王群英會 I》（右）節目單。

多媒體及多文化的創作

　　因時代的轉變和聽眾審美的變化，香港中樂團自第四任總監閻惠昌上任後，在部分音樂會中，嘗試以多媒體，又或糅合不同音樂文化的方式，增加舞台藝術效果的和探索以不同的表現形式達至傳揚民族管弦樂的目的。由此催生的作品包括有：粵劇舞樂《九天玄女》（2001年，陳能濟曲）；為演員與中樂團而作的《庖廚樂》（2001年，陳明志曲）；音樂劇《六朝愛傳奇》（2002年，陳能濟曲）；為魔術與中樂團而作的《Do-mi Show》（2002年，陳能濟曲）；為笛子／尺八、薩摩琵琶而作的《聽風的歌》（2002年，陳明志曲）、為魯特琴、南音琵琶、琵琶、薩摩琵琶與中樂團而作的《悠遊》（2002年，陳明志曲）；為太鼓與中樂團而作的《鼓浪菲菲》（2003年，陳明志曲）等。

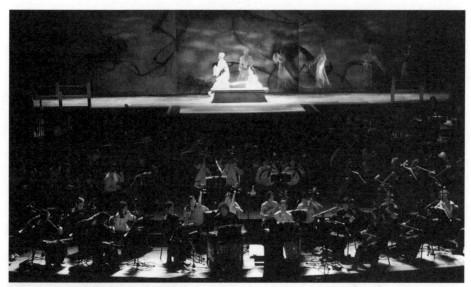

2001 年香港中樂團演奏《九天玄女》(陳能濟曲)的情景。

結語

　　綜觀香港作曲家為香港中樂團創作的作品，有些可作為上述某一分類的代表作品，有些則可橫跨不同的分類。這現象說明這種分類是從學術性角度來進行對作品風格的分類，而非是對作品本身的分類。作曲家的作品涉及到幾種不同的風格分類是很自然的事，因作品並非為佐證分類而存在，而對作品風格分類的目的亦在於讓大家認識到香港作曲家們創作取向的多樣性。

參考資料

1. 梁茂春《香港作曲家》，香港：三聯書店（香港）有限公司，1999 年。

2. 曾葉發《香港大型中樂作品風格談》，載《大型民族管弦樂作品賞析》第一冊《總論與歷史‧理論與探索》，香港：香港中樂團，2000 年，頁 5-7。

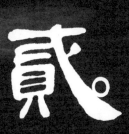

魂繫東方

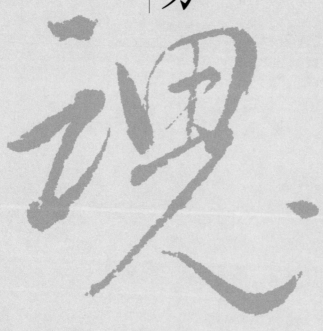

中國民族管弦樂團結構

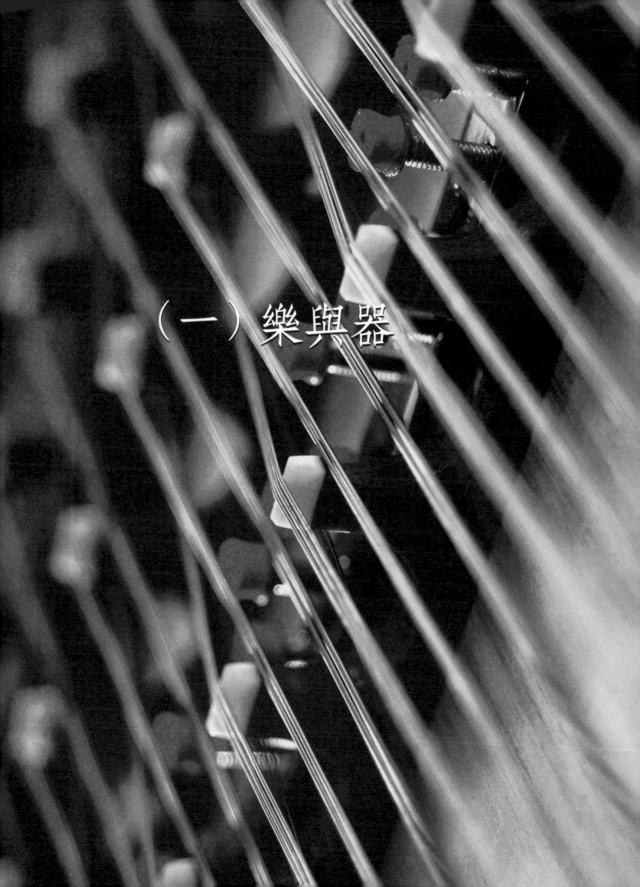

（一）樂與器

　　在音樂的殿堂裡，無論是聲樂演唱也好，音樂評論也好，相信都曾經歷過學習樂器的階段，因此當我們被問及樂器的象徵意義時，想必很自然地將樂器與演奏家的身體連在一起；正如指揮家的神仙棒一樣，大手一揮，音樂便戛然而起。

　　樂器，就是能讓我們的感情和訊息傳達開去的一種工具。然而，樂器除其形制及演奏技法外，樂器本身的價值及其與人類生活文化的關係，相信也是音樂研究或愛好者一個有趣的課題。

從廣義來說，無論是以發出樂音為目的，還是僅為發出聲音的裝置或道具，都可被列入樂器的行列。就如寺院中的法器——木魚或是家庭中常見的風鈴等。人類為了表達情感、傳達意志，透過身體的擺動、歌唱、呼喊，又或拍打身體而發出各式各樣的聲音，便已構成各種音樂的來源。但由於文化背景的差異，使我們不能對音樂或樂音作一個比較劃一的定義，所以我們只能說凡是能夠製造聲音的均可被認為是樂器，相反樂器卻不是構成音樂的唯一手段。

在研究樂器時，我們很可能會把注意力放在樂器的結構、發音原理等純物理要素方面，而忽略了各民族中，樂器與物質文化生活的種種聯繫。曾幾何時，一些原始人類生活的用具，已漸被用作樂器。如盛行於中國

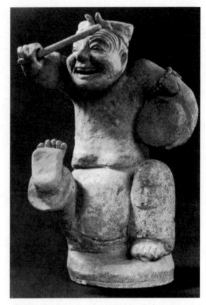

漢代天回山崖墓說唱俑。

內蒙額爾多斯區的筷子舞：專業團體演出時，用的是十支一束，綑上紅綢的彩漆筷束，但當地人在慶祝豐收的「那達慕」大會中，便直接使用日常家庭用的筷子。又如居住在南印度的人們，很喜歡把陶壺夾在膝間，透過敲打壺的不同部位發聲自娛。因此我們聆聽印度鼓——塔普拿（tabla）演奏時，便不難想像他們日常生活的情景。

然而，透過擊打身體的某些部位或生活用具所得到的音響效果，雖然在某種程度上起了樂器的作用，可是在特定的民族空間和文化體系中，便不能只局限於研究樂器本身的特性，而更需從樂器中探索其所蘊含的文化內涵。我們的生活方式、勞動生產、藝術生活均依賴於我們所生存的這個物質世界；不同的國度和自然環境，均一一反映在我們的藝術上。那麼，一種樂器為甚麼在某一地方以某一形式出現？甚麼人能以演奏這種樂器為職業？關於這種樂器有着怎樣的傳說？這種樂器在哪種場合被使用？與宗教又是否有關？這都非常值得我們去追尋答案。

從地理上來看，潮濕地區由於比較適合竹類的植物生長，所以竹製如笛

子等樂器便較普遍。如氣候濕潤的日本，尺八、能管和篠笛等便在傳統音樂中佔了非常重要的地位；而古代的中國更以竹管作為定律之用。同樣，在一些氣候乾燥、竹枝不宜生長的地方，蘆葦及木材便成為製作樂器的主要材料。至於一些更乾燥及不適宜粗大樹木生長的地方，由於材料的限制，樂器的共鳴箱也就相對地縮小。如在蒙古（馬尾）或江南（絹絲）弦樂器所用的琴弦，就截然不同。因此，不同地域產生了不同的樂器及樂音，從而形成各地相異的文化藝術。

此外，樂器與人類的生活方式及生產活動也有着密不可分的關係。就像生活在內蒙草原的牧民，馬既是他們的交通工具，亦為他們生活不可缺少的馬乳酒的來源，所以他們的樂器——馬頭琴除在琴首上刻有馬頭的形象外，琴弦、弓弦也是由馬尾所做，加上各種有關馬頭琴的傳說，馬頭琴便已成民族的標誌。縱使現代文明已取代了馬騎，但舉凡與馬有關的物品，已深深地與該地的人民生活融為一體。

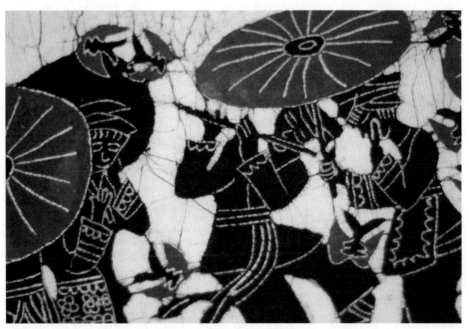

雲南蠟染上少數民族樂舞的情景。

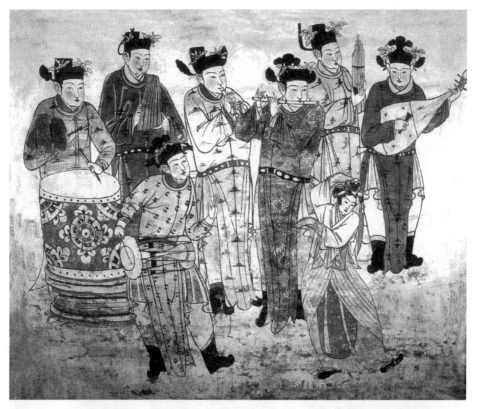

河北宣化張世卿墓大曲壁畫。

　　另一方面，樂器更常被賦與人的特性。正如我們在形容琴聲時，會常常用到「抑揚頓挫、悠揚婉轉」這樣的詞彙，仿似在形容人的歌聲。當原本沒有生命的物料被製成樂器後，在人們的手中便重新被賦予新的生命。因此，當人們彈奏樂器來表達自己的情懷時，人的生命與能量便轉化予手中的樂器。當下，樂器亦成了人體的延伸，人體又彷彿成了樂器的本體，兩個生命一心同體，共同謳歌一闋闋動人的故事。人們為適應社會，在不同的文化條件下，創造、使用着樂器；因此，一種樂器的存在不僅是技巧與技術的呈現，且更包容着在那個時代，以及文化背景下人類的睿智。從廣義來說，樂器也同時地敘說着一個時代、一種文化，而每一種樂器，都應在文化中佔有相應的位置。

　　當人類和樂器之間的關係產生變化時，音樂文化亦會因而改變；尺八在日本樂器走向世界的過程中起了前衛的作用，正好給我們這個由於機械文明而產生不協調的社會帶來一種寶貴而且纖細的感性。相信中國音樂所追求的氣韻生動也具相同的道理。

因此，日後當我們學習或研究一種樂器時，除樂器的分類、演奏及技法外，不妨追查一下該樂器的來源和文化的象徵意義。這樣，除可加深對人類音樂文化的認識外，在學習的過程裡，亦定會為大家帶來了不少的樂趣。

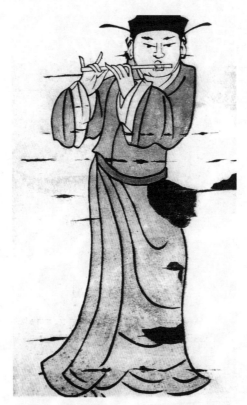

河南安陽天禧鎮散樂壁畫吹笛圖。

參考資料

陳明志 《從樂器談起》，《樂友》，香港：香港音樂專科學校，1994 年。

（二）民族管弦樂團的
常規樂器

早在二千多年前的先秦時期,人們根據樂器的製作材料,將當時的樂器分為「金、石、絲、竹、匏、土、革、木」八類,並統稱為「八音」。隨着時代的遞進,中國現有的民間樂器已超過五百多種,而樂器的分類方式則主要有兩大類:根據樂器的發音特性分為體鳴樂器[1]、膜鳴樂器[2]、弦鳴樂器[3]、氣鳴樂器[4]和電鳴樂器[5]五大類;其次以演奏的方法把樂器分為吹管樂器、彈撥樂器、拉弦樂器和打擊樂器四類。

由於現時所謂的民族管弦樂團是指由漢族樂器組成的樂團,因此一般曲藝和少數民族等所用的樂器多不被納入民族管弦樂團的常用樂器編制內[6]。以香港中樂團為例,就是以樂器的演奏方式分為「吹管」、「彈撥」、「拉弦」和「打擊」四大組別。

(1)體鳴樂器是應用樂器本體的彈性發音的樂器。

(2)膜鳴樂器是指週邊固定的皮膜物振動發音的樂器。

(3)弦鳴樂器是指以固定的弦之振動為基礎的樂器。

(4)氣鳴樂器是指空氣振動發音的樂器。

(5)電鳴樂器是指依靠電氣發音的樂器。由於篇幅所限,本書將不作介紹。

(6)部分不被納入樂團的常規樂器,將在(三)「非常規樂器」一節中再作介紹。

吹管樂器

　　吹管樂器是泛指利用氣息流動激發管內空氣振動發聲的樂器，歷史悠久，而且種類繁多。按其發聲方式一般可分為：

　　1. 氣流通過吹孔激起管柱振動發聲的樂器如笛、簫、塤、排簫等；
　　2. 氣流通過哨片吹入使管柱振動的樂器如嗩吶、管等；
　　3. 氣流通過簧片引起管柱振動的樂器如笙、巴烏、葫蘆絲等；
　　4. 通過嘴唇震動發聲的如海螺、牛角、號筒等。

　　此外，由於二十世紀五十年代以後的一系列樂器改革，令吹管樂器進一步科學化和系統化。樂器的音域得以擴展，並先後研製出多種中、低音的吹管樂器，亦改善了樂器的音質，豐富了吹管樂器在樂團中的演奏能力。

　　民族管弦樂團常用的吹管樂器包括有：梆笛、曲笛、大笛、新笛、高音鍵笙、中音排笙、低音抱笙、中音管、低音管、高音嗩吶、中音嗩吶、次中音嗩吶及低音嗩吶等。此外，樂團亦會按樂曲的需要

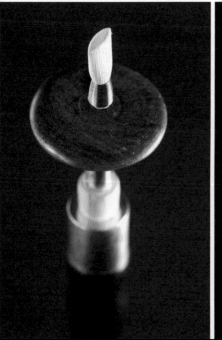
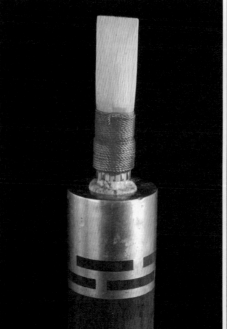
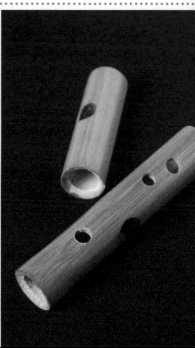

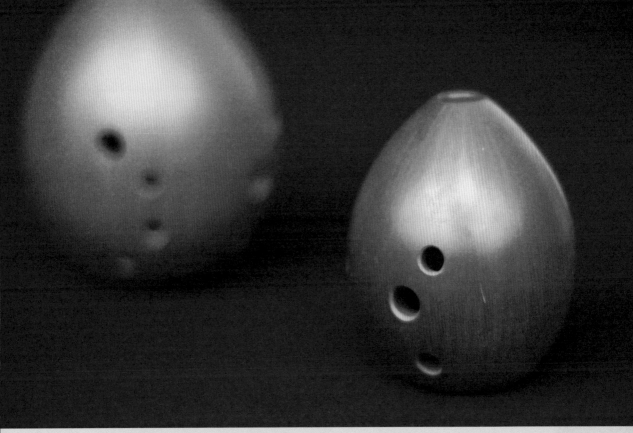

中國的吹管樂器有悠久的歷史，早在新石器時代（約公元前21世紀前）就出現了骨笛和塤等原始樂器，其後經過不斷的引進及改良，近代已衍生了各式各樣的吹管樂器。左頁左起：嗩吶、管子、口笛；上圖為塤。

採用其他不同形制的吹管樂器，如洞簫、巴烏、塤、口笛、海螺等。

吹管樂器可說是各具特色，而且大部分均可擔任領奏，高音的聲部尤擅於演奏華彩[1] 的旋律。高、中、低聲部的吹管樂器的共同點有：

1. 大部分的吹管樂器音量較強；
2. 除笙類樂器外，其他樂器只能作單音演奏；
3. 大部分樂器都能在同一音孔上控制一定幅度的音高變化；
4. 大多數樂器的音域較窄，只有兩個八度左右；
5. 各種樂器本身在不同音區的音色和音量均有較大的差別；
6. 演奏時需大量消耗氣息，不宜持續地演奏。

（1）華彩指快速的經過句、過門樂句與震音等技巧性華麗的裝飾。

笛子

　　笛子，是橫吹的竹製無簧樂器。原流行於西北少數民族地區，漢武帝時，笛被稱之為「橫吹」，在鼓吹樂中佔有重要地位。明清以來多用於戲曲音樂伴奏。笛子被中國各地民間音樂廣泛地使用，因此笛子的品種和形制眾多，較常見的是流行於南方的曲笛和北方的梆笛兩種。

　　傳統笛子共有六個按音孔、一個吹孔和一個膜孔。吹奏時，由吹孔把氣息吹入竹管內，令管內空氣柱振動而發音。空氣柱的長度決定笛子基礎音的音

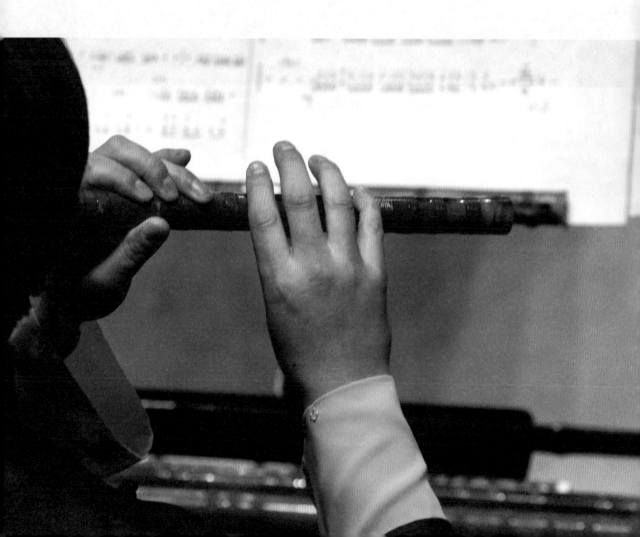

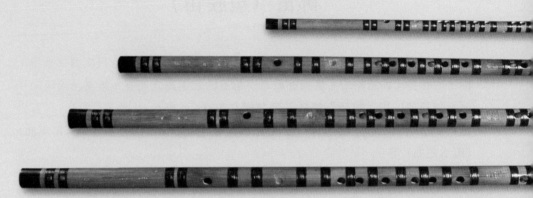

高，基礎音的高低取決於管道的長短、粗細。管道愈短愈細，基礎音愈高；反之，管道愈長愈粗，基礎音則愈低。笛子常用音域有兩個八度，是可八度超吹的樂器，全部音孔均可以吹出一個泛音。

笛子音色清脆高亢，透明圓潤，表現力強，在獨奏或合奏時均具特色。在吹管樂器中笛子屬較省力的一種樂器，吹奏強音時耗氣量較大，弱音時則耗氣量少；亦屬吹管樂器中主要的高音樂器，能以各種速度在常音區中進行演奏。由於笛子的表現力強，因此廣為民間樂團及器樂團所採用。

笛子的演奏技巧分為口內技巧、手指技巧和綜合技巧三類。口內技巧包括吐音、花舌等，手指技巧有裝飾音、歷音、顫音、飛指顫音和虛指顫音等，而綜合技巧則是結合口內技巧和手指技巧，如滑音等。

現在常用的笛大多是沒有半音孔的傳統六孔笛，若要吹出本調自然音階之外的變化音，大多通過特別的按孔方法，控制氣息和調整口風角度等方法奏出（笛子末端兩個孔為出音孔）。

梆笛（短膜笛）

　　主要流行於北方，用於戲曲梆子腔音樂的伴奏及北方各地民間器樂合奏。梆笛的管身比曲笛略短，管徑亦較小。梆笛的音調高亢明亮，節奏活潑跳動，演奏技巧多以用舌技巧為特長。著名獨奏曲有《五梆子》（馮子存曲）、《喜相逢》（王鐵錘曲）、《蔭中鳥》（劉管樂曲）等，笛子協奏曲則有《梆笛協奏曲》（馬水龍曲）等。

笛是民族樂團吹管組的主要高音旋律樂器，它能以各種速度在常用音區內作級進和跳進演奏，且擅於演奏飛騰的快速、悠揚的慢速以及自由的華彩樂句，是使用最廣泛和極具代表性的一種樂器。右頁左起：梆笛、曲笛、大笛。

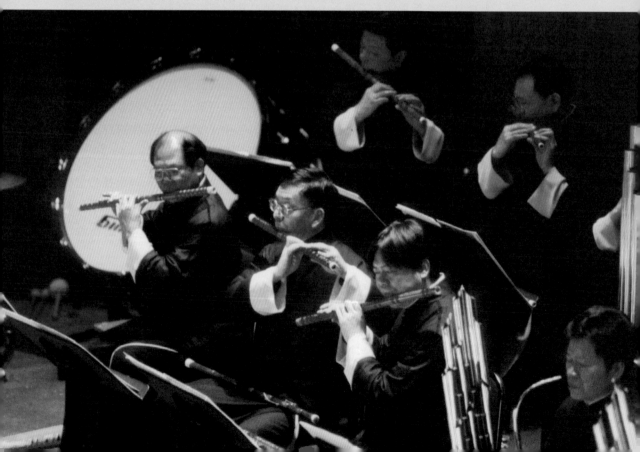

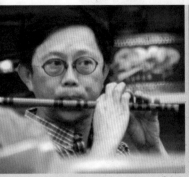 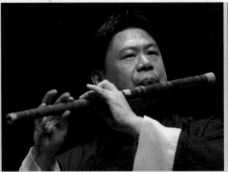 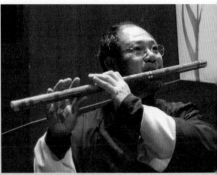

曲笛（長膜笛）

　　主要流行於南方，用於昆曲伴奏及南方各地民間器樂合奏。曲笛的音調渾厚圓潤、柔美流暢，演奏上以用氣的技巧為特長。著名獨奏樂曲有《鷓鴣飛》（陸春齡曲）、《姑蘇行》（江先渭曲）等。

新笛／大笛

　　屬於笛子聲部的低音部分，共有十一孔，沒有貼上笛膜或貼硬膜，因此沒有膜孔，吹奏半音時音準較佳，轉調亦方便，音色柔和淳厚。低音大笛的協奏曲有《秋湖月夜》（彭正元曲）等。

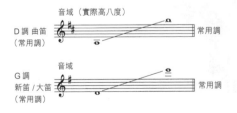

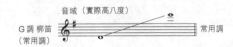

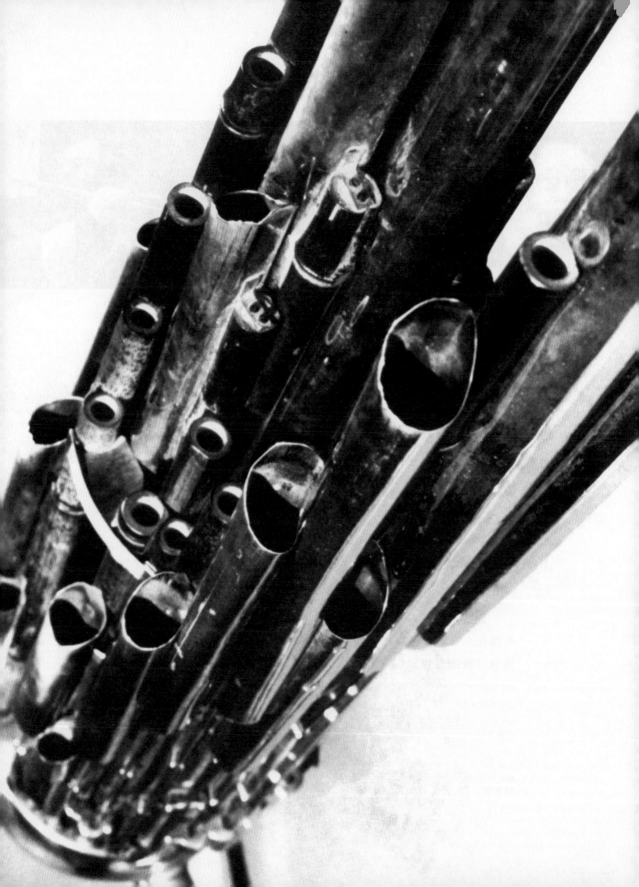

笙

　　笙是簧管配合發音的吹管樂器，亦是中國古老的簧鳴樂器，約有三千多年的歷史。早在殷代甲骨文（公元前15世紀）中就有關於笙的記載，周代（約公元前1066-前256）時已被廣泛使用。在漢代（公元前206-公元220）以前，笙和竽兩種同類樂器並存。但至宋代時，則只有笙較為普遍使用。

　　笙的構造主要由笙斗、笙管和笙簧三個部分組成，由於外形如鳳翼，因此古時有「鳳笙」之稱。笙是以簧片振動發音，吹吸皆可演奏，且同時可吹出兩音以上，故可吹奏和聲。由於笙是由若干數目的「簧管」（或稱「笙苗」；即鑲有簧片的竹管）組成，是一件擅於演奏和聲的吹管樂器，發音清脆明亮。笙在表現旋律、和聲和節奏變化等方面均具特色。

　　笙的音色平穩，音域寬廣，在民族樂團中作為伴奏樂器時，可吹奏豐富的和聲效果，具潤飾、調和各組樂器音色的作用。笙在合奏中演奏旋律聲部時，較常用的演奏形式有：單音和節奏加花等；而在擔任伴奏時則多使用各種節奏音型或持續的和弦等。

　　二十世紀五十年代以後，樂器製造者和音樂工作者，對笙進行不斷改革，發展至今已有二十一簧、二十四簧、三十六簧笙等，還有圓笙、方笙、中音抱笙、排笙等種類。現時香港中樂團所用的有高音鍵笙、中音排笙和低音抱笙。

　　笙的演奏技巧包括口內技巧、手指技巧和綜合技巧。口內技巧有吐音、花舌、呼舌等；手指技巧有顫指、琶音、歷音、打指和複調技巧等；綜合技巧如滑音和呼打

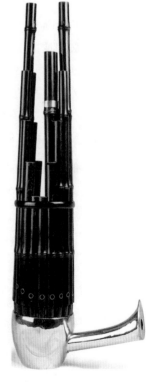

笙是民間器樂的重要組成樂器，常用於吹打樂、絲竹樂等演奏中，有時還單獨為笛、嗩吶、管等樂器的獨奏作伴奏。

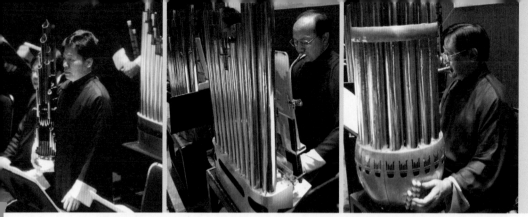

現在大多數樂團使用的改革笙的常用音區內，半音階齊全，便於轉調及演奏各種和弦；但由於習慣指法及半音階音域所限，轉調仍不宜過於複雜。上圖左起：高音鍵笙、中音排笙、低音抱笙。

等。此外，一些技巧還可結合使用，如花舌可分別與歷音和打指等結合使用。著名笙獨奏樂曲有《鳳凰展翅》(董洪德、胡天泉曲)、《孔雀開屏》(閻海登曲)等，笙協奏曲有《孔雀》(關廼忠曲)等。

高音鍵笙，亦即高音加鍵笙，具備全部半音，轉調方便，而且音量幅度大，非常適合在樂團中使用，其技巧與一般的笙相同，且能奏出更複雜的和弦。

中音排笙，又名「中音蘆笙」、「小架排笙」，是在蘆笙和傳統笙的基礎上研製而成的，由笙管、簧片、共鳴管、氣箱和按鍵構成。笙管共三十六根，每管能發出一格音，按一定音序排列，插在扁方形氣箱中。中音排笙的音域共三個八度，所有半音齊備，能演奏各種旋律，亦更為方便。演奏時，口吹長管形笙管，手指按鍵，氣流通過氣箱振動簧片發聲，能長時間演奏。

低音抱笙體積較大，需要放在木架上演奏。這些經過改革的大型笙，豐富了樂團中、低音聲部。

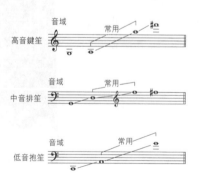

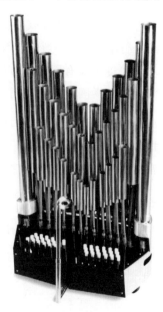

嗩吶

　　嗩吶，又名「鎖奈」、「蘇爾奈」，為阿拉伯語 suona 的音譯，屬豎吹的簧管樂器。嗩吶源於波斯（今伊朗）、阿拉伯一帶，約在金元時期傳入中國，初是軍隊中使用的樂器，後輾轉傳入民間，成為中國各民族中廣為流傳的吹管樂器之一。在民間器樂演奏中，嗩吶常在節慶、婚喪嫁娶、寺廟祭典中作為主奏樂器。

　　嗩吶主要由桿子、哨、芯子、氣盤和碗組成，管身上開有八個孔（前七後一）。嗩吶和笛子一樣是八度超吹樂器，基本上每個音孔均可以吹奏一個泛音。嗩吶按大小和音高來區分，一般有三種：高音嗩吶、中音嗩吶、低音嗩吶。還有海笛（開有七個孔，前六後一），是形制最少、發音最高的傳統高音嗩吶。

嗩吶多用於獨奏、吹打樂及器樂合奏中，也常用於戲曲及歌舞伴奏。

　　嗩吶演奏者在吹奏時含着哨子演奏，除氣息的控制外，還需配合芯子插入管身的深淺來控制音的高低。此外，嗩吶亦能運用唇勁、氣息和指法的控制來吹出變化音。

　　高音嗩吶音色尖銳高亢，中音嗩吶音色挺拔宏亮，低音嗩吶音色蒼勁肅穆。由於嗩吶的音色穿透力強，個性突出，主要用於獨奏、吹打樂和器樂合奏中，尤擅長表達慷慨激昂、熱鬧歡騰的氣氛，亦能表現人物細膩的感情。同時，由於吹奏嗩吶耗氣量很多，特別在高音區時，因此演奏時對吹奏者需有適當的間歇。

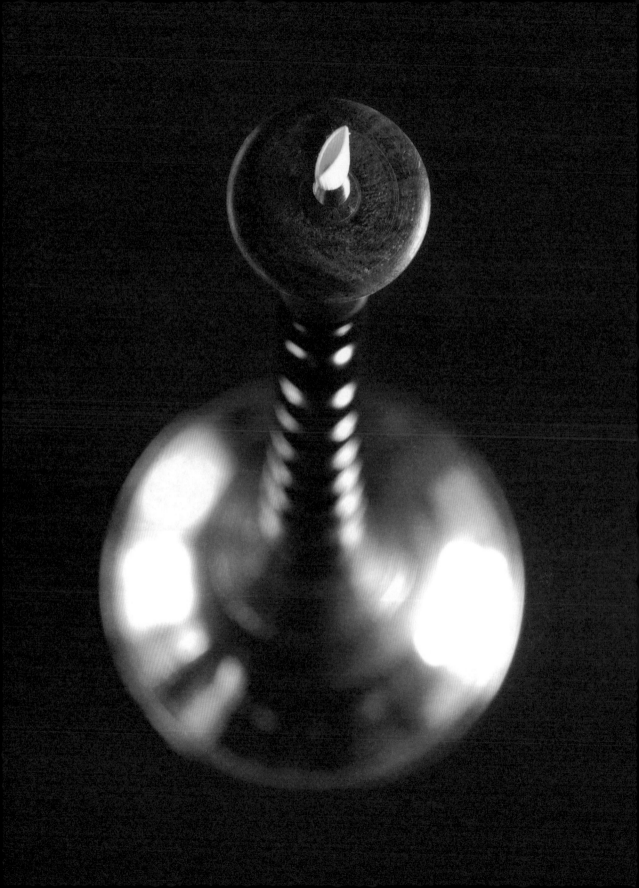

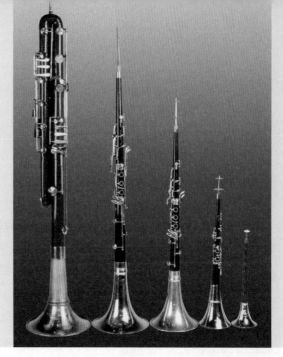

嗩吶經過不斷的改革，不僅增加了半音和改進了音色，並發展了同族的中、低音樂器，先後製成了多種類型的加鍵嗩吶。左頁為傳統嗩吶。右圖左起：加鍵低音嗩吶、加鍵次中音嗩吶、加鍵中音嗩吶、加鍵高音嗩吶、傳統嗩吶。

　　嗩吶不僅是一種具有豐富表現力和濃郁民間色彩的獨奏樂器，在合奏中更能製造出氣勢磅礡的效果。在現代民族管弦樂團中，嗩吶經過不斷的發展和改良後，目前已有加鍵高音、加鍵中音、加鍵次中音和加鍵低音嗩吶等種類。加鍵嗩吶設有半音鍵，能奏出全部半音階，音準更為準確，合奏時轉調亦較方便。加鍵嗩吶的表現性能與傳統嗩吶基本相同，加鍵高音和加鍵中音嗩吶的音色比傳統嗩吶略為渾厚圓潤，而加鍵次中音和加鍵低音嗩吶，低音區的音色粗獷，中音區較豐厚，而高音區則較乾癟。中音和低音嗩吶的出現，使民族管弦樂團的和聲、音響效果和表現力均得以充實和加強。

　　吹奏嗩吶的口內技巧有：吐音、花舌、氣滑音、簫音、彈音、循環換氣法等，手指技巧如顫音等，而綜合技巧例如指滑音等。著名獨奏樂曲有《百鳥朝鳳》（山東民間樂曲）、《一枝花》（山東民間樂曲）等，協奏曲有《天樂》（朱踐耳曲）等。

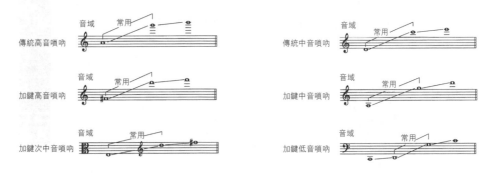

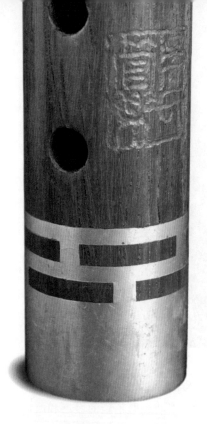

管

管,古稱「篳篥」,屬豎吹簧管樂器,約於隋朝由西域龜茲(今新疆庫什)傳入中原。在隋、唐的九部樂、十部樂中,篳篥是主要的樂器,故又有「頭管」之稱。目前民間均習稱為「管」或「管子」,普遍流傳於全國南北各地,主要用於民間鼓吹樂,以及佛、道教音樂等。

管由管身和哨子組成,管身呈筒形,一般用木製,亦有竹製和玉製。由於管在各地所定的音高與製作質料不同,因此形制大小不一。此外,管的種類和名稱亦因南北地區不同而有異,如廣東地區稱「喉管」,北方稱「管子」。管的種類主要有單管(細分為大、中、小三種)和雙管兩種。單管即管身由一截木桿所製;雙管是由兩支同樣音高但管身較細的管子並置構成,演奏時兩根管子的哨子同時放入口中吹奏。

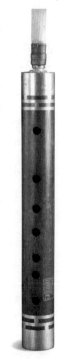

管以「吞」、「吐」的演奏方式為主,音色嘹亮,而喉管的音色則帶濃厚的鼻音。兩者均適合演奏富感情的樂曲,其鬱暗悲切的音色尤擅於哀怨淒涼的曲調。管子的聲音穿透力強,除用作獨奏樂器外,在合奏中往往是樂團中的領奏樂器,及擔當加強中音區域的角色。

經過改革的加鍵管在音色上與傳統管沒有太大分別,但音域較廣,並能演奏所有半音,轉調更方便。因此,在合奏和獨奏中有更大的發揮。目前香港中樂團編制所用的管是加鍵中音管和加鍵低音管。

傳統管沒有半音孔,主要以「吞」、「吐」的方式演奏變化音,擅於哀怨、淒涼的悲調。右圖為傳統北方管;右頁左起:加鍵中音管、加鍵低音管。

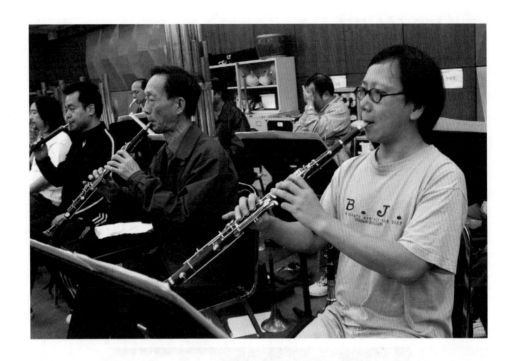

　　管的基本技巧與嗩吶相同，有吐音、打音、顫音、溜音、鼓音、花舌音、滑音、泛音等。管的獨奏樂有《江河水》（東北民間樂曲）、《放驢》（河北民間樂曲）等，協奏曲則有《絲綢之路幻想組曲》（趙季平曲）等。

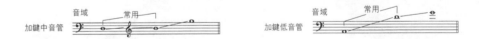

參考資料

1. 中國藝術研究院音樂研究所編輯部編《中國音樂詞典》，北京：人民音樂出版社出版，1985 年。

2. 江明惇編著《中國民族音樂欣賞》（修訂本），北京：高等教育出版社，1998 年。

3. 何化均、張式業編著《實用民族樂器法》，濟南：山東文藝出版社，1991 年。

4. 音樂之友社編《新訂標準音樂辭典》（初版），台北：美樂出版社，1999 年，頁 398。

5. 袁靜芳主編《中國傳統音樂概述》，上海：上海音樂出版社，2000 年。

6. 趙渢主編《中國樂器》，北京：現代出版社，1991 年。

7. 羅仕藝編著《大學生民族音樂欣賞》，北京：中國青年出版社，2001 年。

彈撥樂器

　　彈撥樂器是「彈弦樂器」和「擊弦樂器」的總稱。「彈弦樂器」是指以手指或撥子撥弦發聲的樂器,「擊弦樂器」則是指用琴竹等擊弦而發音的樂器。彈撥樂器歷史悠久,早在三千年前的西周時期便有琴和瑟兩種。數千年來中國與外來文化交流,已發展出品種繁多、表現力豐富的各類彈撥樂器四十餘種。

　　現代樂團常用的彈撥樂器計有揚琴、柳琴、琵琶、中阮、大阮、三弦、箏及箜篌,它們主要分為:琵琶類(琵琶、柳琴);阮類(各類阮、月琴);三弦類(大、小三弦);箏類(琴、箏、箜篌);揚琴類(大、

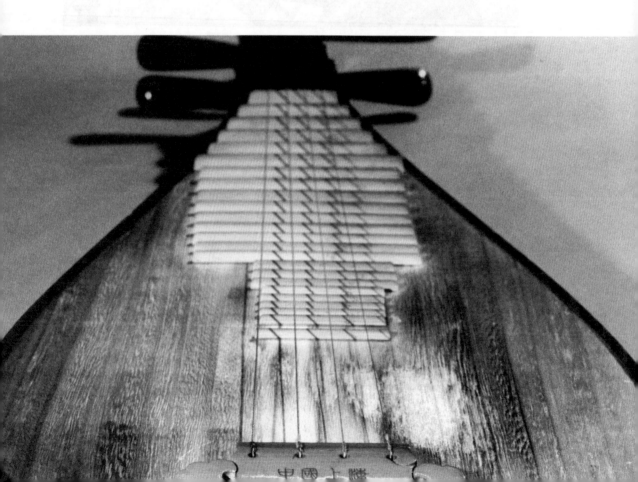

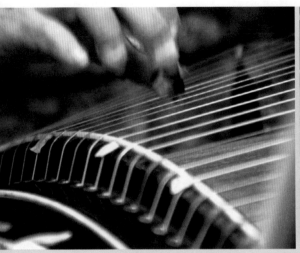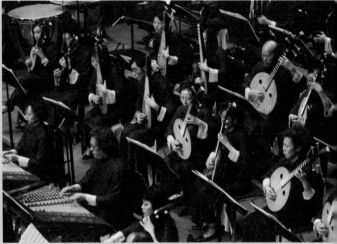

彈撥樂器是「彈弦樂器」和「擊弦樂器」的總稱，其發聲原理均與弦線有關，傳統採用絲製的弦線，現今多用鋼絲弦或者尼龍纏弦代替。左頁為琵琶；上圖左起：箏、香港中樂團的彈撥聲部。

中、小揚琴)等。此外，樂團亦會按樂曲的需要採用其他不同形制的樂器，如古琴、箜篌，甚至西方的豎琴等。

　　彈撥樂器具鮮明的獨特個性，在音色和演奏方法上均具有濃厚的民族特色。彈撥樂器有以下的共同特點：

　　1. 發音屬於延續力短促的樂器，而且具有彈性和顆粒性；
　　2. 它們能通過「輪」、「滾」、「搖」等技法使發音連貫；
　　3. 音域較廣，一般都有三個八度以上；
　　4. 除箏外，大部分採用十二平均律定品位和弦位，轉調較方便；
　　5. 各音區的音色比較統一；
　　6. 能演奏雙音及和弦；
　　7. 適合持續演奏。

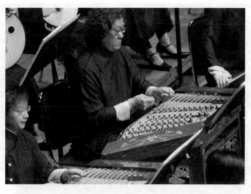

揚琴

揚琴，又名「扇面琴」、「打琴」。據史料載，揚琴最早流傳於波斯、阿拉伯一帶，約明末傳入中國，先在廣東一帶流行，後才在中國各地流行。早期的揚琴只有二條琴碼，形狀像梯形的蝴蝶，故亦稱「蝴蝶琴」。二十世紀中期，揚琴有大幅度的改良，琴的體積增大一倍，琴碼亦由二條增加為四條至五條，音域擴大至五個八度，半音亦齊全，可任意轉調。

揚琴屬擊弦樂器，音箱由木製成，形狀呈扁平的梯形，以碼條架起琴面的弦線，碼條和弦線的數目由二至四條不等，每一個音由二至五條弦線組成，視乎體形大小和碼條的多寡而有所不同。琴面左右兩邊各有一根條形的山口，內有弦軸和滾軸等。揚琴以兩根竹鍵（或稱琴竹）打擊琴弦發出聲響，不同軟硬度的竹鍵在演奏時可產生不同的音色：使用硬鍵頭演奏，音色較明亮清脆；採用軟鍵頭則較圓潤柔美。

揚琴音色清脆，音域寬廣，而且轉調方便，能奏出和音及快速琶音以至各種

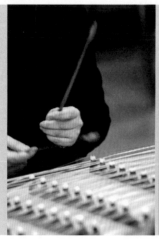
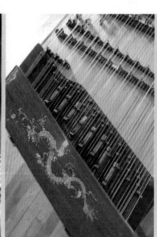
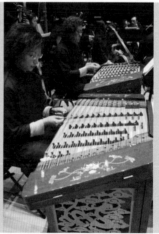

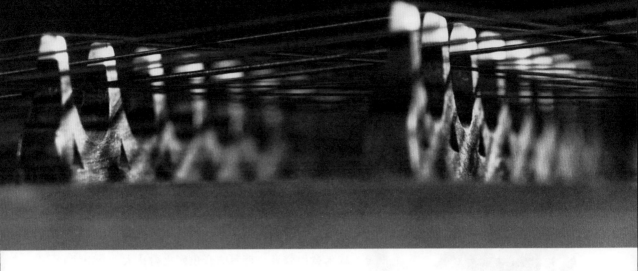

節奏型，常用於合奏和伴奏中，演奏時多用各種加花性的手法來裝飾旋律。揚琴善於表達熱烈緊張的氣氛，亦能夠用長輪來演繹優美的歌唱性旋律。幾百年以來，揚琴已成為中國民間說唱音樂、戲曲音樂的重要伴奏樂器，特別在民間器樂合奏中如廣東音樂、潮州弦詩、江南絲竹、客家漢樂等，發揮了重要的作用。

作為擊弦樂器的揚琴缺少複雜多變的演奏技巧，近年來，揚琴吸收了琴、箏上的泛音，加入按變音等技巧以增添演奏時的韻味。揚琴的基本演奏技巧有單擊、頓擊、悶擊、雙竹同擊、彈輪、滑彈等。特殊的演奏技巧如按滑音、吟音、泛音、撥弦等。著名揚琴獨奏樂曲有《邊寨之歌》(張曉峰曲)、《雙手開出幸福泉》(丁國舜曲)等，揚琴協奏曲有《雅魯藏布江邊》(瞿春泉曲)、《黃土情》(黃河曲)等。

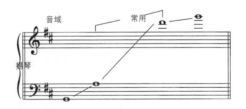

現代揚琴的弦數和碼條較多，音域較寬，可演奏半音，轉調方便，並裝有制音裝置，適合大型合奏與獨奏。

柳琴

柳琴因形狀像柳葉而得名，俗稱「土琵琶」、「金剛腿」，流行於山東、江蘇和安徽交界一帶，是魯南、蘇北的柳琴戲、安徽泗州戲和浙江紹興亂彈[1] 的主要伴奏樂器，原為兩弦、七品的中音樂器，二十世紀五十年代中國民族管弦樂團對柳琴進行改革，改革後柳琴張弦四根，共有廿九品，音域約有四個八度。

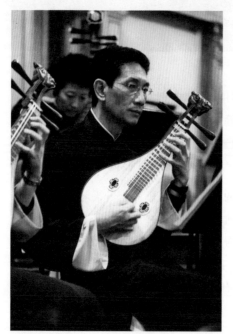

柳琴的結構大致分為琴頭、琴體、品和琴弦。演奏時右手使用撥子撥動弦線來發出聲音，柳琴的音色變化對比大致和琵琶相同，低音區渾厚結實，中音區圓潤柔和，高音區清脆明亮、穿透力強，表現手法豐富多彩，是彈撥樂器中的高音旋律樂器。

柳琴在樂團中是重要的高音旋律撥弦樂器，它能敏捷地奏出級進或者跳進的音程，所以擅長演奏快速和包含不同情緒的樂句。柳琴的長輪常用以表現歌唱性的旋律，這些持續長音和各種以和聲進行的節奏音型也會在伴奏時使用。

現在香港中樂團採用的柳琴，經過樂團樂器改革研究主任及擔任柳琴演奏的阮仕春改良，改善和美化了柳琴的音質，讓各音區的音響效果更佳。

柳琴吸收琵琶的演奏技巧，右手的演奏技巧如彈、挑、雙彈、掃、拂、琶音、輪等，而匯組技巧例如掃拂、掃輪、彈輪等。左手的基本技巧如吟、推、打、帶、注、泛音等。其他演奏技巧如雙音及和弦等。著名柳琴獨奏樂曲有

---

[1] 亂彈：戲曲劇種類別，又名「花部」，又或稱「花部亂彈」。由於清代統治者及某些文人推崇昆曲，尊稱「雅部」。

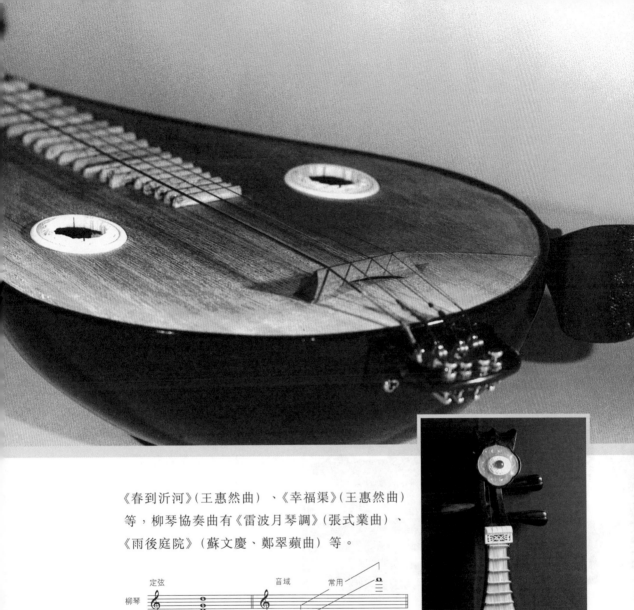

《春到沂河》（王惠然曲）、《幸福渠》（王惠然曲）
等，柳琴協奏曲有《雷波月琴調》（張式業曲）、
《雨後庭院》（蘇文慶、鄭翠蘋曲）等。

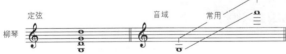

柳琴無論形制及演奏法大致與琵琶相同，
只是體型較小，面板開有兩個音孔。

琵琶

　　琵琶在中國有兩千多年的發展歷史。隋唐（公元581-618）之前，「琵琶」是對抱彈樂器的統稱，不是專指現在的琵琶。而稱謂亦取自演奏時的動作，即向前彈出稱為「琵」，向後挑進則稱「琶」。據史料記載，秦漢時代有兩種形制的琵琶：「秦漢子」[1]、「阮」（又稱「阮咸」）[2]。唐代的琵琶是以「曲項琵琶」[3]外形為基礎，吸取「阮咸」在形制和演奏上的優點，經長久的發展而成。二十世紀五六十年代的樂器改革，音量和音域得以擴大，同時把柱位增至三十一個（六相十二品），音位亦按十二平均律排列。

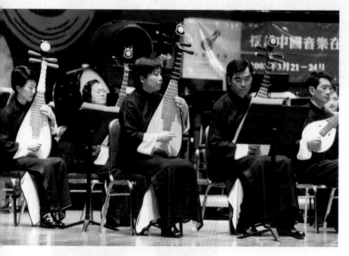

　　琵琶由琴頭、琴頸、龜盤、相、品、復手、琴弦組成，演奏時用右手手指甲或纏上「假甲」撥動弦線發出聲音。琵琶有寬廣的音域，合奏時常音區有三個八度，其音色變化多樣，表現力和演奏技巧豐富。琵琶各音區的音色變化豐富：低音區厚實粗獷，中音區清秀柔美，高音區清脆明亮。故琵琶能演奏快速的樂句，表達歡樂愉快的氣氛，而且善於演繹幽靜典雅的旋律。

　　琵琶在樂團中不僅是一件重要的旋律撥弦樂器，也是極佳的伴奏樂器。合奏中琵琶以單音、雙音、和弦來奏出各種節奏作為伴奏，有時則用長音和聲襯托着旋律。獨奏則多以變化多樣的演奏技巧，豐富樂曲的內容，如使用「拍」模仿炮聲、「提」描寫雨滴聲、「輪面板」模仿馬蹄聲等。

　　琵琶的演奏技巧分為右手技巧（基本技巧、特殊技巧和匯組技巧）和左手技巧（基本技巧、特殊技巧）。右手技巧包括彈、挑、勾、抹、剔、雙彈、雙挑、滾、搖、分、摭、扣、掃、拂、琶音、輪等；特殊技巧如拍和摘；匯組技

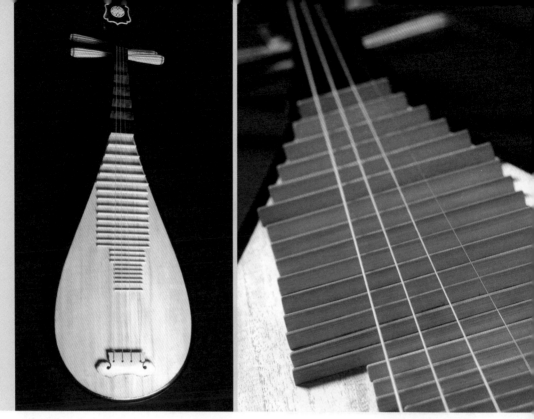

琵琶的左、右手技巧豐富多變，表現範圍寬廣，無論是抒情、寫景、詠
物，都能達到淋漓盡致的效果。所以琵琶在各種樂隊中均佔較重要的位
置。左頁：香港中樂團的琵琶聲部。

巧是由兩個以上的基本技巧匯編成組的技巧。左手的基本技巧有吟、打、帶、
攞、滑音、泛音等；特殊技巧有煞、絞弦和伏等；其他的技巧則有如雙音及和
弦等。著名的琵琶獨奏樂曲如《陽春白雪》（古曲）、《十面埋伏》（古曲）、
《月兒高》（古曲）等，琵琶協奏曲有《草原小姐妹》（吳祖強、王燕樵、劉德海
曲）、《花木蘭》（顧冠仁曲）等。

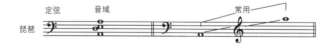

(1) 秦漢子：直柄、圓形共鳴箱、兩面蒙皮。

(2) 阮：約於漢代出現，由樂工參照琴、箏、箜篌等樂器製成。其音箱呈圓形，直柄上有十二個柱位，
張有四條弦，用手指彈奏。因晉代阮咸善彈這樂器，故又稱為「阮」或「阮咸」。

(3) 曲項琵琶：梨形琴箱、曲項、四弦十二柱、橫彈及採用撥子彈奏。

阮

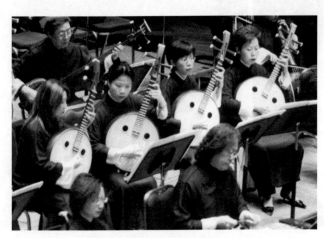

阮有兩千多年的歷史，據東漢傅玄《琵琶賦序》記載，是當時樂工參照琴、箏、筑、箜篌等樂器創製而成，古稱「秦琵琶」。南京西善橋六朝（公元220-581）墓出土的竹林七賢磚刻畫中有阮咸演奏的圖像。相傳魏晉時「竹林七賢」之一的阮咸善彈此樂器，後人遂稱為「阮咸」，今簡稱「阮」。隋唐時，阮已普遍為宮廷燕樂和民間樂舞使用。

阮由琴頭、音箱、琴弦所組成，演奏時可使用撥子或佩戴「假甲」彈奏。阮由古代的八個品位，發展至現在的四弦二十四品位，並有小阮、中阮、大阮和低阮系列。顧名思義，大阮的體形最大，小阮最小，而定弦方面大阮較低，小阮則較高。現今香港中樂團常用有中阮和大阮，亦有採用小阮。

阮的音色圓滑豐厚，中音區音色較佳，低音區音色渾厚，高音區較為明亮，由於阮的共鳴箱較大，因此它的餘音在中、低音區較長。阮的音色變化雖不及琵琶豐富，但大致與琵琶相同。它是樂隊主要的中音和次中音彈撥樂器，擅長表現愉快活潑的氣氛，也宜演奏柔和的旋律，是樂團合奏、重奏、伴奏中不可缺少的樂器。

阮汲取了琵琶的演奏手法以豐富其演奏技巧。右手常用的技巧有：彈、挑、雙彈、雙跳、輪掃、拂等。左手則有吟、推、打、帶、注、泛音等技巧。除此之外還有雙音與和弦等技巧。著名樂曲有大阮獨奏曲《絲路駝鈴》（寧勇曲），中阮獨奏曲《火把節之夜》（吳俊生曲）等，中阮協奏曲有《雲南回憶》（劉星曲）、《塞外音詩》（顧冠仁曲）等。

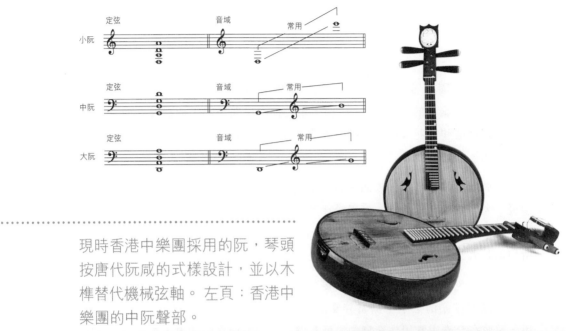

現時香港中樂團採用的阮,琴頭按唐代阮咸的式樣設計,並以木榫替代機械弦軸。 左頁:香港中樂團的中阮聲部。

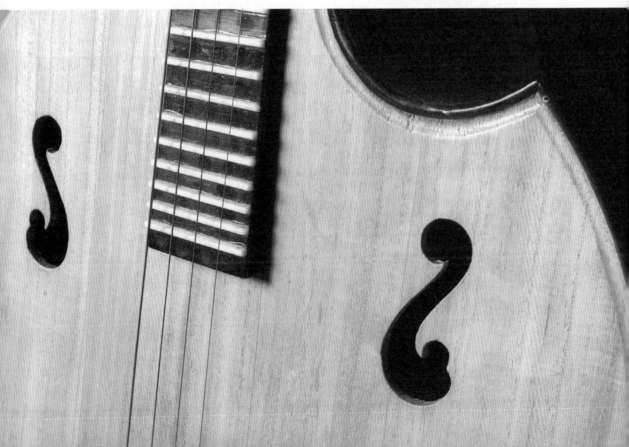

三弦

　　三弦在中國樂器史上有相當悠久的歷史。名稱初見於明代文獻，究其起源，可追溯至秦代的「弦鼗」。三弦多用於伴奏民間說唱、曲藝及戲曲音樂，隨着器樂發展和樂器改革，三弦已經成為具有特色的獨奏樂器，更被大小樂團廣泛使用。

　　三弦由琴頭、琴桿、鼓頭、琴弦組成。民間器樂合奏常用的三弦有大、小兩種。大三弦流行於北方，多用於伴奏、合奏和獨奏，一般由右手大拇指和食指纏上「假甲」彈奏；小三弦則流行於南方，多用撥子彈奏。現今香港中樂團所用的是大三弦。

　　三弦音色獨特、鏗鏘有力，擅長演繹有強烈地方風格和富戲劇性的旋律，適合在熱烈歡樂的氣氛中擔當伴奏的角色，但不太適宜在樂曲抒情部分中使用。三弦在合奏中常用作充實中、低音聲部和加強節奏的效果，在演奏主旋律

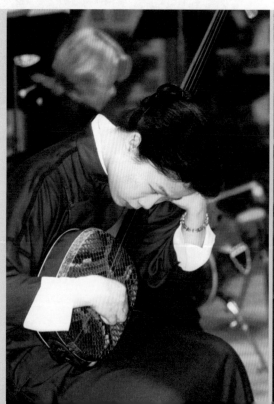
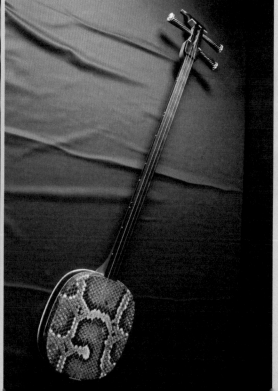

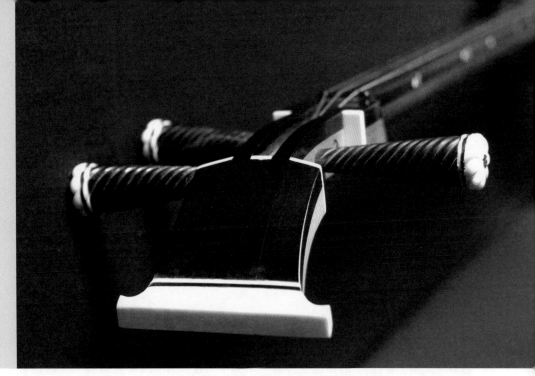

三弦的音色獨特，表現力豐富，擅於演奏活潑風趣的曲調，其低音區音色渾厚；中音區則響亮；而高音區堅實清脆。左頁左圖為樂團演奏前調音的三弦演奏者。

時亦有良好的效果。三弦演奏者一般佩戴假甲彈奏，令音色更突出，穿透力更強；然而，三弦獨特的音色較難和其他樂器融和，故在樂隊中一般多用作特色樂器使用。

　　三弦的演奏技巧與琵琶相近。右手的演奏技巧如彈、挑、雙彈、滾（單音、雙音、和弦）、掃、拂等。左手的主要有吟、打、帶、滑音、泛音等，其中大滑音是很有特色的演奏技巧。另外還有雙音及和弦等演奏技巧。著名大三弦獨奏樂曲有《十八板》（河南民間樂曲，李乙移植）、《邊寨之夜》（費堅蓉曲），協奏曲有《儺》（閣惠昌曲）等。

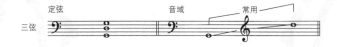

箏

　　箏在戰國（公元前475-221）時期已開始流行，亦因在秦國（陝西一帶）大盛，故又名「秦箏」。漢（公元前206-公元220）晉（公元265-420）以前的箏為十二弦，唐宋以後增至十三弦。二十世紀五十年代樂器改革後，多採用張有鋼絲弦或尼龍弦的二十一弦和二十五弦的轉調箏。箏主要用作器樂合奏或為民間說唱音樂伴奏等。

　　箏的整個琴體就是樂器的共鳴箱，多採用桐木製作，外狀呈長條形，面板弧形，底板平直並開有音孔。箏面張有琴弦，每根弦各有一個可以左右移動的音柱（又稱「雁柱」）的琴碼支撐着。箏是「一弦一音」的撥弦樂器，普遍以五聲音階定弦，以左手按弦來產生音高變化。彈奏的方法多使用右手大拇指、食指和中指指甲或佩戴假甲來演奏，再配合右手的無名指和左手各指的指肉部分撥弦發音。

　　箏的音色柔和厚實，表現層次獨特而豐富，擅於表達古典優雅以至激烈高亢的風格，被廣泛使用於合奏、重奏、獨奏和伴奏中，常用於演繹流水行雲、大河奔流的景色。在器樂合奏中，箏那獨特的划奏和琶音，多用以裝飾旋律和作為各種形式的伴奏。

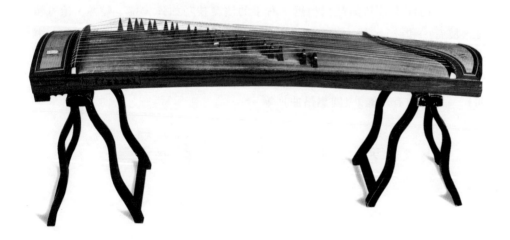

箏的演奏技巧豐富，擅於
以按、滑、吟、揉等手法
來潤飾旋律，以營造樂曲
的意象及美化音色。

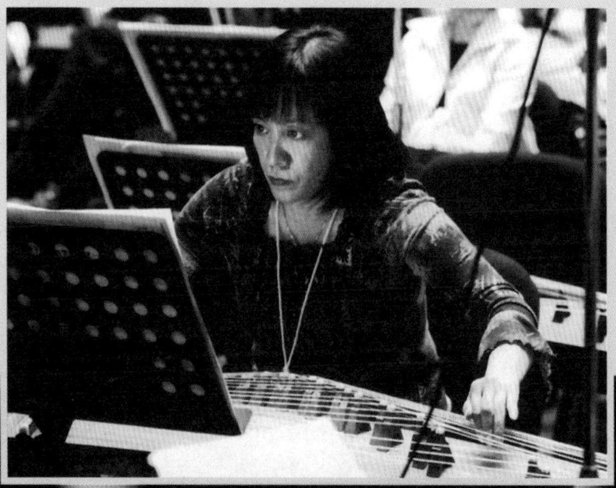

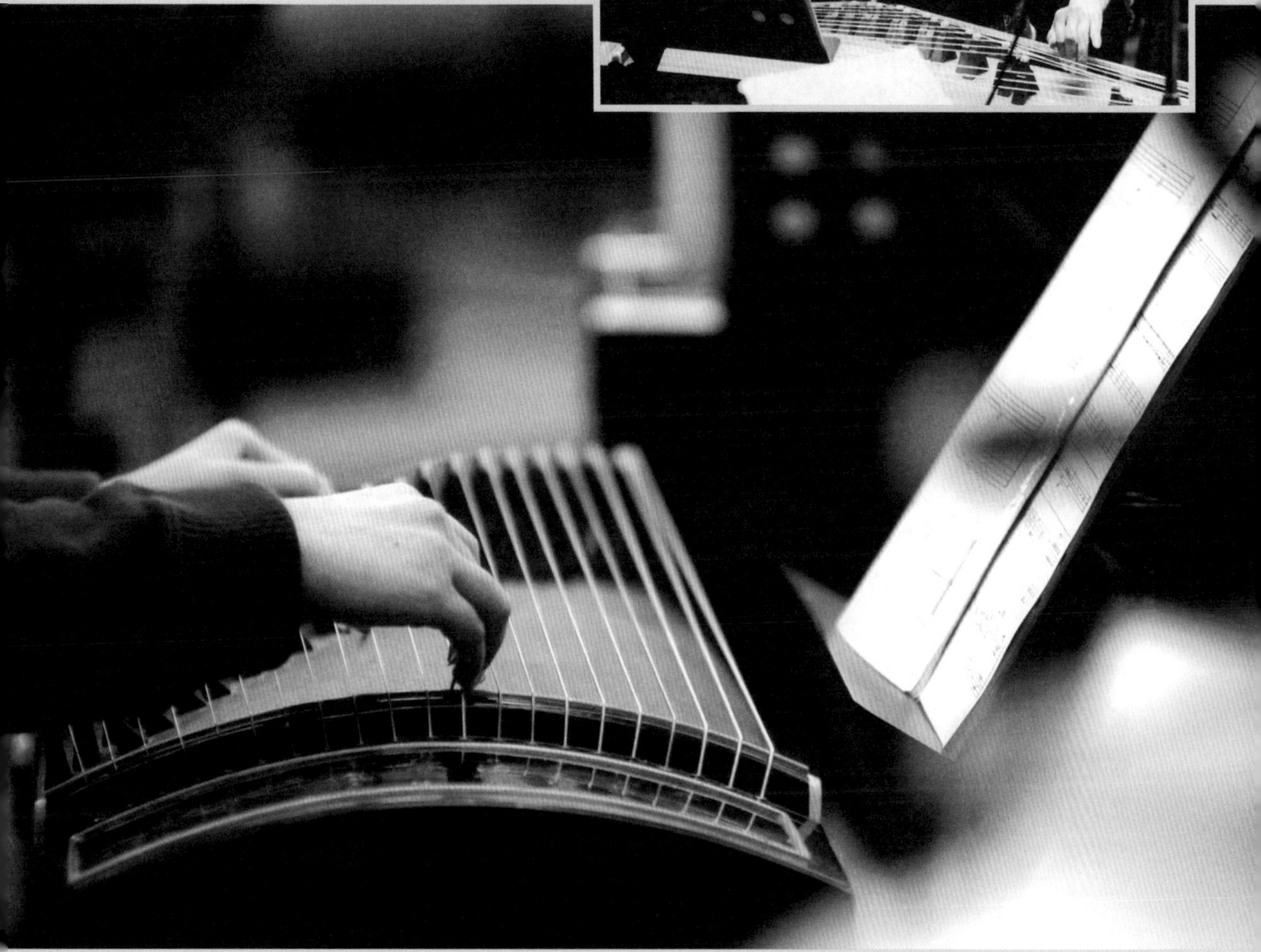

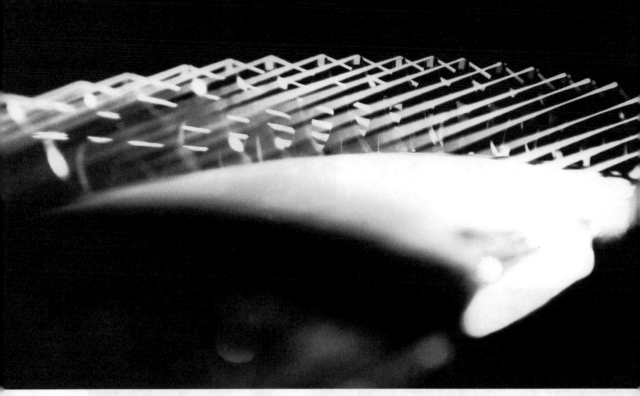

箏面板上的音柱除支撐弦線外，並可左右移動以調節音高，便於
轉調。

　　箏的演奏技巧分為右手的彈弦技巧、左手的按弦技巧和雙手彈弦技巧。右
手彈弦的基本技巧有托、劈、挑、抹、剔、勾和划奏等，其中富有特色的划
奏，是向高或低依次划動各弦至指定的音位，也有以用數音的短距離划奏來裝
飾旋律，稱為「花指」。右手的組合技巧如搖、撮和琶音等。左手的按弦技
巧，例如按變音，這是在「按」的演奏手法上奏出該弦的變化音，「按」亦即
使弦音升高的一種演奏方法，其他還有滑音、揉音和吟音。雙手彈弦技巧通常
有交替彈奏和同時彈奏兩類形式，前者是雙手運用相同的技巧進行交替彈奏，
後者多是左、右手各自運用不同的技巧配合彈奏。著名箏獨奏樂曲有《漁舟唱
晚》(古曲)、《戰颱風》(王昌元曲)，箏協奏曲有《臨安遺恨》(何占豪曲)、
雙箏協奏曲《迴旋協奏曲》(王澍曲) 等。

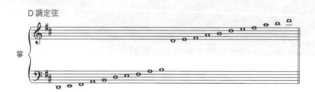

箜篌

　　箜篌的歷史悠久，最初稱為「坎侯」或「空侯」，古代除在宮廷雅樂中使用外，在民間亦廣泛流傳，在古代有臥箜篌、豎箜篌、鳳首箜篌等形制。箜篌發展至宋代已逐漸失傳，近二百年來差不多銷聲匿跡。到二十世紀八十年代初，張琨設計出一種名為「雁柱箜篌」的新品種，亦令這件古老的樂器獲得新生，經改革的箜篌更廣為大型民族管弦樂隊採用。

　　箜篌的形狀如半截弓背，在向上彎曲的曲木上設有曲形共鳴槽，並有腳柱和肋木，張有二十多條弦。演奏時豎抱於懷，從兩面用雙手的拇指和食指同時彈奏。根據古代壁畫和文獻記載，豎箜篌的弦有七根、十六根、二十二根、二十三根等數種。二十世紀八十年代改革的箜篌，雙面共鳴箱上裝有兩排音碼，兩排弦各張有三十六根弦，共計七十二根。

　　箜篌的音域寬廣、音色柔美清澈。演奏方法採用左右兩手指撥動弦線發出聲響，演奏技巧多變，如八度音、琶音、和弦、泛音、搖指、挑音、抹音、滑音等。箜篌的表現力強，適用於合奏、重奏、獨奏和伴奏。

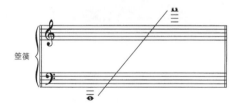

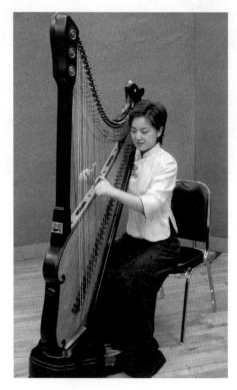

箜篌的造型古樸秀麗，彈奏時常以揉壓顫滑的手法使旋律線條柔美富有韻味。

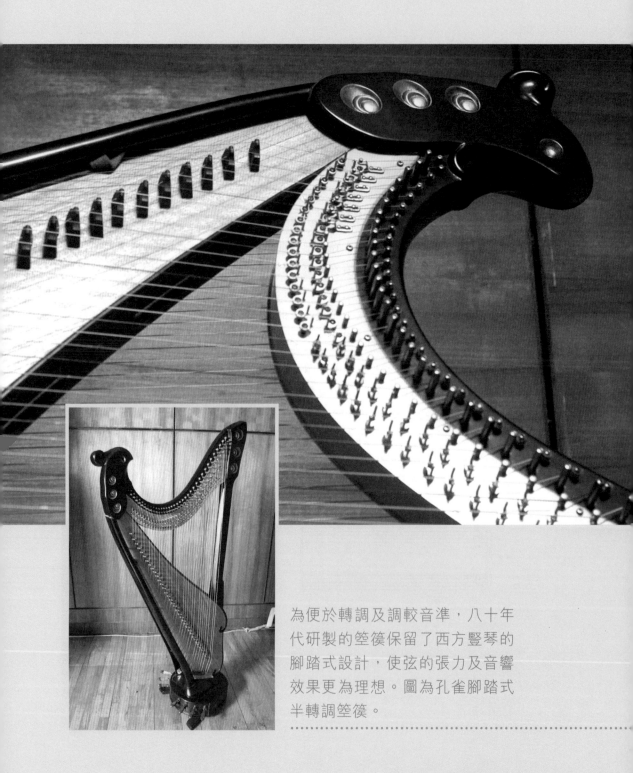

為便於轉調及調較音準，八十年代研製的箜篌保留了西方豎琴的腳踏式設計，使弦的張力及音響效果更為理想。圖為孔雀腳踏式半轉調箜篌。

參考資料

1. 中國藝術研究院音樂研究所編輯部編《中國音樂詞典》，北京：人民音樂出版社出版，1985 年。

2. 江明惇編著《中國民族音樂欣賞》（修訂本），北京：高等教育出版社，1998 年。

3. 何化均、張式業編著《實用民族樂器法》，濟南：山東文藝出版社，1991 年。

4. 袁靜芳主編《中國傳統音樂概述》，上海：上海音樂出版社，2000 年。

5. 崔君芝編著《箜篌天地》，北京：中國電影出版社，1996 年。

6. 趙渢主編《中國樂器》，北京：現代出版社，1991 年。

7. 羅仕藝編著《大學生民族音樂欣賞》，北京：中國青年出版社，2001 年。

8. 豎箜篌 http://www.chinamedley.com/langyuan/konghou/

拉弦樂器

　　拉弦樂器是指用弓毛擦弦為基本發聲原理的一類樂器，雖然它是中國民族樂器中出現最晚的一種樂器，但亦有千多年的歷史。

　　拉弦樂器中最主要和被廣泛使用是「胡琴類」。胡琴是由唐代的「奚琴」演變而成。它是東北方少數民族「奚族」的樂器，音箱呈圓形槽狀、竹柄張有兩條弦線，以竹片在兩弦之間擦弦發音。「奚琴」約在北宋時傳入中原。其後漸演變為用馬尾弓拉弦的胡琴，清代以後胡琴類樂器逐漸改良，至今已成為主要的拉弦樂器。

　　拉弦樂器利用琴弓摩擦琴弦產生振動，使音箱和音箱上的皮膜或者

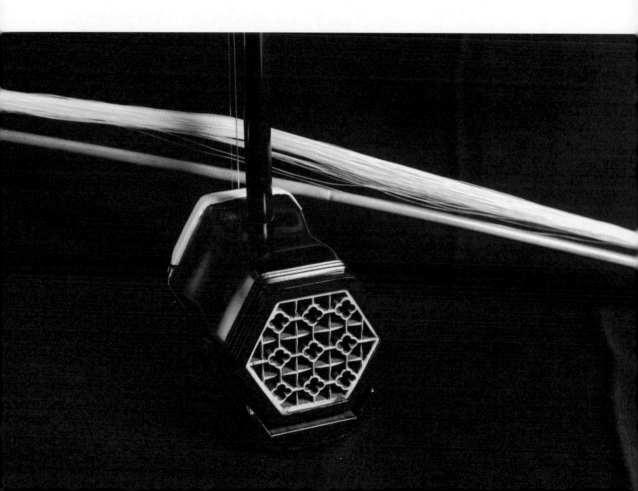

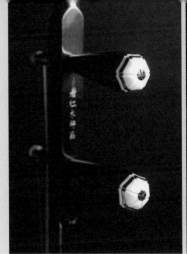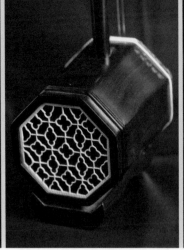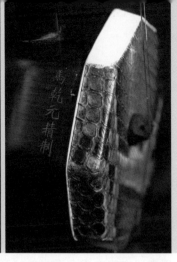

二胡的琴筒亦即樂器的共鳴箱，琴箱的一端蒙有蟒蛇皮，亦是二胡發聲的重要裝置；現今二胡的琴軸有金屬製轉軸，使調音時音高更為準確。上圖左起：木質琴軸、音窗、琴膜。

板面產生共振而發聲。據記載，中國拉弦樂器多達三十六種以上，一般統稱為胡琴。它們由不同的地方戲曲、說唱藝術和樂器演奏中發展而來，如高胡、板胡、京胡、中胡等。胡琴類樂器的共通點為筒狀，蒙以皮或板面，張有兩或四根弦線，多用馬尾弓夾於弦間擦弦發音。

現在民族樂團所使用的拉弦樂器主要分為五類：二胡類（高胡、二胡等）；大胡類（大胡、低胡等）；板胡類（板胡、椰胡等）；京胡（京胡等）；墜胡（墜胡等）。近代為配合樂隊合奏需要，又創製出中胡、革胡等中、低音拉弦樂器，豐富了這類樂器的表現力。香港中樂團常用的拉弦樂器有二胡、高胡、中胡、革胡及低音革胡。此外，樂團亦會隨樂曲的需要採用其他不同形制的拉弦樂器，如板胡、京胡、椰胡、擂琴等。

拉弦樂器均具有共同的特點：

1. 表現力豐富，力度變化較大；
2. 音色甜美而近似人聲，擅長演奏歌唱性旋律；
3. 胡琴類樂器的音色較為接近，演奏時容易互相配合；
4. 演奏技巧比較多變；
5. 能夠長時間地持續演奏。

高胡

　　高胡又名「粵胡」，是二十世紀二十年代廣東音樂名家呂文成由二胡改革而成。它形如二胡，但琴身比二胡略小，定弦亦比二胡高四度或五度，因而音色清亮華麗。早期是廣東音樂和粵劇伴奏的主要樂器之一，現在逐漸成為既能獨奏，亦能合奏和重奏的拉弦樂器。

　　高胡的形體結構基本上與二胡相同，只是琴筒較小、琴桿也較為短。演奏者把琴筒夾於兩腿間演奏。高胡的定弦比二胡高五度，音域約有兩個八度。

　　高胡音色在各音區的分別不大，音色變化亦與二胡相同。高胡在民族樂團中擔任弦樂器的高音聲部，雖不如二胡表現力豐富，但仍擅於演奏抒情的旋律或表達熱烈歡騰的氣氛。它在擔任伴奏角色時能演奏持續長音、各種節奏型和

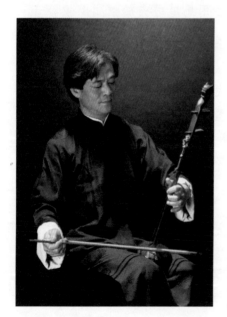

演奏高胡一般多用雙膝夾持琴筒，這有利於消除拉奏時的雜音和控制音量，更能發揮其明亮柔美而略帶鼻音的音色。

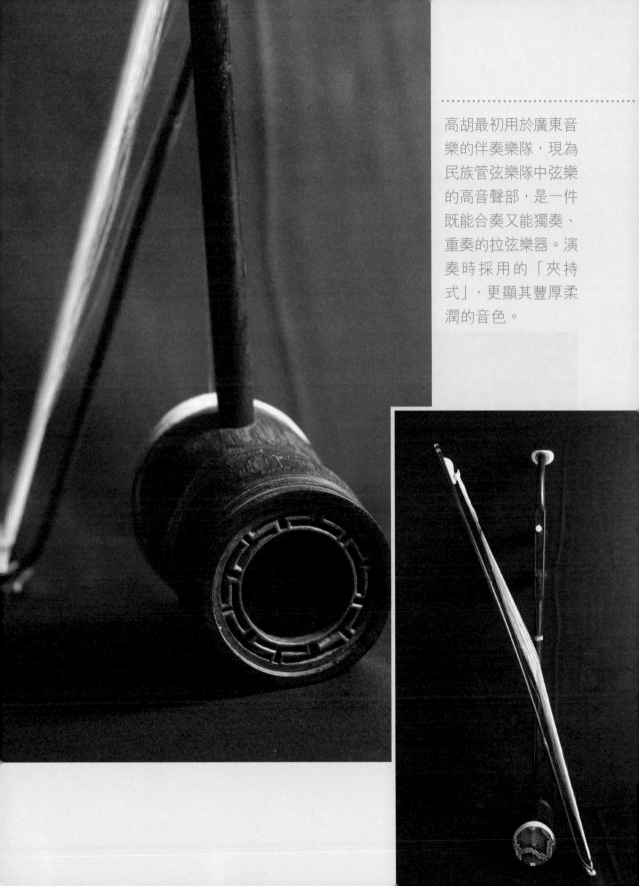

高胡最初用於廣東音樂的伴奏樂隊，現為民族管弦樂隊中弦樂的高音聲部，是一件既能合奏又能獨奏、重奏的拉弦樂器。演奏時採用的「夾持式」，更顯其豐厚柔潤的音色。

華彩型伴奏等。

　　高胡的演奏技巧與二胡相同，分為右手技巧和左手技巧。著名的樂曲有高胡協奏曲《琴詩》（李助炘曲）、《梁祝》（何占豪、陳鋼曲）等。

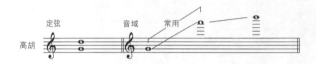

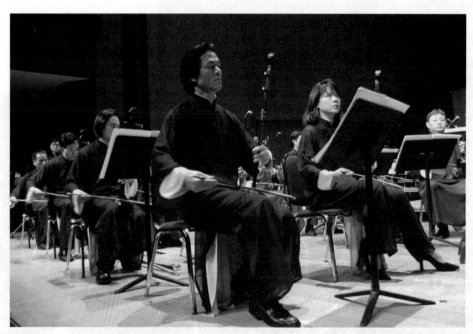

高胡具有清澈秀麗的特色，是民族管弦樂隊中弦樂的高音聲部。上圖為香港中樂團的高胡聲部。

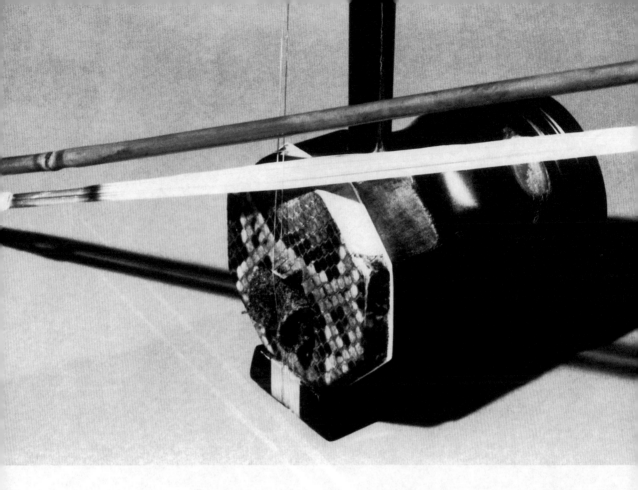

二胡

　　二胡，曾被稱為「胡琴」、「南胡」，是胡琴類樂器的代表，亦被中國各地音樂廣泛使用作為獨奏和伴奏的主要樂器之一。二十世紀五十代的樂器改革，二胡由使用絲弦轉為金屬弦，改進其音質和聲量；使用金屬製的螺旋轉軸，在調音時音高更準確等，使二胡在演奏上能夠有更大的發揮和表現。

　　二胡由琴筒、琴桿、琴弦、琴碼、千斤、琴弓、底托所組成。二胡的琴筒的一端蒙有蟒蛇皮，而另一端是音窗。此外，還置有千斤，即利用一條細繩，繞紮於琴桿和琴弦中腰的地方，用作調節音高；亦有金屬製的「S」形小鈎，小鈎可以上下移動；琴碼則置放在琴筒皮膜上，將琴弦架起，使琴弓拉擦琴弦所產生的振動能夠由琴弦傳至琴筒。二胡的音域可達到三個八度左右，但在合奏時一般音域多不超過兩個八度。

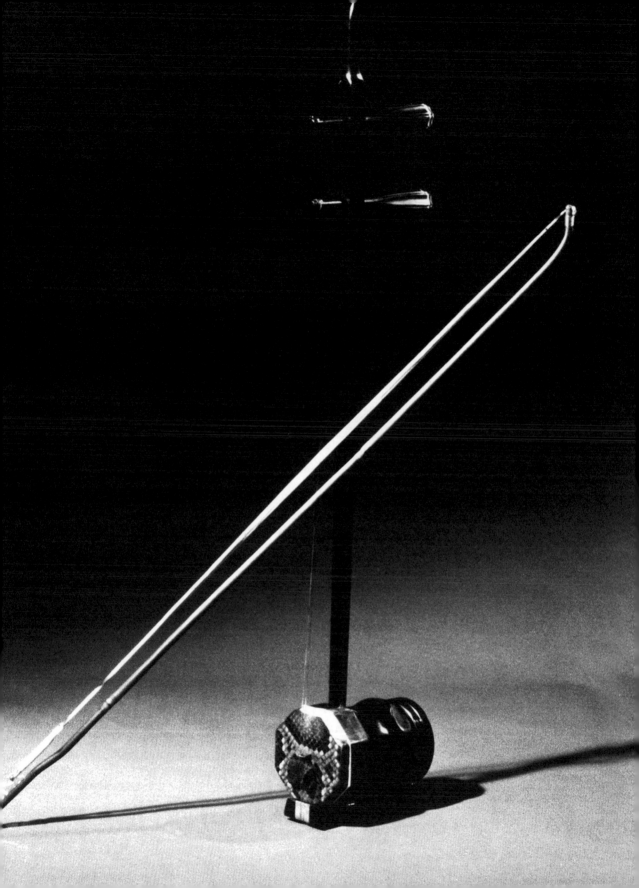

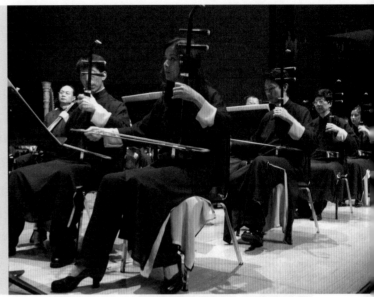

二胡的琴筒多為六角形或圓筒形，改革後的二胡在琴筒下面加上底托，讓演奏者拉奏時避免與衣服接觸，增大共鳴及起穩定樂器的作用。

　　二胡音色甜美，外弦的音色比內弦明亮、剛柔多變，具高難度的演奏技巧，而且表現力強，既能演奏柔和、流暢的曲調，也能演奏跳躍有力的旋律，是表現力豐富的拉弦樂器。因此，在民族樂隊中常擔任主奏和獨奏樂器，同時亦演奏伴奏音型。

　　由於二胡是以固定音高定弦，故較容易演繹各種音調，而其豐富的演奏技巧，既適宜表現深沉、悲淒的內容，也能描寫氣勢壯觀的意境。二胡在民族器樂合奏中，有時會以密集的音型來伴奏，從而襯托旋律；有時會與其他拉弦樂器一起演奏持續和弦音以及各種節奏音型。

　　二胡的演奏技巧分為右手技巧和左手技巧。右手技巧主要是弓法技巧，透過弓向（拉弓、推弓）、弓速（慢弓、快弓）和手腕的力度（平弓、斷弓、跳弓、顫弓等）等的差異，表達不同的演奏技巧。左手的技巧則透過左手手指的不同運用而成，如揉弦、顫音、打音、滑音等。著名獨奏樂曲有《二泉映月》（華彥鈞曲）、《賽馬》（黃海懷曲） 等，協奏曲則有《長城隨想》（劉文金曲）等。

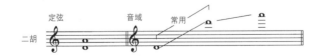

中胡

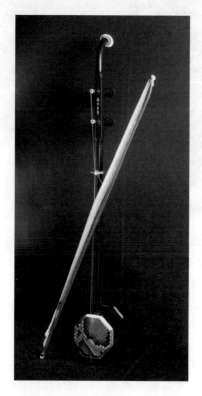

中胡是中音二胡的簡稱，屬胡琴類的中音拉弦樂器，於二十世紀五十年代在二胡的形制基礎上改革製成；外觀形狀與二胡一樣，琴筒比二胡大，琴桿亦較長。

中胡的結構除體形外，基本上與二胡相同，音域約有兩個八度，音色變化與二胡基本相同。中胡在民族樂團中一般擔任弦樂器的中、低音聲部；其深厚豐潤的音色，能演奏抒情的旋律。在民族樂團合奏中，主要用於豐滿弦樂以至整體的中音聲部，例如重疊高聲部的旋律，以加強音響效果。在擔任伴奏角色時，演奏持續長音及各種節奏型作和聲性的伴奏。

演奏技巧方面大致與二胡相同，分右手和左手技巧。除作伴奏樂器外，亦擔任獨奏；著名的中胡獨奏曲有《草原上》（劉明源曲）等，中胡協奏曲則有《蘇武》（劉洙曲）等。

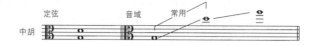

中胡的音色深厚豐潤，具一定的穿透力，在民族管弦樂合奏中多擔當中聲部的伴奏，亦會擔任獨奏、領奏和對位旋律的演奏。右頁：香港中樂團的中胡聲部，前為箏。

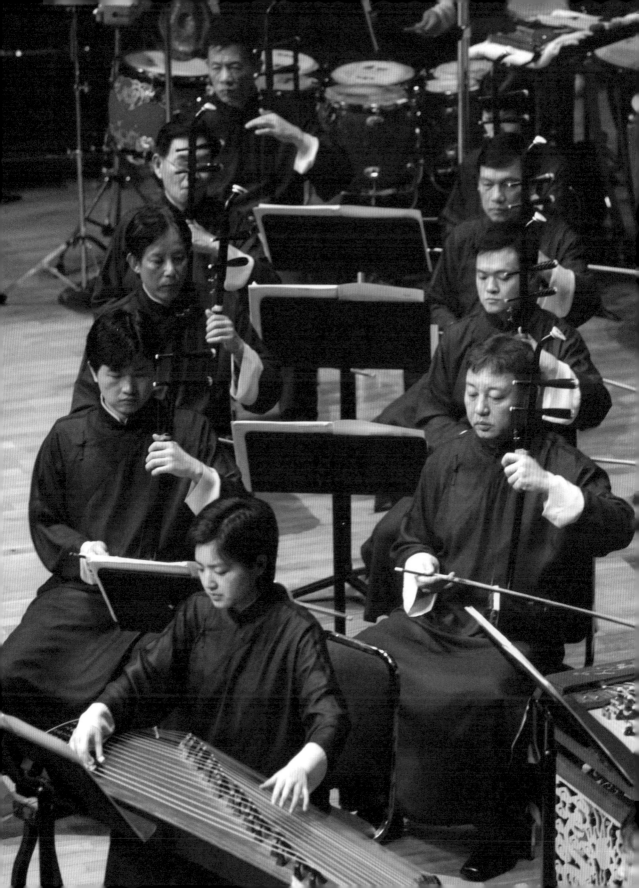

革胡

革胡是胡琴類的低音拉弦樂器，二十世紀五十年代楊雨森經過多年的改革和實踐後，在保留胡琴類樂器基本音色和造形的基礎上，結合西方提琴類樂器的發音結構研製而成。革胡初期有小、中、大及低音革胡四種，及後經過不斷的改革，無論在音色、外形等都有所改善，大大豐富了民族樂隊的低音域。

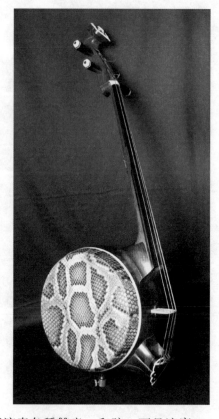

革胡由圓形和橫置的木製琴筒組成，一端蒙有蟒蛇皮（單皮震動式或雙皮震動式），用槓桿式琴碼架起弦線，張弦四根。香港中樂團現時採用的革胡是單皮震動式革胡。

革胡的音色堅韌響亮，音域寬廣，約有三個八度。革胡以琴弓在弦外拉奏發聲，或用右手手指撥弦彈奏。它的音色變化大致與二胡相同。革胡多負責演奏樂曲中的中低音聲部，可演奏各種雙音、和弦，而且適應任何轉調。革胡在合奏時，有增強音響厚度、豐富和聲效果的作用。

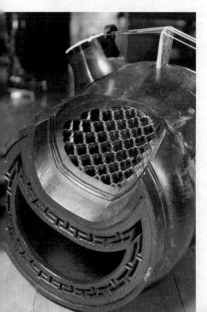

革胡的演奏技巧分為右手和左手技巧。右手主要是弓法技巧，有慢弓、快弓、分弓、連弓、斷弓、頓弓、跳弓、抖弓等。由於革胡的琴箱較大、琴弦較長，餘音亦較長，因此亦不時會以撥弦的方式演奏。至於左手的技巧則主要有泛音、顫音、打音和滑音等。由於革胡的指位距離比較寬，故此，它不適宜演奏繼快的音符或者是過多的加花演奏。

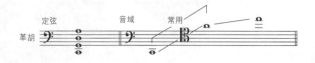

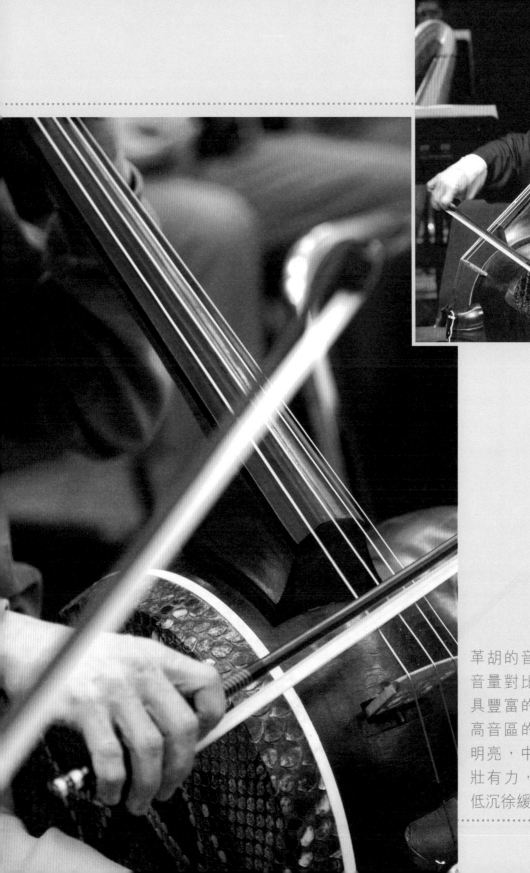

革胡的音量幅度和
音量對比很大，亦
具豐富的表現力，
高音區的音色柔美
明亮，中音區則雄
壯有力，低音區就
低沉徐緩。

低音革胡

　　低音革胡的外形與革胡相同，但體形較大，同樣是楊雨森於二十世紀五十年代在二胡基礎上創製而成的低音拉弦樂器。改革後的低音革胡在音色和外形等也有所改善，豐富及加強了民族管弦樂團的低音聲部。

　　低音革胡的結構與革胡相同，但由於它的體形較大，拉奏的時候需要站着或坐在較高的椅子上。它的聲音低沉渾厚，演奏方法與革胡一樣，弓法亦如西洋樂器中的低音大提琴。

　　低音革胡的演奏技巧大致上與革胡相同。

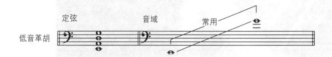

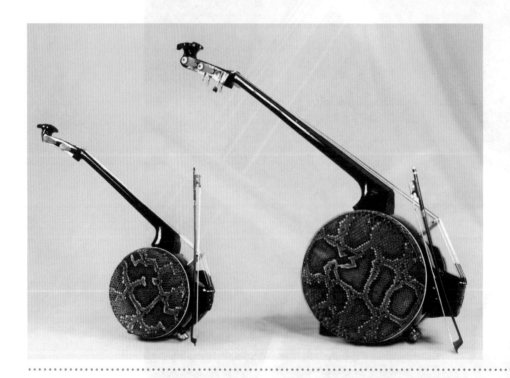

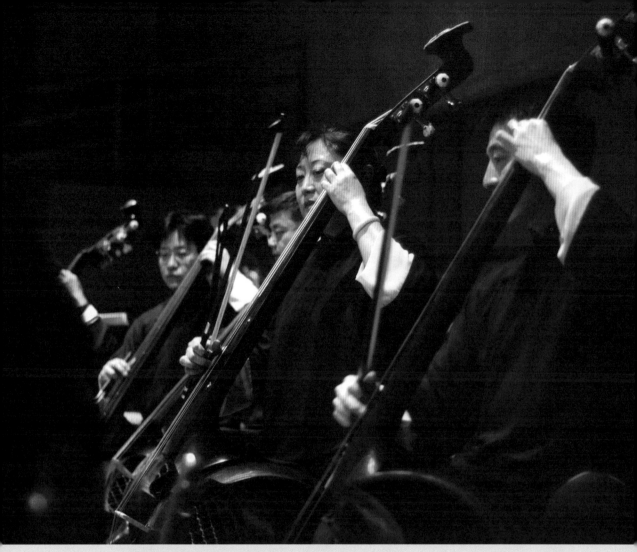

低音革胡的體積比革胡大，形制與革胡相似，但音色更為低沉，是民族管弦樂隊中弦樂的低音聲部。左圖左起：革胡、低音革胡。上圖為香港中樂團的低音革胡聲部。

參考資料

1. 中國藝術研究院音樂研究所編輯部編《中國音樂詞典》，北京：人民音樂出版社出版，1985年。

2. 江明惇編著《中國民族音樂欣賞》（修訂本），北京：高等教育出版社，1998年。

3. 何化均、張式業編著《實用民族樂器法》，濟南：山東文藝出版社，1991年。

4. 袁靜芳主編《中國傳統音樂概述》，上海：上海音樂出版社，2000年。

5. 趙渢主編《中國樂器》，北京：現代出版社，1991年。

6. 羅仕藝編著《大學生民族音樂欣賞》，北京：中國青年出版社，2001年。

打（敲）擊樂器

　　打擊樂器泛指以擊打方式發聲的樂器。中國打擊樂器的歷史悠久，早在商代已有關於打擊樂器的記載，到了周代，樂器形制和音律的發展令鼓、磬和鐘等樂器有進一步的發展。歷代均有自外族傳入的樂器，如東晉時傳入的鈸；唐代時傳入的腰鼓、銅鼓等。隨着歷史的演進，打擊樂器經過改革、吸收和淘汰，大大豐富了樂器的音色，對中國樂器領域的發展起了積極的推動作用。

　　打擊樂器的種類繁多，按樂器的發聲方法，由皮膜振動而發聲的稱為「膜鳴樂器」（鼓類）；由樂器本體的振動而發聲的稱為「體鳴樂器」（如鑼、鈸、板、鐘等）。大部分的打擊樂器只有相對音高，並沒有固定的音高，稱為「無固定音高打擊樂器」（如鑼、鈸等）。打

鼓在歷代各種樂隊中是一種主要的打擊樂器，擊鼓者常起着指揮樂隊的作用。

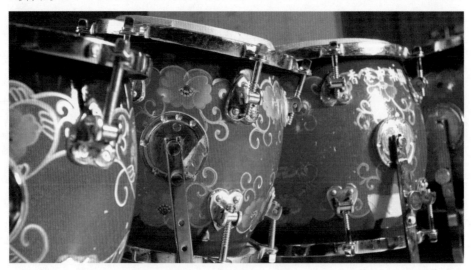

擊樂器亦可以其製造材料來分類,可以分為:金屬類(如大鑼、小鑼、雲鑼和各種鈸、鐘、鈴等)、竹木類(如拍板、竹板、梆子、木魚等)和皮革類(如大鼓、排鼓、單皮鼓、手鼓等)。

打擊樂器除能夠加強樂曲的節奏、營造豐富多彩的音色變化外,還能組合起來獨立演奏。包括香港中樂團在內的民族樂團所用的打擊樂器,基本上由中國民族打擊樂器及西洋敲擊樂器兩套所組成,其中各包含有固定音高與無固定音高樂器。中國民族打擊樂器由大鑼、小鑼、雲鑼、竹板、梆子、木魚、大鼓、排鼓、板鼓、手鼓等組成;西洋敲擊樂器則包括定音鼓、木琴、管鐘、鋼片琴、鋁板琴、大軍鼓、小軍鼓、大鈸等。

在合奏中,應樂曲的風格和特點需要,亦會採用不同品種、件數和組合的打擊樂器,但一般都會以鑼、鼓和鈸三類樂器作為基本樂器。

打擊樂器的共同特點有:

1. 大部分樂器單擊的音響延續性短,因此具有很強的節奏性;
2. 大部分樂器的音量很大;
3. 具有豐富的色彩和個性特點;
4. 可通過不同的打擊工具、敲擊手法和敲擊部位來產生音色和音高的變化;
5. 各種樂器均可單獨使用,亦可配合其他的打擊樂器結合演奏。

皮革類打擊樂器

鼓類樂器距今約有三千年的歷史,經過各個民族文化的交流與融合,進一步促進了鼓類樂器的發展。現今的鼓類樂器繁多,形制不一,民族管弦樂團常用的有大鼓、小鼓、板鼓和排鼓等。

大鼓

大鼓屬皮革類的無固定音高打擊樂器。

大鼓的鼓框由木製成，上下兩面蒙上皮革，架在木架上演奏。演奏時一般使用兩根硬木槌，偶然會使用軟木槌作為敲擊工具，兩者皆可奏出不同的力度和音色。大鼓鼓面的面積較大，敲擊鼓面不同的部位可以發出不同的音色和音高，鼓面的中心發音最低，越靠外圍的聲音越高，而且鼓中心的共鳴最好，餘音最長。

大鼓的演奏技巧複雜多變，音量幅度很大。在合奏和伴奏時，能烘托樂曲的氣氛，例如表現雄壯歡騰的情緒，也用作模擬海濤、風嘯、雷聲等聲音，因此在樂團合奏中不時擔任獨奏的角色。它的基本演奏技巧有單擊、雙擊和滾擊等。

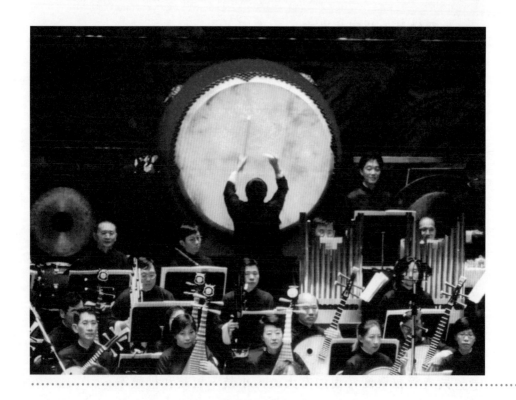

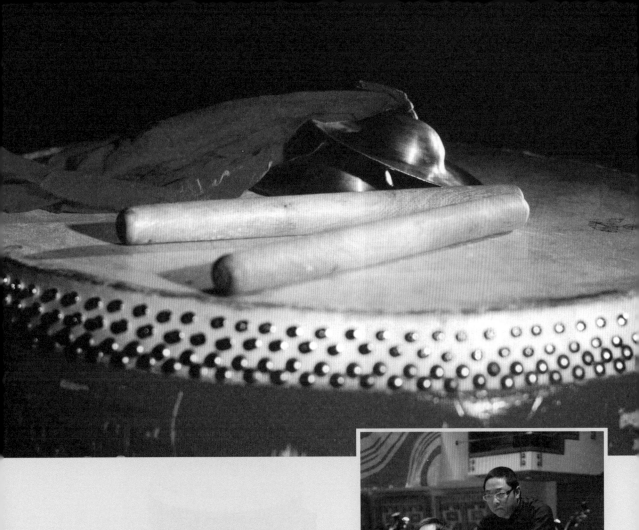

大鼓的音強幅度極大，能奏出很
強和很弱的音響。因此對情緒、
氣氛的起伏和烘托能起關鍵性的
作用，其漸強或漸弱均能使力度
的變化造成極為明顯的對比。

小鼓

小鼓，又稱為「戰鼓」、「小堂鼓」，屬皮革類無固定音高的打擊樂器。

小鼓的構造與大鼓相似，同是木製和上下蒙有皮革，只是鼓身小而高，演奏時架於木架上，使用兩根木槌演奏。它的音色堅實，音調亦較高，但音高和音色的變化比大鼓少。演奏技巧基本與大鼓相同，演奏時多採用快奏和加花，擅長表現熱烈緊張的氣氛。

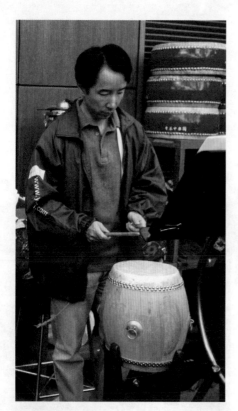

小鼓是各種樂隊中使用最普遍的一種小型鼓。按鼓面的大小和鼓皮的緊度不同，小鼓有各種不同的調門和品種。右圖為扁鼓。

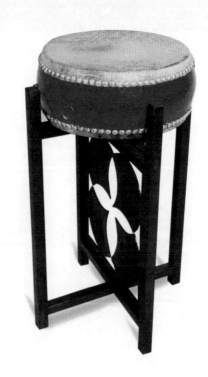

板鼓

　　板鼓，又稱「單皮鼓」，屬皮革類無固定音高的打擊樂器板鼓早在唐代已開始應用，現多用於戲曲伴奏和民間器樂。

　　板鼓的鼓框由結實的木料製成，呈扁圓形，內腔的形狀則像喇叭，上面較小的一面蒙以厚皮。演奏時，將鼓身平放在木架的繩索上，使用兩根藤或竹製鼓箭敲擊。敲擊板鼓不同的部位會有大小高低不同的音高和音色，如鼓心的音高稍低、音色堅實，鼓邊的音高稍高、音色清脆。板鼓的基本演奏技巧則有：單簽擊、雙簽擊和滾擊等。強奏時聲音堅實脆亮、有震耳感，弱奏時灰暗而啞悶，兩者差異極大。

　　板，由若干塊木板組成，分前、後兩組，上端則以布帶相聯，並通過下端的開合動作相擊發音。

　　在戲曲樂隊中，板鼓通常與板配合，並由一人兼奏。演奏者通常以各種擊鼓手勢和擊音指揮樂隊，並與拍板一起標誌唱腔節奏，為演員的各種身段和動作伴奏，給鑼鼓演奏增加花點，烘托舞台氣氛和人物形象，可說是等同於樂團的領奏或指揮的角色。

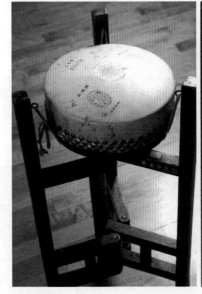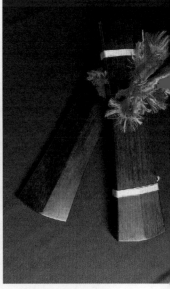

在器樂的合奏中，板鼓常用作表現熱烈緊張的氣氛和激動的情緒。

排鼓

　　排鼓屬皮革類定音的打擊樂器，是大小不同的一組可定音套鼓的總稱。二十世紀五十年代後的樂器改革，使排鼓發展為富有色彩的有固定音高的打擊樂器。

　　排鼓是以小鼓為基礎發展而成，所以每個鼓上下兩面均有鼓面，每面設有調音裝置，可以調出兩個不同的音高，排鼓通常由四個至五個鼓所組成，因此五個鼓的組合，一次就可以調出十個不同的音高。排鼓一般裝在叉架上，使鼓身可以迅速地翻轉，演奏時使用雙硬槌擊打。

　　排鼓的音高對比鮮明，音色、力度和演奏手法多變，使它能夠奏出豐富多彩的音響效果。合奏中排鼓既可擔任伴奏的角色，亦可演繹獨奏的樂段。演奏技巧基本上與小鼓差不多，較適宜演奏激情歡騰的樂曲。

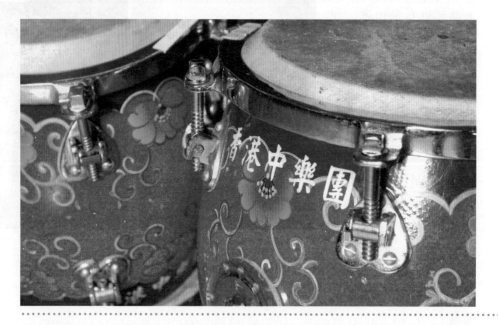

排鼓各鼓所定的音，通常是選自該樂曲調式中的常用音，而記譜則在五線譜以實音記譜的方式記譜。在使用上，排鼓也可代替小鼓演奏。

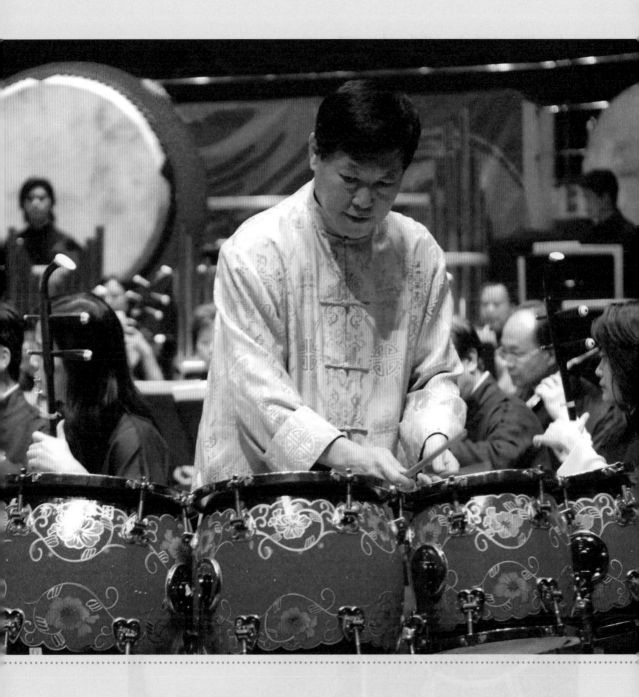

金屬類打擊樂器

　　鑼、鈸和編鐘均屬金屬類的打擊樂器，早在後魏時期已經出現，當時被稱為「沙鑼」，後於各地民間音樂中廣泛使用，並逐漸發展出音色和體形各異的品種。鑼由銅鑄造而成，外形呈圓盤狀。

　　鈸，又稱「銅鈸」，在北魏時期已經很流行，原為西域的打擊樂器。鈸亦為銅製，以兩片為一對，形狀呈圓形，中間隆起像半球狀，演奏的時候互相敲擊發聲。

　　編鐘，是由數目若干，大小、音高不同的銅鐘組合而成，遠在三千年前的商代已經出現。現今民族樂團常用的有低鑼、小鑼、大鈸、小鈸，還有定音的雲鑼和編鐘等。

大鑼是各種大型鑼的總稱，其品種甚多，形制大小、發音高低也不一。下圖左起：黑鑼（鑼邊和鑼心不刮光，呈黑色）和堂鑼，前者鑼膛較大、整個鑼面平坦、發音較低；後者鑼膛較小、中心稍高、發音較高。

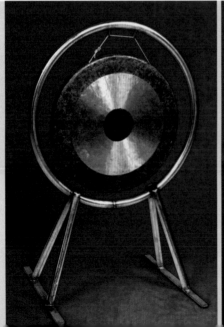
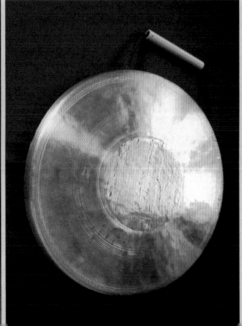

低鑼

低鑼屬無固定音高金屬類打擊樂器，在眾多同類樂器中，它是體形最大、發音最低的一種。低鑼用繩懸掛在木架上，手持軟頭的鑼槌演奏。低鑼的音色以中心發音較低，敲擊時越靠鑼的外圈聲音就會越高，正擊中心的音色宏亮，輕擊的聲音厚實，餘音較長，相反以同樣力度敲擊外圈，它的聲音就會較為鬆散。

低鑼的音色深沉，在強奏時能表現緊張嚴肅的感覺，弱奏時則能營造寧靜或不安的氣氛。低鑼常用的演奏技巧有單擊、連擊、中心擊、內圈擊、外圈擊等。由於低鑼的餘音較長，一般以使用單擊為多，演奏時使用連擊漸強，極具渲染氣氛的作用，有畫龍點睛的效果。

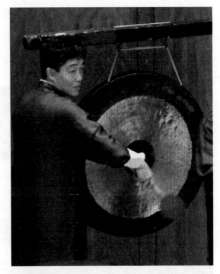

低鑼擅於表現宏偉、莊嚴、熱烈等氣氛。

小鑼

小鑼屬無固定音高的金屬類打擊樂器，是體形較小的打擊樂器。民間音樂中所使用的小鑼，在大小、音高和名稱上各有差異。小鑼鑼心部分向外隆起，演奏的時候鑼身不需繫上繩子，左手手指提起鑼邊的內緣，右手手持薄木片的一端，以木片的另一端側面敲擊鑼心發聲。

小鑼的音色脆亮，由於它的體形較小，音色變化不如體形較大的低鑼和大鑼，在合奏時適合表達輕快幽默的情緒，演奏通常配合其他的打擊樂器演奏。小鑼常用的演奏技巧有單擊、連擊、中心擊、內圈擊、邊圈擊等。

大鈸

大鈸屬無固定音高的金屬類打擊樂器。每副鈸共有兩片，是銅製的圓形打擊樂器，每片中間凸起的部分稱作「鈸碗」，鈸碗中間有一個孔，穿有皮條或綢布。演奏時，雙手各持鈸碗頂部的布條，使兩塊鈸片相擊發聲。

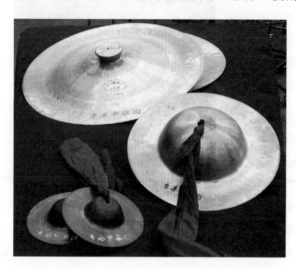

大鈸在樂團的合奏中常與鑼和鼓一起使用，它的音色響亮，穿透力強，餘音較長，適合表現熱烈歡騰的氣氛。大鈸的演奏技巧有重擊、輕擊、悶擊、滾擊、擦擊、側擊等。其他的演奏技巧如磨擊（兩塊鈸片連續地輕輕互相摩擦，令聲音延續迴蕩）、搥擊（使用槌敲擊單面鈸片邊緣）等。

小鈸

小鈸，是無固定音高的金屬類敲擊樂器。它的體形比大鈸小，發聲方法和形制則與大鈸相仿。

小鈸的音色較大鈸清亮，在使用上比較靈活，小鈸可以與其他打擊樂器如小鼓、板鼓、小鑼等一起演奏，亦可應樂曲的風格，單獨配合旋律演奏，效果同樣突出。小鈸的音色變化和演奏技巧與大鈸相同。

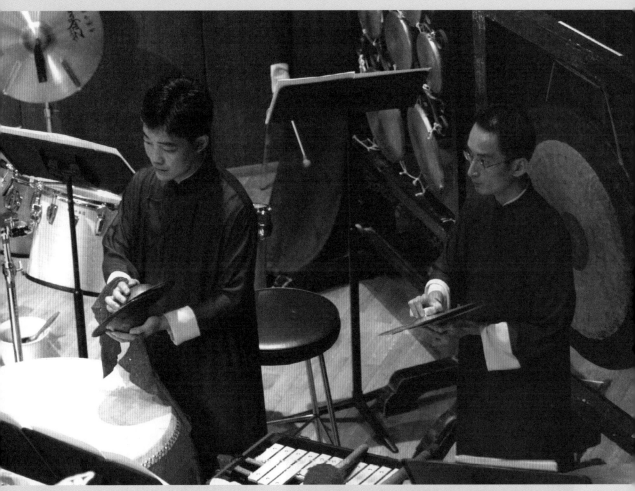

大鈸特別在樂曲的高潮時或特殊氣氛（如悲憤）時使用很有效果。常與大鼓或小堂鼓、板鼓、大鑼一起使用，以演奏強拍、前半拍及簡單的節奏為多。小鈸發音清脆，常與小鼓、小鑼一起使用。左頁上起：大鈸、草帽鈸、小鈸。上圖左起：草帽鈸、中鈸。

雲鑼

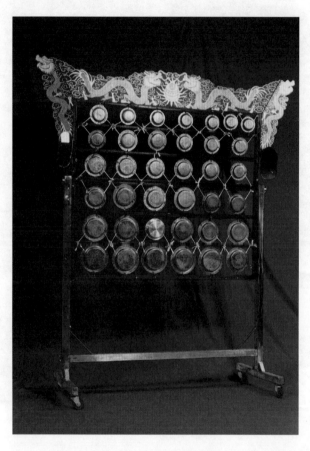

雲鑼，屬固定音高的金屬類打擊樂器，俗稱「九音鑼」，其中「九」是指多的意思，並不代表雲鑼的數目。雲鑼最早見於元代，當時稱之為「雲璈」，鑼的數目有十面、十三面等多種，明清而後，鑼的數目多為十面。雲鑼懸掛在直立式木框上，演奏者左手持木框的架柄，右手用小槌敲擊演奏。二十世紀五十年代開始，對雲鑼的形制進行改革，鑼的數目增加至三十多面，增設半音，擴大音域，亦改進其音色。演奏時所使用的敲擊工具有硬、軟鑼槌兩種。

雲鑼的音色視乎所用的鑼槌而定，軟槌敲打的音色較為柔和，硬槌則較為明亮，演奏時應樂曲的氣氛作出調配。由於改革後鑼的數目增加，因此大型的落地雲鑼架，多在大、中型的樂團中使用。同時改用雙槌作為敲擊的工具，讓演奏者有更大的空間，豐富雲鑼的演奏技巧。

在合奏方面，大部分的雲鑼是以十二平均律來排列，適合演奏各種和弦，方便轉調。雲鑼的表現力豐富，因此在樂團中亦會擔任獨奏角色，適宜演繹活潑愉快的樂句。此外，華彩的樂句、抒情的旋律亦同樣適宜。雲鑼的演奏技巧主要有單擊、雙擊和滾擊等。

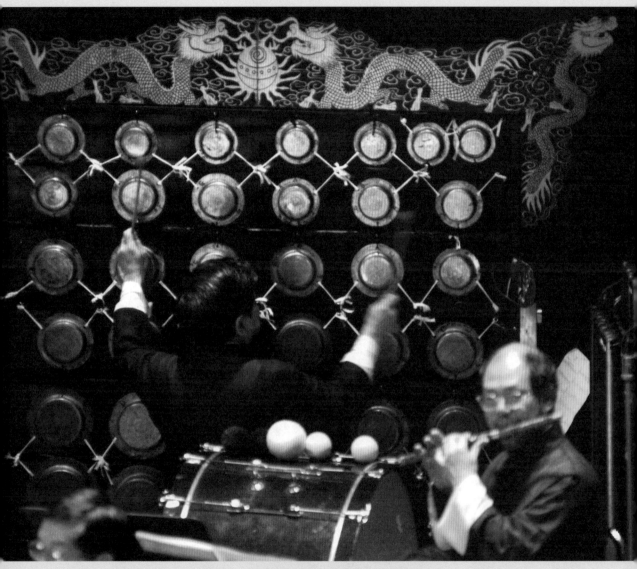

雲鑼的音色因使用的鑼槌而有所差異，以硬槌演奏，音色明亮；採用
軟槌則柔和，兩者各具特色。演奏者多靠置於兩旁的鏡片，反映指揮
的動作來進行演奏。

古代的編鐘是威嚴權力和崇高地位的象徵，諸侯的編鐘要按等級要求懸掛，歷代編鐘的形制不一，枚數亦各異。敲擊編鐘的正面和側面可發出兩個不同的音高，一般採用特製木槌擊奏。

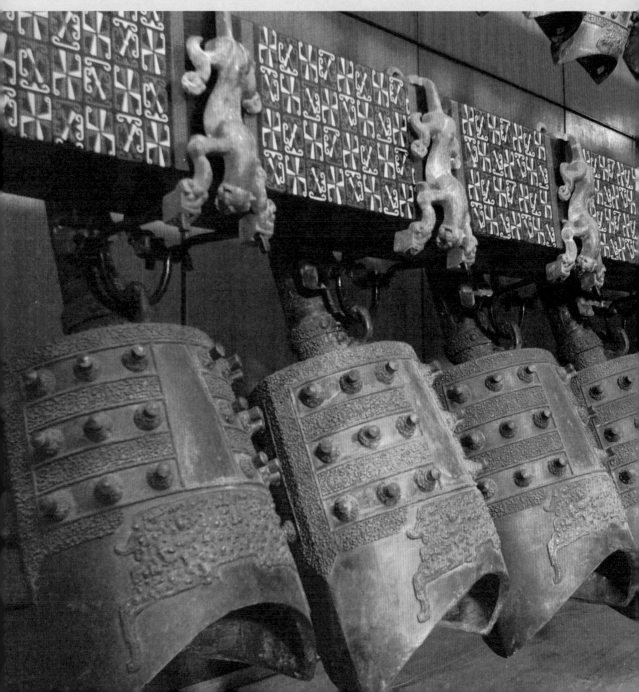

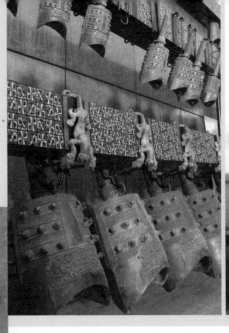

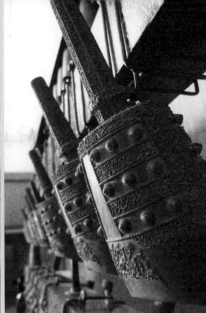

編鐘

　　編鐘屬於有固定音高的金屬類打擊樂器，早在三千年前的商代已經出現，由最初的三枚銅鐘為一組，發展到後來有九枚、十三枚一組，到戰國初期編鐘的發展已趨成熟，在湖北曾侯乙墓出土的編鐘，總數共六十四枚，總音域跨越五個八度，其中三個八度擁有完整的半音。

　　編鐘的音色圓渾莊嚴，演奏時懸掛在木製的支架上，鐘的數目可應樂隊的需要而隨意增減。它的音色變化大，餘音較長，穿透力強，故此多在中、大型樂團的合奏中使用。編鐘常用的演奏技巧有單擊、雙擊等；合奏中，可演奏單音旋律、雙音和分解和弦等，其中連續的雙音強奏可增添樂曲燦爛輝煌的效果。

竹木類打擊樂器

打擊樂器中有一些以竹和木作為樂器製造材料的樂器，如木魚、梆子、竹板、簡板和梨花片等。民族器樂團常用的則有木魚、梆子、竹板，它們均屬於無固定音高的打擊樂器。此外樂團亦會使用西洋打擊樂器如木琴，豐富竹木類樂器的音色和演奏能力，填補竹木類打擊樂器缺少定音樂器的不足。

拍板由五塊木板組成，中間三塊板平整，外側的兩塊稍長及厚。演奏時雙手持板，互相撞擊發音。下圖左起：拍板、木魚。

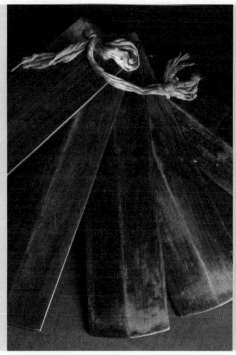
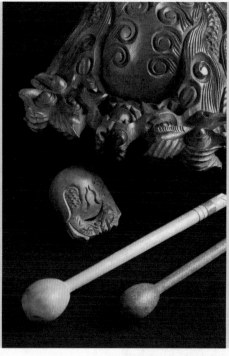

木魚

木魚屬無固定音高的竹木類打擊樂器。木魚的外狀像魚頭，中間挖空，正面開一條長形魚口，用以發出聲音，演奏時手持小木槌敲擊發聲。木魚最初是佛教的法器，亦是宗教音樂的伴奏樂器，後來漸為民間器樂所採用。現代合奏樂隊中多使用大、小木魚兩種。二十世紀五十年代以後，還發展出大小不同、音高不一的整套木魚，它們均固定在支架上，能夠演奏五聲或七聲音階的旋律，大大加強了木魚的演奏能力。

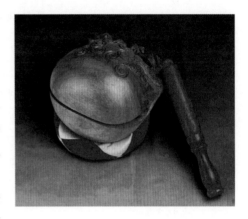

木魚的音色空洞，發音短促，適合表現輕快活潑的情緒，在民族器樂合奏中多扮演伴奏的角色。

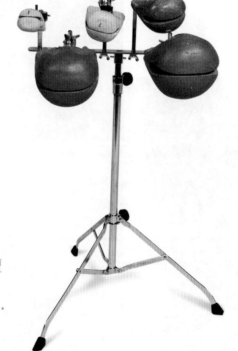

木魚常用於輕快活潑的樂曲，尤擅於模仿馬蹄聲等音響效果。

梆子

梆子屬無固定音高的竹木類打擊樂器。北方稱「梆子」，南方稱「南梆子」，亦稱「方梆子」。

北方梆子是實心，簡稱「梆子」，是北方戲曲的主要打擊樂器，約在三百年前隨着戲曲的興盛而流行。梆子由兩根堅硬的木棒組成，演奏時雙手各執一棒互相敲擊而發出聲音。它的音色響亮清脆，在唱腔伴奏和器樂演奏中，常用於擊打出節拍，使用的技巧簡單。南方梆子是中國南方戲曲的打擊樂器，有大、中、小之分。由長方形的中空木塊製成，演奏時懸掛在支架上，用鼓籤擊奏。在器樂合奏中，多用於營造熱烈緊張的氣氛，是樂團中的伴奏樂器。

右圖左起：
北方梆子、
南梆子。

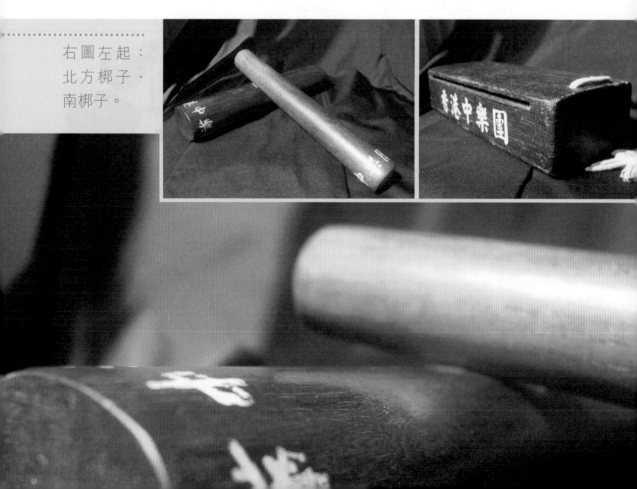

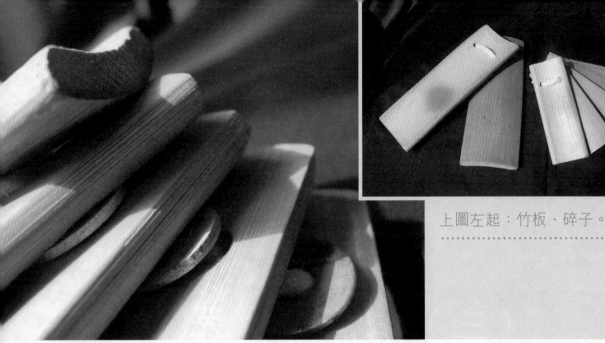

上圖左起：竹板、碎子。

竹板

　　竹板屬無固定音高的竹木類打擊樂器，俗稱「呱噠板」，有大、小之分。大的竹板，由兩塊形狀如瓦片的竹串連而成。演奏時右手握着一塊大竹板，甩動另一塊，使它們撞擊而發出聲響。小的竹板又名「碎子」，由五六塊小竹板組成，演奏時以手的抖動使它們互相碰撞來發音。

　　竹板和碎子多用於器樂曲、曲藝和演唱中，適合表現熱烈的情緒。在民族器樂團中，多扮演伴奏的角色，作為烘托氣氛的打擊樂器。

參考資料

1. 中國藝術研究院音樂研究所編輯部編《中國音樂詞典》，北京：人民音樂出版社出版，1985 年。

2. 江明惇編著《中國民族音樂欣賞》（修訂本），北京：高等教育出版社，1998 年。

3. 何化均、張式業編著《實用民族樂器法》，濟南：山東文藝出版社，1991 年。

4. 袁靜芳主編《中國傳統音樂概述》，上海：上海音樂出版社，2000 年。

5. 趙渢主編《中國樂器》，北京：現代出版社，1991 年。

6. 羅仕藝編著《大學生民族音樂欣賞》，北京：中國青年出版社，2001 年。

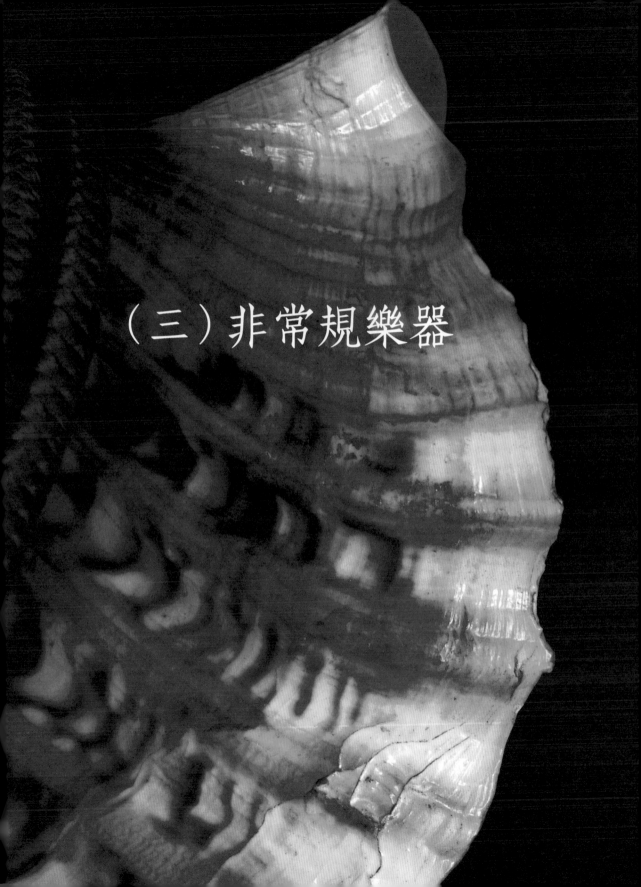

（三）非常規樂器

　　中國歷史源遠流長，民族樂器隨着社會發展而衍生。中國現有的民族民間樂器多達五百多種，作為民族樂團當然不能把中國民間音樂所採用的樂器盡數納入樂團的編制內。

　　現時民族樂團絕大多數為漢族樂團，樂隊編制亦以漢族樂器為主。雖然樂團已有既定的編制，但若樂曲的內容需要強調地域或民族性及樂種的特色時，相信沒有比採用原用的樂器來演繹更合適。因此，這些沒有被納入編制的樂器，被稱為「非常規樂器」。以香港中樂團為例，使用機會較多的非常規樂器有海螺、洞簫、葫蘆絲（吹管樂器）；琴（彈撥樂器）；板胡、京胡（拉弦樂器）等。

吹管樂器

簫

簫是豎吹的竹製無簧樂器，是由漢代傳入的羌笛改革發展而成。唐宋而後，簫改稱為「洞簫」，簡稱「簫」。

簫的形制與曲笛差不多，共有六個按孔（前五後一）和一個底孔，並沒有膜孔，吹孔的位置在管體的頂端。簫的發音方法是以空氣柱振動發音，即將氣吹進竹管內壁後振動發聲。簫是八度超吹樂器，即每一個音孔都可以吹奏一個泛音。

簫的音色柔和恬靜，演奏技巧與笛的一般技巧相同。在民族樂團，簫多作為特色樂器使用，其音域不廣，而且音量和演奏的技巧亦較局限，因此，合奏中多在寧靜的樂段擔任領奏和獨奏的角色。

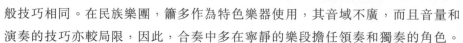

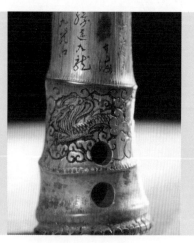

簫的音量不大，但音色柔美，適合演奏幽雅恬靜的抒情旋律，在寧靜的樂段中演奏富有感情、如歌如訴的領奏或獨奏片段。

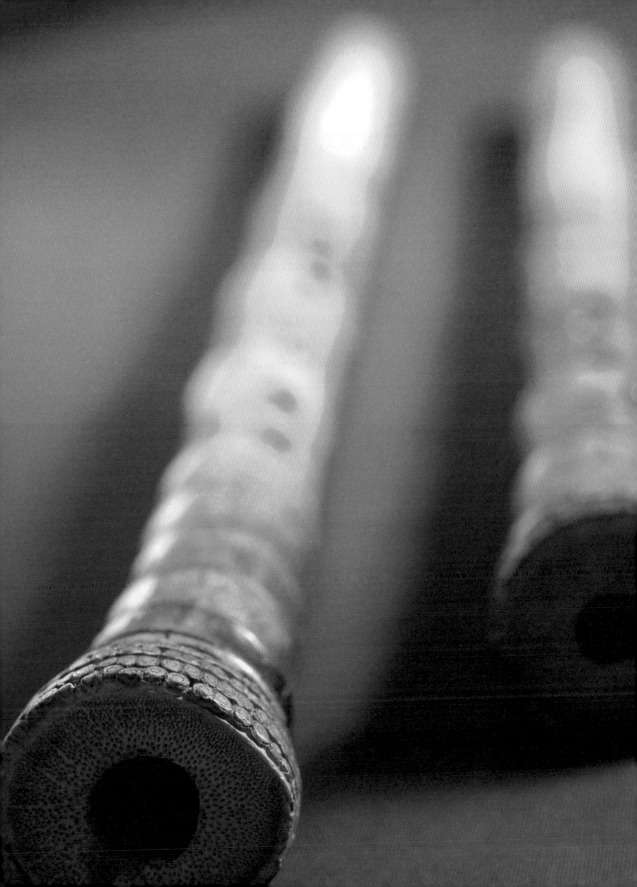

葫蘆絲

葫蘆絲是簧管配合發音的吹管樂器，流行於傣、彝等民族，富有濃厚的地方色彩。二十世紀五十年代以後，中國民族音樂工作者對葫蘆絲進行不斷的改革。近年來製成的新型葫蘆絲——六管葫蘆絲，可以吹奏單音、雙音、單旋律加持續音及演奏兩個以和音作旋律的加持續音。既保持了原來樂器特有的音色和風格，亦擴大音量和音域，豐富音色和表現力。

葫蘆絲由一個完整的葫蘆、三根竹管和一枚金屬簧片組成，以葫蘆作為音箱，中間較長的一根稱為主管，上面有七個按音孔（前六後一），吹奏時，左右兩旁的副管上面只設簧片，不開音孔，能夠發出與主管共鳴的和音。

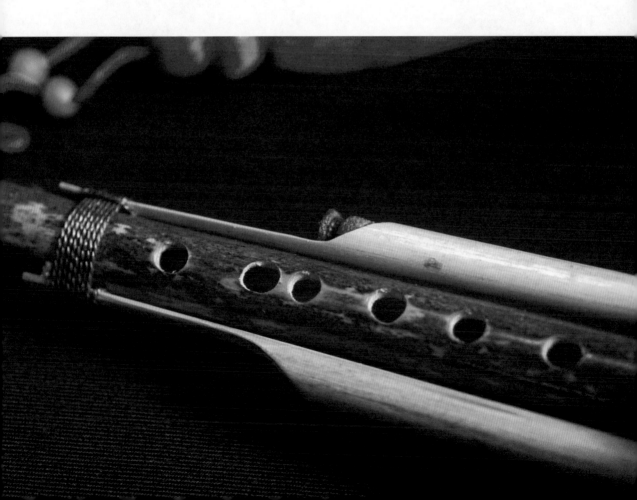

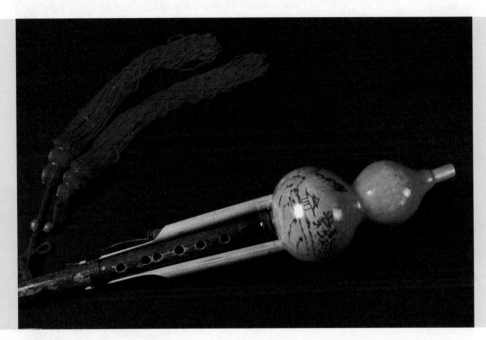

葫蘆絲吹奏時氣流同時輸入三個管口而發音，吹奏時主管奏主旋，副管發單音，形成和聲效果，音色柔美悦耳。

　　葫蘆絲音量較小，主管的音色柔潤纖巧，在兩根副管持續音的襯托下，給人含蓄朦朧的美感。它常用於吹奏山歌等民間曲調，最適合演奏旋律流暢的樂曲或舞曲。葫蘆絲在民族樂團中多作特色樂器使用，它的音量較小，因此多用於獨奏。

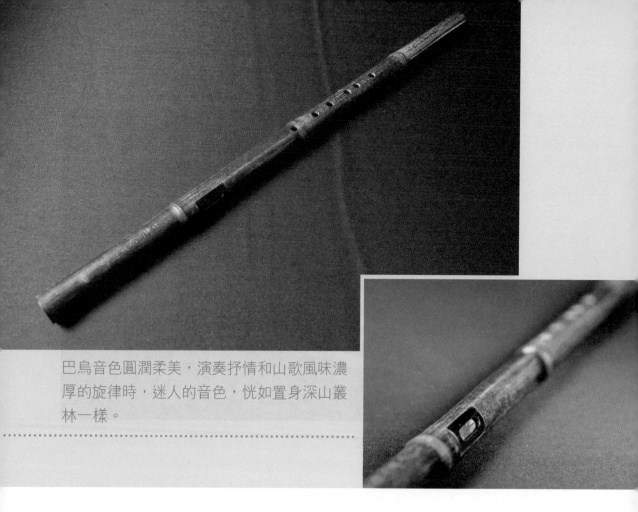

巴烏音色圓潤柔美，演奏抒情和山歌風味濃厚的旋律時，迷人的音色，恍如置身深山叢林一樣。

巴烏

　　巴烏是簧管配合發音的橫吹管樂器，中國少數民族吹管樂器之一，流行的地區很廣，包括雲南省紅河、文山、思茅、西雙版納、臨滄、德宏，廣西壯族自治區融水，貴州省黔東南和黔南等地。

　　巴烏採用竹管製成，狀似竹笛，是橫吹的樂器。演奏時將簧片置兩唇間，透過氣流振動而發出聲音。巴烏共開有八個（前七後一）音孔，吹孔處裝一塊像尖舌形葉片的銅質簧片，音孔與吹孔不在同一條直線上，而呈四十五度角。巴烏和笙雖同是用簧片配合發聲，但笙是每支管裡有一塊簧片，可以發出一個音，而簧舌是長方形的；巴烏則是一管一簧，能發九個音，簧舌是舌尖翹起的銳三角形。

　　傳統巴烏一般音域只有一個八度。因竹管的長短、粗細不同，巴烏大致上可分為高音、中音、低音巴烏三種。二十世紀五十年代而後，經過改革的巴烏，除音量增加外，音域也由原來一個八度擴展到現在兩個八度多，並有滑音、吐音、墊音、揉音、顫音、飛指等多種演奏技巧。

　　巴烏的音色柔美，能夠和其他樂器融合，是一件極富民族色彩的樂器，多作為樂團的特色樂器。巴烏屬中音樂器，音量較小，音域較窄，多用作伴奏舞蹈、獨奏等。在合奏中經常用以演奏抒情寬廣的音調，以及演奏技巧性強的華彩樂段。巴烏的獨奏曲有《漁歌》（閻鐵明曲）、《傍晚的聲音》（哈尼族民間樂曲）等。

海螺

　　海螺古稱「蠡」，又稱為「梵貝」、「海螺號」等，流行於沿海省份和京族、藏族、蒙古族等居住地區，北魏時期已經出現，在民間流傳很廣。海螺自古是佛教法器之一，稱為「梵貝」、「法螺」，在藏族、蒙古族地區，海螺是藏傳佛教樂隊中的主要樂器。

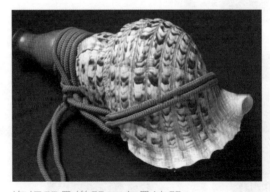

海螺既是樂器，亦是法器。

　　海螺採用天然大海螺製成，顏色大多青白，有的還有花條紋，音色與螺紋粗細、數量有關，磨穿螺尖作為吹孔。吹奏時，左手執螺尾，嘴含吹口，吹氣發音。由於海螺採用天然大海螺製成，而且只有一個吹孔，故此並無固定音高，吹奏時聲音是嗚嗚聲，渾厚低沉，音色粗獷，氣氛肅穆而莊重，並有恐怖之感。在民族管弦樂團合奏中多作為特色樂器使用。

塤

塤屬無簧的吹管樂器，是中國至今所發現最早的吹奏樂器之一。據考古學家考證，距今約七千年前的西安半坡遺址中發掘到塤，由此推斷塤產生於史前時代。塤是中國古代最重要的樂器之一，在可考的文字中，可確認塤在戰國初就在宮廷的祭祀活動中廣泛應用，秦漢以後，塤更成為宮廷雅樂的重要樂器。

塤大多用陶土燒製而成，因此又叫「陶塤」。這種樂器除了陶土製成以外，也有用石、骨製成的。它的外形呈橢圓形，或是圓形、橄欖形不等，大小與鵝蛋相似。按音孔來分，從無音孔到有音孔，從一孔到二孔、三孔、五孔。古代已經有六孔塤，而清代宮廷雲龍塤即是六孔塤，現代普遍流行八孔塤和九孔塤。

在中國古代宮廷，塤分為頌塤和雅塤。不同外形的塤歷史流傳下來的也很多：唐三彩陶塤、紅陶刻花塤、獸形塤、人面塤……最原始的塤沒有音孔只有吹孔，隨着社會進步和演奏的需求，不同大小的塤和音孔漸漸增多了。

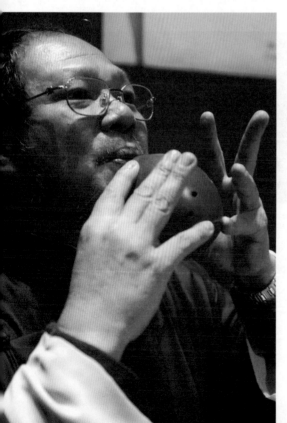

塤的音色幽深哀婉，是中音的吹奏樂器，具有一種獨特的音樂品質。塤以其獨有的神韻，曾在普通百姓中廣為流傳，也是宮廷樂隊的重要組成部分，多用於合奏（與鐘、琴、瑟等古樂器）或獨奏中。由於塤的音量很小，因此較少在器樂合奏中使用。1993年，張榮華在前人九孔陶塤的基礎上採用新的技術，在音域、音色、音量及音準等方面加以改良後，新型的工藝塤吹奏時更省力、外觀更精美，而且音質純正，音色優美，音域和音量亦擴大，並可奏出完整而準確的十二平均律，在樂隊中演奏可達到和諧統一的效果。

塤形狀多為平低卵形，為便於演奏，儘量減少使用複雜交叉的指法，而音孔排列與簫笛相似。

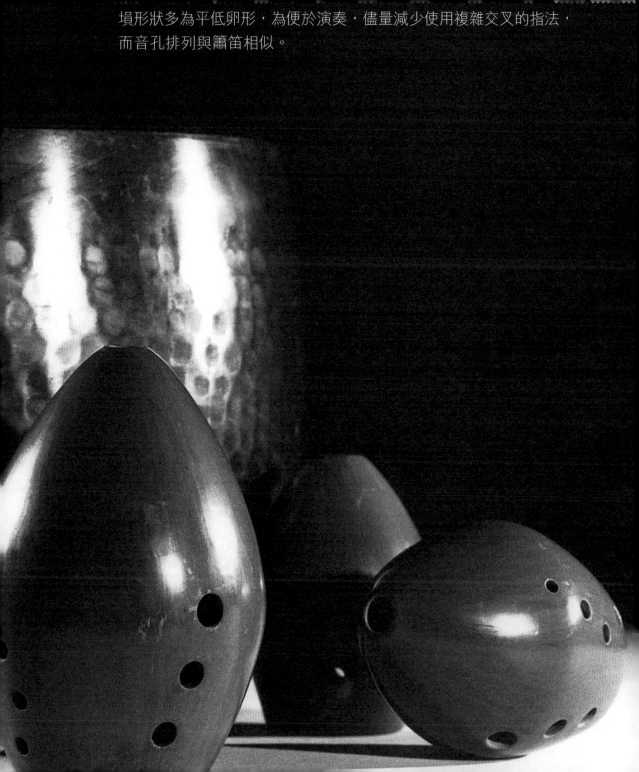

彈撥樂器

古琴

　　古琴原稱「琴」，是很古老的樂器，為區別其他的琴因此加上古字，稱為「古琴」。古琴原只有五條弦，在周朝時增加為七條弦，所以又稱為「七弦琴」。古琴是中國古老的彈撥樂器，先秦時廣為流行，春秋戰國時期出現眾多的琴家，如在《呂氏春秋》裡，就記述了伯牙鼓琴、鍾子期解音的故事。漢魏六朝，隨着相和歌的興起，琴開始與笛、笙、箏、琵琶等合奏，同時琴的形制有了重大的改進，這時期古琴的發展最為鼎盛。直到清末民初，古琴走向衰落，彈琴的人亦逐漸減少。

　　在彈弦樂器中，古琴的構造比較複雜，由面板、底板、音樑、音柱、弦軸板、弦軸、琴弦和琴腳等部分構成。琴身由兩塊長方形的木板鑲合起來，構成一個大的共鳴體。底板上開有兩個出音孔。琴面就是指板，上面張有七條絲弦。琴面上有十三個用螺鈿做成小圓點的琴徽，徽位是根據琴面的長度分成若干等分來排定的，用來標記琴的音位。琴徽的次序是從最右開始，依次排列至琴尾。靠近琴徽的是第一弦，聲音最低，弦亦最粗，依次漸細，音漸高。古琴音域極廣，共有四個多八度。

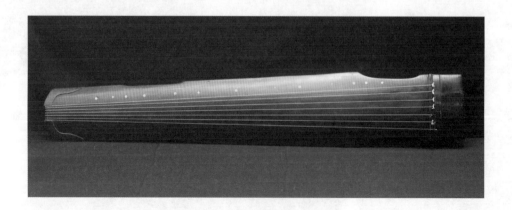

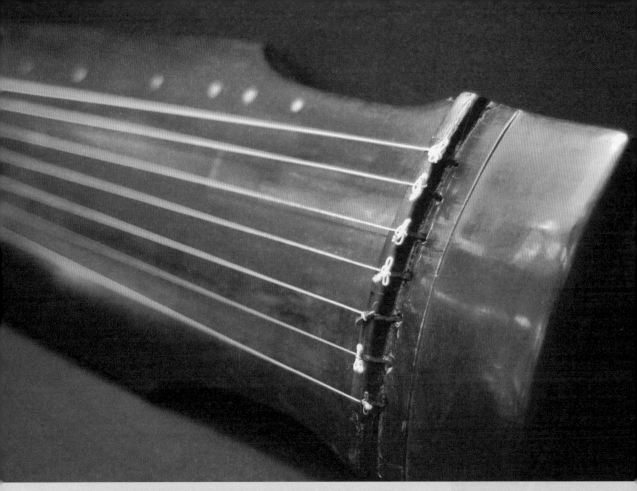

琴漆有斷紋，是古琴年代久遠的標誌，由於長期演奏的振動和木質與漆底的不同而形成不同的紋路。

古琴的彈奏技巧是以右手拇指、食指、中指和無名指向內或向外彈奏，左手放鬆下垂於琴面。古琴的音可分為散音、泛音與按音。散音就是空弦之音。泛音就是在徽位彈弦的同時，將左手輕觸弦上某點，一接觸就離手。按音就是左手先按弦所彈得的音。

古琴的音量較小，音色具古典韻味。低音區音色深沉蒼勁，中音區音色淳厚純淨，高音區則清細明朗，泛音音色滲透力強。古琴的演奏技巧在於右手，例如各種滑音等，表達許多不同的韻味。古琴的琴聲古樸渾厚，演奏手法繁複而又多樣化，常用於獨奏或與洞簫合奏等。但礙於音量較小，因此在民族樂團中只作為特色樂器使用。

拉弦樂器

板胡

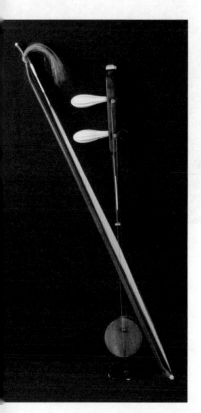

　　板胡在民間有多種名稱，如「梆胡」、「大弦」等，流行於中國北部。板胡是在胡琴的基礎上產生出來的樂器，三百多年前隨着北方戲曲「梆子腔」的興起而流行起來，最初是「梆子腔」的主要伴奏，後來更成為北方戲曲主要或重要的伴奏樂器。板胡的形制與二胡相近，兩者各有不同之處，板胡琴筒採用椰殼製成，桐木製的筒面，而且琴桿稍粗，琴弓較長，弓毛也較多和緊。板胡大致上分為三種：高音板胡、中音板胡和次中音板胡。板胡的音域一般有兩個八度左右。

　　板胡的音色高亢明亮，音色變化與二胡大體相同。板胡在演奏時多使用分弓，給人一種歡騰熱烈的氣氛。板胡爽快利落的快滑音，最適宜表現幽默詼諧的情緒。其音色和演奏風格獨特，發音較高，穿透力強，因此較難與其他樂器音色相融合。在合奏中板胡一般不會作伴奏聲部，而主要擔任高音旋律和華彩的演奏，作為特色樂器亦有用於領奏。

　　板胡的演奏技巧和運弓大致與二胡相同，除此之外，板胡特有的「滾壓滑音」，是西北戲曲「秦腔」伴奏中拉弦樂器常用的手法。這種奏法令音高大幅度滑升，滑動的幅度通常在四度的上滑音以上，因此，它的風格充滿北方色彩和幽默輕鬆的氣氛。著名的板胡獨奏曲目有《花梆子》（河南曲子的板頭音樂）、《大起板》（河北梆子音樂）等。

板胡較廣泛採用滑音技巧，亦多爽快利落的快滑音，適合演奏色彩鮮明的北方地區風格的樂曲。

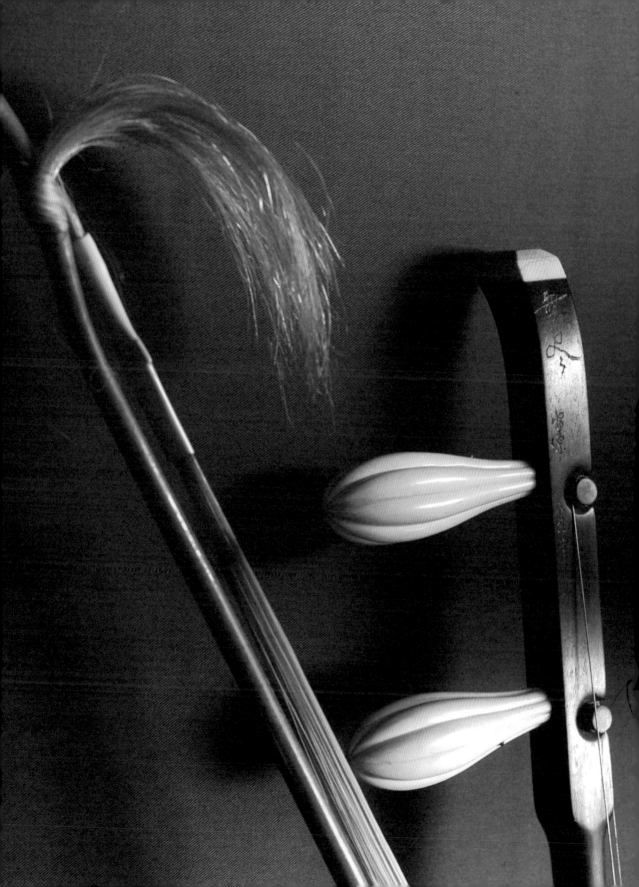

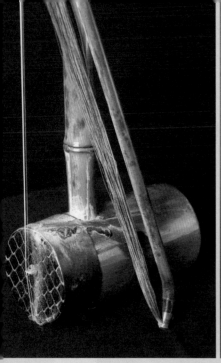
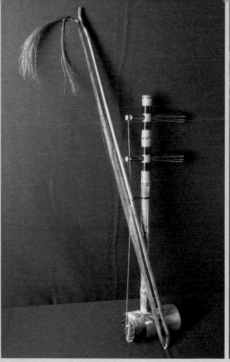
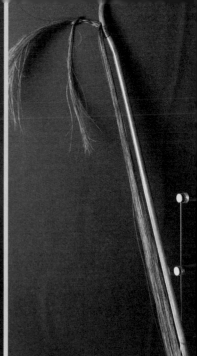

京胡定弦的音高，一般根據唱腔調式及演員嗓音的高低而決定，在弱奏時音色略帶悶啞，強奏時則脆亮。

京胡

　　京胡自清代以來，隨着京劇的形成和發展，在胡琴的基礎上改製而成，是京劇的主要伴奏樂器之一，約有二百餘年的歷史。

　　京胡的形制與二胡相若，但琴筒較小，同樣蒙以蟒皮或蛇皮，最初使用軟弓（弓桿柔軟）拉奏。二十世紀五十年代而後出現以硬弓（弓桿堅實）來演奏。京胡的音色明亮突出，音色變化視乎琴筒的大小來決定，琴筒略小而定音較高的聲音脆亮；琴筒稍大而定音較低的音色蒼勁，總體來說每一個音區的音色並無太大的差別。

　　京胡的演奏技巧與二胡差不多，在演奏時多採用「一音一弓」的演奏方法。京胡的音域較窄，穿透力強，因此，在樂隊合奏中多作為特色樂器使用，為樂曲增添色彩。京胡的弓法技巧主要有分弓、連弓、抖弓和甩弓等，左手的技巧則主要有滑音、顫音、打音等。

墜胡

　　墜胡又名「曲胡」、「二弦」，是河南曲劇和山東琴書、呂劇的主要伴奏樂器，流行於河南、山東一帶，富有濃厚的地方色彩。清代末年，在河南流傳的說唱音樂，原以彈撥樂器中的小三弦作為主要伴奏，演唱者有感於小三弦與自己的拖腔不能緊密配合，因此就仿效胡琴，在小三弦的外弦和中弦之間穿上一支馬尾弓（保留裡弦做共鳴弦），作為拉弦樂器使用，在伴唱中收到了較好的效果，當時人們稱這種樂器為「拉三弦」。後來河南曲劇也採用這種方法，將伴奏的小三弦琴鼓改為胡琴的琴筒，形成今日的墜胡。

　　墜胡形狀呈圓筒形，琴板面用銅板或硬木製成，前口蒙以蟒皮。琴桿和琴頭的形狀像三弦，但琴桿較短，琴頭較小，指板較寬。採用馬尾弓拉奏，音域一般有兩個半八度。

　　墜胡的音色渾厚高亢，同時還可以模仿各種特有的聲音（如各種動物的叫聲，人的笑聲、哭聲等），是甚具特色的樂器。墜胡除用於曲藝和戲曲伴奏外，還是獨奏和合奏樂器，在民族管弦樂團中多以特色樂器的身份出現。墜胡的弓法技巧主要有慢弓、快弓、連弓和抖弓等，左手技巧則主要有滑指、揉弦、打音等，其中滑指揉弦和長距離大滑音是墜胡最具特色的演奏技巧。

墜胡音色嘹亮，擅長演奏具地方色彩的歌唱性旋律和熱烈歡快的曲調。

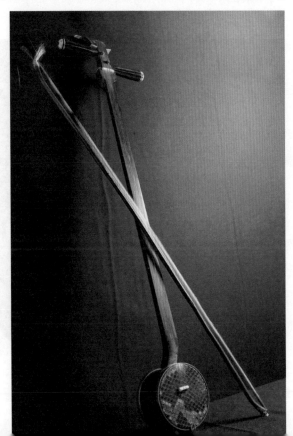

打擊樂器

　　中國樂器以打擊樂器的數目和種類最多，但以製造材料來分類，可分為金屬類（如大鑼、小鑼、雲鑼，各種鈸、鐘、鈴等）、竹木類（如拍板、竹板、梆子、木魚等）和皮革類（如大鼓、排鼓、單皮鼓、手鼓等）。中國音樂的樂種中，結合吹管和打擊樂器的吹打樂在民間各地流行，而且運用的樂器亦各有不同，形制和風格也各異。第二節「民族管弦樂團的常規樂器」所介紹的打擊樂器只是民族樂隊大多數情況會使用的基本樂器，打擊樂器組會應樂曲需要而添加其他樂器，但因打擊樂器的品種數量太多，在此不作個別的論述。

打擊樂器的種類繁多，民族管弦樂團應樂曲採用不同樂器，以烘托樂曲的氣氛。下圖為石塊敲擊；右頁左起：貴州木鼓、新疆手鼓。

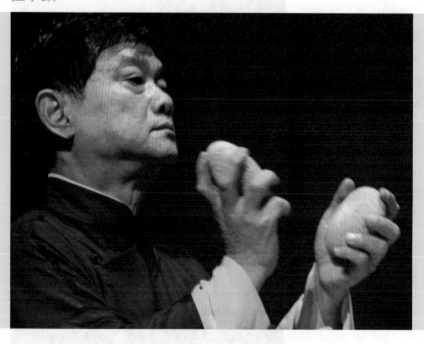

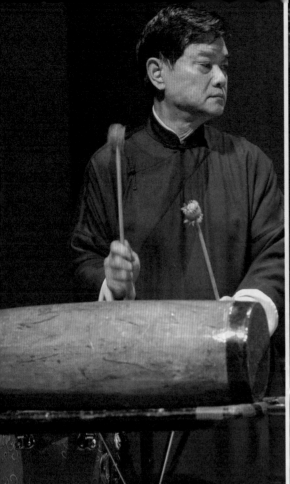
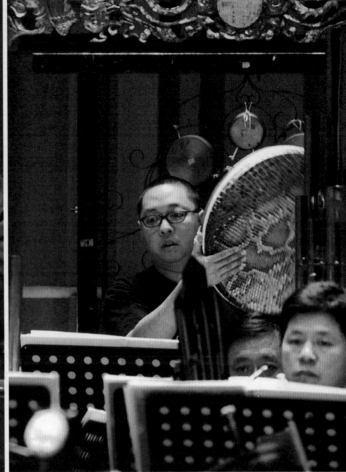

參考資料

1. 中國藝術研究院音樂研究所編輯部編《中國音樂詞典》，北京：人民音樂出版社出版，1985 年。

2. 江明惇編著《中國民族音樂欣賞》（修訂本），北京：高等教育出版社，1998 年。

3. 何化均、張式業編著《實用民族樂器法》，濟南：山東文藝出版社，1991 年。

4. 張靜波編著《民族樂器賞析》，雲南：雲南大學出版社，2001 年。

5. 中華古韻 http://www.chinamedley.com/

6. 中國民族音樂線上 http://www.huain.com/bolan/hulusibawu/index_tell_hulusi.php

7. 民族樂器 http://www.e56.com.cn/minzu/Musical/Musical_main.asp

8. 萬春民樂網 http://www.szzwch.com/

9. 樂器世界 http://hu99.myetang.com/yqku/yqku.htm

（四）民族管弦樂團的
編制與聲部概說

　　中國音樂歷史裡，各地民間不同的音樂組合形式和樂器無不影響着民族管弦樂及樂團的發展。

　　民族管弦樂團經過近五十年的摸索，大多已建基為各具高、中、低音聲部的「吹、彈、拉、打」四組，而常用的樂器種類也有幾十種。但由於各地情況有別，不同地域的樂團編制和人數不一，而且部分樂曲更有特殊的如位置及演奏人數的編排，為免以偏概全，本節以較常見的形式作為論述的基礎。

　　由於民族管弦樂團的模式與西方的管弦樂團近似，加上西洋管弦樂團[1]的歷史亦遠較民族管弦樂團悠久，因此當論及民族管弦樂團的音響及編制的組成時，難免會以西方的管弦樂團作為借鑒及參考。

　　有關樂器組別的功能，中國的和西洋管弦樂團的多以齊奏為主的拉弦樂器同樣具豐富的表現力，而西洋管弦樂團中的弦樂更是樂團的支柱。西洋管弦樂團中的木管樂器多用於獨奏及華彩樂段，銅管樂器由於聲音雄厚，多用於表現拉弦和木管樂器本身無法達到的音樂高潮。中國樂器中，吹管樂器的穿透力強，聲音各有特色，如嗩吶威武和充滿音色變化、笛子清麗明亮等，故多用於主要音響的領導位置。至於中國和西洋管弦樂團的打擊樂器則主要用以強調節

....

（1）西洋的管弦樂團將樂器分為拉弦、木管、銅管和打擊樂器四組。除打擊樂器外，各類均細分有高、中、低音類。樂隊的位置排列常因樂曲和指揮的決定而改變，但原則上拉弦樂器在舞台的前面，銅管和打擊樂器在後面，木管樂器在中間。

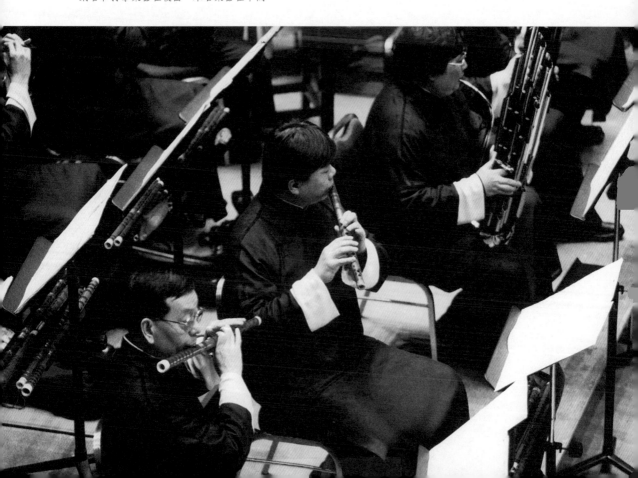

奏、製造氣氛或渲染色彩。

然而，中國民族樂器的音色卻遠較西洋樂器的音色豐富和多彩，加上各類樂器的發聲原理、演奏方式和樂器結構各異，樂器間的融合並不容易。其中彈撥樂器可說是民族管弦樂團的一大特色，亦是四組樂器（吹管、彈撥、拉弦及打擊樂）中音色差異較大的一組。

此外，由於民族音樂的構成不僅是指揮、樂師和樂器在舞台上鳴奏便可，日本民族音樂學學者山口修認為除樂隊編制和配器等問題外，還包含了民族音樂的深層結構，如樂音、旋律、律制、調性等。因此，對演繹具文化內涵的民族管弦樂而言，音樂的構成因素也許是更為重要。就如中國歌舞劇院的劉文金所言：「中國民族音樂的演奏方式和音響態勢在作曲家和指揮家的心目中，或許存在着同西洋樂隊某種潛在的對照意識。但認真分析起來，只可能具有某些借鑒和參照的意義。而實質上，民族管弦樂隊是一種無法同任何別的形式相對應的新的體制，它具有別人無法代替和類比的民族特徵。」

大型管弦樂團各聲部間的和內部的音色是否平衡與融合，對樂團音色的統一確實非常重要。西洋的管弦樂團以拉弦樂器為樂團基礎，但中國管弦樂團中的「吹、彈、拉、打」四組樂器的音色、演奏技法和形制等均有不同。僅就彈撥樂器而言，琵琶與柳琴尚可以歸類為一種音色，阮為另一種，而三弦、箏和揚琴亦各自有其獨特的音色和演奏技巧。因此，現時民族管弦樂團的編制仍沒有以任何聲部作為基礎的共識和方向。

要從琳琅滿目、各具風格的民族管弦樂器中形成自己樂團的特色確實不易。就如音色不太統一的彈撥樂器，若使用不當，樂團的音響就會變得嘈雜。因此，曾有個別樂團嘗試減去三弦、琵琶等樂器，僅留下阮的系列；這無疑令

吹管樂組在民族樂團是一個音色豐富多彩的樂器群組，每種樂器各具特色，個性突出，能單獨擔負各種情緒和風格的樂句領奏，尤擅於演奏華彩的旋律。

樂團的音色統一了，音響效果也變得乾淨了，但彈撥樂器的音響特色和演奏風格亦消失不見了。事實上，其他的樂器類別亦面對同樣的問題。因此大型民族管弦樂團往往在演繹樂曲的風格與特色的同時，還需處理樂團的音響問題。要在兩者之間取得平衡，相信還有待進一步的探索。

至於有關樂器的位置編排問題，更是多年來仍未能解決的難題之一。中國民族管弦樂團聲部間的差異不小，究竟如何編排樂器的位置，才可令樂隊的音響效果達至平衡融合的境地? 很多民族管弦樂團的作曲家和指揮家，將重點放在樂團總體的音響問題，以及如何發揮樂器組合的優勢和完善及彌補各類的不足。因此，在不同的文化、音樂、社會、經濟等背景下，不同的樂團和指揮家對樂團的編制、位置編排有不同的觀點和取向，於是便形成現時各樂團各式其式的編排。有的認為民族管弦樂團的編制可以拉弦樂器加上彈撥樂器共同組成

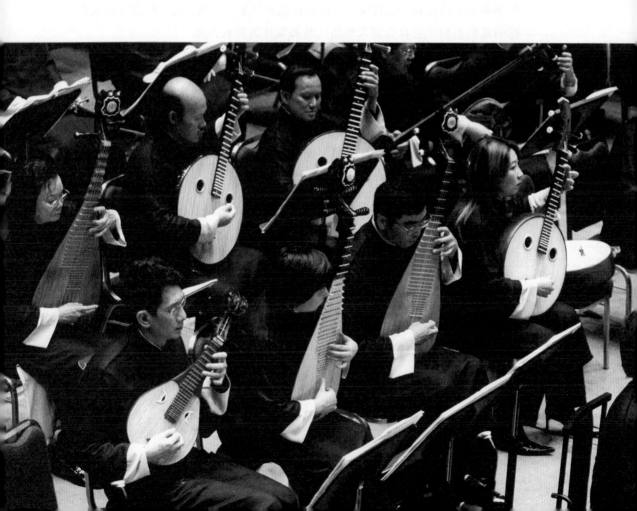

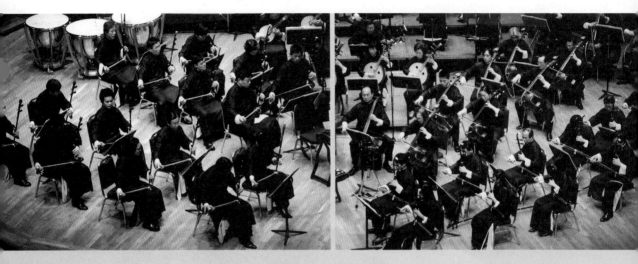

上圖：拉弦樂器在民族樂團中佔量最多，是民族管弦樂中的基礎音響；左頁：彈撥樂器的音色和演奏方法均具有極其濃厚的民族特色，故彈弦樂組是體現中國民族樂團風格特點的一個重要標誌。

的樂團為基礎；亦有的否定以拉弦樂器為基礎的觀念，認為中國樂團基礎應建立在三足鼎立的態勢中，即拉弦、彈撥和吹管三個組群並置的狀態。香港中樂團次任總監關廼忠認為，現代樂團可以某類樂器的色彩作為樂團的主體，如西方就是以弦樂器作為樂團的主體編制，而中國的民族管弦樂編制大致上可分為：以拉弦樂器或彈撥樂器為主體，因其有同等的重要性。

現常用的樂器位置編排約有四類：

拉弦樂器中兩種重要的旋律樂器—高胡和二胡，分別置於指揮左右兩邊（圖一，參見頁146），其特點是二胡的琴筒朝外，使其音量可充分發揮，但二胡的音色就會顯得比較粗糙。中、低聲部樂器集中於右方較後的位置，使音色得以融合。彈撥樂器除大阮外，所有的面板都面向觀眾，這對視覺和音色的發揮均有利。由於吹管樂器的穿透力較強，因此置於樂隊中間較後的位置，其中笙的音色特殊，有揉合個別樂器音色的效果，加上音準穩定，所以可作為保持樂隊音準的基礎。這樣的排位方法使樂器之間比較融合，演奏的音響效果較平均，適合大型的民族管弦樂隊採用。這種編排方法是以拉弦樂器作為樂團的主體，由於拉弦樂器的音色在樂團中最為統一，而且聲部內的音色融合度高，因此，作為樂團的主體拉弦樂器就可以發揮其穩定性，令樂團的基本音色統一。

另外一種編排方法，基本上把彈撥樂器和拉弦樂器一左一右地編排在舞台的兩邊（圖二，參見頁146），彈撥樂器以琵琶為首，再根據樂器的音高，以指揮為中心由內而外排列，而拉弦樂器則以高胡為中心，同樣依據樂器的音高，由內而外排列。吹管樂器則安排到中間較後位置。這種編排方法讓三類樂器自成一組，使它們的音色相對地集中起來。然而，三組樂器的區分也就較顯明，音色亦較難互相融合。拉弦和彈撥樂器的低音聲部位於樂團的外圍，因此

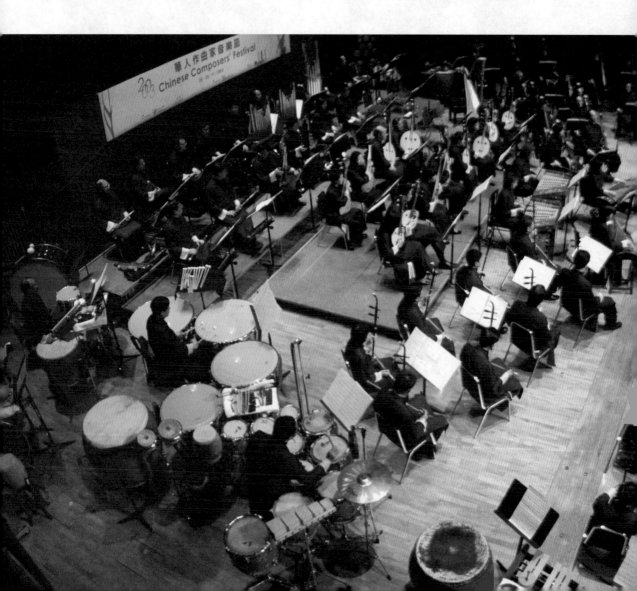

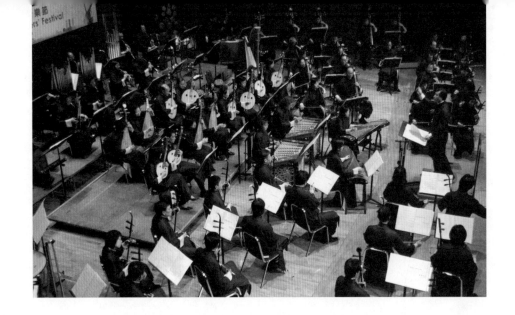

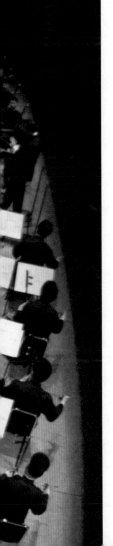

香港中樂團常用的樂器位置編排方式，是將四聲部的樂器按音域高低，由左至右編排，低音聲部集中置於右方較後的位置。

當各聲部的低音部分齊奏時，音色就相對較難融合。這種編排可算是以彈撥樂器作為樂團主體的方法。

此外，亦有將拉弦樂器置放在指揮的左手面，右面是彈撥樂器，這種中、低音聲部（包括中阮、大阮、革胡、低音革胡）在右面的一種編排方式（圖三，參見頁147），利用在舞台中間的中胡扮演了銜接左右音色的角色。此方式有利拉弦和彈撥樂器音色的融合，因此對於現代和傳統風格樂曲的演繹都能夠應付。不過，位於樂團中央的箏，合奏時使用的頻率不多，而且樂器的體形較大、佔地亦較多，以致影響了樂隊整體音色的融合。這可說是以拉弦樂器為主，同時顧及彈撥樂器重要性的編排方式，一方面汲取西方交響樂團的經驗，一方面可突出中國音樂的獨有風格。

至於香港中樂團常用的樂器位置編排方式（圖四，參見頁147），則是將四聲部的樂器按音域高低，由左至右編排。因此，中、低聲部樂器除中胡外，革胡、低音革胡、大阮等集中於右方較後的位置，讓音色更能融合，而位於舞台中間偏左的中胡，令樂團整體的音色更為渾厚統一。拉弦樂器中，在指揮左右兩邊靠近觀眾的位置，分別是高胡和二胡，二胡的琴筒朝外固然有助發揮它的音量，但音色卻較粗糙。彈撥樂器編排在舞台的中間位置，所有樂器的面板皆面向觀眾，並用平台墊高，這有助視覺和音色的發揮，令聲音更具穿透力。在合奏時出現頻率較少的樂器，如分別置於舞台中間靠左的箜篌和在樂團中央的箏，由於體形較大，亦不免影響了樂隊整體音色的融合。穿透力強的吹管樂器置於樂隊中間較後位置，並以音色雄偉的嗩吶和聲音渾厚的管子在舞台較後偏右的位置，左面則是聲音亮麗的笛子、置中的笙組，由於音準穩定能揉合個別樂器的音色，從而保持了樂隊音準的基礎，並讓左右兩種各具特色的聲音相

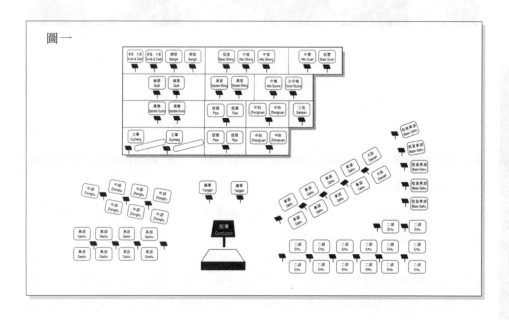

圖一

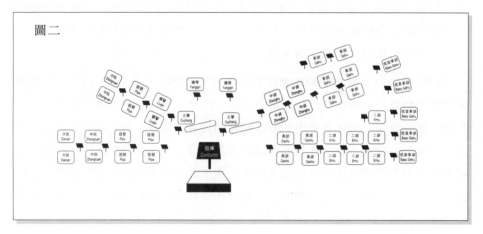

圖二

圖三

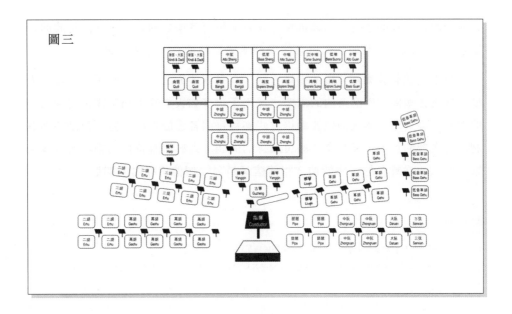

圖四

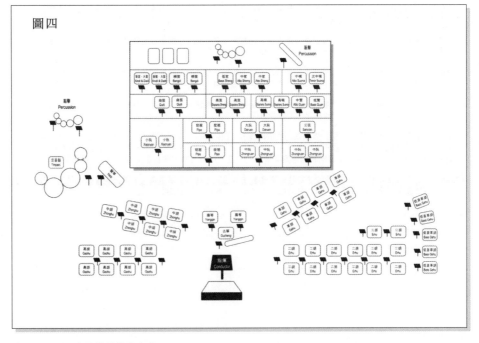

圖一至圖四之樂器數量僅供參考。

對融合起來。總的來説，這種排位方式較能融合各樂器的音色，樂團整體的音響效果也較統一，但如要突出某個聲部或樂器時卻有一定的困難。

以上民族管弦樂團位置的編排方法，只是眾多方法中的一些例子。現今大型民族管弦樂團常因應樂曲的需要，採用了很多如板胡等不屬樂團常規編制中的樂器。演奏時，樂團的位置編排方式亦每每因各種因素而改變。但是樂團編制以外樂器的加入，又會產生座位編排的問題，到底富有特色的樂器或者獨奏樂器應該放在舞台的何處較佳？相信這又是另一個值得探討的問題了。

參考資料

1. 山口修《構成民族音樂變數的項目》，載《音樂與民族》，1984 年。

2. 余少華主編《中國民族管弦樂發展的方向與展望：中樂發展國際研討會論文集》，香港臨時市政局，1997年，頁120。

3. 陳明志主編《大型中樂作品創作研討會論文集》，香港：康樂及文化事務處出版，2001年，頁192-206，231-248。

4. 陳能濟《創建具中國特色的交響化民族管弦樂團》，載余少華主編《中國民族管弦樂發展的方向與展望：中樂發展國際研討會論文集》，香港臨時市政局，1997年，頁 32-39。

5. 梁茂春《論民族樂隊交響化——為香港中樂團主辦的研討會而作》，載余少華主編《中國民族管弦樂發展的方向與展望：中樂發展國際研討會論文集》，香港臨時市政局，1997 年，頁 6-13。

6. 葉純之《從創作角度看中國民族管弦樂隊的前景》，載余少華主編《中國民族管弦樂發展的方向與展望：中樂發展國際研討會論文集》，香港臨時市政局，1997 年，頁 42-47。

7. 黎鍵《民族管弦樂隊的功能及民族音樂諸問題》，載余少華主編《中國民族管弦樂發展的方向與展望：中樂發展國際研討會論文集》，香港臨時市政局，1997 年，頁 83-94。

8. 劉文金《民族管弦樂隊交響性的實驗》，載余少華主編《中國民族管弦樂發展的方向與展望：中樂發展國際研討會論文集》，香港臨時市政局，1997 年，頁 22-31。

9. 關迺忠《從技術層面看現今中國民族樂隊的幾個問題》，載余少華主編《中國民族管弦樂發展的方向與展望：中樂發展國際研討會論文集》，香港臨時市政局，1997年，頁77-82；《中國民族樂隊的排位和音場問題的探討》，載陳明志主編《大型中樂作品創作研討會論文集》，香港：康樂及文化事務處出版，2001年，頁 50-57。

10. 顧冠仁《努力發展民族樂隊交響性功能及交響性創作方法》，載余少華主編《中國民族管弦樂發展的方向與展望：中樂發展國際研討會論文集》，香港臨時市政局，1997 年，頁 18-21。

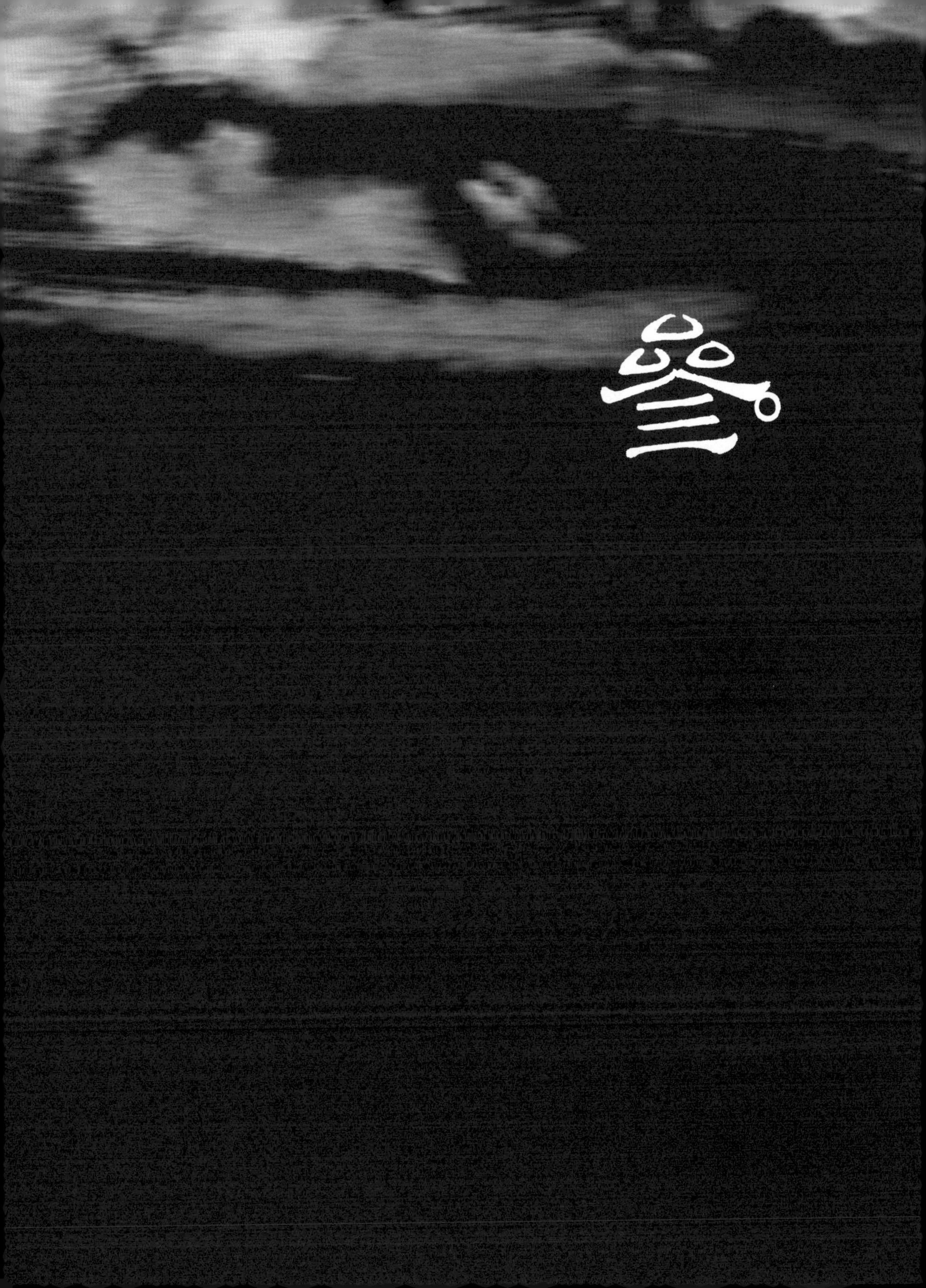
叁

聲 羅 萬 象

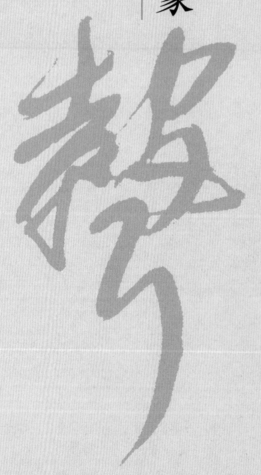

中國民族器樂曲與傳統文化及相關藝術

　　就傳統音樂的鑒賞而言，由於藝術特質不同，一是「品茶不同於喝可樂」；二是要調整心境，將音樂放到一定的文化生活背景中去體味。如何「品」，本身就是一種藝術素養。對於傳統與現代、中國文化與外國文化交匯中的現代人，需要多種的文化藝術素養。

　　正如金岳霖在《中國哲學》一文中，提及「中國古代哲學家、音樂家大都是文人，沒有類似西方『專門化』的學者、音樂家或作曲家。中國傳統音樂的存在，和中國哲學一樣，始終置身於廣闊的現實生活之中，始終沒有脫離其哲學『有機本體』或『生命本體』的養育」。

　　民族音樂的根源在研究的基礎上雖是資料性的研究，但在深刻的內涵中等待挖掘的對象，往往是不能單靠資料性的匯編來完成。我們須把音樂作為一種文化結構的一部分，解釋音樂正如同解釋文化內涵一般，是需要對整體性的文化結構有一個通盤的了解，才能追索音樂本源。因此，音樂的表現顯然不僅是個體作曲又或演奏的創造，而是屬於社會群體的互動過程。

　　音樂既同時屬於個體的創造和群體的互動，就當然不能脫離其所處的文化結構，而音樂學者所面對的各種音樂根源、時代性的音樂以及各民族的音樂表現，其剖析的方法以及解釋文化現象，儼然已是一種音樂美學的工作了。

　　正由於中國音樂與其他藝術息息相關，通過剖析中國音樂與中國傳統文化及其他藝術的關係，相信我們可更加深對中國音樂的理解。至於本部分的主體——民族管弦樂，乃屬龐大的中國器樂的一部分，而民族管弦樂中如織體、配器等的技術性領域亦往往影響了樂曲的表現，以及我們對其整體的印象。因此，在本部分我們嘗試從具較高的視點及較大普通性的中國民族樂入手，而以下所寫的十個主題，亦可說是中樂的十個不同側面，希望大家能從不同的角度，藉以領悟中國民族器樂藝術的醍醐味。

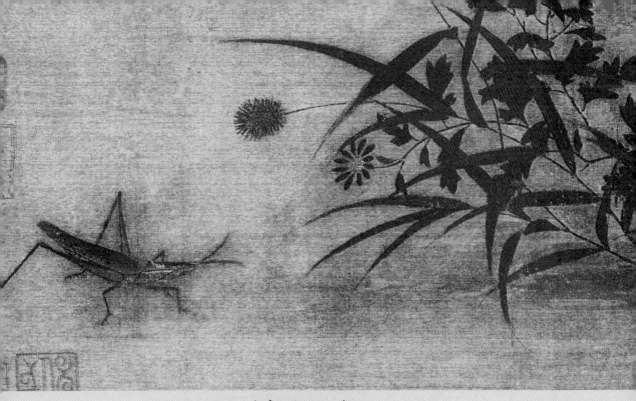

（一）天地諧和

中樂與自然景觀

　　生活在現代都市裡的人們，難得有機會去領略自然；即使放假闔家到山林海岸旅行，卻往往會發現人聲鼎沸、路途遙遙，不僅無法享受山林之美，反而帶了一身的疲憊回家。怎樣才能盡享城市生活的便利，和與自然親近的愜意呢？有人以花卉裝點家居、有人靠天然食物來補充養份；少有人刻意堅持戶外活動，以吸收「地氣」，恢復人體與自然界的交感。

　　誠然，視覺、味覺、嗅覺，均可成為人類與自然溝通的渠道，但其中又有多少人注意到進入耳膜的聲音會對人的身心產生多大的影響，又或怎樣透過聽覺來感受自然的氣息呢？

　　其實，聲音不僅可對身體產生直接的刺激，而且恰當的聲音甚至具有神奇的醫療效果。近年，歐美等國家推出一種清新的音樂形態，統稱為「自然音樂」。自然音樂的理念是將人類視為自然的一分子，讓人們通過音樂去親近自然，以獲得心靈與健康的平衡。

傳統中國器樂的題材雖以寫景、抒情和描述故事為主，但少有單獨寫景或寫情的，更多的是採用「借景抒情」、「融情入景」的表達手法。這類寫景的中國器樂，其實與中國傳統文化與哲學觀密切相關。如道家主張自然主義的哲學——崇尚自然、反抗人為約定俗成的禮法，這種思想其實亦是中國傳統文化中「天人合一」思想的一種體現。因此，我們亦可透過一些描繪自然的器樂作品，來領會作曲家如何在不同層面中，體現人與自然的密切關係。

其中較多的是透過樂器屬性直接描繪或模仿自然的景物，如廣東音樂《鳥投林》描寫了夕陽西下、百鳥歸巢的景象；《雨打芭蕉》以左手的重彈和頓音來描繪雨打芭蕉淅瀝之聲，將雨中芭蕉婆娑搖舞之態演繹得栩栩如生。此外王巽之傳譜的浙江箏曲《高山流水》，透過箏的「金風瑟瑟」的特質，先出之以沉厚音感表達高山之巍峨，然後用流水拂的手法（左右食指相繼拂弦），表達流水潺潺之態，其山水之感不僅惟妙惟肖，而且將聆聽者帶入心境祥和與世無爭的情境中。其他描繪自然風貌的箏曲有婉約多情的《瀏陽河》（唐璧光曲）、戰風鬥浪的《東海漁歌》(張燕曲)和氣象萬千的《洞庭新歌》（王昌元曲）。

此外，還有很多的器樂曲以描寫雀鳥的鳴叫為題，其中包括有劉管樂改編的笛子曲《蔭中鳥》充分運用歷音（從某一音起快速演奏的一段級進裝飾音）、滑音、吐音等技巧，表現活潑歡快的一派生機。劉天華的《空山鳥語》以三弦拉戲式的手法將鳥的鳴叫音樂化，而山東民間嗩吶曲《百鳥朝鳳》以循環換氣法的長音技巧和快速雙吐等技巧來模擬百鳥齊鳴的喧鬧場面。

這種對大自然極盡傳神的模擬，其實是人類共通的對大自然的皈依需求，亦即體現了人類內心深處與天地融和的渴望。以此出發點創作的樂曲，其特點是隱藏了作為主體的作者，而僅僅將大自然之音展現出來，讓聆聽者置身浩瀚世界之中。

第二類多用的是借對景物的描寫來言志。在這類作品中，梅、竹、蓮、松、柏等常常成為樂曲的題材，以隱喻君子清逸脫俗的道德風範，又或以田園山水作為寄情的對象。因此音樂的風格大都清冷恬淡，沒有大喜大悲的感情宣洩。

比如客家箏曲《出水蓮》，音調古樸、典雅優美，表現了花中君子「出淤泥而不染，濯清漣而不妖」的高雅氣質。古曲《梅花三弄》通過表現梅花的高潔，與寒風搏鬥的剛毅，來比喻君子剛正不阿的風範。而福建南曲中的合奏曲

《梅花操》同樣以梅花為題，表現了梅花於嚴寒盛開的剛毅不拔的情操。此外，可稱為此類作品代表作的《高山流水》，不僅有河南與浙江兩大地域與流派之別，此曲亦有琴、琵琶等樂譜傳世。但大多數的版本均對山水之音不多雕琢，着意刻畫純樸寧靜、曠遠雅逸的氛圍，以折射出「峨峨兮若高山、洋洋兮若流水」的君子之志；樂曲詮釋亦以清冷空靈，毫無悲歡離合、喜怒哀樂的情緒，恰似山高水長，浩然天地間。

至於第三類所表現的是透過大自然來表達作者逍遙愜意的人生觀。由於儒家重視社會規範、教化禮法，在音樂上講究「中正和平」；而道家則主張順應自然，從而形成了悠然舒展、恬靜飄逸的音樂風格，而這種表達取向與方式，尤正合適以聲音為媒體的音樂藝術。

絲竹合奏《春江花月夜》堪稱這類作品的代表作。這首名曲以琵琶演奏時，被稱為《夕陽簫鼓》，以散音和雙彈同音來模擬鼓聲。曲調在層層疊進中，展現了月、風、花影、水雲以及點點的白帆，表現了江南水鄉月夜的迷人景色和泛舟人怡然自得、恬靜閒適的心情。

另一方面，器樂作品對大自然的描寫還可詮釋為心中憤懣的傾訴，對人生際遇的喟嘆和對生命本質的種種感懷。如潮州箏曲《寒鴉戲水》，顧名思義，讓人聯想到的是悠然遊戲於水中的野鴨，音樂亦應該是動感、明快的。但按原版，曲速三變，由三版、二版到拷拍等三個先慢後快的段落，這種速度對比，加之「重三調」端莊深沉的調式，彷彿是在對人生作一種嚴肅的思考，而且是像心有所感而不得不吐的成分居多。

而古琴曲《幽蘭》，雖以蘭花的高潔清幽來比喻君子清高脫俗的人格，但在曲韻中不免流露出其鬱鬱不得志的感慨。琵琶古曲《大浪淘沙》，最後以「長輪」轉入低音弦的「滑揉雙音」，亦呈現心未能止的感慨，可說是標準的借景喻情的作品。

上述各類對自然景物的描寫，在在顯示出自然與人所佔比重的變化。第一層面以描繪自然景像為主，沒有直接刻畫曲作者的內心感受；第二、三層面逐漸由單純寫景發展到借景言志，借景顯示自己的人生觀。到第四層面，抒發胸懷成為樂曲的主題，而自然成為了起襯托作用的背景描寫。

綜觀西方音樂中雖亦有不少以自然景象入樂的作品，但整體來說，西方傳統音樂中人與自然的關係並不是相互融合，而是相互對比，有時甚至是對立的。如貝多芬的第六、七、九交響曲雖然以自然為題材，但是人之作為主體非但沒有融入自然，甚至採用與自然對抗的音樂描述，刻意將人強烈地浮出於自然之外。可以說，這種對自然的描寫完全不是華人文化的基調，當然，也就很難在華人的藝術中找到對應了。[1]

---

(1) 在西方音樂作品中，自然以及凌駕於自然之上的「他者」，可以理解為基督教中主宰一切的「神」的化身。而人與神的關係，除了絕對順從，便是反抗，而不會萌生多神教文化中「物我合一」的宇宙觀。

參考資料

1. 陳韻琳：華人音樂中的人與自然 http://life.fhl.net/fal198/china_1.htm，瀏覽日期：2003 年 7 月 2 日。

2. 鄭慕才、雲淡著《音樂趣話》，福建：福建人民出版社，2002 年，頁 1-7。

3. 葉明媚〈中國音樂裡的自然主義〉，《音樂天地》，香港：商務印書館（香港）有限公司，1992年，頁 101-103。

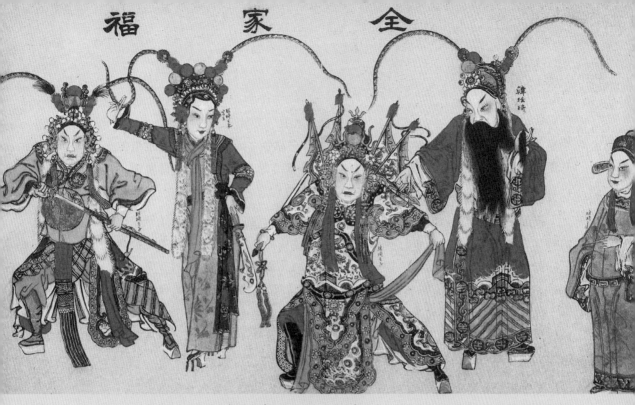

（二）神奇秘譜

中樂與語言／方言及風格的形成

音樂／樂音不僅可抒發情感、娛樂眾生，且可傳情達意。以前，一些尚未有系統文字的非洲地區，藉着說話的鼓聲，延續了古老的神話和部落的歷史。因此，音樂可說是人類語言文字之外的第二「語言系統」，具有促進社會各群體文化眾集的非凡作用。同時，由於音樂又與人倫、人性、人格、宇宙、自然密切相關，因此亦肩負着「人化」與「化人」的重要社會功能，並在文化的各個部分產生了積極的調和作用。

有云「語言的盡頭是音樂」，其中所謂的「盡頭」，自可理解為：當最擅長表達詳盡細節的語言達到「無語淚雙流」又或「喜極而泣」的臨界狀態時，音樂卻可舉重若輕地作出某種概括的、模糊的、直接訴諸於情感的表達。也就是說音樂和語言都是人類用以表達和溝通的媒介，在某種程度和環節上是相通的，因此，理解音樂不妨以語言的表達方式開始。

在中國古代的文學作品中，經常出現「低吟淺唱」的演繹方式。而所謂

「吟」,是一種特殊的語言表現,和平時的語言相比,更注重情感的表達,其特點是強調和突出語言的韻律與節奏,因此極富音樂性;而「唱」自然是地道的音樂,「淺唱」則應是一種淡化了的音樂表演。而「吟」和「唱」兩者的聯繫,已直接道出了「語言通達音樂」的連接點。

漢語是屬有聲調,即帶有像旋律般音高起伏意味的語言。由於各地域語言的數量豐富及風格各異,加上不同的音色、速度與力度等影響,造成各地截然不同的音樂語滙與歌唱風格。按告羅夫(Grove)音樂詞典有關「中國音樂」的條目記載:「中國聲樂音樂的實例說明,字的聲調和旋律輪廓的密切程度因地區、風格和樂種的不同而異」。而中國的音樂學者苗晶、喬建中亦曾在其《論漢族民歌近似色彩區的劃分》一文中,以漢族十一個方言區為基礎,較系統地描述了語言聲調與各方言區民歌音調特點等的關係。

近年來,音樂人類學也開始借用語言學的方法來觀察和研究音樂,並指出不同文化音樂有類似的音樂語法或句法結構,與民族語言思維、音樂思維有着根深蒂固的聯繫。音樂理論家楊蔭瀏甚至提出應設立「語言音樂學」的相關研究課題,可見漢語的特點與音樂思維間的關係已日益受到各方的關注。

漢語重「意」不重「形」,表意靈活多樣,而且隱性語法豐富,因而深深地影響着中國音樂的語法結構、思維方式及音樂行為,並形成一種獨特的音樂感性語言思維方式,與西方長於邏輯性思維各異其趣。

而在漢字演變的過程中,亦與音樂的承傳發展有着密切的關係。中國古代的音樂,主要是以文字方式記譜。早在先秦時代的文獻《禮記·投壺》中,就記載了投壺鼓譜,其中除用○、口等符號以表示擊鼙、擊鼓的順序外,還有對演奏方式、演奏術語加以說明的文字。唐代以前的古琴譜亦採用文字譜來顯示彈琴的指法、音位。現今保存下來的最早的文字譜是南北朝時代古琴家丘明的傳譜《碣石調·幽蘭》,其採用的是以漢字偏旁、部首、筆劃作為演奏記號。此外,明清時已有記載演奏指法及音位的工尺譜,被廣泛用於器樂曲、戲劇、民間歌曲、曲藝等音樂中。

中國古代的記譜法既沒有形成音高和節奏的數字符號轉碼和精確量化,亦沒有像五線譜記譜法那樣載有獨立的表情、速度、力度等的規範體系,卻給予演奏者更多的自由演繹空間,讓音樂的表現形式呈現更多的變化。這種蘊含即興性、流動發展的記譜方式，令中國音樂保持了活力，同時亦形成了中國音樂流派和風格演變的邏輯框架，也可說是數千年來中國傳統音樂發展過程的規律。

此外，漢字的形體構造與中國音樂的思維方式亦同樣相通。漢字的形體構造保持了字形與詞義之間的相關性，主要包括「象形」、「指事」、「形聲」、「會意」；應用方式則包括「假借」和「轉注」。據統計，大約百分之八十的漢字屬於形聲字，即形符與聲符並用。而中國音樂的常用表現手法亦可用概括為「擬聲」、「象形」和「會意」三方面，其中「擬聲」可說是最基本和最直接的表現方式。所謂「擬聲」即以音樂模仿外界的種種聲響，比如流水聲、風雨聲、鳥鳴聲以及人聲等，就如箏以流水拂的指法（左右食指相繼拂弦）來描繪流水的聲音。

另一方面，「形聲」在中國音樂中亦佔有重要的地位。傳統中國音樂的曲牌、腔調、腔系如「形聲」字一樣，也有「形符」和「聲符」；「形符」便是曲牌名、腔調名（如二黃腔）、腔系名（如高腔腔系、昆腔腔系、梆子腔系等），而「聲符」便是曲調。

漢字應用中的「假借」指的是借用已有的文字表示語言中同音而不同義的詞。而在中國音樂曲牌中，亦經常有「假借」已有的曲牌來填寫不同的唱詞或變奏，形成所謂「一曲多用」的現象。中國的器樂曲、戲曲音樂以至曲藝中大量使用曲牌，而這些曲牌都有着基本的腔調，演奏／唱者在演奏／唱時往往在這些腔調的基礎上加以適當的變化，從而形成了不同的風格和流派。

至於語調的運用，其與音樂最根本相同之處在於具有聲音的高低、長短、強弱、音質（或音色）的可辨性。因此，不同聲調的差異便對音樂的旋律、節奏、力度產生了直接的影響。由於漢語方言種類多、差異大，使得中國民族音樂呈現出多姿多彩的形態，其中尤以南北之間的差異更為顯著。如北京話及北方話調值較高，只有四聲，故而聲調的起伏大。而南方聲調區分細小，各字聲調音高起伏的對比度便相應較小（如廣州九聲、蘇州七聲等）。因此，與方言特點相對，北方的民歌、說唱音樂等旋律的音程跳進和大跳（四度以上為大跳）較多，造成旋律運動的力度感較強，而南方民歌、說唱音樂等旋律音程平穩進行較多，常常形成旋律柔和的運動感。加上各地方言的發音部位與聲調不同，亦直接影響了唱腔及演唱的方法。如江浙一帶的吳方言中包括很多尖音（Z、

C、S等），發音時嘴唇的張合度較小；同樣，採用方言演唱的評彈、蘇劇、越劇等的唱腔亦顯得柔和婉轉。

方言的語音特點還可以導致樂種的遞變，如在粵劇的形成過程中，由「外江班」（從外省入粵的家鄉戲班）到「本地班」的演出，便是先以梆子和二簧聲腔為基礎，逐漸吸收廣東南音、粵謳、龍舟、木魚、板眼等民間說唱的曲調和民歌、民間小曲以及民間器樂曲（如廣東音樂等）後，逐步形成委婉、柔和的唱腔風格。

由於方言與音樂的風格關係密切，不同的方言特徵不僅形成了「秦聲、趙曲、燕歌、越唱、楚調、蜀音、蔡謳」等不同的聲樂藝術，亦形成了「秦箏、燕筑、楚瑟、蜀琴」等不同樂器。其中最為顯著的是胡琴自西域傳入中國後，隨着戲曲的發展及移民遷徙，在中國得以廣泛流傳，並在本土化的過程中，形成了不同的品種。

而在眾多的樂器中，高音拉弦樂器的音色被認為與人聲最接近，最具歌唱性的樂器，適於刻畫內心細膩的情感變化。但由於地域文化的差異，拉弦樂器無論是形制還是音色，亦存在着南北的顯著分別。北方多用板胡、墜胡、二股弦、京胡、呼胡、四胡等，其音色高亢、明亮、尖銳。尤以墜胡更擅於模仿聲調調值差距大的北方聲腔；此外，秦腔、晉腔中的「二股弦」等樂器的音色非常尖銳，亦是常和唱腔中大量使用假嗓有關。反之，南方則多用二胡、高胡、梆胡、提琴等柔和圓潤音色的樂器，如廣東音樂中的高胡（粵胡）音色纖細明亮，具有獨特的南國風味。而江南絲竹中的二胡，又不失柔和圓潤的特點，這與吳語輕柔的特點息息相關。

從胡琴製作方面看，北方板胡桿短、筒小、音高而尖；南方的高胡、二胡琴桿較長、琴筒大而音區亦相對較低，及後又出現了椰胡，聲音更加柔和渾厚。除拉弦樂器外，其他樂器亦顯示了類似的變化：如北方常用高亢清脆的梆笛，南方則用柔和圓潤的曲笛等。

在旋律風格以及樂器組合方面，各地亦呈現出不同的特點。有學者將漢族音樂分為西北區、西南區、華北／東北區、華中區、江淮區、江南區、華東南區、華南區和客家特區共九個區域，以高胡與揚琴為主奏樂器的廣東音樂屬華南區。由於廣東語音常有「高低錯落，節奏跳動相同，語調尾音尤喜拉長」等特徵，因而造就了廣東音調上喜用八度跳進，板位延長，樂器聲部高低錯位等特點。而江南區以二胡、笛為主奏樂器的絲竹音樂又呈現了另一種風格特徵，其審美追求的是優雅清麗、委婉曲折的橫向旋律美。因此江南絲竹「旋律級進多，跳躍少，加花加雙，流暢悠揚連綿起伏」，處處表現出江南水鄉悠揚雅致的神韻。

參考資料

1. 葉明媚《音樂天地》，香港：商務印書館（香港）有限公司，1992 年，頁 58-61。

2. 蔣菁、管建華、錢茸〈中國音樂與傳統文化〉，《中國音樂文化大觀》，北京：北京大學出版社，2001 年，頁 104-105。

3. 鄭慕才、雲淡〈人們用哪些符號記錄音樂——記譜法種種〉，《音樂趣話》，福建：福建人民出版社，2002 年，頁 54-59。

4. 鄭慕才、雲淡〈南腔北調——中國各民族的傳統音樂〉，《音樂趣話》，福建：福建人民出版社，2002 年，頁 234-240。

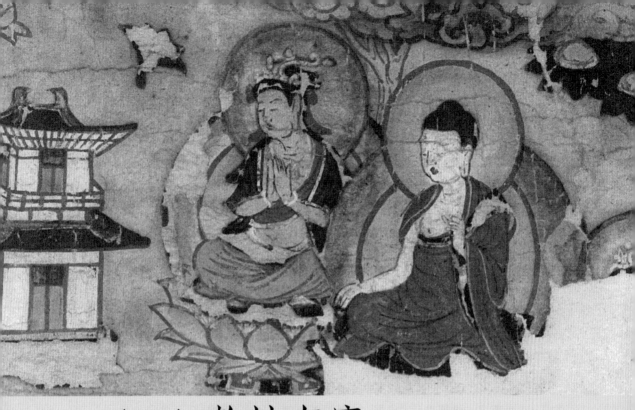

（三）乾坤有序

中國器樂曲的宗哲關懷

在中國哲學思想和宗教中，儒教、道教和佛教對傳統文化影響最為深遠。嚴格來說，儒教不是宗教，但它卻左右着千百年來文人儒士的道德標準、思維模式以至審美觀，創始人孔子還被供奉為孔聖人，所以儒教在中國已經具有相當程度的宗教意味。道教是在吸收古代巫術、神仙方術、儒教等思想理論後構建而成的中國本土的民族宗教。而佛教則是從東漢時傳入中國後，與儒教、道教等中國文化不斷融合，進而形成了如禪宗等各門宗派。因此佛教出世的思想，有別於入世的儒家哲學或超世的道家哲學，可說既是宗教，亦是哲學的思想。

道、釋、儒三教在信仰上的差異，形成了各自的音樂風格特點。著名音樂理論家燕南芝庵在《唱論》中曾指出，「道家唱情，僧家唱性，儒家唱理」，即道教音樂講求自然本性，冀求脫離倫理德行、禮法制度的束縛；佛教音樂以梵唄讚頌達到感化人心的效果；儒家則主張音樂的政教、倫理道德。

中國的哲學宗教與古代巫術、祭祀活動有着密切的關係，而祭祀、法事等儀式亦自然離不開音樂。二十世紀八十年代，在河南省舞陽縣賈湖村發現的二十一支骨笛，證明了近萬年前便已有了音樂活動。據文獻記載當時已有音樂與舞蹈相融合的藝術形式，亦即所謂的「樂」。由於「樂」在現代專指音樂，所以習慣上將原始時期的「樂」稱為「樂舞」。

及至商代，由於君皇尊事鬼神，樂舞作為「進獻、侍奉、娛樂鬼神」，「人神溝通的重要手段」而受到崇尚，並得到進一步的發展。用於祭祀的樂舞大多簡單舒緩，肅穆而莊嚴。其中又以《桑林》(1) 較具代表性及流傳後世。商代樂舞的高度發展，為周代禮樂的形成奠定了良好的基礎。其後的周代，更是最早對「禮」（祭祀、朝饗等儀式）和「樂」（伴隨「禮」進行的樂舞）做出規定的時代。周代天子為道德教化，不僅將伴隨禮的樂舞定為「雅樂」，而且還訂定了禮樂的等級。

戰國以後，出現了「禮崩樂壞」的局面。原不能登大雅之堂的地方音樂等「俗樂」逐漸興盛，進而取代「雅樂」，用於各種禮儀儀式。雖然孔子曾竭力維護原有的禮樂制度，排斥「俗樂」，但仍無法阻止「俗樂」對人們的吸引。今天，我們尚可在大陸、台灣孔廟舉行的祭孔儀式中，一睹古代雅樂以及儒教音樂的風采。

至於探求宇宙觀、人生觀、價值觀等問題的哲學方面，中國傳統的哲學觀認為宇宙是一個有生命的有機本體，而這種有機本體的思想在中國各種的傳統藝術中亦相互滲透與並存。所謂的「氣韻生動」、「陰陽諧和」，其所展現的氣、陰陽、五行思想正是中國哲學的中心概念。就如「氣韻生動」體現了由空間的舒展、豁達而蘊生的空靈意境和廣闊的思想空間；「弦外之音」強調了中國音樂對聲音之外的追求；中國畫與書法中的飛白留空等，無不是中國藝術所講求的極致韻味。

在中國哲學中，儒家和道家的音樂觀對後世的藝術影響最為深遠。儒教的創始人孔子不僅是偉大的思想家、教育家，亦深諳音樂，他既擅彈琴擊磬，亦會吹笙和唱歌。孔子更選編了中國第一部詩歌總集《詩經》，並將音樂納入六藝之中，作為學生的必修科目之一。

儒家認為「移風易俗，莫善於樂」，故十分重視音樂的教化功能以及音樂倫理道德觀，希望通過音樂達到完整的人格。因此，儒家音樂講究「中正和平」，即指對音樂的聲量、節奏、速度、力度、技巧、旋律變化、內容等均有一定的要求：旋律須用宮、商、角、徵、羽五個正音，節奏必須平穩緩慢，唱法最好是一字一音，拍子最好用偶數不用奇數，風格必須端莊肅穆，題材更須是歌功頌德。若符合此等原則者為「雅」，反之則為「俗」。

公元前五世紀由公孫尼編著的《樂記》，及公元前三世紀荀子所撰的《樂論》，可謂展示儒家音樂美學觀的代表作，同時亦闡述了儒家對聲（音樂）、心（情感）、物（物質世界）與政（政治）的關係。

至於道教，原始於漢末，至唐朝時最為興盛。其時，唐玄宗不僅親製了《霓裳羽衣曲》等道曲，還曾召道士司馬承禎製《玄真道曲》，太常卿韋蹈製《九真》、《紫極》等樂曲多首。這些道曲用於道法齋醮、宗廟雅樂的送神儀式，甚至是宮廷的享宴娛樂等。北宋徽宗時編製了目前所知最早的道曲譜《玉音法事》，收錄了從唐代至宋代的五十首道曲譜。由於道教音樂多為歌、舞、樂一體，故保留了較多巫風遺韻。演奏時以鐘、磬、鼓等打擊樂器為主，有時亦用拉弦及彈撥樂器。

道家講求養性、順應自然，反對一切人為的制約，無所為而為，所以音樂亦是採取形而上的觀點。道家的代表人物老子和莊子曾分別提出「大音希聲」和「至樂無聲」等自然無為的音樂觀。綜觀而言，二者皆認為最完美的音樂應達至「道」的境界，即處於「無」的狀態，眾生是聽不到的，故須借助聽到的管弦之聲的表象，因而接近「道」的完美境界，音樂也就必然是「希聲／無聲」。這種思想體現在實際音樂的演奏上，遂形成了講求清虛恬靜、閒逸逍遙的意趣。從總體論，道教音樂的風格一般偏愛古雅閒適的抒情格調，旋律委婉迂迴，多用長而富於韻味的拖腔，具脫塵出世的玄遠氣韻。在中國眾多的民族器樂中，講求寧靜致遠、心意合一的古琴音樂，可說是當中的佼佼者。

佛教自西域傳入中國後不斷華化，而佛教的音樂亦不斷吸收中國本土的音樂材料而逐漸形成了獨特的樂風。南北朝時，佛教在中國廣為流傳，吟唱贊偈等佛教音樂亦在民間頗為流行。據史料記載，南朝文宣王蕭子良曾召集名僧講論佛法，並下令創作佛曲。《隋書·音樂志》亦載有梁武帝蕭衍曾親自創作了《善哉》、《天道》等歌詞，並以配佛曲演唱。

在佛教的各種修行中，除誦經冥想外，還包括每天早晚的梵唄唱頌。梵唄可以用於個人的修煉，亦用於寺院的各種儀式。佛教唱詠經文時所用的樂器主要包括有，大磬、引磬、大鐘、吊鐘、小鼓、木魚、檔子、鈴子等打擊樂。而進行法事時，還使用管子、笛、笙、嗩吶、簫、螺號等吹管樂器，以加強感染力。由於佛教音樂的目的是希望透過聲音的清淨來解脫耳根，乃至六根的煩惱，就如儒家為正視和解決人類與生俱來的慾望而以音樂來疏導和化解的目的一樣。

及後發展開來的禪宗則主要強調「教外別傳」、「不立文字」、「直指人心」、「見性成佛」，企圖打破語言文字的隔閡而直指人心，強調「頓悟」。禪宗的曲折隱晦和善於比喻的表達方式，與道家追求天籟和對道的心靈領悟，實則有着異曲同工之妙。

總的說來，宗教哲學音樂不僅是一種音樂事象，同樣亦是宗教哲學觀念的表現媒體，以及信奉者修煉養生的重要途徑之一。而中國文人音樂中悠長清雅的旋律，和追求超凡脫俗的演藝風格，可說是儒、道、釋三教音樂的典型特徵。

(1)「桑林」本是一種大型的、國家級的祭祀活動，後沿用作樂舞的祭名。「桑林」樂舞既強而有力，又輕捷靈巧，而且音樂震撼人心。

參考資料

1. 陳榮富《宗教禮儀與古代藝術》，南昌：江西高校出版社，1994年，頁203-215。

2. 葉明媚《音樂天地》，香港：商務印書館有限公司，1992年，頁112-114。

3. 蒲亨強〈音樂與宗教〉，《中國音樂文化大觀》，北京：北京大學出版社，2001年。

4. 鄭慕才、雲淡〈是誰創造了音樂〉，《音樂趣話》，福州：福建人民出版社，2002年，頁50-53。

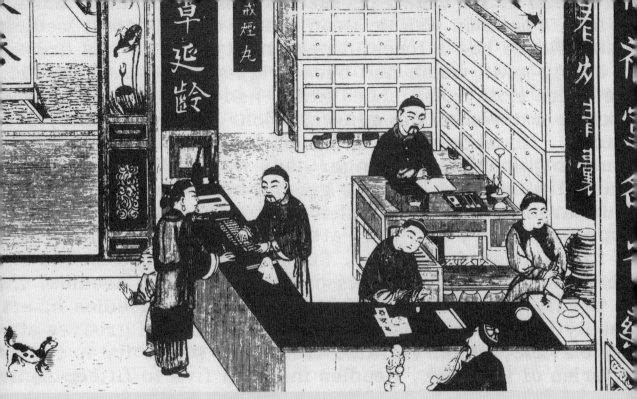

（四）靜養心身

中國器樂與治療效用

　　醫學實踐表明，任何疾病的治療如輔以適當的心理治療，會收到更佳的效果。事實上，人體本身就是一個非常複雜的有機體，身體的每一部分、每一系統均與其他部分和系統有着不可分割的相互聯繫，人的生理系統與心理狀態更是互相作用。治療的目的不僅在於抵抗病痛、細菌侵襲、改善肢體運作功能、解除病人生理痛苦，更是對心靈的呵護。由於音樂可幫助人們克服手術、輻射等造成的心理創傷，並通過對患者的精神鼓勵來提高療效，音樂療法的作用已愈來愈受到重視。

　　音樂是一種聲音的波動，人體內部同樣也存在着各種各樣的波動；音樂有各種不同的節拍、節奏，人體也具有各種生理節奏，如脈搏、呼吸等，因此，兩者之間可產生「同聲相應」的諧振效果，選擇恰當的音樂便可調節生理的節奏。音樂療法的作用主要在於心理方面，並以消除精神上的阻滯為目標，從而增強身體的抵抗力；此外，還可通過音樂的物理特性，以特定的頻率、聲壓直接施於人體心臟或聽覺器官等，達到治療的效應。

其實，音樂的功效不僅可輔助醫生的治療，還更可幫助那些外表看似健康，但實際上處於「亞健康」狀態的人們。在競爭激烈、生活節奏不斷加快的現代社會，受「亞健康」狀態困擾的人遠遠超過了住院接受治療的病人。對於這些人來說，也許音樂能比吃藥打針起到更佳的效用。

早在春秋時期，中國便已認識到音樂在疾病治療方面的功效。《左傳》中記載了秦國的醫生——醫和關於音樂與疾病的論述。醫和認為有選擇、有節制地聽音樂，有利於健康，反之則對身心有害。《樂記》中曾指出：「詩、歌、舞三者皆本乎心。」可見已經認識到詩、歌、舞對人的心理及精神的影響。

古人認為，樂能通倫理，樂能動盪血脈、通精神和正心。於是便有了所謂「聞『宮』音，使人溫舒而廣大；聞『商』音，使人方正而好義；聞『角』音，使人惻隱而愛人；聞『徵』音，使人樂善而好施；聞『羽』音，使人整齊而好禮」。《樂記·魏文侯篇》中，魏文侯對子夏說：「吾端冕而聽古樂，則唯恐臥；聽鄭衛之音，則不知倦」。魏文侯認為嚴肅、和諧的古樂使人寧靜、安詳，以至產生催眠作用；而民間情歌與俗樂的鄭衛之音則容易使人興奮，以至不知疲倦。

在清代吳尚先的《理瀹駢文》中，亦有「七情之病，看書解悶，聽曲消愁，勝於服藥也」之記載。在明代萬全的《幼科發揮·慢驚三因》中有「唱舞以娛」來治療精神病變的案例；宋代著名文學家歐陽修也曾在書中談到自己的體驗：「吾嘗有幽憂之疾，而閑居不能治也，既而學琴於孫友道滋，受宮音數引，久而樂之，不知疾在休」，他學彈琴，用「宮」音治癒了自己的疾病。元代名醫張子和在治療悲傷過度的病人時，常請藝人跳舞唱歌來配合藥物治療；扎針時，也常找善樂人吹笛鼓琴，雜以歌唱。

現代的人們進一步發展了古人關於音樂治療的想法。兩千多年前春秋戰國時的《黃帝內經》，將人體情緒分為喜、怒、憂、思、悲、恐、驚七種，古人認為這七種情緒積壓在心是造成內傷疾病的原因。

不同的音樂會給聽眾不同的感受，日常生活中耳濡目染的音樂，有如鄉土母語，往往可以產生更為明顯的效果。在歐美一些醫院中可以用貝多芬的《月光曲》去抑制狂躁病；用柴可夫斯基的《花之圓舞曲》去改善心神不安、思緒紊亂的病症；但是對於生活在中國文化氛圍中的人來說，《春江花月夜》也許會更合適。一般來說，不同的中國樂器會令人產生不同的情緒：悠揚的吹管樂器，導引人們進入冥想；快速的彈撥音樂則抒發了零亂的心情；哀怨的胡琴又讓我們發洩心中悲傷的情緒；喧鬧的嗩吶、熱情的鑼鼓可振奮低落的士氣等。

我們可根據自己的心境、需要來選擇不同的中國音樂。如《梅花三弄》、《春江花月夜》、《雨打芭蕉》等可治療心情不安、思緒紊亂；《小開門》、《喜相逢》、《夜深沉》、《光明行》、《三六》等可治療精神憂鬱；而琴曲《流水》、箏曲《風入松》、二胡曲《漢宮秋月》等亦具抑制煩躁易怒的作用。對於智障人士可以採用簡單流暢、節奏明快的民間傳統樂曲、舞蹈組曲等。

香港中樂團的樂師趙國良研究聲音學、《易經》、《陰陽》、《五行》等理論及音樂養生、音樂治療多年，亦提出了一套中樂療法的方案。趙氏認為：《旱天雷》、《東海漁歌》等明快、活躍的音樂能令人心情愉快、精神開朗；《彩雲追月》、《長城》協奏曲第二、三樂章等抒情、柔美的音樂能令人心情舒暢、心胸開闊；《豐收鑼鼓》、《中國人》、《將軍令》等激情、高昂的音樂能令人精神振奮、鼓舞鬥志；《良宵》、《水之聲》的第二樂章《湖水》等平穩、柔和的音樂能令人情緒安寧、心平氣和。

從事鋼琴演奏多年的台灣輔仁大學醫學院院長江漢聲教授認為，與西方音樂相比，中國的五音音樂能改變人的腦波、幫助人們進入更放鬆的情景世界、提升免疫力、達到修身養性、治療身心疾病的效果。

面對現代社會生活節奏不斷加快，競爭激烈的狀況，音樂的治療用途越來越受到人們的重視。但是，音樂治療並不是萬能的，它能夠作為一種治療（主要是心理治療）的方法和手段，但不能夠取代其他治療方法。此外，中國音樂如果與中國傳統醫學的其他方法相結合，相信可以發揮更大的作用，如心無雜念、全身放鬆的打坐或氣功以及針灸、推拿等，若配以相得益彰的國樂效果必然會更好。

然而，音樂治療的運用還需遵循一定的規則，才可達至事半功倍的效用，這包括：1. 除特殊的環境需要外，音樂播放時間不宜過長。2. 音量應比通常音樂會音量為小，過大的音量會使患者感到不適。3. 管弦樂或其他器樂演奏形式比獨奏更受大多數患者所喜愛。聲樂不太受歡迎，尤其為女高音而作的歌曲。4. 古典音樂和通俗音樂都可以用於治療。據調查，60%的患者喜歡通俗音樂，40%的患者喜歡古典音樂。5. 短小的曲目比較適宜，冗長的曲目不宜使用。音樂應該是簡單和美妙動聽的。6. 隨着療效的不斷提高，應鼓勵病人參與集體音樂活動，如演唱和器樂合奏等。7. 音樂的選擇，應以病人的音樂趣味為先，尤其對音樂家而言，不能太多地考慮他們自己對音樂藝術價值的觀點和評價。有的音樂對於音樂家來說並不熟悉和喜愛，而對於沒有受過音樂訓練的患者來說卻是令人滿意和愉悅的。

總的來說，音樂治療的作用主要在於音樂所具有的特殊的滿足情緒情感交流、意象以及自我表現需要等功能。隨着現代科學的迅猛發展以及人們對於自身精神需求的愈加豐富，音樂與健康的關係會得到更多的重視，音樂治療的研究和應用必將得到不斷的發展。

參考資料

1. 石峰編著〈音樂：治病的手段〉，《音樂世界趣談》，北京：人民音樂出版社，1986 年，頁 42-46。

2. 江漢聲《江漢聲的音樂處方箋》，台北：時報文化出版社企業股份有限公司，2002 年，頁 79-82。

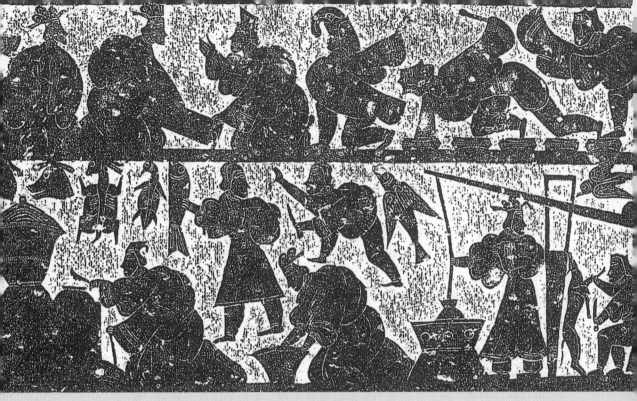

（五）大快朵頤

味覺與聽覺時間旅程的共感

「……吃攙壽司時，首先，味道濃郁的金槍魚胸和醬油味道在舌頭上融為一體。然後是白米飯的酸味，與此同時，山葵辛辣刺鼻的強烈刺激又洶湧襲來……」 相信老饕們嘗正宗的壽司時，總不難感受以上的情景。無庸置疑的是，當食客品嘗不同國籍的美食時，其獲得的味覺與聽覺時間旅程，正好如欣賞各種不同風格的音樂一樣，各有截然不同的感受。

古人所謂「調和鼎鼎」，意思是指通過味道的調和來製出鮮美的滋味；另一意思是借飲食之道以喻治國。平日司空見慣、日不可缺的飲食，其實蘊含着乾坤萬千。《莊子‧養生主》描寫庖丁解牛時的情景：「手之所觸，肩之所倚，足之所履，膝之所踦，砉然響然，奏刀騞然，莫不中音。合於《桑林》之舞，乃中《經首》之會。」意思是說庖丁解牛時，手、肩、腳、膝密切配合，用刀順着牛體的肌理分檔取料，刀割之聲與牛肉斷裂之聲合於音律，就像構築了一首美妙的樂曲。庖丁嫻熟的刀法，奏出了聽覺藝術中和諧動聽的樂音。

在中國古代文化中，陰陽消長、五行生克的思想，覆蓋諸多領域，影響着生活的各方面，其中在飲食文化中表現得尤為顯著。五行的「水、火、木、金、土」，在口味上的屬性分別為「鹹、苦、酸、辣、甘」，合稱「五味」。陰陽五行理論與人體內臟組織又存在着有機的聯繫。《藏象學說》認為人體的精神氣血皆由五味所滋生，五味與五臟，各有其臟腑，各有所損，五味的平衡調和人體的健康。關於五味的調和，《藏象學說》認為：「聲一無聽，物一無文。」也就是說：聲音如果只有一種，就不會有動聽的音樂，所以要「和六律以聽耳」，把高低、快慢、長短、清濁不同的各種聲音統一起來才能悦耳。中國人欣賞藝術的時候，亦講究意味、韻味；音樂等藝術作品講究品味、玩味。五味與六律，交織出協調恰宜、令人神往的味覺與聽覺的世界。

中國的飲食文化源遠流長，每一種食物的味道和質感都不同。各式各樣的地方菜餚通過不同的調配形成了自己的特色和風格。技藝精湛的廚師不僅對食物的原料精挑細選，而且在材料色彩的協調與互補，菜餚的組合與配搭，餐具的配合等都悉心炮製，以達到材料美、技藝美、形態美、情感趣味美的最佳效果。中國菜餚的色、香、味、形、器的和諧統一，不僅能予人味覺的享受，而且令人體會到視覺、聽覺、感覺的整體美的陶醉。

中國人對飲食追求的是一種難以言傳的「意境」，即可用人們通常所說的「色、香、味、形、器」來把這種「境界」具體化。單單有食物的色、香、味，還不足以成為上好的佳餚，當美食與美名、美食與美境、美食與美器得到完美的融合時，食物才由實體美昇華為意境美。

中國菜重視選料，重視刀功，重視火候，重視五味調和，重視色澤。廚師與琴師都要講求基本功，廚藝有「斬、鋸、刮、切、劈」等刀法，琴藝亦有「吟、猱、綽、注」等不同的演奏方式，兩者雖各異其趣，但又相互相連。如刀功中的「平刀法」像弦樂器的推拉奏法，而「斜刀法」像彈撥的掃弦技法等。此外，廚師在炒菜時，常會敲打馬勺，旨在注意烹炒的節奏感。這些自然不會對味道有直接的影響，但卻是增加了勞動者的工作趣味，顯示出中國菜的創造性和藝術性。

中國飲食之所以有其獨特的魅力，關鍵就在其食感與味道。美味的產生在於調和，要使食物的本味，加熱以後的熟味，加上配料和輔料的配味，以及調料的調和之味，交織融合在一起，使之互相滲透，融為一體，你中有我，我中有你，才能將烹調、調味等所有因素組成一個和諧的整體，就像由眾多不同的樂器統聚交織，然後釀製出一闋闋動人心弦的樂曲。

飲食之道在於材料的適當搭配，而樂器間亦需要相互的配合才能夠奏出美妙的樂章。管弦樂中雖有多種樂器同時演奏，但奏出來的聲音卻必須是統一協調的。不同味道、不同口感、不同療效的食物的融合，交織出令人如醉如癡的美食；就如同大型民族管弦樂團融匯了不同特色的民族樂器，通過樂器間的相互對比、烘托，創造出和諧的音樂。

有關菜餚色調的配搭，又是多姿多彩，其中包括有「清一色」搭配，即數種菜餚同一顏色；「對比色」搭配，即兩種不同顏色的菜物搭配；「多色組合」，如雜錦拼盤等。但不論是哪一種色澤搭配，都是以自然美與藝術美的巧妙配合為依歸。任何具藝術美的菜式都是建立在色澤的自然美之上，離開了色澤的自然美，也就談不上色澤的藝術美。此外，烹飪藝術的實用性，亦決定了其在創作上和欣賞上的特殊性。技藝高超的廚師在烹飪時，不僅要具備精湛的技能，更要有全面的審美修養，合理巧妙地掌握和運用各種材料，將實用、經濟、美觀的因素緊緊融合在一起，這樣才能達到高深的造詣。

同樣，作曲家在創作時，亦仿似一位廚師，需要對素材進行精心的藝術加工，通過樂句的鋪排，樂段的對比，以及音色、節奏的輔佐，使作品既能表達曲者的細膩韻思又能達到雅俗共賞的效果。因此，菜式的創新與優美樂曲的誕生，均同樣需要紮實的技巧、廣闊的文化視野，以及不斷地嘗試。

此外，從品嚐菜餚的方形式來看，中國的宴席不管是甚麼目的，最常見的就是大家團團圍坐，共用一席。宴席要用圓桌，這就從形式上造成了一種團結、禮貌、共趣的氣氛。美味佳餚放在一桌人的中心，它既是一桌人欣賞、品賞的對象、又是一桌人感情交流的媒介。人們相互敬酒、相互讓菜、勸菜，在美好的事物面前，體現了人們之間相互尊重、禮讓的美德。這種飲食方式正體現了中國人那種「大團圓」的普遍心態，同時亦反映了中國古典哲學中「和」的理念。

當食客品嚐風格各異的佳餚時，其體會的味覺時間旅程，又正如欣賞各具風格的樂曲，體會到由不同的旋律、節奏構成的時間變換，並得到截然不同的感受。有的樂曲就如印度的咖喱，雖有各式各樣的味道，但當選擇決定後，其味覺旅程是始終如一；有的就像壽司一樣，一團在口，味覺的變化接踵而來；有的就像法國大餐一樣，需按先後次序逐步品嚐，才能領略箇中的真趣。而中國的菜餚宴席，更是變化多樣，各地各方自有一番情味，只有不斷試食嘗試，進而理解其文化脈絡，才可樂在其中。

至此，還記得電影《食神》一片中，一碗外表平平無奇的「黯然銷魂飯」(叉燒煎蛋飯)，在食神爭奪戰中令評委留下淚水，原來就是加了一點洋蔥，這帶辛辣味的洋蔥配合叉燒的醬汁令人產生的點點哀愁，就如畫龍點睛一樣，妙到毫顛。一首由作曲家用心配製出來的音樂，是否正是一樣？

參考資料

1. 唐振常《中國飲食文化散論》，台北：商務印書館，1999 年。

2. 陳詔《食的情趣》，香港：商務印書館，1991 年。

3. 楊乃濟《吃喝玩樂──中西比較談》，北京：中國旅遊出版社，2002 年。

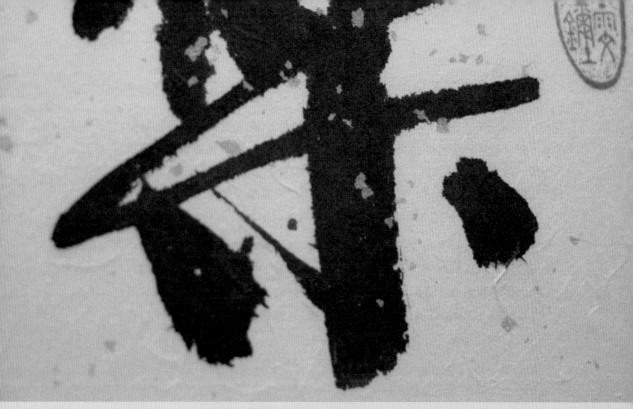

（六）線樣時空

以筆奏樂與以樂御筆

　　訴諸聽覺的音樂與訴諸視覺的書法乍看截然不同，但本以靜態美為外在表現形式的書法，通過書法家的筆畫、結構、篇章的無窮變化，卻可孕育出抑揚頓挫、緩急有序的內在氣韻，與音樂的節奏產生異曲同工之妙。然而，兩者不同之處在於書法的內在氣韻並非基於真實時間的調控，而是依據勁健的筆力與筆勢，以及形態變化等空間形態的演繹而得來。

　　由此，中國書法可比擬為以筆奏樂：正楷是照足音符，無誤地奏出音量均勻、悅耳的樂聲，但個性略欠；而行書則以最大最多的自由空間，讓書法家將幾個字形以呼應之態勢寫出；草書更是境界最高超，書法奏樂家可自由發揮，只是萬變不離字形、字勢，其筆法之創作性，恰近似西方音樂家之即興演奏。

　　近代書法理論家丁文雋曾撰文揭示中國書法與音樂的關係：「吾國書法，自美術上言之，與圖書同其源，與音樂同其妙，……至若音樂，乃以高低宏纖之聲音，表現各種神奇不同的意向。」德國哲學家叔本華(Schopenhauer,

1788-1860)亦認為：「音樂為最高的藝術，其他藝術所表現者，多為實質之意象，而音樂所表現者則為情感之意象。凡喜怒哀樂、剛柔動靜之情，圖畫所不能描，詩文亦不能狀者，音樂常能曲盡其蘊，而書法亦有此妙用焉。」我們不否認圖畫與詩文所描繪的實像背後蘊藏着廣泛的意象空間，但與其他藝術相比，音樂和書法藝術在以無形質的手法去表現意象思維方面是更為突出。

中國的書法是以線條的粗細曲直、墨色的濃淡對比與協調而構成。而中國音樂與書法最主要的相通之處是同樣以線形結構為主要的表現手法。我們可從漢字字形的基本組合元素與中國戲曲中的行腔結構，書法與音樂作品的篇章結構、虛實相間、點劃的波折變化與中樂餘音的委婉縹緲等方面，領略中國音樂與書法之間的密切關係。

漢字字形的基本元素包括點、橫、撇、捺、鈎、挑、豎和劃等不同的組合。書法中筆劃的運用包括「起筆→行筆→收筆」，而戲曲唱腔中亦講求「字頭→字腹→字尾」三部分的協調。書法中的起筆與行腔中的字頭，都是着力點，亦都起着奠定基調的作用。字腹部分在行筆中需要提按，以增加力度，而運腔的字腹部分亦要求字要留頓，轉彎處要有棱角，收放處要有安排。清代徐大椿在《樂府傳聲》中，曾對行腔中的「字尾」即「收聲」，及書法中字尾的處理加以比較。「收聲之時，尤必加意扣住，如寫字之法，每筆必有結束，越到結束之處，越有精神，越有頓挫……」

在篇章結構上，確定基調、控制節奏以及虛實相映皆為書法及音樂作品的重要組成部分。因此，無論是注重線形變化的書法作品，還是注重單聲旋律、線形韻味的中國音樂都重視開篇之處，以其作為整個作品的基調。漢字的書法作品講求全篇的第一字乃「終篇之準」，徐大椿在《樂府傳聲》中強調「起調之一字」在唱法中最為重要，「通首之調，皆此字領之」。音樂中的小節構成了音樂的基本單位，每個小節之中的強弱變化構成節奏。而書法作品則以字為單位，每個字中線條的粗細、長短、疏密，形成了筆劃的強弱變化，進而構成一種靜態的節奏形式。

虛實相映，亦是中國音樂與書法結構中的重要原則。就如書法結體中的「虛」，包括筆劃連接的空白，佈白中的計白當墨，以及字句間的空白，行距的疏密等，均為書法作品中最顯其精妙之處。同樣，音樂中調配得宜的適度休止，往往會得到「此時無聲勝有聲」的效果。

在表現形式方面，書法作品的造型往往忌諱平直，在起筆、形筆、運筆當中講求點劃曲折的微妙變化，而中國樂器通過「吟、猱、綽、注」來營造出聲音的跌宕起伏，樂音繚繞，其中又以古琴的演奏手法與書法最為類似。古琴演奏通過各種前後潤飾的技法，使得琴聲的波折縹緲，韻味無窮。如山東近代諸城派古琴名家王燕卿所創的「回鋒」指法與書法中「藏鋒」筆法就極為近似，其迂迴婉轉的「回鋒」，使琴音聽來更為圓潤柔和，收放自如。

琴、棋、書、畫是古代文人以及賢達之士文化修養的重要部分，他們不僅純為學習技能，而且更重在自我人格的塑造以及審美觀的培養。中國歷史上有不少文人雅士在音樂與書法上都具有很高的造詣。東漢蔡文姬之父蔡邕，既是著名的琴家，又是大書法家，並創造了一種新的書體——飛白書。元代趙孟頫既精通音律，又是書法界的一代宗師。

總而言之，音樂創作與書法演練一樣，能從中獲得極大的喜悅，此種歡樂是從種種優秀作品中看到自己精神的另一面，而且是美善的一面。

參考資料

1. 程逸 〈用筆奏樂〉，《信報》，2001 年 12 月 21 日，香港。

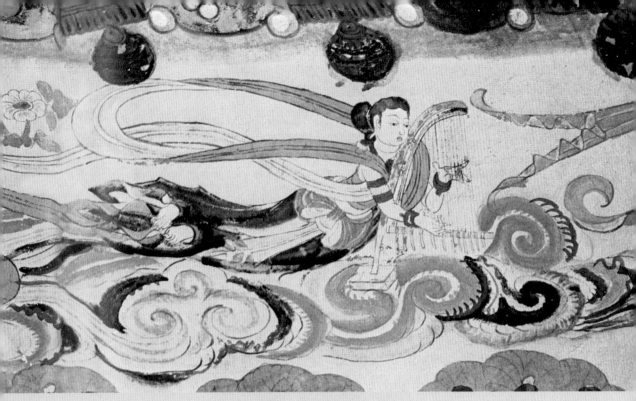

（七） 樂舞與舞樂

中國音樂中的律動與舞動

　　舞蹈，被稱為是「以藝術化的人體動作作為物質材料，表現人的思想感情及社會生活的一門以抒情為其特長的藝術，並在音樂、美術等多種藝術因素的共同參與下融為整體，成為一門多元藝術共同協作的綜合性藝術。」由此，我們可歸納出舞蹈是以人體為載體，並在時空中連續運動的一種綜合性表現形式。

　　在中國的傳統文化中，樂舞同源，音樂與舞蹈被合稱為「樂」或「樂舞」。研究舞蹈創作理論多年的胡爾岩教授認為舞蹈、音樂、詩歌三者相互融合，優秀的舞蹈作品是「詩心、樂性、舞體」的完美結合。「詩心」意為舞蹈的主題，意境像詩歌那樣概括、凝煉、傳神；「樂性」體現了舞蹈作品中必不可少的時間的節奏與延續，音樂的時間性與舞蹈的空間性相互依存、相互襯托，構成了舞蹈作品的基本表現方式。「舞體」則闡明了舞蹈作品的直觀性，以及人體動作的規範性。

　　舞蹈作品不僅可娛人，而且其中往往蘊含着對社會形態、民族群體、風土人情的記載，以及文化傳統的有形表現。周、漢、唐、宋不僅締造了政治經濟上的繁榮，而且也造就了各具特色的樂舞文化。

在夏商樂舞的基礎上，周代形成了完整的周代雅樂，成為中國歷史上第一個樂舞盛世。周代將黃帝的《雲門大卷》、唐堯的《大咸》、虞舜的《大磬》、夏禹的《大夏》、商的《大濩》和周初的《大武》系統地整理成為禮樂制度。周代在禮樂的基礎上，又進一步形成了雅樂，主要用於祭祀天地、神靈和先祖，其音樂風格以平和肅穆為主，且同樣是集詩、樂、舞一體。

漢代的中國，國力強盛，絲綢之路的開通，更大大增強了中國與其他國家的文化交流，箜篌、琵琶、胡笳等樂器相繼傳入中國，豐富了中國音樂的表現力。漢代設置的樂府雲集了全國各地的人才，西漢時達到八百多人。樂府藝人收集全國各地的民間音樂舞蹈，加以改編，或以此為素材，創作新曲，李延年就是其中的代表人物。多種文化的融匯，令音樂舞蹈更加多姿多彩，被民間廣泛接受的俗樂在漢代得到了很大的發展。

及至盛唐，表演藝術進一步繁榮，其中以燕樂最為突出。燕樂除了包括聲樂、器樂、舞蹈以外，還融入了百戲等藝術形式。燕樂採用的樂器包括漢族傳統樂器、少數民族樂器，以及由印度傳入的樂器等。其舞蹈亦在傳統表現手法的基礎上，融入了西域舞蹈中的動作，融詩、樂、舞為一體的《霓裳羽衣曲》便是代表性的作品。

宋代，工商業的發展，促進了表演藝術的成熟，民間出現了如「勾欄」、「瓦子」等固定的表演場所，民間樂舞遂得以迅速發展。與此同時，說唱、白戲、雜劇亦成為民間喜聞樂見的表演藝術。

除回顧歷史外，我們還可從中國多元文化構制中領略舞蹈與音樂的互動關係。人類社會經歷了狩獵、畜牧、農業、工業的不同階段，而這些歷史的進程在幅員遼闊的中華大地留下了清晰的痕跡，而不同地域人民的生活方式，亦直接或間接地反映在其舞蹈與音樂的顯形與內在的律動裡。

如居住在北疆的鄂倫春族、鄂溫克族、達斡爾族、錫伯族等民族，直至近代仍以狩獵為生。在這些民族的文化中，都保留着以狩獵為主題的樂舞。達斡爾族稱其為「魯日格勒」，意為「燃燒、興旺之意，其詞義與篝火相關」；鄂倫春族稱其為「呂日格仁」；鄂溫克族稱其為「魯克該勒」。「魯日格勒」表演一般分三個階段，開始是賽歌，由德高望重的年長者出場，表演者兩人一組相對而歌，音樂節奏舒緩，抒情性強，演唱曲目由參加者事先商定。大家盡情歌唱，互相比試，以唱為主，跳為輔。第二階段是對舞，即兩人一對，邊呼號邊舞，節奏跳躍，舞步加快，情緒逐漸高昂，將歌舞推向高潮。第三階段，舞蹈熱烈、奔放，舞蹈者一手叉腰，另一隻手握成拳舉於頭頂有節奏地搖動，左右手交替，並做對打拳狀。最終，表演者發出類似各種禽獸呼叫的聲音，聲音尖銳而刺耳，舞蹈中有模仿禽類飛翔、兔跳、鹿走、熊鬥等各種動作。此外，鄂倫春族的熊鬥舞、鄂溫克族的跳虎舞、錫伯族的漁獵舞都是與狩獵活動有密切關係的舞蹈。由於鄂倫春族、鄂溫克族、達斡爾族的生活方式相近似，而且彼此間有較多往來，所以在文化上亦有許多共同之處，如詩、樂、舞一體化，五聲風格簡明化，二拍子節奏律動感，高頻率演唱發聲，較少使用樂器伴奏等，皆為以狩獵為生民族藝術文化的共同特點。

又如被稱為「馬背上的民族」的蒙古族，長期以來以畜牧業為主，在他們粗獷豪放的馬刀舞，展示圖騰崇拜的雄鷹造型中，均突出了肩、臂、手腕等細膩表現的抖肩動作。這種灑脫與細膩兼備的特點，亦同時體現於蒙古族的音樂中。如蒙古族民歌旋律音高中的大跳（如四、五、八度的大跳躍），便適合配合大幅度的動作律動；而草原牧歌「長調」中的「伸、提、拔、降」等的細膩變化，強波折音、弱波折音、碎波折音等與抖肩動作中的肩、臂、腕、手的細微表現正可謂相映成趣。此外，「筷子舞」、「敬酒舞」這些舞蹈中所使用的筷子、酒盅等生活用具同時又是擊打節奏的樂器。

如從舞蹈的社會功能的角度來看，舞蹈又可分為民間自娛性舞蹈和劇場表演性舞蹈兩種。其中漢族的秧歌可以說是農耕文化中最有代表性的民間自娛性舞蹈。秧歌產生於插秧種田的農耕勞動，最初是為了祭祀神靈、祈求豐收，並在豐收之際，感謝神靈的庇護。比起牧業文化和狩獵文化中樂舞的體態動律，漢族秧歌及音樂風格則顯得更為中和、含蓄、細膩。秧歌的另一個功能是娛人，即在繁重的插秧種田的勞作中，活躍勞動氣氛，消除疲勞。秧歌主要以鑼鼓為伴奏樂器，表演者載歌載舞，音樂與舞蹈相互烘托。

在狩獵、畜牧、農業社會中常見的舞蹈形式，絕大部分源於外界的自然景觀及日常生活，有的是對生活中密切接觸的動物形態、自然景物的模仿，有的是以生活勞作為主題的藝術表現。但在工業社會中，由於職業分工的細化，生活樣式的多樣化，各類影音技術裝置的產生，舞蹈與音樂的表現空間與表現手段不斷擴展，更多表現的是人類對外界的認知觀念與內心的訴求。在由機械化電聲樂器演奏出的強勁鼓點的伴奏下，盡情釋放舞者自身感受的迪斯高音樂及舞蹈，可以說是工業化時代舞蹈與音樂相融合的典型例子。當然，在工業化以及後工業化社會中，最普遍的是舞蹈與音樂的分離，以及各自表現空間的開拓與縱深發展。

相對於舞蹈而言，音樂並不僅僅處於伴奏的從屬地位，亦不僅僅是規範動作的手段，而是動作語言與音樂語言共同承擔着表現內容的任務。舞蹈的語言，既有時間屬性，亦具空間屬性。舞蹈的內容在一定的空間中展現，這使得舞蹈作品具有直觀性，而舞蹈作品中時間的流動，亦同樣使其內容具有延續性的特質。舞蹈的直觀性特徵正是與音樂的相異處，但音樂亦正好完善和豐富了舞蹈的時間屬性。於是時間與空間的互相依存、互相構成，便成為舞蹈語言的基本存在方式，也是舞蹈語言美學特徵的重要標誌。

參考資料

1. 胡爾岩〈舞蹈藝術欣賞〉，《藝術賞析概要》，北京：北京廣播電視大學出版社，1994 年，頁 140-152。〈音樂與舞蹈〉，《中國音樂與中國其他藝術》，1994 年，頁 179-181。
2. 羅雄岩〈農耕文化與漢族民間舞蹈〉，《舞蹈藝術》，1987 年第 4 期。

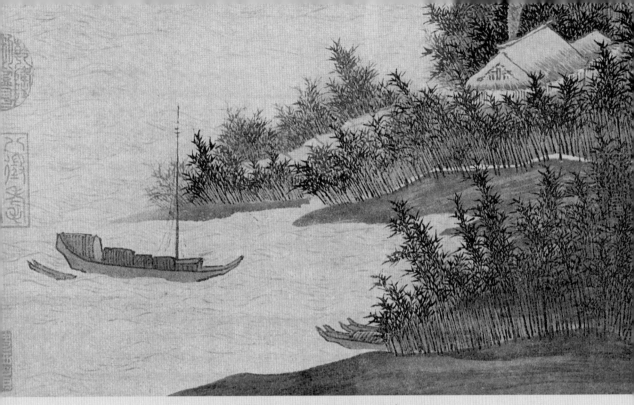

（八）光與影的對話

中國器樂與繪畫中的視覺形象

　　繪畫與音樂看似各具不同的形式與表現手法。繪畫是空間的藝術，主要作用於人的視覺器官；而音樂則是流動的時間藝術，作用於人的聽覺器官。但無庸置疑的是兩者均為藝術家心中對客觀物像的投影，作品表達了其心靈深處微妙而複雜的情緒變化。

　　文學家錢鍾書提到「在日常經驗裡，視覺、聽覺、觸覺、嗅覺、味覺，往往可彼此打通；眼、耳、鼻、舌、身各個官能的領域可不分界限」；於是，「顏色似乎有溫度，聲音似乎有形象，冷暖似乎有重量，氣味似乎有鋒芒」，音樂與非音樂的物像與感受也就完全可以相互轉化。作曲家可從聽到、看到的非音樂的形象受到啟發；而音樂的聽覺亦可通過聯想產生視覺形象，從而幫助觀眾加深對音樂的理解。

　　對聽覺與視覺的密切關係，科學家曾用各種數據、試驗進行了驗證。從物理的角度看，傳達音色的聲波與傳達顏色的光波（電磁波）都是一種波動，但兩者的性質和頻率範圍各不相同。人類的耳朵能夠聽到的聲波大約從每秒十六至四萬赫左右，眼睛能夠看到的光波大約為每秒四百五十兆至七百八十兆之間。和人類的耳朵相比，音樂物理圖像的聲學圖表可以更加準確地記錄音樂的聲音特性。利用數學以及幾何學的原理又可將圖像轉化為聲音。其原理是將水平方向的坐標軸代表時值，垂直方向的坐標軸代表頻率，圖像中的點代表短音，水平線意為固定音頻的聲音延續，斜線為滑音。根據以上規則，一個以曲線為主的圖像，它的聲音是柔和婉轉的；而以直線為主的圖像，它的聲音便會富有力度。此外，人們平時司空見慣的樂譜，亦是採用了將音樂的時間結構轉化為平面空間圖像的方法。

長久以來，不少哲學家、藝術家各自從不同的角度對音樂與繪畫的關係進行了分析與探索。黑格爾（Hegel, 1770-1831）認為，表示音調長短、高低、音色和強弱的音樂符號構成了「富於音樂性的聲音構圖」（《美學》）。著名作曲家柏遼茲(Berlioz,1803-1869)在其所著的《樂器法》中指出成功的作品，是「要給旋律、和聲、節奏配上各種顏色，使它們色彩化」。此外，不少作曲家創作了與色彩有關的作品。如英國作曲家布利斯(Bliss,1891-1975)於1922年創作了《色彩交響曲》，其中四個樂章分別為《紫色》代表紫水晶，象徵高貴、死亡；《紅色》，代表紅寶石，象徵勇敢、歡樂；《藍色》，代表藍寶石，象徵華貴、憂傷；《綠色》，代表綠寶石，象徵青春和希望；全曲表達了布利斯對不同顏色和色彩的情感轉化。

在傳統的中國繪畫中，音樂與繪畫又有着怎樣的聯繫呢？線條造型、以墨調色可說是中國畫的基本語言；線條在西洋畫中給人以「顯露凸凹，體貼輪廓以把握堅固的實體感覺」，而中國畫的線條則以「飄灑流暢的線紋」，「自由組織，暗示物像的骨骼、氣勢與動向」著稱。線條造型，形成了中國畫重在寫意，而非寫實，重於放抒胸臆、寄托情思，而非再現客觀物像的風格。

為豐富表現力，注重線條表現的中國畫往往運用了許多不同的裝飾手法。如在工筆人物畫中，畫家會對人物服飾、裝飾物紋樣圖案等會進行細膩的描寫。於是，這些細部描寫與修長線條所形成的大塊空白相對比，便大大增強了畫面的節奏感和韻律感。

在同樣注重線條表現力的中國音樂中，亦存在着潤腔、旋律即興等平面多聲的裝飾手法。如在民歌、說唱、戲曲、器樂曲作品中，許多表演者根據自身的特點添加的以五聲音調為基礎的裝飾性旋律線──潤腔。又如陝北民歌中的潤腔採用真聲與假聲的結合以及滑音、喉音等。此外，在漢民族民間傳統音樂中，大量採用即興演奏／唱方法，構成了對樂曲旋律的即興裝飾。這種以一首簡單的曲調線為起點，然後通過富於變化、自由的裝飾性改動，使旋律變得靈活生動。表演者對原有樂譜、腔調進行加工、潤飾，形成有聲有色、富有個性的藝術品，同時亦形成了同一樂種中的不同流派。

另一方面，與西方由和弦構成的縱向和聲來照亮旋律的方式不同的是：中國傳統旋律中的五聲腔格，給各聲部線條「橫生橫」的裝飾帶來了統一性和韻味變化，這與中國畫平面佈局中虛實、呼應、開和、疏密、簡繁、大空、小空等手法正好不謀而合。

在色彩運用方面，西洋畫注重光學的明暗透視，以濃墨重彩烘染出立體的凹凸，色彩鮮麗渾厚。西方的管弦樂亦講求層層鋪墊、明暗對比的立體感。通過木管、銅管、打擊樂、弦樂四大類音樂的多種組合與對置，構成豐富的音色。相比之下，中國畫有「墨具五色」之說，即以皴擦點燃、乾濕濃淡的變化調出墨色中的不同色彩，所以中國畫又被稱為水墨畫或彩墨畫。中國民樂與歌唱的音色變化就類似於中國畫色彩的「一色中之變化」，即在某類、某種樂器或人聲上，用不同的演奏／唱來造成音色變化，其目的不單純為追求色彩的明暗，還為了形成聲音的韻律、氣氛的渲染和整個藝術的效果。

在注重寫意的中國畫中，色彩的運用亦極為多樣化，充分體現了創作者不同的心理與精神感悟，「隨類賦彩」可以説是中國畫色彩運用的基本原則。「隨類賦彩」即以不同的物像類別，賦予不同的色調或色彩，這點與西洋音樂中採用樂器音色組合的方式又是不盡相同。中國民族樂器中的「金、石、絲、竹、匏、土、革、木」八類樂器，各自擔負着不同的功能。此外，中國音樂亦不時將聲調與特定的心理感受相聯繫，如元代的六宮十一調的「宮調聲情」，就是以南呂宮比作感嘆傷悲、黃鐘宮比作富貴纏綿、道宮比作飄逸清幽等。

事實上，中國歌唱藝術亦多採用「隨類賦彩」的方式。西洋歌劇中，以音區、音色劃分為男高音、女高音等。而中國音樂在唱法、奏法方面形式更為多樣化，如京劇中「生、旦、淨、末、丑」各自具有不同的發聲、唱法、音色、行腔的要求。即使在同一類型的角色中，亦會因流派、地域性差異而有不同的音色特徵。

除注重線條以及單色中之色彩變化外，中國音樂的時間結構與中國繪畫的空間結構亦存在着共通之處。中國山水畫的特點是採用「散點透視」，或稱「動點透視」，即畫中的物像不是對客觀物像的再現，可以隨意列置，不受固定的較調透視限制。平遠、高遠、深遠的「三遠法」，令同一畫面空間，可以將左右遠近的景物併入畫中，從而同時表現不同視域的景物。如從山腳到山巔乃至雲際可容一軸，這使得畫面空間得到無窮的變化與想像的餘地。名作《清明上河圖》，便是將北宋汴梁京城內外、不同社會階層的民生境態同時展現在一幅畫軸之中。

至於中國音樂的演奏則注重主體闡釋，不要求與客體樂譜絕對相同的方式與中國繪畫極為相通。中國音樂時間結構中的「散板」、「散拍」或「散節奏」與中國繪畫空間結構的「散點」透視亦可說是同出一脈。

與中國的繪畫和音樂相比，傳統的西洋繪畫採用的是「定點透視」的方式，即畫面的視點固定，並且以一方的視向表現光線照射後形成的物體明暗和立體塊面。同樣，西洋音樂中的節拍點是按數學安排的嚴密時間關係。西方傳統的管弦樂採用的奏鳴曲式、賦格曲式，整體結構均具有音樂材料組織的結構安排。因此，西洋音樂的時間距離與繪畫空間距離皆為可測量的「定量」計算。就如西洋複調音樂是依據這樣一種「定量」或「定點」關係形成各聲部縱橫之間的「數學」關係，並依據類似幾何中的對稱「軸」或對稱「點」來進行對位。由此，在五線譜空間顯示的時間結構，與帶有幾何圖形的對位技術，和西洋繪畫中的幾何空間透視可說是大致相同。

總的來說，中國音樂與繪畫的「散點透視」主「傳神」、「氣韻」和「寫意」，而與西方音樂與繪畫的「定點透視」則主「形似」、「構形」和「寫實」。這些審美差異或取向的不同，造成了中西音樂及繪畫中的主體及視覺形象的大異其趣。

參考資料

1. 宗白華《美學的散步》，安徽：安徽教育出版社，2000年。

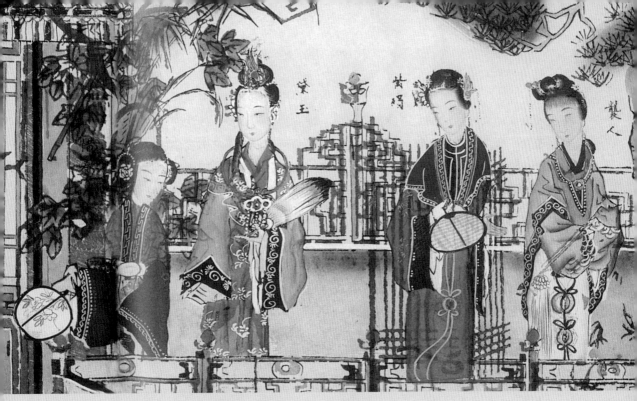

（九）同聲相應

中國民族器樂與文學的主客同塑

　　音樂是以有選擇、有組織的聲音作為物質材料，而文學則是以有選擇、有組織的形象化語言作為客體的媒介；音樂所表現的是抽象的感覺，而文學則表達了一個形象化的世界。兩者間有着顯而易見的差異。

　　然而，音樂與語言間又有着許多共同之處：語言往往是通過音調的高低、強弱、剛柔等表情體現出語言的總體含義，音樂也同樣通過音調的變化表現出音樂的基本意趣。如高胡協奏曲《梁山伯與祝英台》（陳鋼、何占豪曲），其中有一段是高胡與革胡的對答，其表現的是梁山伯與祝英台在樓台相會時的情境。音樂雖然無法表達這對情人在互訴衷腸時的語言內容，但人們卻可從音樂的表情音調中真切地感受到這對情人發自內心的表達。儘管這種表達不是語言，沒有語義因素，但它卻起到了一種與語言相似的表情效果。

　　音樂與語言同是時間的藝術，音樂是在時間中展現的動態聲音結構；文學則是「在時間中連續呈現的詞語有序結構」。音樂與語言都需要一定的體系來表達，音樂中有節拍、調式、調性等；語言則有語音、詞彙、語法等。像其他任何藝術一樣，音樂與文學都需要觸動欣賞者的精神世界，都需要經過主客體共同塑造的過程，才真正體現出自身的價值。音樂通過演奏／唱者的再創作，而文學則通過閱讀、表演者的演繹等，成為一種動態的、多層次的立體形象。

法國著名作家小仲馬(A. Dumas fils, 1824-1895)曾道：「50年以後，也許誰都不記得我的小說《茶花女》了，可是威爾第(Verdi, 1813-1901)卻使它成了不朽。」文學名著在音樂作品中得到了更加生動的凝煉與昇華。同樣，中國器樂曲中，亦有許多音樂作品取材於文學作品，或從文學作品得到啟發而創作。如譚盾在屈原的詩歌《離騷》的啟發下創作了同名單樂章交響曲；俞遜發與彭正元在南宋詞人張孝祥的名篇《念奴嬌·過洞庭》的啟發下創作了大笛獨奏曲《秋湖月夜》；徐景新、陳大偉、陳新光根據南宋著名詞家蘇軾的名作《念奴嬌·赤壁懷古》的意境，創作了古琴曲《大江東去》等。

受文學作品影響而創作的中國器樂作品，較多的是從古代詩詞得到啟發而譜寫，且多透過不同樂器的音色，編織出古詩詞中的意境，並寄托作者的情懷。如崔新與朱昌耀以唐朝詩人張繼的名篇《楓橋夜泊》為題材創作的同名二胡隨想曲中，揚琴、鋼片琴的空五度模仿悠然的夜半鐘聲。朦朧音響中夾雜的木魚聲，渲染了「姑蘇城外寒山寺」的幽靜；深沉的旋律亦抒發了詩人「江楓漁火對愁眠」的孤寂、黯然神傷。

音樂從文學作品得到了創作的靈感，相對亦同樣對文學作品產生了不少的影響。如中國最早的詩歌總集《詩經》中所包括的「風」、「雅」、「頌」三部分便是以音樂風格為基準劃分：「國風」是各地的土風民謠；「雅」是周朝直轄地區的音樂；而「頌」則為宗廟的祭祀音樂。

中國古代的詩詞和音樂關係亦極為密切，漢代樂府詩及大部分唐詩均是可供入樂的歌詞。據唐代著名詩人兼音樂家王維的名篇《送元二使安西》譜曲而成的《陽關三疊》，是唐詩中流傳最為廣泛的作品之一。

興於唐、盛於北宋、衰於南宋的詞亦與音樂息息相關。由於詞包括多種曲牌，可按不同格律填寫，比唐詩在演唱時有更多的變化。北宋時期，宮廷樂坊熱衷於新曲的創作，需要大量的詞賦，精通音律的詞家們便不斷開拓詞意、曲調，詞隨着歌曲而在民間廣為流傳。「應歌合舞」是宋詞創作的主要目的之一，由於北宋盛行的「燕樂哀樂極致、情感複雜豐富的情調」，造就了宋詞「緣情、委婉、清麗的格調」。及至南宋，由於詞人們「於文句間凝煉求工」，過於講究文字的音律，使得詞逐步與音樂脫離，於是成為文人雅士的不可歌之詞，逐漸演變為「韻文」，而民間可歌之詞與民間小調結合後則蛻變為「曲」，由於離開了音樂的傳播推廣，宋詞亦逐漸失去了廣大的聽眾基礎，逐漸走向衰落。

事實上，音樂不僅可表現文學作品的內容意境，同時亦可展現文學作品具有的敘述性和戲劇性等特徵。作曲家通過變化有序的音樂語言描述客觀事物以及內心世界的細微變化，及不同素材、調性或色彩的主部與副部的融合、對比，營造出相互影響、相互衝突的鮮明的戲劇性效果。

抽象的音樂可傾訴複雜的感情變化，是由於感情的變化趨勢與音樂的形態結構間呈現出一定的相似性。正如在高興、歡樂時，呈現出一種跳躍、向上的運動狀態，其色調比較明朗，運動速度與頻率比較快。此類的樂曲有《喜洋洋》、《百鳥朝鳳》等。而「怒」的情緒，一般是一種突然迸發、向上和向四周擴展的運動，這種情緒運動的特點在於其爆發的突然性和較強的作用力。表現「怒」的音樂一般也採用這種突發性方式和較強的力度，往往用不諧和的和聲和富有棱角的大跳。至於「悲」和「哀」則是一種悲痛、低沉的情緒狀態，它的運動趨勢基本上是往下沉，而且伴隨着比較緩慢的速度。如《江河水》開始部分「起、承、轉、合」的四個樂句就非常生動地表現出這首樂曲的情緒特點，第一句速度緩慢，旋律波瀾起伏，可以說是悲涼凄切情緒的呈示；第二句以十度向上的跳進，表現出悲憤情緒中所具有的極強的衝擊力；第三句節奏頓挫，音調從高音區逐漸向下移動，表現出泣不成聲的悲痛情緒；第四句是起句的變化重複：短短的四句便道出情緒的層次變化。

在中國文學作品中，白居易的《琵琶行》可說是用靜態的語言刻畫動態音樂的經典之作。「大弦嘈嘈如急雨，小弦切切如絲語。嘈嘈切切錯雜彈，大珠小珠落玉盤」，生動的描述使得原本瞬間消逝的音樂，在文學作品中留下了永恆的記憶。嘈嘈為粗弦發出的厚重、喧響，切切為細弦發出的尖細、急促的聲音。嘈嘈切切表現交替進行的不同音高、色彩的聲音的對比、變化。白居易的另一首詩《五弦》（五弦即五弦琵琶，又稱直頸琵琶）亦細膩地描寫了琵琶演奏的風姿：「大聲粗若散，颯颯風和雨。小聲細欲絕，切切鬼神語。又如鵲報喜，轉作猿啼苦。」唐詩中描寫聲音的還有韓愈的《聽穎詩彈琴》和李賀的《李憑箜篌引》等名篇。

　　至於集詩、歌、樂、舞為一體的中國戲曲可說是中國音樂與文學的另一完美結合產物。各地戲曲中豐富的唱腔揭示了各種人物性格特徵以及內心的細微變化。而各類劇種的獨特樂隊組合，亦伴隨渲染了劇中的氣氛和推動劇情的發展，令中國的音樂大大地豐富及增強了表現力。

參考資料

1. 劉智強、韓梅編《世界音樂家名言錄》，北京：中國華僑出版公司，1989 年，頁 268。

2. 鄭慕才、雲淡《音樂趣話》，福建：福建人民出版社，2002 年，頁 29-30，65-66。

3. 羅小平編著《音樂與文學》，北京：人民音樂出版社，1995 年，頁 58。

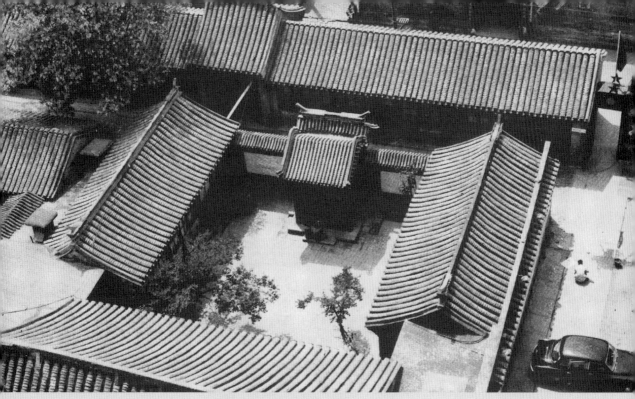

（十）曲虛線空

流動的建築與凝固的音樂

　　許多中外聞名的建築承載着流動不止的音樂瞬間，令其音樂凝固而成永恆的定格。這些建築將聲音的藝術變成了生動立體的空間展示。如悉尼的歌劇院，遠望如同碧波萬頃中層層疊起的蚌殼，又如海面上揚起的片片白帆，成為令人神往的音樂聖地的標誌性建築；古代皇帝用來祭天的北京天壇公園內的「回音壁」，竟可讓分別站在院牆東西兩端的人，彼此聽見對方的輕聲耳語，不得不令人驚嘆中國古代高超的建築技術。

　　西方的哲學家謝林（Schelling, 1775-1854）說「建築是凝固的音樂」；而音樂家豪普德曼（Hauptmann, 1792-1868）亦指出音樂是聲音的建築，是「流動的建築」。中國音樂與建築有着同樣密切的關係。中國古代戲曲家王驥德（1540－1623）在《曲律》記載：「作曲，猶造宮室者然。工師之作室也，必先定規式，自前門而廳，而堂，而樓」，「前後、高低、遠近、尺寸無不了然胸中，而後可施斫。作曲者，亦必先分段數，以何意起、何意接、何意作中段敷衍、何意作後段收煞，整整在目，而後可施結撰」。

　　雖然音樂與建築，被認為一個是時間的藝術，一個是空間的藝術，但是二者都需要將基本素材，利用空間或時間上的變化、對比等，統一佈局，以形成完整的結構。建築的結構依靠面、體形、體量、空間、群體等方面；音樂的展開則有賴於樂匯、樂結、樂句、樂段等「音樂語言原形」的逐級連接，通過陳述、對比、發展、再現等基本結構原則。而建築空間所體現的節奏更明確地展現了音樂的要素：有的連綿延續；有的變化按照一定次序的遞增遞減；有的此起彼落，或增或減；有的按一定的規律交織穿插。

　　建築的「面」類似繪畫的平面，而「體形」則是一種立體的結構。「體形」與「體量」構成了建築的外觀；「空間」則是被各種面圍合和分割而成的建築的內部結構；單一的建築通過組合而形成建築群體。以木材為主要原料的中國建築的特點在於不以單一的個別建築為特色，而是以那些空間規模巨大、平面鋪開且相互連接、配合得宜的群體建築為代表，重視各個建築之間平面造型的有機安排，從而形成平面空間序列。古代的北京城便是高度有機結合的群體，體現了社會秩序和自然觀念。如皇宮位居軸線中段，太廟、社稷壇分列宮前左右，顯示族權和神權對皇權的拱衛；天、地、日、月四壇分設城外四個方向，與高大城牆城樓一起，與皇宮相呼應。

　　在音樂的基本結構原則中，陳述包括兩層含義：從廣義講，音樂作品的全部過程均可叫做陳述；狹義指的是主題的第一次呈示。對比，指的是展示音樂發展中蘊含的各種矛盾、各種對置的狀態。發展，指的是承接第一次陳述中的主題，經過模進、變調、轉調、逆行倒影、分裂綜合等變化，豐富和深入展示最初陳述的意義，將樂曲的動機和旋律遞到結束的段落。曲終部分與曲首相合，通過再現的方式使音樂獲得統一完整的結構原則。

　　音樂的基本結構原則，又可以稱為曲式思維，將生動豐富的旋律凝結成為一個整體，令音樂的各要素組織成一個生命體，在音高、節奏、和聲、織體、音色、力度等諸種要素的綜合運動中不停地進行組合、同化，形成聽覺可以把握的連續的過程，造就出一個個可感受的音樂現象。整體就如一座結構複雜的建築物，內裡環環相扣、緊密相連。

　　在中國音樂當中，陳述、對比、發展、再現等基本結構原則被稱為「起承轉合」(1)。

起——音樂最初陳述，由單一音樂材料或不同音樂材料組合構成，具有啟示和提問的特點；

承——通過重複或變奏，或加進新的音樂材料使最初陳述的音樂得到繼承和鞏固，它與「起」往往形成問和答的關係，加深聽眾對音樂的感受和記憶；

轉——音樂加以變化，使之與前面具有一定的對比，它是樂曲中音樂展開性的部分。由於音樂的變化，它具穩定性，因此便傾向於最後「合」的部分；

合——是音樂發展的最後歸結，具有復合和肯定的功能。音樂發展過程大體經歷以上的四個階段。

有些樂曲的結構具有更多的層次，它們就可能在起、承、轉、合四個部分之後再次出現轉部和合部，我們稱它為再轉和再合(2)。

在中國的建築中，亦可以看到「起承轉合」的運用。王路在《試論山林佛寺的結構章法》中論述了山林佛寺的整體結構組合中所體現的「起承轉合」的應用，即多以山門為起點，以香道為承繼、過渡，經過突然的空間變化或轉折，達到「合」的圓滿。

在結構方面，中國音樂與建築均強調「天人合一」的和諧統一，其中多姿多彩的中國園林可説是集中體現了這種崇尚自然的審美觀。著名的頤和園，便是將遠處玉泉山的塔影借入園內景色，依托徐緩起伏的山勢而建的白塔，恰與碧波蕩漾的昆明湖相映襯。反觀中國音樂，更是講究天籟、地籟、人籟，以求達至最高的境界。

中國音樂與建築的另一個共同特徵是通過曲線美來達到收放自如的飄逸境界。江南園林的特點是通過「曲徑通幽」的曲折多變以達到「雖無定式，卻有定法」自然式構圖，將秀麗的江南景色包含在古色古香的園林之中。園林建築很講究對比、統一、優美的線條、和諧的節奏，一座座園林，猶如一首首富於江南色彩的樂曲。

中國音樂非常重視旋律的塑造，而這些旋律是由不同聲高、色調的線條所組成。樂器演奏時的「吟、猱、綽、注」的技巧，戲曲、民謠演唱中的「抑、揚、頓、挫」，令單一個樂音在音高、力度、音色等變化中產生弧形的軌跡。

在起伏高低之間，將樂句轉化為圓滑的曲線，加上迂迴反覆的遊移步伐，令音樂構成連續圓環的運展軌跡。中國畫中的山巒蛇勢、園林中的曲折迴廊、書法線條游動間表現的節律情調，都對應了這種「曲線」的結構形態。

　　建築將各式各樣的意象凝聚成可視的實體，依托充實着我們的生活。種種意象來源於文學、音樂、美術、影劇，乃至科學、哲學、歷史的建築，與所處的文化內涵融為一體，彼此互相效益，而音樂也就是其中不可缺少的建築設計與領悟的源泉。

(1) 「起、承、轉、合」原是中國詩文寫作的結構章法的術語，而這種結構佈局章法亦被廣泛地應用於中國民族器樂曲，小至音樂段落，大至音樂套曲。

(2) 古箏曲《漁舟唱晚》就有起、承、轉、合、再轉和再合六個結構層次。以起、承、轉、合組成樂曲的前半部分，以歌唱性的旋律描繪了夕陽西下、碧波萬頃，漁人們載歌而歸的詩情畫意。由再轉和再合組成樂曲的後半部分，它由慢而快漸層發展，先遞升後遞降的旋律循環往復，成功地渲染了百舟競歸的熱烈場景。

參考資料

1. 李民雄《第十四講 民族器樂曲常用的結構佈局章法——起承轉合（上、下）》，頁97-102。

2. 孫榮主編、蕭黎妮編寫《建築雕塑中的故事》，湖北：湖北少年兒童出版社，2003年。

3. 陳明志主編《大型民族管弦樂作品導賞 I -IV》第四冊，香港：康樂及文化事務署，2000年。

4. 陳維祺《省思建築》自序，《尋找詩性的智慧——省思建築》，台北：美兆文化事業股份有限公司，1998年。

5. 曾田力《音樂——生命的沉醉》，北京：北京大學出版社，1994年，頁19。

6. 蕭默《文化紀念碑的風采》，北京：中國人民大學出版社，1999年，頁11-13。

附錄一

寓教於樂 (1) —— 構築香港民族管弦樂的方案之一

　　有云一個音樂文化環境的形成，是由不同的時空與人文環境累積漸進而成。其中需要的是創作、演出、欣賞三方面的攜手共進，再配以前瞻性的學術研究和富建設性的評論，才能逐漸累積而成一生生不息的藝術與文化傳承。

　　回顧中國民族管弦樂在香港的發展，可說是與社會環境及政府文化政策息息相關。始自廣東音樂極為盛行的二十世紀五六十年代，華南電影工作者聯合會中樂組、華人文員協會的中樂隊等民族樂團相繼成立，中樂的人才不斷增長，加上香港當時的經濟漸入佳境、政府致力推廣文化活動、不少國內的民族器樂曲錄音及樂譜因國內「文化大革命」結束而流進香港，為香港的中樂愛好者提供了不少可貴的資源，到七十年代，香港就有近17個活躍的業餘中樂團體，並促成1977年成立了首個職業的中樂團 (2)。由於天時地利加上香港中樂團主事諸君的銳意經營及其帶頭作用，八十年代初香港的民族管弦樂發展可說是大放異彩。其後，隨着電腦科技的開發，人們的生活產生了質的改變，加上時局的變易，民族管弦樂亦無可避免地面對不同程度的衝擊，觀演之間以至營運方針等問題亦相繼白熱化。2003年3月，香港中樂團更就「如何在現代環境生存及發展」舉辦國際性研討會，以求集思廣益，可見當前的景況。

　　誠然，高雅藝術與大眾市場有必然的分歧，但筆者認為如能透過有計劃的鋪排和分工，寓教於樂，特別加強導賞方面的質量，再持之有恆，亦未嘗不見出路。當然，能否成效還得有賴主事者的高瞻遠矚及行政人員等多方面的配合。現僅就本人最近的一些想法和大家分享。

民族管弦樂曲的欣賞與創作

　　眾所周知，民族器合奏雖然歷史悠久，但現今民族管弦樂團的演奏模式卻只有不到一個世紀的歷史，這種由多種漢族樂器組成的合奏模式，無論是在樂隊音響，還是編制規模等至今還在不斷的完善中。因此作曲家們在進行創作時，無論是古曲新繹、仿古，又或以西方浪漫派音樂手法進行創作，其目的總有在發揮創意的同時，望能發掘大型合奏組合的各種可能性。因此我們在欣賞這類作品時需用有別於欣賞獨奏曲的耳朵，才能容易進入及體會樂曲的意趣。就如琵琶獨奏曲《十面埋伏》，當變成由數十人演奏的管弦樂版時，一些獨奏的細微變化自然就得讓位，取而代之是立體的交響性思維、宏偉的氣勢和多彩的音色變化。這對習慣中樂獨奏器樂曲聆聽方式的觀眾來說，自然需要透過聽歷的累積才能從多元的角度及視野去分辨樂曲的優劣。誠然，樂曲喜歡與否最終還是審美的問題，但肯定的是現時附設導賞的音樂會有確實的需要及明顯的不足。

寓教於樂的節目編排

無論職業與否，樂團以票房為前提確是無可厚非，然而相對以興趣及聯誼為先的業餘樂團來說，職業樂團籌謀如何推動本身的樂團發展及營造整體的中樂器樂活動氛圍的同時，在提昇觀眾欣賞的水平方面其實亦是扮演了非常重要的角色。原因是旗艦及受公帑資助的藝團，有着更多的人力和物力資源，可在較高的層面和以不同的方式為觀眾展示這樂種的魅力及與中國源遠流長的文化關係，這些均是業餘樂團難望其背的。

至於有關教育節目的編排和比重，筆者認為職業樂團現階段的音樂會及活動中應投放最少三分之二的資源在開拓及培育觀眾的欣賞水平上，而當中又可細分為面向初中及小學生的入門式音樂會、成年入門者的專場以及內部對演奏探索性作品的心理培訓等不同領域。

此外，講座式音樂會亦應加強其力度和廣度，尤其中國器樂的文化內涵以至與相關藝術的聯繫等以美學為切入點的課題，更是培養更多有較高審美情操的觀眾的理想門徑。而現時介紹中國器樂的教育系列音樂會一般仍以兒童或親子為對象的較多，且礙於場合，又以白描直述的為主。因此，較具深度及以成人為對象的導賞式音樂會確實有加強的必要。

而有關這些導賞式的音樂會，主要可透過富趣味性的解說，讓青少年和成年人發揮其人生閱歷的優勢，令他們可以更加深入地認識中樂的特點以及其背後蘊含的博大精深的文化內涵。從另一角度看，膾炙人口的中樂經典名曲，較易令觀眾產生親切感，但是另一方面可能容易令多年反覆演奏相類樂曲的樂師產生依賴以及懈怠情緒，所以除需不斷發表富創意的作品外，經典作品亦需重新包裝，以配合時代的變化。誠然，這裡所談的是樂團整體曲目的選擇，至於傳統、教育性以及創新作品的比率，實需由多種形式的曲目互相調配，才能切合不同層面的觀眾。

此外，在流行文化充斥的當下，樂團演奏流行曲亦是未嘗不可的一種開拓觀眾源的選擇。但即使如此，筆者認為任何樂團都應肩負推動中樂發展的使命，儘量在編配方面令觀眾感受到流行曲無法透視的更深層藝術空間，以免流於噱頭式的招徠。

最重要的一點是觀眾永遠是流動的，觀眾的欣賞口味、訴求亦是隨着時代的變遷而流失或加增，因此不同形式的教育性音樂會不應是「一勞永逸」的，寓教於樂的工作需持之以恆地每年保持一定的比例，同時更需補充新的內容，才能與時並進，更能有針對性地吸納不同的觀眾及中樂的愛好者。

演奏者的培育

民族管弦樂演奏的培育方面，又可分為普及和專業教育兩個方面來推進。綜觀二十一世紀的學習或領受模式，大部分已從過往的知識導向演變為經驗導向，亦即觀眾從被動地欣賞或接受知識，轉而為通過自身的學習，感受及體驗合奏的旨趣。

因此，推介及普及民族管弦樂其中的一種方法是透過舉辦不同類型的合奏訓練班，如笛子合奏、箏合奏、鼓合奏等單編樂隊，然後是吹打樂合奏、彈撥樂合奏，最後是較齊備的樂隊，學員經過在這些不同樂隊的體驗，日後除可成為樂團的基本支持者外，在欣賞民族管弦樂曲時亦自有不同的感受。

當然，在參與合奏之前，得學習樂器至一定的程度。按目前的情況，音樂事務處的器樂訓練班在二十三歲以下的青少年方面確實產生很大的普及作用，而香港中樂團亦辦有從高小至成人為對象的樂器訓練及合奏課程，相信在其培育樂團生力軍及民間樂隊師資的長遠的「一條龍」目標下，中樂團與音樂事務統籌處將可共同開拓新一代的民族器樂之友。

至於培養專業的演奏人才方面，香港演藝學院可說是舉足輕重，其開設的中樂系自二十世紀九十年代以來，確實為本港的中樂界輸送了不少的人才。惟礙於環境所限，演藝學院的中樂系學生畢業後大部分均從事教學，少有人成為獨當一面的演奏家或中樂團的樂師。

然而，在現今多元發展的空間中，筆者認為不同形式的民族器樂合奏仍是大有可為的。由於現今演藝學院的中樂系的器樂老師大多為中樂團樂師的關係，大可因利乘便，加強與香港中樂團的合作，尤其在民族管弦樂合奏方面的賞析及訓練，以便日後在應考中樂團時有更大的把握。而中樂團亦可儘快出版個別樂器的「民族管弦樂曲選萃」，讓有志投身樂團演奏者能針對性地進行練習，中樂團的樂師亦可藉此分享其在合奏方面的經驗，而業餘樂團亦可透過這些選萃作為樂隊訓練，以便演奏中樂團的保留曲目。這樣日久樂壇整體的民樂合奏水平亦自會提高，同時亦可間接培育一批高水平的觀眾。

此外，出版用於訓練民間樂團、學校樂隊的曲目，甚至是指揮的培訓，亦可是身為旗艦的香港中樂團今後納入推動民族管弦樂發展的課題。

傳播媒體

任何藝術的流傳廣佈，均得有賴各種不同的傳播媒體的推介，才能更有效及有計劃地推行。以香港電台為例，中國器樂雖間或在第四台廣播中出現，但畢竟具系統性介紹、學術探索性的民樂專題節目不多。除年前有筆者主持的「中國民族管弦樂」及「世紀中樂名曲選」外，現今僅留有黎鍵的長壽節目「華聲樂匯」和一些節目的中樂環節，中國民族管弦樂賞析的節目委實不多。因為電台在節目調配方面有其不同的考慮，所以筆者認為中樂團可利用現時普及的科技，參考韓國推動國樂的經驗，在網上開設電台、重播音樂會的片段甚至網上教學，有系統地介紹演奏家、作曲家，以至民族管弦中國器樂的源流，讓音樂愛好者可隨時重溫其喜愛的樂曲及演奏家的精采演出。

另一方面，至今最教人擔心的，仍是報章雜誌上有關民族管弦樂的評論。說實話，過去多年，香港的樂評無論在樂評者的數量，以及樂評本身的質量上都存在着不少的問題。在二十世紀六七十年代由於是民族管弦樂的導入期，樂評以知識及資訊為主均是無可厚非，可惜的是到目前為止，文化政策、內幕消息仍佔比例不少，而以啓迪、拓深思索的引導性評論仍極為缺乏。

　　筆者認為樂評人完全可自由地在樂評中發表自己的看法，但在音樂版紛紛停刊，有關嚴肅音樂的樂評空間不斷縮小的情況下，早已在媒體佔有一方天地的樂評人的評論，其對社會產生的影響也就相繼增加。因此，若這些樂評是過於偏頗或不盡不實的話，情況就令人擔憂。

　　所謂創業難、守業更難，民族管弦樂從二十世紀五六十年代「引進」到現時的「多元發展」，確實有長足的改變，惟香港的人口自二十世紀八十年中期開始，已產生質的變化，令民族管弦樂在發展及承繼間出現的斷層越發加深。筆者深信現今的情況應再以教育為出發點，並配合現今先進科技和富時代感的本土語言和方式，積聚及培育民族管弦樂以至中國音樂的愛好者方為上策。而在「沒有高水平的觀眾，空有高水平的演出也是徒然」的前提下，擁有豐富資源的香港中樂團，更可負起領軍的作用，寓教於樂，着實地以培養擁有高品味的觀眾與營造健康的藝術氛圍為己任，並在推介中樂大師或樂種的同時，亦不忘培育本土民族器樂的創作、演奏、教育等各方面的人才，為日後的飛躍作最佳的準備。

　　有謂十年樹木、百年樹人，但相信在現今的境況下，也許正是再施肥播種的最佳時刻。

....

（1）陳明志《寓教於樂——構築香港民族管弦樂的未來》，原載於《藝評》2003 年 10 月，香港：國際演藝評論家協會（香港分會），頁 8-9。

（2）參考徐英輝《九十年代香港中樂活動發展研究報告》，載自余少華編《中樂發展國際研討會論文集》，1997 年，香港臨時市政局出版，頁 189。

附錄二
中國器樂參考資料

　　此份中國器樂參考資料，主要是在《大型中樂作品創作研討會論文集》(陳明志主編，康樂及文化事務署出版，2001年)的參考資料基礎上，繼續收集及整理有關中國器樂的資料。

　　除一般談論中國器樂的文章外，並增收了有關中國民族管弦樂創作的文章及有關中國音樂的網址(包括樂團、音樂學府、唱片公司、私人網站等)，希望能從不同角度反映現時中國器樂的發展狀況。

　　由於中國器樂參考資料繁多，難以全數納入，不足之處，日後將繼續整理。

　　下列資料分為書刊、文章及網址三類，並依照作者/編者的姓名筆劃及作品的創作年份排序。

總論及概論

書刊

丁如明《鐘鼓管弦》，上海：上海古籍出版社，1994年。
人民音樂出版社編輯部編《民族器樂曲論選集》，北京：人民音樂出版社，2002年。
上海音樂出版社編《音樂欣賞手冊》，上海：上海音樂出版社，1981年。
——《音樂欣賞手冊續集》，上海：上海音樂出版社，1989年。
中國藝術研究院音樂研究所編著《民族音樂概論》，北京：人民音樂出版社，1979年。
王泰雁《200首中國經典名曲欣賞——我開始喜歡中國音樂》，台北：學鼎出版有限公司，1997年。
王耀華、杜亞雄編著《中國傳統音樂概論》，福州：福建教育出版社，1999年。
王耀華《音樂鑒賞》，北京：高等教育出版社，1998年。
田聯韜主編《中國少數民族傳統音樂》，北京：中央民族大學出版社，2001年。
石峰《音樂世界趣談》，北京：人民音樂出版社，1986年。
朱瑞冰主編《香港音樂發展概論》，香港：三聯書店(香港)有限公司，1999年。
江明惇編著《中國民族音樂欣賞》(第二版)，北京：高等教育出版社，1994年。
何洪祿《中國音樂通識》，鄭州：河南人民出版社，2003年。
余少華主編《中國民族管弦樂發展的方向與展望——中國發展國際研討會(1997年2月13-16日)論文集》，香港：香港臨時市政局，1997年。
余甲方《中國古代音樂史》，上海：上海人民出版社，2003年。
吳釗《追尋逝去的音樂蹤跡：圖說中國音樂史》，北京：東方出版社，1999年。
吳釗編《中國音樂史略》(增訂本)，北京：人民音樂出版社，1993年。
李民雄《民族器樂概論》，上海：上海音樂出版社，1997年。
李西安《走出大峽谷——李西安音樂文集》，合肥：安徽文藝出版社，2002年。
李凌主編《音樂藝術博覽》，北京：中國文聯出版社，1988年。
汪毓和《中國近現代音樂史》，北京：人民音樂出版社，1994年。
岳英放編《中國音樂鑒賞》，鄭州：河南人民出版社，2003年。
修海林、李吉提《中國音樂的歷史與審美》，北京：中國人民大學出版社，1999年。
秦咏城編《中國民族音樂大系》，遼寧：瀋陽出版社，1989年。
袁靜芳主編《中國傳統音樂概論》，上海：上海音樂出版社，2000年。
——《樂種學》，北京：華樂出版社，1999年。
高子銘《現代國樂》，台北：正中書局，1959年。

高厚永《民族器樂概論》，台北：丹青圖書有限公司，1988年。
張前、王次炤《音樂美學基礎》，北京：人民音樂出版社，1992年。
張靜波編著《民族樂器賞析》，雲南：雲南大學出版社，2001年。
梁茂春《中國當代音樂（1949-1989）》（第一版），北京：北京廣播學院出版社，1993年。
——《香港作曲家——三十至九十年代》，香港：三聯書店（香港）有限公司，1999年。
連波《國樂飄香》，北京：人民音樂出版社，2001年。
陳明志主編《大型中樂作品創作研討會論文集》，香港：香港中樂團，2001年
——「絲綢之路的迴響」國際研討會論文集〈邁向二十一世紀的復古樂器〉》，2001年。
陳鄭港《國立實驗國樂團：2002/01~2002/12演出精粹》，台北：國立實驗國樂團，2003年。
陳樹熙、林谷芳《音樂欣賞》，台北：三民書局，2000年。
喬建中《土地與歌——傳統音樂文化及其地理歷史背景研究》，濟南：山東文藝出版社，1998年。
——《嘆詠百年》，濟南：山東出版集團，2002年，頁298-309。
華夏樂韻編輯委員會編《華夏樂韻》，香港：香港電台第四台、教育署輔導視學處音樂組、香港教育學院藝術系，1998年。
項陽《中國弓弦樂器史》，北京：國際文化出版公司，1999年。
葉明媚《音樂天地》，香港：商務印書局（香港）有限公司，1992年。
葉振綱《中國音樂與樂器》，台北：風車圖書出版有限公司，1991年。
劉靖之、李明主編《中國新音樂史論集：表達方式、表達能力、美學基礎》，香港：香港大學亞洲研究中心，2000年。
歐陽海燕《樂文化》，北京：中國經濟出版社出版，1995年。
蔣菁、管建華、錢茸主編《中國音樂文化大觀》，北京：北京大學出版社，2001年。
薛宗明《中國音樂史——樂器篇（上、下）》，台灣：商務印書館，1983年。
羅仕藝編著《大學生民族音樂欣賞》，北京：中國青年出版社，2001年。

文章

杜慶雲《中國民族管弦樂團介紹》，載《音樂月刊》1989年第1期，頁63-38。
喬建中《現代民族管弦樂隊與中國傳統音樂》，載《探討中國音樂在現代的生存環境及其發展座談會論文集》，香港：香港中樂團，2004年。
顧冠仁《努力發展民族樂隊交響性功能及交響性創作手法》，載《大型民族管弦作品賞析》，香港：香港中樂團，2000年。

網址

中國民族器樂 http://www.yalasol.com/chinesefolkinstru.htm
中國舞蹈天地：樂器的種類 http://xiaowei.uhome.net/wdjbzs/yinwu/yqzl.htm
中國樂器介紹 http://hk.geocities.com/chinese_music_instrument/page4.htm
傳統音樂欣賞 http://library.taiwanschoolnet.org/cyberfair2003/C0338220155/amismusic01.htm

音樂基礎理論及作曲理論

書刊

朱世瑞《中國音樂中複調思維的形成與發展》，北京：人民音樂出版社，1992年。
李民雄《民族管弦樂總譜寫法》，上海：上海文藝出版社，1979年。
李重光《簡譜樂理知識》，北京：人民音樂出版社，1981年。
杜亞雄《中國民族基本樂理》，北京：中國文聯出版公司，1995年。
胡登跳《民族管弦樂法》，上海：上海音樂出版社，1997年。
張肖虎《五聲性調式及和聲手法》，北京：人民音樂出版社，1987年。
董榕森《實用中國樂法》，台北：國立編譯館，1979年。

文章

王潤婷《中國調式音樂理論之探討》，載《藝術學報》1996 年第 12 期，頁 157-166。
夏中湯《論中國民族曲式中的微型疊奏曲式與小型曲式》，載《中國音樂學》1991 第 1 期，頁 66-73。
董榕森《中國樂器記譜新議》，載《中國樂刊》第一卷，1972 年第 4 期。
潘世姬《回歸中國的創作原點——訪周文中談音樂創作觀》，載《表演藝術》第四十期，1996 年第 2 期， 頁 30-33。
劉文金《民族管弦樂交響性的實驗》，載《人民音樂》1997 年第 5 期，頁 2-6。
劉再生《在創作實踐的探索中定型——關於民樂創作模式問題的思考》，載《人民音樂》1999 年第 1 期，頁 9-11。

音樂體裁及風格

書刊

李民雄《民族器樂知識廣播講座》，北京：人民音樂出版社，1987 年。
張炫文《台灣歌仔戲音樂》，台北：百科文化事業，1982 年。
莊永平《京劇唱腔音樂研究》，北京：中國戲劇出版社，1994 年。
許常惠、呂錘寬、鄭榮興《台灣傳統音樂之美：多音交響》，台中：晨星出版社，2002 年。
葉棟《民族器樂的體裁與形式》，上海：上海音樂出版社，1983 年。

文章

金湘《民族樂隊交響化芻議（在「全國當代民樂創作理論研討會」上的發言）》，載《音樂、舞蹈研究》1999 年第 3 期，頁 48-50。
胡登跳《土‧新‧情——我對中樂作品中關係中國風格的認識》，載《人民音樂》1989 年第 3 期。
梁茂春《論民族樂隊交響化》，載《人民音樂》1998 年第 2 期，頁 14-17。
涵子《世紀末的沉思——田青談中國民族器樂的「第三種模式」》，載《人民音樂》1997 年第 11 期，頁 15-19。
曾葉發《香港大型中樂作品風格談》，載《大型民族管弦樂作品賞析》第一冊「總論與歷史‧理論與探索」，香港：香港中樂團，2000 年。
葉純之《從創作角度看中國民族管弦樂隊的前景》，載《人民音樂》1997 年第 4 期，頁 9-12。
楊青《拓寬中國民族室內樂的表現空間》，載《人民音樂》1999 年第 8 期，頁 4-6。
蔡秉衡《中國散板音樂的美學觀》，載《美育》1995 年第 58 期，頁 35-49。
顧冠仁《努力發展民族樂隊交響性功能及交響性創作手法》，載《人民音樂》1990 年第 6 期，頁 9-11。
關廼忠《從技術層面看現今中國民族樂隊的幾個問題》，載《人民音樂》1998 年第 11 期，頁 5-9。

樂器及演奏藝術

書刊

非單一樂器

大夏國樂社《中國樂器簡介》，台北：中國文化大學大夏國樂社，1980 年。
中央民族學院少數民族文學藝術研究所編《中國少數民族樂器志》，北京：新世界出版社，1986 年。
李民雄《中國打擊樂》，北京：人民音樂出版社，1996 年。
李德真《中國民族民間樂器小百科》，北京：知識出版社，1991 年。
修海林、王子初《樂器》，台北：貓頭鷹出版，2003 年。
孫培章《中國樂器演奏法基礎篇》，台北：幼獅文化事業公司，1975 年。
梁在平《中國樂器大綱》，台北：中華國樂社，1970 年。

黃體培《中華樂學通論──樂器》，台北：行政院文化建設委員會，1983年。

楊廣程、潘永璋1994《樂器法手冊》，台北：世界文物出版社，1994年。

──《樂器法手冊（增訂本）》，北京：人民音樂出版，1996年。

趙渢主編《中國樂器》，北京：現代出版社，1991年。

樂聲《中國少數民族樂器》，北京：民族出版社，1999年。

鄭德淵《樂器學研究──樂器分類體系之探討》，台北：全音樂譜出版社，1983年。

──《中國樂器學》，台北：生韻出版社，1984年。

韓國黃《中國樂器巡禮》，台北：行政院文化建設委員會，1991年。

簫梅、榮鴻曾、黃燕芳《古樂風流──中國樂器》，香港：香港大學美術博物館，2001年。

單一樂器

中國藝術研究院音樂研究所、北京古琴研究會編《中國古琴珍萃》，北京：紫禁城出版社，1998年。

崔君芝《箜篌天地》，北京：中國電影出版社，1996年。

陳勝田《簫笛吹奏的呼吸藝術研究》，台北：學藝出版社，1990年。

──《中國笛之演進與技巧研究》，台北：生韻出版社，1983年。

文章

非單一樂器

何名忠《中國樂器之演進及其分類》，載《中華文化復興月刊》第八卷，1975年第1期。

──《中國樂器之推廣改良與創新》，載《中華文化復興月刊》第十四卷，1980年第9期。

余少華《歷史原貌與現實：中國樂器的西化與現代化》，載《「絲綢之路的迴響」國際研討會論文集〈邁向二十一世紀的復古樂器〉》，2001年，頁67-82。

李元慶《談樂器改良問題》，載《人民音樂》1954年第2期，頁24-28。

莊本立《談中國樂器之改良》，載《中國樂刊》第一卷，1971年第1期。

陳環《中國的樂器》，載《幼獅》第三十二卷，1970年第1期。

焦金海《論箏樂定弦調式音階》，載《音樂研究》1998年第3期，頁84-91。

雙引《從敦煌壁畫看樂器》，載《樂友》2003年第1期。

單一樂器

王建民《從古箏的定弦談箏曲創新》，載《中國音樂》1999年第4期，頁62-63、75。

予寅《閩箏淺說》，載《中國音樂》1999年第4期，頁57-59。

玉林《箏曲〈劍令〉的創作思維及音樂語言特點》，載《中國音樂》1999年第2期，頁34-36。

田克儉《談談中國揚琴的形成及發展》，載《樂器》1998年第2期，頁37-38。

石蔚《論琵琶傳統樂曲的藝術特徵》，載《音樂、舞蹈研究》1998年第3期，頁50-61。

──《琵琶的演奏音色淺析》，載《樂器》1996年第6期，頁42-43。

辛小紅、辛小玲《漫談胡琴》，載《省交樂訊》1995年第39期，頁11-13。

李含《談古箏演奏技法的發展》，載《中國音樂》1999年第4期，頁60-61。

李巨湖、王永波《二胡的局限性及三弦、四弦二胡的演奏價值》，載《樂器》1998年第5期，頁36-37。

周志鳳《談揚琴的單手彈輪》，載《中國音樂》1999年第4期，頁37。

張之良《笙的和聲》，載《中國音樂》1998年第1期，頁22-23。

張學生《揚琴雙音琴竹的研製與應用》，載《樂器》1998年第3期，頁32-34。

范元祝《試論笙之和聲運用》，載《樂府新聲》1999年第2期，頁27-30。

徐超銘《笙的和音與結合音》，載《上海音樂學院院報──音樂藝術》1991年第4期，頁6-9。

──《笙演奏技術的創新──現代笙曲提出的挑戰》，載《上海音樂學院院報──音樂藝術》1997年第1期，頁70-73。

孫毓芹《古琴的欣賞與選製》，載《新天地》第二卷，1963年第1期。

孫麗華《傳統琵琶樂曲中的文曲、武曲、文武曲》，載《音樂研究》2002年第1期，頁63-66。

陳家齊《嗩吶常用技法概述（一）》，載《樂器》1999年第4期，頁30-33。

──《嗩吶常用技法概述（二）》，載《樂器》1999年第5期，頁33-34。

──《嗩吶常用技法概述（三）》，載《樂器》1999年第6期，頁26-27。

陳裕剛《琵琶在民間樂種的使用情形及其品柱位置的比較》，載《第三屆中國民族音樂學會論文集》，1988年，頁60-92。

陳鳳玲《也談揚琴演奏中的記譜法問題》，載《樂府新聲》1998年第4期，頁23-25。

孫麗偉《琵琶文化散論》，載《音樂研究》1999年第2期，頁88-91。

黃好吟《古箏彈奏其音色的研究》，載《北市國樂》1993年第88期，頁15-17。

童忠良《從先秦編鐘樂隊到現代交響化民族樂隊──兼論中國管弦樂隊音響的『點、線、面』特徵》，載《人民音樂》1997年第

7 期，頁 6-9。

董平文《十一孔壎》，載《樂器》1998 年第 3 期，頁 41。

董榕森《劉天華南胡音樂研究》，載《第四屆中國民族音樂學會論文集》，1992 年，頁 196-223。

劉麟《漫話豎箜篌》，載《樂器》1999 年第 3 期，頁 18。

譚軍《笙的傳統和音音響在應用中的特殊表現》，載《黃鐘》1995 年第 2 期，頁 74-78。

—— 1995b《笙的雙重性音響及其內部數理結構》，載《黃鐘》1995 年第 4 期，頁 27-35。

—— 1997《笙的「配合系」發音探微》，載《黃鐘》1997 年第 3 期，頁 81-84。

網址

非單一樂器

中國民族音樂線上 http://www.huain.com/bolan/hulusibawu/index_tell_hulusi.php

中華人：中華傳奇 http://www.greatchinese.com/gods/tianxianpei.htm

中華古韻 http://www.chinamedley.com/

民族音樂 http://www.cc.nctu.edu.tw/~cmusic/music.html

民族樂器 http://www.e56.com.cn/minzu/Musical/Musical_main.asp

吹鼓吹小站 http://suona.com

故鄉——聽覺藝術 http://www.guxiang.com/yishu/minjian/tingjue/index_1.htm

萬春民樂網 http://www.szzwch.com/

樂器世界 http://hu99.myetang.com/YQKU/YQKU.HTM

單一樂器

琵琶藝術的發展簡述 http://www.philmultic.com/pipach.html

豎箜篌 http://www.chinamedley.com/langyuan/konghou/

音樂作品研究

書刊

余少華主編《中國民族管弦樂發展的方向與展望——中樂發展國際研究會論文集》，香港：香港臨時市政局，1997 年。

易有伍《雨果唱片的故事》，香港：三聯書店（香港）有限公司，2002 年。

阿炳藝術成就國際研討會組委會編《阿炳論》，北京，中國文聯出版社，1995 年。

陳明杰主編《大型民族管弦樂賞析》，香港：香港中樂團，2000 年。

陳鄭港編《2002 世界華人民族音樂創作暨發展論壇論文集》，台北：中國民國國樂會、國立實驗國樂團，2002 年。

文章

王志偉《試析〈秦·兵馬俑〉的創作特色》，載《人民音樂》1986 年第 7 期，頁 24-25。

王鐵錘《喜聽〈神曲〉演奏》，載《民族民間音樂》1988 年第 3 期。

吳祖強、王燕樵、劉德海《談琵琶協奏曲〈草原小姐妹〉》，載《人民音樂》1977 年第 4 期。

李昆麗《試論〈月兒高〉的藝術魅力》，載《人民音樂》1995 年第 6 期，頁 29-31。

林石城《〈春江花月夜〉的演變》，載《樂器》2002 年第 1 期，頁 78-79。

金建文、周瑞康《巾幗英雄讚——介紹琵琶協奏曲〈花木蘭〉》，載《音樂愛好者》1981 年第 3 期。

秋穎《心洗流水，情隨大江——彭修文和他的音詩〈流水操〉》，載《樂器》1997 年第 4 期。

胡淨波《談〈梁祝〉協奏曲的曲式結構》，載《中央音樂學院報》1999 年第 1 期，頁 93-96。

孫麗偉《琵琶曲〈陽春古曲〉、〈潯陽琵琶〉、〈青蓮樂府〉旋律結構手法初探》，載《中國音樂》1999 年第 2 期，頁 42-45。

許光毅《談談優秀古典樂曲〈春江花月夜〉》，載《人民音樂》1983 年第 2 期，頁 34。

陳建華《讓民族傳統融入時代的新意——王建民及其〈第一二胡狂想曲〉》，載《人民音樂》1990 年第 4 期。

陳樹熙《細說從頭話春江》，載《音樂欣賞》，台北：三民書店，2000 年。

閔惠芬《博大境界中的民族神韻——二胡協奏曲〈長城隨想〉演奏札記》，載《中國音樂學》1992 年第 1 期，頁 17-25。
楊蔭瀏《阿炳其人其曲》，載《人民音樂》1980 年第 3 期，頁 31-34。
趙咏山《劉星與他的中阮協奏曲〈雲南回憶〉》，載《人民音樂》1989 年第 1 期。
齊從容《湯應曾與琵琶曲〈十面埋伏〉》，載《樂器》1989 年第 1 期，頁 41。
劉文金《飛翔的鷹——關於音樂劇〈鷹〉及其他》，載《人民音樂》1995 年第 5 期，頁 9-12。
歐光勳《關於劉文金〈長城隨想〉中傳統音樂素材的討論》，載《北市國樂》1993 年第 91 期。
藍光明《〈達勃河隨想曲〉簡析》，載《音樂探索》1983 年。

發展及未來趨勢之探討

書刊

香港中文大學音樂系、中國藝術研究院音樂研究所、中國傳統音樂學會《中國音樂研究在新世紀的訂位國際學術研討會論文集（上、下）》，北京：人民音樂出版社，2002 年。
陳明志主編《探討中國音樂在現代的生存環境及其發展座談會論文集》，香港：香港中樂團，2004 年。

文章

于慶新《根植傳統、面向現代——「98 全國當代民樂創作理論研討會」述評》，載《人民音樂》1998 年第 12 期，頁 21-23。
——《從傳統文化的特質看民樂創作之困境（上）——訪台灣音樂家林谷芳》，載《人民音樂》1997 年第 2 期，頁 2-6。
——《從傳統文化的特質看民樂創作之困境（下）——訪台灣音樂家林谷芳》，載《人民音樂》1997 年第 3 期，頁 9-13。
——《精湛的技藝、嚴峻的挑戰——台灣高雄市實驗國樂團音樂會給我們的啟示》，載《人民音樂》1997 年第 8 期，頁 13-15。
——《海峽兩岸當代民族器樂之比較——訪閔惠昌、賴錫中》，載《人民音樂》1997 年第 12 期，頁 2-6。
毛清增《中國民族音樂向何處去——兼評〈藝術之夢與人性的抉擇〉》，載《中國音樂學》1989 年第 3 期，頁 135-140。
余少華編《中國民族管弦樂發展的方向與展望——中樂發展國際研討會（1997 年 2 月 13-16 日）論文集》，香港：香港臨時市政局，1997 年。
岳志文《廣東音樂是「小家碧玉」嗎？——在世紀末看廣東音樂的走向兼與田青商榷》，載《人民音樂》1998 年第 4 期，頁 19-21。
林石城《中國音樂的保存，繼承與發展（上）》，載《表演藝術》1992 第 2 期，頁 36-40。
——《中國音樂的保存，繼承與發展（下）》，載《表演藝術》1993 年第 3 期，頁 92-96。
皇甫華《淺談國樂、國舞與國劇發展之關係》，載《民族音樂》1999 年第 28 期，頁 4-8。
修海林《民族器樂的繼承與開拓——評張維良獨奏音樂會》，載《音樂月刊》1989 年第 1 期，頁 72-74。
孫以誠《中國民族器樂發展的現狀與思考》，載《中國音樂》1998 年第 2 期，頁 23-24。
榮鴻曾《中國音樂在美國——初步調查方案》，載《九州學刊》1993 年第 2 期，頁 139-143。
韓鍾恩《敘述＋補注＋點評：國樂問題》，載《中國音樂學》1993 年第 3 期，頁 121-131。
魏廷格《反思中國現代音樂問題的重要歷史文獻》，載《中國音樂學》1989 年第 4 期，頁 16-23。

教育

文章

莊本立《東西兼容之現代國樂教育》，載《華岡藝術學報》1982 年第 11 期，頁 221-228。

其 他

書刊

中國藝術研究院音樂研究所編輯部編《中國音樂詞典》，北京：人民音樂出版社，1985 年。

周菁葆《絲綢之路的音樂文化》，新疆：新疆人民出版社，1985 年。

音樂之友社編《新訂標準音樂辭典》（初版），台北：美樂出版社，1999 年。

康謳編、李振邦等譯《大陸音樂辭典》，台北：大陸書店，1980 年。

文章

何曉兵《新民樂：傳統音樂的「改版」》，載《音樂周報》2002 年第 40 期。

余少華，《「國樂」與「中樂」在香港的政治文化功能》，載余少華編《樂在顛錯中》，2001 年，頁 63-95。

沈星揚《彭修文的音樂》，載《人民音樂》1997 年第 5 期。

秦鵬章《要交響化，不要「交響樂隊化」》，載《人民音樂》1998 年第 3 期，頁 20-23。

崔光宙《創造國樂新境界的彭修文、王國潼與劉德海》，載《音樂月刊》1989 年第 10 期，頁 69-71。

郭樹薈《傳統音樂中的特殊音色》，載《藝術學》1993 年第 9 期，頁 123-134。

葛守真《民族音樂與民族意識之相關性——兼談音樂地理》，載 International Journal of the Humanities 1997 年第 6 期，頁 215-226。

劉文金《民族管弦樂交響性的實驗》，載《人民音樂》1997 年第 5 期，頁 2-6。

劉麟《獻給故土的花束——關廼忠兩首民族樂隊觀後》，載《人民音樂》1986 年第 2 期。

盧亮輝《現代國樂作品運用傳統音樂素材之探索》，載《人民音樂》2001 年第 6 期，頁 15-17。

蕭奕燦《中國語言在音樂上的應用》，載《嘉義師院學報》1995 年第 9 期，頁 709-741。

鴻非《澆灌民族音樂之花的園丁——記指揮家、作曲家彭修文》，載《音樂與音響》1993 年第 237 期，頁 125-127。

網址

中央民族樂團 http://www.ccnt.com.cn/project/yuetuan/

屯門青年國樂團 http://tmyco.tripod.com

屯門青年國樂團 http://www.tmyco.org.hk

宏光國樂團 http://www.wangkwong.org

雨果製作有限公司 http://www.hugocd.com

香港女青中樂協會 http://www.hkywcaco.org

香港中樂團 http://www.hkco.org

香港青少年國樂團 http://www.hkjycco.org.hk

香港青年中樂團 http://hkyco.uhome.net

香港愛樂民樂團 http://www.hkmlco.com

新加坡華樂團 http://www.sco.com.sg/chinese/sco.html/

新聲國樂團 http://www.newtune.org

The Internet Chinese Music Archive
http://metalab.unc.edu/pub/multimedia/chinese-music

The Chinese Music Page
http://vizlab.rutgers.edu/~jaray/sounds/chinese_music/chinese_music.html

New Direction in Chinese Music
http://www.sonarchy.org/archives/naicm_index.html

附錄三

香港中樂團委約 / 委編作品一覽表

l　香港中樂團委約作品一覽表

作曲或修改日期	曲名	類別	樂曲長度	作曲	首演日期
1977 年	今昔	笛與樂隊		陸春齡	1977 年 10 月
	月夜	合奏		劉天華	1977 年 10 月
	序曲	合奏	5'02"	張永壽	1977 年 10 月
	快樂的日子	箏二重奏	6'21"	吳大江	1977 年 12 月
	春到田間	琵琶與樂隊		趙登山	1977 年 12 月
	草原上	中胡與樂隊	6'00"	劉明源	1977 年 3 月
	麥里芝池畔	笛子與樂隊	13'37"	吳大江	1977 年 12 月
	椰林舞曲	合奏	6'18"	吳大江	1977 年 10 月
	青年	鋼琴協奏曲	13'46"	劉詩昆等	1977 年 2 月
	豐收歌	合唱與樂隊	6'35"	朱南溪	1977 年 11 月
1978 年	大清河畔話當年	板胡協奏曲	7'47"	張增亮	1978 年 7 月
	山	合奏	14'56"	李超源	1978 年 7 月
	天上人間	合奏	5'30"	關聖佑	1978 年 11 月
	孔雀舞	伴奏		羅忠鎔	1978 年 9 月
	水鄉的春天	揚琴獨奏		張曉峰	1978 年 10 月
	亞洲藝術節組曲	合奏	3'49"	盧亮輝等	1978 年 10 月
	孟姜女哭長城	交響音詩	26'55"	郭迪揚	1978 年 8 月
	秋決	合奏	18'00"	林樂培	1978 年 11 月
	家鄉隨想曲	琵琶、二胡重奏		王國潼	1978 年 10 月
	鬥蟋蟀	合奏	3'50"	關聖佑	1978 年 11 月
	娶新娘	舞劇配樂	12'10"	張永壽	1978 年 9 月
	彩虹萬里	廣東音樂		楊紹斌	1978 年 11 月
	祭神	合奏	13'19"	關聖佑	1978 年 4 月
	喜慶	合奏	6'30"	葛禮道、尹開先	1978 年 7 月
	意	中胡與樂隊	8'25"	林敏怡	1978 年 6 月
	葡萄熟了	合奏	7'20"	盧亮輝	1978 年 9 月
	解救親人意志堅	女高音與樂隊	2'30	郭迪揚	1078 年 12 月
	嫦娥奔月	舞劇配樂	22'27"	李超源	1978 年 9 月
	摘楊桃的姑娘	聲樂與樂隊		郭永秀	1078 年 8 月
	劉海砍樵	合奏	5'00"	關聖佑	1978 年 11 月
	撒尼姑娘送糧忙	合奏		黎炳成	1978 年 8 月
	蝶夢	琵琶與樂隊	12'00"	林敏怡	1978 年 7 月
	黎族舞曲	合奏	11'00"	符任之	1978 年 12 月
	獨白	箏與樂隊	17'00"	林敏怡	1979 年 2 月
	隨想曲	合奏	13'00"	張永壽	1978 年 4 月
	膽劍篇序曲	合奏	13'33"	郭迪揚	1978 年 12 月
	鴿子飛	合奏		黃權	1978 年 10 月
	彝家新歌	合奏	5'28"	張漢舉、楊鐵剛	1978 年 12 月
	彝族酒歌	合奏	7'20"	盧亮輝	1979 年 9 月
	騎着毛驢去趕集	小合奏	4'08"	郭迪揚	1978 年 8 月
1979 年	山村的節日	合奏	3'30"	劉文金	1979 年 10 月
	古城	合奏	9'35"	陶夢旦、賀大行	1979 年 6 月
	伸出仁愛的手	童聲合唱與樂隊	5'02"	林樂培	1979 年 8 月
	你呀！你呀！	合奏		顧惠昌	1979 年 6 月
	改進操	琵琶與樂隊		劉天華	1979 年 11 月

作曲或修改日期	曲名	類別	樂曲長度	作曲	首演日期
	沂蒙山歌	合奏	3'00"	李志群	1979 年 9 月
	奔馳在千里草原	二胡協奏曲	5'00"	王國潼、李秀琪	1979 年 9 月
	昆蟲世界	合奏	18'30"	林樂培	1979 年 8 月
	林中夜會	合奏	3'45"	關聖佑	1979 年 6 月
	金色的牧場	合奏		桑杰	1979 年 4 月
	青松嶺	合奏	2'29"	彭修文	1979 年 6 月
	春	合奏	11'10"	盧亮輝	1979 年 2 月
	泉水彎彎清又清	女聲與樂隊	3'41"	于粦	1979 年 7 月
	香港序曲	合奏	5'02"	張永壽	1979 年 1 月
	草原牧笛	笛與小組	4'40"	趙越超	1979 年 10 月
	草原新牧民	合奏		劉長福	1979 年 4 月
	草原騎兵	笙與樂隊	3'00"	原野、胡天泉、林偉華、吳端	1979 年 6 月
	望夫石的故事	朗誦與樂隊	50'54"	張永壽	1979 年 1 月
	魚舞	合奏	8'00"	盧亮輝	1979 年 12 月
	悲歌	二胡與樂隊	4'42"	劉天華	1979 年 11 月
	虛籟	琵琶與樂隊		劉天華	1979 年 11 月
	詞曲輪旋	合奏	15'00"	何蕙安	
	鄂倫春	笙與樂隊		景霞	1979 年 4 月
	新將軍令「成吉思汗」	合奏	5'15"	關聖佑	1979 年 6 月
	歌舞引	琵琶與樂隊		劉天華	1979 年 11 月
	睡吧，我的寶貝	女聲與樂隊	4'33"	任策	1979 年 6 月
	趕集	二胡與小組		曾加慶	1979 年 10 月
	層疊	合奏	11'17"	林敏怡	1981 年 3 月
	薄扶林日落	雙簧管與樂隊	10'05"	李超源	1979 年 2 月
	翻身歌	二胡與小組		王國潼	1979 年 10 月
	雞公仔	二胡協奏曲	11'17"	張永壽	1979 年 1 月
	歡慶	合奏	4'44"	彭修文	1979 年 6 月
	鷹與天	合奏	10'30"	衛庭新	1979 年 10 月
1980 年	千里海河奪豐收	合奏		高金香	1980 年 7 月
	山東小曲	板胡獨奏		長城、原野	1980 年 7 月
	友情		3'43"	符任之	1980 年 5 月
	火車進侗鄉	二胡協奏曲	7'00"	黃安源	1980 年 4 月
	玉樓春	合奏	4'15"	于粦	1980 年 12 月
	羽調曲	合奏	8'15"	李超源	1980 年 5 月
	快樂的姑娘	合奏	8'00"	何占豪	1980 年 5 月
	快樂的潑水節	合奏	10'40"	劉文金、賀大行	1980 年 9 月
	兩相歡	女高音與樂隊		林樂培	1980 年 7 月
	姍姍春來遲	交響詩	14'30"	李超源	1980 年 2 月
	念奴嬌「驛中別友人」	合唱與樂隊	3'26"	郭迪揚	1980 年 8 月
	念奴嬌「赤壁懷古」	大合唱與樂隊	4'27"	郭迪揚	1980 年 8 月
	侗鄉速寫	合奏	22'08"	趙咏山	1980 年 10 月
	夏	合奏	14'25"	盧亮輝	1980 年 6 月
	喜迎春	合奏	7'08"	關迺忠	1980 年 2 月
	喜開鐮	合奏		方桂雄	1980 年 1 月
	訴衷情	合奏	3'08"	郭迪揚	1980 年 8 月
	傣寨歡歌	巴烏與樂隊	5'20"	鄭濟民、劉祥德	1981 年 5 月
	新疆情調	合奏	10'10"	符任之	1980 年 2 月
	新疆情調組曲	合奏	10'10"	符任之	1980 年 3 月
	潮	鋼琴與樂隊	32'00"	丘天龍	1980 年 6 月
	踩蹻舞曲	合奏	8'00"	陳植	1980 年 10 月
	鄭和下西洋	交響曲	14'46"	郭迪揚	1980 年 8 月
	賽馬節	合奏	6'30"	何占豪、玲康	1980 年 5 月
	雙飛蝴蝶	合奏	7'15"	丘天龍	1980 年 6 月
	懷鄉曲	二胡獨奏		王國潼	1980 年 7 月

作曲或修改日期	曲名	類別	樂曲長度	作曲	首演日期
	靈界	小合奏	8'15"	曾葉發	1980 年 7 月
	觀燈	合奏	14'00"	盧亮輝	1979 年 12 月
1981 年	C 商調大提琴協奏曲	大提琴協奏曲	20'42"	李超源	1981 年 5 月
	八月十五賞月華	女聲合唱與樂隊	4'01"	于粦	1981 年 7 月
	大提琴協奏曲	大提琴協奏曲	31'55"	紀大衛	1981 年 5 月
	小花鼓	二胡與樂隊		劉北茂	1981 年 5 月
	月亮	大提琴協奏曲	20'08"	關聖佑	1981 年 5 月
	古城之戀	大提琴協奏曲	14'28"	張永壽	1981 年 5 月
	奴隸之歌	合奏	7'27"	卓明理	1981 年 8 月
	汨羅江幻想曲	箏協奏曲	18'05"	李煥之	1981 年 3 月
	易水送別	歌劇	44'15"	林聲翕	1981 年 12 月
	牧民新歌	合奏	5'00"	簡廣易、王志偉	1981 年 11 月
	花木蘭	琵琶協奏曲	19'00"	顧冠仁	1981 年 2 月
	紅樓夢	琵琶協奏曲	23'11"	毅容、水文彬	1981 年 8 月
	海南春曉	笙與樂隊		高重秀	1981 年 9 月
	海浪歌	合奏	10'20"	關迺忠	1981 年 5 月
	高高山上一棵松	合唱與樂隊	3'09"	于粦	1981 年 7 月
	問蒼天	合奏	10'00"	林樂培	1982 年 6 月
	彩雲	合奏	10'53"	盧亮輝	1981 年 4 月
	莫爾根河的回憶	高胡協奏曲	18'00"	吳豪業	1981 年 10 月
	蛇舞	合奏	10'00"	譚志斌	1981 年 4 月
	詠雪	合奏	7'25"	陳培勳	1981 年 9 月
	節日歡樂	合奏		林挺坤	1981 年 3 月
	漁光戀	女高音與樂隊	4'17"	于粦	1981 年 7 月
	漁鄉組曲	合奏	20'00"	彭修文、蔡惠泉	1981 年 6 月
	緣	合奏	15'00"	吳大江	1981 年 11 月
	錢鈴雙刀舞	舞蹈音樂	6'35"	李振綸	1981 年 4 月
	賽馬	合奏	1'04"	劉北茂、黃海淮	1981 年 5 月
1982 年	山歌	長笛與樂隊		陸春齡	1982 年 5 月
	天佑女皇	合奏		林樂培	1982 年 1 月
	古詩三首	女高音與樂隊	12'00"	衛庭新	1982 年 2 月
	百家春	鋼琴協奏曲	16'59"	許常惠	1982 年 5 月
	酉水河畔	合奏	12'00"	王直	1982 年 1 月
	春舞	合奏		盧亮輝	1982 年 4 月
	洪湖組曲	合奏		吳豪業	1982 年 2 月
	秋	合奏	9'10"	盧亮輝	1982 年 7 月
	海港之晨	合奏	5'14"	李超源	1982 年 7 月
	神遊三闋	合奏	12'00"	曾葉發	1982 年 10 月
	茶山情歌	合唱	4'00"	吳大江	1982 年 1 月
	湘江樂	二胡獨奏		時樂濛	1982 年 2 月
	鄂倫春五重奏	五重奏	12'06"	李超源	1982 年 7 月
	鄉間小路	合奏	2'45"	水文彬	1982 年 2 月
	雲南風情	合奏	19'56"	關迺忠	1982 年 4 月
	新疆舞曲	彈弦合奏		水文彬	1982 年 2 月
	龍舞	合奏	10'03"	周書紳	1982 年 2 月
	蟠桃會	合奏	4'40"	關聖佑	1982 年 7 月
1983 年	C 大調交響詩《火鳳凰》	合奏	14'17"	李楊義	1983 年 1 月
	下山虎	合奏	6'00"	呂文成	1983 年 1 月
	大江東去	合奏	7'39"	陳能濟	1983 年 5 月
	大路組曲	合奏	13'40"	黎明	1983 年 8 月
	山水響	合奏	14'45"	羅永暉	1983 年 12 月
	中樂交響曲	合奏	24'00"	何司能	1983 年 12 月

作曲或修改日期	曲名	類別	樂曲長度	作曲	首演日期
	四季情	女高音與樂隊	17'12"	何司能	1983 年 5 月
	江波舞影	合奏	6'37"	鄭思森	1983 年 11 月
	南島組曲	合奏		符任之	1983 年 7 月
	南海明珠	合奏	5'39"	陳德潛、蔡余文	1983 年 1 月
	春鶯囀	合奏	12'45"	張世彬	1983 年 5 月
	胡笳十八拍	合奏	17'03"	吳大江	1983 年 5 月
	胡騰舞曲	合奏	4'00"	何占豪	1983 年 8 月
	香港在東京	合奏	3'30"	吳大江	1983 年 7 月
	海港的故事	板胡與樂隊	12'58"	黃安源、李世昌	1983 年 1 月
	國畫組曲	合奏	8'30"	紀大衛	1983 年 9 月
	莫愁女	二胡獨奏曲	21'00"	何占豪	1983 年 8 月
	野火	女高音與樂隊	2'49"	林聲翕	1983 年 6 月
	雲南曲調	五重奏	9'10"	水文彬	1983 年 4 月
	傜山行隨想曲	合奏	12'06"	丁家琳、金友鐘	1983 年 1 月
	楓橋夜泊	合奏	18'41"	張永壽	1983 年 10 月
	蜀宮夜宴	合奏	17'20"	朱舟、俞抒、高為杰	1983 年 1 月
	路	中胡協奏曲	20'17"	鄭思森	1983 年 11 月
	遊戲	合奏		約翰・候活	1983 年 10 月
	舞影——池	合奏		張永壽	1982 年 11 月
	輪廻	女高音與樂隊	3'03"	林聲翕	1983 年 6 月
	藏族舞曲	合奏	10'00"	愛華	1983 年 8 月
	巍巍崇山	嗩吶協奏曲	12'57"	蘇文慶	1983 年 11 月
1984 年	山鄉敘事	合奏	8'20"	王惠然	1984 年 11 月
	中國舞曲	合奏	5'55"	施金波	1984 年 7 月
	五行曲	合奏	16'20"	約翰・候活	1989 年 8 月
	冬	合奏	14'26"	盧亮輝	1984 年 10 月
	四季花開	合奏	2'45"	王惠然	1984 年 11 月
	四聲	合奏		何司能	
	交響曲《旅程》	合奏	22'30"	紀大衛	1985 年 8 月
	划船歌	合唱	4'10"	于粦	1988 年 1 月
	江南三月	琵琶獨奏	4'20"	王惠然	1984 年 11 月
	舟山漁鼓	合奏	12'00"	吳大江	1984 年 9 月
	沂蒙新曲	箏獨奏	5'00"	王惠然	1984 年 11 月
	花艑山素描	笙協奏曲	12'57"	李志群	1984 年 1 月
	迎賓曲	合奏	2'15"	王惠然、林偉華	1984 年 11 月
	南疆月夜	合奏	7'45"	王惠然、林偉華	1984 年 11 月
	故都風情	合奏	20'00"	陳能濟	1984 年 6 月
	春到草原	巴烏與樂隊	5'22"	嚴鐵明	1984 年 1 月
	拉薩行	合奏	28'00"	關迺忠	1984 年 12 月
	昭君別	合奏	12'00"	王惠然	1984 年 11 月
	泉城春色	合奏	9'00"	王惠然	1984 年 11 月
	紅花遍地開	笙獨奏	5'00"	胡天泉	1982 年 1 月
	紅茶花	女聲與樂隊	16'57"	郭迪揚	1984 年 8 月
	茉莉花	合唱	4'00"	于粦	1985 年 4 月
	英雄	鋼琴協奏曲	23'00"	關迺忠	1984 年 12 月
	香港節日序曲	合奏		陳培勳	1984 年 6 月
	宮燈樂舞	合奏	7'20"	王惠然	1984 年 11 月
	草	合奏		張永壽	
	送郎送到十里亭	合唱	6'23"	于粦	1989 年 5 月
	情隨想曲	合奏	10'45"	水文彬	1984 年 4 月
	旋律			何司能	
	畢茲卡歡慶會	柳琴協奏曲	5'45"	王惠然	1984 年 11 月
	雪山凱歌	合奏	5'34"	林偉華、王惠然	1984 年 11 月
	傾國魂 - 交響詩	合奏	42'00"	符任之	1984 年 4 月
	夢鎖	合奏	12'50"	陳能濟	1984 年 10 月

作曲或修改日期	曲名	類別	樂曲長度	作曲	首演日期
	對照	合奏		祈偉奧	
	綠色田野	合奏	11'45"	于惠然	1984 年 11 月
	禪院行	合奏	7'42"	盧亮輝	1984 年 8 月
1985 年	天山狂想曲	嗩吶與樂隊	16'40"	丘天龍	1985 年 10 月
	天池隨想曲	合奏	25'45"	丘天龍	1985 年 10 月
	幻想曲及舞曲	合奏	14'15"	約翰·侯活	1986 年 2 月
	吐露港漁火	笛子四重奏	5'25"	譚寶碩	1985 年 6 月
	兵車行	合唱	20'30"	陳能濟	1985 年 7 月
	牡丹仙女的傳説	合奏	24'10"	朴東生	1986 年 1 月
	拉薩行	合奏	27'35"	關迺忠	1984 年 12 月
	花兒與少年	合奏	5'35"	陳能濟	1985 年 7 月
	金鷹情歌	二重唱與樂隊	4'50"	于粦	1985 年 1 月
	長城隨想	二胡協奏曲	27'25"	劉文金	1985 年 12 月
	思賢曲	合奏	9'40"	曾葉發	1985 年 8 月
	春雨甜津津	二胡齊奏	5'30"	曉慧、少琳	1985 年 6 月
	秋之歌	笛子四重奏	8'45"	譚寶碩	1985 年 6 月
	香港組歌	合唱	25'42"	符任之	1986 年 2 月
	流水	合奏	11'30"	陳培勳	1986 年 9 月
	浣花洗劍錄	男聲與樂隊	3'36"	于粦	1985 年 4 月
	清平調	女聲與樂隊	2'30"	于粦	1985 年 4 月
	黃鶴樓送孟浩然之廣陵	男高音與樂隊	3'05"	劉文金	1985 年 12 月
	道觀懷舊	小組合奏		盧亮輝	1985 年 11 月
	漁鄉組曲	合奏		彭修文、蔡惠泉	1985 年 11 月
	管弦絲竹知多少	合奏	19'50"	關迺忠	1985 年 9 月
	趕花會	琵琶齊奏	3'55"	葉緒然	1985 年 6 月
	劍舞	合奏	5'55"	陳能濟	1985 年 7 月
	慶相逢	笛子二重奏	8'25"	符任之	1985 年 7 月
	豬八戒揹媳婦	合奏	7'15"	陳能濟	1985 年 7 月
	歡樂的藏民	小組合奏		盧亮輝	1985 年 11 月
	歡樂的邊寨	彈弦合奏	3'30"	張大森	1985 年 6 月
1986 年	太平山下	合奏	11'05"	林樂培	1987 年 2 月
	月光光民謠組曲	合唱	8'05"	陳永華	1985 年 11 月
	打擊樂協奏曲	打擊協奏曲	20'35"	羅永暉	1986 年 3 月
	白蛇傳	笛子協奏曲	24'12"	羅偉倫、鄭濟民	1986 年 5 月
	和平之歌	童聲合唱與樂隊	6'40"	葉惠康、關迺忠	1986 年 9 月
	花木蘭序曲	合奏	4'00"	關迺忠	1986 年 3 月
	泰國風情畫	合奏	10'00"	林聲翕	1986 年 8 月
	海市蜃樓隨想曲	合奏	6'30"	顧嘉煇	1986 年 10 月
	第四鋼琴協奏曲《十面埋伏》	鋼琴協奏曲	18'37"	關迺忠	1987 年 12 月
	畫皮	合奏	6'38"	顧嘉煇	1986 年 10 月
	電視主題曲組曲	合奏	14'25"	顧嘉煇	1986 年 10 月
	漁歌	柳琴與樂隊	4'10"	劉錫津	1986 年 10 月
	劉三姐隨想曲	合奏	15'45"	郭迪揚	1986 年 1 月
1987 年	功夫 - 琵琶與中樂隊的對話	琵琶協奏曲	20'15"	林樂培	1987 年 10 月
	北國童年懷想曲	合奏	13'46"	白德	1987 年 6 月
	白石道人詞意組曲	合唱與樂隊	24'00"	關迺忠	
	交響詩《我的故鄉——香港》	合奏	21'55"	陳培勳	1987 年 2 月
	成陵賦	篁篌協奏曲	15'55"	施萬春等	1987 年 4 月
	中樂交響詩「序曲」	合奏	12'30"	關迺忠	1987 年 10 月
	沅歌	合奏	13'35"	葉小鋼	1987 年 11 月
	河南山鄉	合奏	9'20"	丘天龍、丘天虎	1987 年 9 月
	牧民新歌	笛子協奏曲	4'30"	簡廣易、王志偉	1987 年 12 月

作曲或修改日期	曲名	類別	樂曲長度	作曲	首演日期
	音樂會序曲	合奏	6'55"	劉文金	1987 年 3 月
	神曲	吹管協奏曲	21'50"	瞿小松	1987 年 7 月
	普庵咒	古琴協奏曲	15'40"	關迺忠	1987 年 7 月
	傣寨風光	合奏	6'10"	何占豪	1987 年 8 月
	亂世情侶	二胡協奏曲	24'20"	何占豪	1987 年 8 月
	新疆天山狂想曲	鋼琴獨奏	20'00"	丘天龍	1987 年 9 月
	夢	合奏	5'20"	何占豪	1987 年 8 月
	夢	合奏	15'00"	符任之	1989 年 5 月
	箜篌引	箜篌與樂隊	12'30"	李煥之	1987 年 4 月
	廣東音樂主題幻想組曲	高胡協奏曲	27'10"	陳培勳	1987 年 7 月
	衝激	樂隊協奏曲	16'15"	林品晶	1987 年 5 月
	歸園田居	合奏	15'42"	陳能濟	1988 年 8 月
	離騷	古琴協奏曲	20'40"	關迺忠	1987 年 12 月
	霸王卸甲	琵琶協奏曲	11'25"	關迺忠	1987 年 6 月
	歡樂的春江花月夜	變奏曲合奏	17'04"	陳培勳	1989 年 2 月
	變象	箏協奏曲	15'55"	曾葉發	1987 年 10 月
	觀花山壁畫有感	合奏	12'20"	徐紀星	1987 年 6 月
1988 年	天后傳奇	合奏	14'37"	李家華	1988 年 9 月
	日月星	合奏	23'26"	羅偉倫	1989 年 8 月
	日月戀	舞劇配樂	26'59"	關迺忠	1988 年 11 月
	竹意	合奏	11'33"	曾葉發	1989 年 1 月
	我兒萬歲	男高音與樂隊	4'25"	于粦	1988 年 1 月
	春來早	板胡與樂隊	5'04"	石露·學義	1988 年 12 月
	紅樓夢組曲	合奏	9'27"	王立平	1988 年 6 月
	美好的童年	童聲合唱與樂隊	2'34"	葉惠康	1989 年 3 月
	桃花與孤松	男高音與樂隊	4'25"	于粦	1988 年 1 月
	祖國頌	合奏	22'10"	陳培勳	1989 年 9 月
追懷（我的故鄉 - 香港）		合奏	14'46"	陳培勳	1988 年 7 月
	梅花吟	笛子與樂隊	9'34"	錢兆熹	1988 年 7 月
	第一二胡協奏曲	二胡協奏曲	27'46"	關迺忠	1988 年 5 月
	第一笛子協奏曲	笛子協奏曲	25'57"	關迺忠	1988 年 10 月
	粗心的小牛媽	女高音與樂隊	2'15"	于粦	1988 年 1 月
	湘妃曲	合奏	7'37"	陳中申	1988 年 11 月
	琵琶協奏曲	琵琶與樂隊	16'42"	陳能濟	1989 年 1 月
	虛與實	合奏		何司能	
	雲中鶴	二胡協奏曲	18'54"	彭修文	1988 年 8 月
	雲南回憶	中阮協奏曲	26'58"	劉星	1988 年 1 月
	黃河大俠	男聲與樂隊	3'40"	于粦	1988 年 1 月
	塔克拉瑪干掠影	合奏	24'22"	金湘	1988 年 6 月
	楊柳怨	排笛協奏曲		錢兆熹	1988 年 3 月
	滇西風情	合奏		余昭科	
	遠山的呼喚	柳琴協奏曲	14'37"	陳能濟	1988 年 9 月
	靜夜思	笙協奏曲	11'50"	肖江	1988 年 11 月
1989 年	中華頌	合奏	18'03"	漢列治·史韋沙	1989 年 8 月
	六月的雪	管弦合奏	19'11"	譚盾	1991 年 7 月
	序曲	合奏	13'31"	陳怡	1990 年 7 月
	迎賓曲	合奏	1'19"	關迺忠	1989 年 1 月
	金沙灘	打擊樂與樂隊	12'45"	景建樹	1989 年 12 月
	阿里山風情	合奏		符任之	
	怒	琵琶協奏曲	13'02"	盧亮輝	1991 年 2 月
	飛雲篇	樂隊協奏曲	17'13"	陳永華	1989 年 3 月
	第一打擊樂協奏曲	擊樂協奏曲	29'28"	關迺忠	1989 年 7 月
	第二交響曲	管風琴與樂隊	34'16"	關迺忠	1989 年 11 月

作曲或修改日期	曲名	類別	樂曲長度	作曲	首演日期
	第二組曲（青年）	合奏	20'34"	陳培勳	1990 年 11 月
	新月兒高	箏與樂隊	13'59"	葉小鋼	1990 年 1 月
	節日序曲	合奏	10'00"	陳永華	1989 年 11 月
	路	大提琴協奏曲	27'33"	關迺忠	1990 年 6 月
	雷波月琴調	柳琴協奏曲	14'07"	張式業、阮仕春	1989 年 12 月
	電視主題曲組曲	合奏	16'00"	顧嘉煇	1989 年 5 月
	夢審竇娥	男聲、女聲與樂隊	33'10"	林樂培	1989 年 10 月
	碧水寒山奪命金	男高音與樂隊	3'00"	于粦	1989 年 5 月
	舞劇組曲《日月戀》	合奏	32'40"	關迺忠	1989 年 6 月
	廣陵敘事	箏獨奏	15'22	劉莊	1990 年 1 月
	瀟湘銀漣	合奏	11'45"	張式業	1989 年 12 月
1990 年	三首小品	合奏		陳曉勇	
	大曲	打擊與樂隊	20'03"	周龍	1997 年 2 月
	中西共匯序曲	合奏	3'04"	葉惠康	1990 年 11 月
	天靈靈	琵琶協奏曲	15'10"	羅永暉	1990 年 9 月
	太真長恨	二胡、中胡協奏曲	18'26"	曾葉發	1990 年 7 月
	序曲第二號	合奏	8'34"	陳怡	1991 年 11 月
	辛棄疾	二胡與樂隊	16'56"	葉純之	1991 年 4 月
	交響樂《金陵》	合奏	32'03"	彭修文	1991 年 1 月
	長恨綿綿	笛子與樂隊	22'52"	何占豪、鄭濟民	1991 年 3 月
	青年	中阮協奏曲	30'11"	關迺忠	1991 年 3 月
	風	胡琴與樂隊	28'01"	瞿小松	1990 年 12 月
	草原情	合奏	12'52"	丘天龍	1990 年 9 月
	梅松贊──樂隊敘事曲	敘事曲	8'33"	陳培勳	
	無形之夢──單樂章慢板交響樂	單樂章慢板交響樂	22'36"	劉星	1995 年 11 月
	箴（二）	合奏	17'00"	溫隆信	1991 年 9 月
	釋迦之面具	尺八與樂隊	18'00"	葉小鋼	1990 年 10 月
1991 年	冬	樂隊協奏曲	15'55"	葉小鋼	1991 年 4 月
	夜深沉	二胡協奏曲	29'46"	劉念劬	1991 年 8 月
	花	柳琴協奏曲	22'20"	何占豪	1991 年 11 月
	梅花祭	合奏	12'45"	胡建兵	1991 年 10 月
	第一交響樂《望》	合奏	18'17"	劉莊	1992 年 10 月
	逍遙遊	合奏	7'31"	陳能濟	1999 年 6 月
	奪豐收	打擊與樂隊	2'59"	李民雄	1991 年 5 月
1992 年	中國暢想曲第二號	薩兒斯管與樂隊	17'06"	黃安倫	
	打歌 - 雲南土族	合奏	7'29"	郭亨基	1992 年 3 月
	印象兩首	合奏	15.23	關迺忠	1995 年 9 月
	沐乃河邊的琴聲	中胡協奏曲	23'23"	周成龍	1992 年 6 月
	英雄賦	合奏	19'28"	羅偉倫	1993 年 1 月
	泰來	合奏	15'38"	曾葉發	1992 年 1 月
	交響舞曲《喜慶》	合奏	14'52"	陳培勳	1993 年 12 月
	罌粟無語	女高音與樂隊	26'25"	葉小鋼	1992 年 9 月
1993 年	山林景色	合奏	2'16"	施萬春	1993 年 5 月
	山寨情	小合奏		周成能	
	孔雀東南飛	箏協奏曲	20'41"	何占豪	1993 年 7 月
	布達拉情聖	合奏	21'50"	劉念劬	1996 年 10 月
	民間舞曲兩首	合奏		王強	
	抒情懷	合奏		符任之	
	沉思者	合奏	13'41"	陳能濟	
	昇平樂	合奏	13'43"	陳永華	1993 年 5 月
	長城頌	大提琴協奏曲	19'44"	王連鎖、黃金池	1994 年 2 月

作曲或修改日期	曲名	類別	樂曲長度	作曲	首演日期
	長恨歌	二胡協奏曲	20'00"	黃曉飛	1993 年 11 月
	春天隨想曲	雙柳琴協奏曲	15'23"	彭修文	1993 年 11 月
	祝福	琵琶與樂隊	15'54"	趙季平	1994 年 2 月
	交響詩《黃土》	合奏	21'15"	劉文金	
	傣寨晨曦	合奏	12'37"	郭亨基	1992 年 11 月
	滇西土風兩首	合奏	15'43"	郭文景	1994 年 3 月
	漁歌與村舞	小合奏		顧冠仁	
	禪	合奏		葉純之	
	鼙鼓魂斷	音詩	21'04"	饒餘燕	1992 年 11 月
	歡唱童年	合唱與樂隊	5'28"	葉惠康	1993 年 4 月
1994 年	川江	二胡協奏曲	27'42"	楊寶智	1994 年 3 月
	弓弦令	合奏	12'13"	陳慶恩	1995 年 4 月
	前奏曲	合奏		陳培勳	
	城寨風情	音樂劇	80'00"	陳能濟	1994 年 10 月
	三寸金蓮 - 城寨風情	合奏	11'28"	陳能濟	1995 年 2 月
	月荷之歌 - 城寨風情	合奏	3'42"	陳能濟	1995 年 2 月
	梅花情操	合奏	17'19"	李煥之	1996 年 11 月
1995 年	十三么	合奏	16'41"	許翔威	1996 年 4 月
	丹青韻	合奏	19'55"	杜鳴心	1995 年 9 月
	心魔	合奏		梁志鏘	
	火祭	胡琴與樂隊	26'50"	譚盾	1996 年 3 月
	古靈	合奏	14'49"	曾葉發	1996 年 3 月
	岱魂	合奏	19'05"	王惠然、劉錫剛	1995 年 10 月
	笙歌	合奏		鄭學仁	
	龍	鋼琴與樂隊	15'46"	周啟生	1995 年 12 月
	鵲橋相會	合奏	8'46"	黃曉飛	1995 年 8 月
1996 年	仰天長嘯	合奏	18'51"	錢兆熹	1996 年 11 月
	江月琴聲	柳琴協奏曲	13'36"	王惠然	1996 年 4 月
	風采	合奏	15'00"	羅永暉	1996 年 8 月
	飛天隨想	揚琴與樂隊	22'06"	王惠然	1996 年 12 月
	唐詩「琵琶行」	朗誦與樂隊	14'41"	顧冠仁	1996 年 11 月
1997 年	潑墨仙人	琵琶與樂隊	9'24"	羅永暉	1997 年 2 月
	第三民族交響樂《天地之間》	合奏	23'29"	劉星	1997 年 9 月
	北京娃香港娃	合唱	1'53"	錢兆熹	1997 年 8 月
	竹音簧韻	管子、笛子、嗩吶獨奏	26'34"	錢兆熹	1997 年 10 月
	弦之韻 - 彈撥與弓弦的交響	合奏	22'37"	劉湲	1997 年 12 月
	東方之珠禮讚	合唱	31'57"	陳能濟、陳鈞潤	1997 年 8 月
	花季	獨唱與樂隊	16'24"	金湘	1997 年 2 月
	香江新篇 (I, II, III)	合奏	20'08"	關迺忠、曾葉發、陳能濟	1997 年 7 月
	原野——歌劇選曲三首	男、女高音，二重唱與樂隊	2'03"	金湘	1997 年 3 月
	精·氣·神	合奏	9'12"	陳明志	1998 年 2 月
1998 年	達坂城的石路	合奏	1'09"	陳能濟	1998 年 3 月
	大提琴小協奏曲	大提琴協奏曲	25'32"	關迺忠	1999 年 12 月
	孔雀	笙與樂隊	24'51"	關迺忠	1998 年 8 月
	母親的贊達仁	獨唱與樂隊	19'16"	劉錫津	2000 年 2 月
	老師請病假	敘述與樂隊	16'37"	陳能濟	1998 年 3 月
	杏壇春秋	阮咸與樂隊	14'28"	張式業	1999 年 4 月

作曲或修改日期	曲名	類別	樂曲長度	作曲	首演日期
	春秋集韻	三個琵琶與樂隊	16'00"	唐建平	1998 年 10 月
	春夢	小提琴與樂隊	23'56"	盛宗亮	2000 年 1 月
	香港素描組曲	音樂與詩朗誦	22'24"	李家華	1998 年 4 月
	射鵰英雄	合奏	8'06"	吳大江，黃露	1998 年 7 月
	神鵰俠侶——問世間情是何物？	合奏	15'17"	陳能濟	1998 年 7 月
	無常	打擊與樂隊	22'38"	曾葉發	1998 年 2 月
	詩韻	合奏	11'19"	許舒亞	1998 年 11 月
	電車走過的日子	合奏	11'24"	陳錦標	1998 年 12 月
	夢之交響——幻	合奏	16'49"	郭迪揚	1998 年 6 月
	瀟湘風情	合奏	18'21"	楊青	1999 年 4 月
1999 年	奔騰	獨唱與樂隊	6'59"	陳明志	1999 年 10 月
	故鄉行	胡琴協奏曲	21'13"	梁偉成	1999 年 8 月
	孫悟空三打白骨精	演員／敘述與樂隊	25'24"	陳能濟	1999 年 7 月
	得勝令	合奏	6'36"	李石庵	2000 年 3 月
	毫飛集	合奏	16'15"	羅永暉	1999 年 8 月
	滇池隨想	合奏	14'06"	郭亨基	1999 年 11 月
	龍年新世紀	合奏	31'22"	關迺忠	1999 年 12 月
2000 年	九天玄女	粵劇舞樂	67'48"	陳能濟	2000 年 6 月
	「大自然的饗宴」——序曲	合奏	9'51"	陳明志	2000 年 6 月
	米埔之歌	合奏	7'02"	陳明志	2000 年 6 月
	香港藍調	二胡與樂隊	5'54"	高韶青	2001 年 3 月
	旋律的愛	二胡與樂隊	25'30"	陳錦標	2001 年 3 月
	逍遙遊	管子協奏曲	27'54"	關迺忠	2001 年 2 月
	等妳歸來	合奏	18'23"	李家華	2000 年 6 月
	感遇	合奏	17'11"	郭亨基	2001 年 1 月
	寰宇情真	合奏	28'34"	關迺忠	2001 年 2 月
	龍鼓聚	鼓群與樂隊	19'36"	陳明志	2000 年 12 月
	關山月	合奏	9'12"	潘耀田	2001 年 1 月
2001 年	六朝愛傳奇	音樂劇	70'00"	陳能濟	2001 年 11 月
	串木櫻花	中阮獨奏		趙咏山	2001 年 6 月
	狂飆序曲	合奏	12'15"	賈國平	2001 年 10 月
	庖廚樂：為「美味人生而寫的敘述中樂」	演員／敘述與樂隊	25'35"	陳明志	2001 年 7 月
	南國音韻	高胡與樂隊	12'16"	陳能濟	2001 年 4 月
	開飯喇	音樂劇	37'28"	陳能濟	2001 年 7 月
	過零汀洋	合奏	11'58"	周成龍	2001 年 8 月
	餐具碰碰樂		17'50"	錢兆熹	2001 年 7 月
	雙龍出海	雙打擊與樂隊	8'52"	陳國平	2001 年 7 月
	鏡花水月	鋼琴與樂隊	28'23"	陳慶恩	2001 年 12 月
2002 年	八音和鳴	大合奏	26'40"	顧冠仁	2003 年 1 月
	中國第一組曲	合奏	15-20'	邵恩	
	幻變精靈 Do Mi Show	劇場音樂	20'00"	陳能濟	2002 年 7 月
	刮風的日子 II	低音大笛、日本箏與樂隊	16'27"	陳明志	2002 年 10 月
	花非花 霧非霧	合奏	10'13"	譚寶碩	2002 年 5 月
	朗月耀九州	合奏	6'48"	陳永華	2002 年 9 月
	神筆馬良	敘述與樂隊	26'20"	潘耀田	2002 年 7 月
	悠然神往	獨奏與樂隊	6'00"	陳錦標	2002 年 10 月
	悠然神往	小合奏	9'00"	陳錦標	
	悠遊	魯特琴／班杜里琴、	11'20"	陳明志	2002 年 3 月

作曲或修改日期	曲名	類別	樂曲長度	作曲	首演日期
	聽風的歌	琵琶、南音琵琶、薩摩琵琶與樂隊 笛子/尺八、薩摩琵琶與樂隊	19'26"	陳明志	2002 年 3 月
2003 年	望盡天涯路 - 戰爭受難者的哀歌	管子、中阮與樂隊	13'12"	陳明志	2003 年 5 月
	塞外音詩	柳琴協奏曲		顧冠仁	
	霧鎖香江 - 給抗非典型肺炎的戰士	小合奏	9'01"	陳明志	2003 年 6 月

＊由於譜庫遷移、資料散失及其他種種原因，以至部分樂曲資料（如演奏長度、首演日期等）未能如數納入其中。

II 香港中樂團委編作品一覽表

作曲或修改日期	曲名	類別	樂曲長度	作曲	編曲	配器	首演日期
1977 年	人說山西好風光	女高音與樂隊	3'48"	山西民歌	關聖佑		1977 年 11 月
	上去高山望平川	男聲與樂隊	2'39"	中國民歌	陳能濟		1977 年 11 月
	天山的春天	琵琶協奏曲	3'35"	烏斯滿江	湯良德		1977 年 12 月
	巴山頂上修堰塘	男中音與樂隊	3'18"	劉光朗	湯良德		1977 年 11 月
	延河暢想曲	揚琴協奏曲	12'53"	吳豪業、于慶祝	符任之		1977 年 10 月
	花梆子	板胡與樂隊	8'55"	河北民樂	閻紹一		1977 年 10 月
	金鳳凰	笙獨奏	3'57"	王慶琛	李志群		1977 年 12 月
	阿里山之歌	合唱	5'40"	台灣民歌	吳大江		1977 年 11 月
	春江花月夜	合奏	7'26"	古曲	劉文金		1977 年 3 月
	為甚麼二黑哥還不回來	女高音與樂隊	4'40"	馬可	湯良德		1977 年 11 月
	紅花遍地開	合奏	5'05"	許鏡開	天津歌舞團民樂隊		1977 年 12 月
	倚門望（竇娥冤選段）	歌劇	15'44"	陳紫	吳大江		1977 年 11 月
	晉調	笙與樂隊	5'18"	閻海登	李志群		1977 年 12 月
	烏蘇里船歌	男中音與樂隊	3'50"	赫哲族民歌	陳能濟		1977 年 11 月
	草原之歌	男高音與樂隊	13'22"	內蒙民歌	吳大江		1977 年 10 月
	猜調	女高音與樂隊	1'38"	雲南民歌	于粦		1977 年 11 月
	猜調	女高音與樂隊	1'38"	雲南民歌	盧亮輝		1977 年 11 月
	這還是頭一遭	男高音與樂隊	2'23"	周恒	吳大江		1977 年 11 月
	黃楊扁擔	男聲與樂隊	2'05"	四川民歌	陳能濟		1977 年 11 月
	聖誕鈴聲	合奏	2'48"	外國民歌	陳能濟		1977 年 12 月
	廣東小調聯奏	合奏	5'15"	廣東小調	張永壽		1977 年 10 月
	慶豐收	合奏	4'10"	張曉峯	吳大江		1980 年 11 月
	緬桂花開十里香	混聲二重唱	5'04"	貴州民歌	吳大江		1977 年 11 月
	蕉窗夜雨	箏與樂隊		古曲			1977 年 2 月
	親人進山來	混聲二重唱與樂隊	2'03"	西藏民歌	陳能濟		1977 年 11 月
	蘭花花	女高音與樂隊	5'06"	陝北民歌	湯良德		1977 年 11 月
1978 年	二泉映月	二胡協奏曲	6'00"	華彥鈞	彭修文		1978 年 10 月
	八月十五看月光	男高音與樂隊	3'30"		符任之		1978 年 12 月
	三天路程兩天到	女高音與樂隊	1'53"	內蒙民歌	吳大江		1978 年 7 月
	下山虎	合奏	3'27"	呂文成	劉文金		1978 年 12 月
	小丹丹花開紅艷艷	合奏	4'19"	陝北民歌	焦金海	郭迪揚	1978 年 10 月
	小路	女高音與樂隊	2'00"	綏遠民歌	吳大江		1978 年 7 月
	山	合奏	14'56"	李超源			1978 年 7 月
	山歌鑼鼓	節歌演唱與樂隊	4'10"	湖北民歌	董華強		1978 年 4 月
	天下黃河十八灣	男聲與樂隊	3'40"	桑桐	關聖佑		1978 年 6 月
	天淨沙	男高音與樂隊	5'26"	董華強	吳大江		1978 年 4 月
	太陽出來喜洋洋	獨唱與樂隊	1'30"	四川民歌	陳能濟		1978 年 8 月
	手挽手	男高音與樂隊	1'53"	新疆民歌	盧亮輝		1978 年 6 月
	牛車鈴響	男中音與樂隊	2'25"	金在善	盧亮輝		1978 年 6 月
	叮噹調	獨唱與樂隊	1'37"	湖北民歌	張永壽		
	平安夜	合奏	3'07"	葛魯貝爾	郭迪揚		1978 年 12 月
	伊朗民歌	合奏	4'26"	伊朗民歌	郭迪揚		1978 年 10 月
	江南春	笛子與樂隊	12'10"	陸春齡	符任之		1978 年 4 月
	老司機	男中音與樂隊	2'35"	冼程考	盧亮輝		1978 年 6 月
	住娘家	女高音與樂隊	4'30"	內蒙民歌	吳大江		
你好狠的心（草原之歌插曲）		女高音與樂隊	2'54"	羅宗賢	郭迪揚		1978 年 8 月
	我的花兒	獨唱與樂隊	1'26"	哈薩克民歌	張永壽		
	我們美麗的家鄉日喀則	男中音與樂隊	2'00"	西藏民歌	盧亮輝		1978 年 6 月
	我騎着馬兒過草原	獨唱與樂隊	3'08"	石夫	陳能濟		1978 年 8 月
	延河頌	合奏	5'07"	陝北民歌	郭迪揚		1978 年 12 月
	放羊調	女高音與樂隊	4'50"	晉北民歌	吳大江		1978 年 7 月
	花兒為什麼這樣紅	獨唱與樂隊	2'00"	新疆民歌	雷振邦等	郭迪揚	1978 年 8 月

作曲或修改日期	曲名	類別	樂曲長度	作曲	編曲	配器	首演日期
	迎親人	墜琴與樂隊	5'58"	山東民樂	臧東昇、劉鳳錦、何化均		1978 年 6 月
	金蛇狂舞	合奏	2'00"	雲南民歌	符任之		1978 年 4 月
	南北醒獅賀太平	打擊與樂隊	10'56"	吳大江	盧亮輝		1978 年 10 月
	春江花月夜隨想曲	鋼琴協奏曲	11'56"	林樂培			1978 年 11 月
	春節序曲	合奏	4'54"	李煥之		張子銳、謝直心	1978 年 10 月
	茉莉花	女聲與樂隊	2'30"	江蘇民歌	盧亮輝		1978 年 9 月
	海底珍珠容易搵	高音與樂隊	3'25"	中山鹹水歌	盧亮輝		1978 年 12 月
	海風陣陣愁煞人	女高音與樂隊	6'04"	王錫仁、胡任平	吳大江		1978 年 2 月
	送我一枝玫瑰花	合奏	3'10"	新疆民歌	黎錦光、黃曉飛		1978 年 10 月
	送舊迎新喜洋洋	合奏	6'33"	吳大江	陳能濟		1978 年 2 月
	馬車伕之歌	男聲與樂隊	1'18"	新疆民歌	關聖佑		1978 年 8 月
	馬兒慢些走	高音與樂隊	6'05"	生茂	盧亮輝		1980 年 10 月
	彩雲追月	合奏	3'00"	任光	李超源		1978 年 7 月
	掛紅燈		3'20"	陝西民歌	吳大江		1978 年 2 月
	梁山伯與祝英台	高胡協奏曲	29'20"	何占豪	吳大江		1978 年 10 月
	清津浦之舞	合奏	6'00"	朝鮮民歌	郭迪揚		1978 年 12 月
	喜兒過年苦（白毛女選曲）	混聲二重唱與樂隊	16'00"	馬可	陳能濟		1978 年 2 月
	景頗山上豐收樂	女高音與樂隊	1'57"		李晴海、盧亮輝		1978 年 8 月
	塞外風光	混聲合唱與樂隊	22'47"	西北民歌	李超源		1978 年 11 月
	想親娘	男高音與樂隊	3'30"	雲南民歌	丁善德		1978 年 8 月
	新春對唱	混聲二重唱與樂隊	3'00"		湯良德		1978 年 2 月
	新貨郎	男高音與樂隊	4'50"	郭頌	湯良德		1978 年 2 月
	楊白勞	男中音與樂隊	6'30"	馬可	陳能濟		1978 年 6 月
	獅子滾繡球	合奏	4'35"	福建民樂	郭迪揚		1978 年 8 月
	嘎達梅林	男聲與樂隊	3'10"	東蒙民歌	陳能濟		1978 年 6 月
	漁舟唱晚	洞簫與樂隊	6'26"	古曲	于舞		1978 年 10 月
	瑤族舞曲	合奏	7'09"	劉鐵山、茅沅	彭修文		1978 年 4 月
	種田歌	獨唱與樂隊	1'50"	龔榮光	盧亮輝		1978 年 12 月
	算盤響	男高音與樂隊	4'14"	曹四才	湯良德		1978 年 2 月
	颯爽英姿	合奏	4'15"		郭迪揚		1978 年 8 月
	踏青	二胡與樂隊	4'20"	張秉燊	盧亮輝		1977 年 12 月
	戰颱風	鋼琴協奏曲	7'45"	王昌元	劉詩昆		
	龍眼開花墜倒枝	男高音與樂隊	2'45"	廣東民歌	盧亮輝		1978 年 12 月
	瞧情郎	中音與樂隊	6'12"	東北民歌	吳大江		1978 年 2 月
	賽龍奪錦	合奏	3'32"	廣東曲調	張永壽		1978 年 6 月
	彝山情歌	輕音樂與樂隊	5'55"	民樂	郭迪揚		1978 年 8 月
	斷橋	粵曲演唱與樂隊	34'06"	葉紹德	嚴觀發		1978 年 6 月
	瀏陽河	箏與樂隊	3'00"	湖南民樂	張燕		1978 年 10 月
	豐收喜悅	女聲與樂隊	4'07"	朝鮮民歌	郭迪揚		1978 年 12 月
	豐收鑼鼓	合奏	11'08"	彭修文、蔡惠泉	吳大江		1978 年 2 月
	蘇武（牧羊）	中胡協奏曲	21'46"	劉洙	盧亮輝		1978 年 4 月
	蠟燭點燈一條心	女高音與樂隊	3'05"		吳大江		1978 年 2 月
	歡樂歌	合奏	5'08"	江南絲竹	李超源		1978 年 7 月
	讚歌	男高音與樂隊	2'35"	內蒙古民歌	符任之		1980 年 8 月
	繡荷包	女高音與樂隊	2'45"	內蒙古民歌	吳大江		1978 年 7 月
1979 年	「雷雨」序曲	合唱與樂隊	5'41"	于舞	符任之		1979 年 7 月
	十面埋伏	合奏			劉文金、趙咏山		1979 年 9 月
	九里里山圪達十里里溝	合奏	4'10"	呂遠	陳宗銘		1979 年 9 月
	小放牛	男中音與樂隊	4'24"	崑曲曲牌	關聖佑		1979 年 10 月
	小河淌水	女聲與樂隊	3'20"	雲南民歌	陳宗銘		1979 年 9 月
	不許他回家	女高音與樂隊	3'00"	東北民歌	于舞		1979 年 7 月
	世界民歌組曲聯唱（一、二）	兒童大合唱	20'58"	各地民歌	盧亮輝		1979 年 8 月

作曲或修改日期	曲名	類別	樂曲長度	作曲	編曲	配器	首演日期
	北將軍令	合奏	13'23"	蘇南吹打曲牌	劉洙		1979 年 7 月
	布穀鳥叫遲了	器樂合奏	2'00"	陳宗銘	司徒漢		1979 年 9 月
	玄武湖之春	合奏	8'56"	周根盧	郭迪揚		1978 年 12 月
	瓦夏松	合奏	1'55"	石夫	盧亮輝		1979 年 7 月
	白雲故鄉	男中音與樂隊	2'20"	林聲翕	于粦		1979 年 7 月
	向全世界兒童致意	童聲合唱與樂隊	4'58"		盧亮輝		1979 年 8 月
	江河水的故事	合奏	14'00"	遼寧鼓吹樂	賀大行、陶夢旦		1979 年 2 月
	行街	合奏		江南絲竹	林石誠整理		1979 年 6 月
	我的朋友	女中音與樂隊		伊朗民歌	張翰書		1979 年 4 月
	李大媽	獨唱與樂隊	2'42"	內蒙民歌	于粦		1979 年 7 月
	走西口	獨唱與樂隊	6'40"	榆林小曲	于粦		1979 年 7 月
	兒童歌曲匯唱	童聲合唱與樂隊	8'29"	顧嘉煇	關聖佑	盧亮輝	1979 年 8 月
	拉茲之歌	合奏	3'36"		劉自華		1979 年 1 月
	松花江上	伴奏	5'18"	張寒暉	任策		1979 年 6 月
	金達萊	女高音與樂隊	3'00"	朝鮮歌曲	劉自華		1978 年 9 月
	阿依莎	獨唱	1'55"	新疆民歌	任策		1979 年 6 月
	非洲鼓聲	二胡與樂隊	2'18"	日內瓦民歌	顧惠昌		1979 年 6 月
	南疆舞曲	揚琴與樂隊		新疆音樂	于慶祝、項祖華		1979 年 1 月
	拴住太陽好幹活	男中音與樂隊	1'37"	四川民歌	符任之		1979 年 7 月
	故鄉的太陽	琵琶獨奏		蘇丹樂曲	劉德海		1979 年 10 月
	春到沂河	柳琴與樂隊	6'00"	王惠然	盧亮輝		1979 年 6 月
	春雨	合奏	6'18"	福建民歌	馬文		1979 年 12 月
	紅豆詞	男低音與樂隊	2'55"	劉雪庵	李超源		1979 年 10 月
	紅彩妹妹	獨唱與樂隊	2'12"	綏遠民歌	李超源		1979 年 10 月
	軍樂操	琵琶齊奏	3'50"	岳侖	林風		1979 年 1 月
	飛快的轉吧新機床	笛獨奏			朱文昌		1979 年 10 月
	倒垂簾	揚琴獨奏		廣東音樂	嚴老烈		1979 年 10 月
	桂西紀行	合奏	6'22"	任策	謝直心		1979 年 6 月
	桃花村	獨唱與樂隊		內蒙民歌	賀大行		1979 年 10 月
	病中吟	合奏		劉天華	張永壽		1979 年 11 月
	草原牧歌	男高音與樂隊	2'51"	民歌	關聖佑		1979 年 1 月
	送我一支玫瑰花	琵琶合奏	6'38"	新疆民歌	王範地		1979 年 6 月
	送我一支玫瑰花	琵琶與樂隊		新疆民歌	林風		1978 年 10 月
	送情郎	男低音與樂隊	2'00"	河北民歌	盧亮輝		1979 年 10 月
	馬車伕之戀	男聲與樂隊		新疆維吾爾族民歌	李超源		1979 年 10 月
	馬蘭花開	琵琶二重奏	2'46"	劉明源	林風		1979 年 1 月
	第一次收穫	合奏		金東振	林枝淳		1979 年 4 月
	凱歌	合奏	5'55"	民間樂曲	高金香		1979 年 7 月
	斑鳩調	合奏		廣西民樂	賀大行		1979 年 6 月
	陽關三疊	合奏	10'30"	古曲	盧亮輝		1980 年 8 月
	嘉陵江上	男聲與樂隊	3'25"	賀綠汀	關聖佑		1979 年 10 月
	旗正飄飄	大合唱	2'45"	林聲翕	符任之		1979 年 7 月
	漁歌	巴烏與樂隊			鄭濟民		1979 年 10 月
	嘿呀吭	合奏	3'10"	廣東民謠	關聖佑		1979 年 6 月
	彈詞三六	合奏	2'54"	江南音樂	水文彬		1979 年 6 月
	鹹水歌	合奏	4'37"	中山民歌	關聖佑		1979 年 6 月
	聽松	二胡與樂隊	4'02"	華彥鈞	彭修文		1979 年 11 月
	變體新水令	合奏	5'20"	劉天華	關廼忠		1979 年 11 月
1980 年	映山紅	合奏		傅庚辰	黃志剛		1980 年 9 月
	草原小姐妹	琵琶協奏曲	21'00"	吳祖強、王燕樵、劉德海	吳大江		1980 年 9 月
	陝北組曲	合奏	6'22"	馬可	謝直心		1980 年 12 月
	二月裡來	小組女聲與樂隊	2'55"	冼星海	盧亮輝		1981 年 1 月
	十面埋伏	合奏	14'20"	古曲	劉文金、趙咏山		1984 年 4 月
	三十里舖	高音與樂隊	4'18"	陝北民歌	盧亮輝		1980 年 2 月

作曲或修改日期	曲名	類別	樂曲長度	作曲	編曲	配器	首演日期
	三天路兩天到	女聲與樂隊	2'30"	蒙古民歌	郭迪揚		1980 年 7 月
	下漁舟	合奏	3'50"	廣東小調	高秩群		1980 年 1 月
	夕陽簫鼓	琵琶與樂隊		古曲	秦鵬章、羅忠鎔		1980 年 10 月
	大江東去	獨唱與樂隊	2'35"	青主	盧亮輝		1980 年 8 月
	小調聯奏	合奏	2'45"	廣東小調	高秩群		1980 年 1 月
	中國舞	合奏	1'11"	柴可夫斯基	張永壽		1980 年 11 月
	六月茉莉	女高音與樂隊	2'30"	福建民歌	郭迪揚		1980 年 7 月
	友情	合奏	3'43"	符任之			1980 年 5 月
	友誼萬歲	合唱與樂隊	3'12"	愛爾蘭民歌	于粦		1980 年 12 月
	水鄉船歌	笛與樂隊		范國基	趙松庭		1980 年 7 月
	火車向着韶山跑	童聲合唱與樂隊		電影故事片	黃志剛		1980 年 9 月
	王昭君	女高音與樂隊	9'20"	古曲	盧亮輝		1980 年 10 月
	光明行	三弦協奏曲	4'37"	劉天華	程午加、于粦		1980 年 12 月
	光明行	合奏	4'37"	劉天華	賀大行		1979 年 11 月
	回憶當年	歌曲伴奏	3'43"	史特勞斯	陳能濟		1980 年 12 月
	如今唱歌用籮裝	獨唱與樂隊	2'16"	安徽民歌	陳能濟		1980 年 12 月
	吹起蘆笙唱豐收	蘆笙與樂隊	4'17"	徐超銘	李志群		1980 年 12 月
	刮地風	女高音與樂隊	2'42"	甘肅民歌	郭迪揚		1980 年 7 月
	夜半歌聲	獨唱與樂隊	8'00"	冼星海	羅偉倫		1981 年 1 月
	姑娘生來愛唱歌	女高音與樂隊	2'17"	朱千里	于粦		1980 年 12 月
	帕米爾的春天	笛子與樂隊	3'52"	李大同	盧亮輝		1980 年 9 月
	拉網小調	獨唱與樂隊	1'04"	日本民歌	盧亮輝		1980 年 12 月
	放牛山歌	獨唱與樂隊	2'05"	安徽山歌	盧亮輝		1980 年 10 月
	放風箏	中音與樂隊	2'15"	湖南民歌	盧亮輝、江定山		1980 年 6 月
	牧歌	簫與樂隊	5'02"	蒙古民歌	于粦		1980 年 12 月
	牧歌	笛與樂隊		東蒙民歌	于粦		1980 年 12 月
	阿里山的姑娘	女高音與樂隊	6'00"	張徹	吳大江		1980 年 5 月
	阿拉木汗	女高音與樂隊	1'35"	新疆民歌	賀大行		1980 年 6 月
	雨不灑花花不紅	女高音與樂隊	2'10"	雲南民歌	葉惠康		1981 年 9 月
	雨不灑花花不紅	女高音與樂隊	2'10"	雲南民歌	譚志斌		1980 年 9 月
	雨打芭蕉	合奏	3'04"	廣東音樂	潘永璋		1980 年 1 月
	青春舞曲	三部合唱與樂隊	2'35"	新疆民歌	劉晏良、譚志斌		1980 年 9 月
	南泥灣	女高音與樂隊		馬可	盧亮輝		
	春天來了	高胡與樂隊	8'18"	福建民歌	譚志斌		1980 年 5 月
	春到田間	粵胡與樂隊	4'55"	林韻	關聖佑		1980 年 1 月
	昭君出塞	合奏	5'36"	古曲	郭迪揚		1980 年 8 月
	昭君怨	鋼琴組曲	8'20"	廣東漢樂箏曲	林樂培		1980 年 2 月
	流浪人之歌	二胡與樂隊	8'15"	薩拉沙泰	黃安源、盧亮輝		1980 年 7 月
	為你唱支歌	童聲合唱與樂隊	2'15"	菲律賓民歌	于粦		1980 年 12 月
	珊瑚頌	女高音與樂隊	3'38"	歌劇選段	賀大行		1980 年 2 月
	玻璃窗	女高音與樂隊	2'25"	丁善德	盧亮輝		1980 年 6 月
	紅豆詞	獨唱與樂隊	2'35"	劉雪庵	李超源、盧亮輝	盧亮輝等	1982 年 7 月
	哥哥回來了	板胡協奏曲	6'00"	張長城、原野	黃安源		1979 年 10 月
	庫斯克郵車	童聲三部合唱與樂隊	2'09"	卡爾奈克	陳能濟		1980 年 12 月
	草橋驚夢	合奏	35'35"	粵曲	嚴觀發		1980 年 1 月
	茶山姑娘	女聲與樂隊	4'00"	貴州民歌	賀大行		1980 年 10 月
	送我一朵玫瑰花	女高音與樂隊	2'15"	新疆民歌	賀大行		1980 年 11 月
	送郎	女高音與樂隊	3'35"	滇南紅河民歌	譚志斌		1980 年 10 月
	浣溪沙	女高音與樂隊	2'59"	胡然	賀大行		1980 年 8 月
	偶然	女高音與樂隊	2'38"	李惟寧	譚志斌		1980 年 9 月
	唱起侗歌心歡暢	巴烏與樂隊	5'34"	侗族民歌	鄭濟民、盧亮輝		1980 年 5 月
	梭羅河	合唱與樂隊	3'35"	印尼民歌	于粦		1980 年 12 月
	梅娘曲	女高音與樂隊	3'09"	聶耳	譚志斌		1981 年 1 月
	船從遠方來	女高音與樂隊	3'15"	廣西壯族民歌	李延林	盧亮輝	1980 年 6 月
	頂硬上	二部合唱	2'47"	冼星海	符任之		1981 年 1 月
	魚游春水	高胡與樂隊	4'50"	劉天一	關聖佑		1980 年 1 月

作曲或修改日期	曲名	類別	樂曲長度	作曲	編曲	配器	首演日期
	喜迎火車進侗鄉	笙與樂隊	4'33"	伊永仁	李志群		1980 年 9 月
	棗園春色	笛子協奏曲	4'07"	高明	李志群		1980 年 9 月
	貴州山歌	混聲二重唱與樂隊	3'35"	貴州民歌	賀大行		1980 年 10 月
	開路先鋒	男聲小組合唱與樂隊	3'01"	聶耳	賀大行		1981 年 1 月
	陽關三疊	大合奏	2'41"	黃永熙	賀大行		1980 年 8 月
	黃昏裡的炊煙	合唱與樂隊	3'18"	哈薩克民謠	羅偉倫		1980 年 12 月
	黃河之戀	男低音與樂隊	1'20"	冼星海	郭迪揚		1981 年 1 月
	塞外村女	女聲與樂隊	3'55"	聶耳	盧亮輝		1981 年 1 月
	會情郎	女高音與樂隊	2'35"	東北民歌	盧亮輝、吳大江		1980 年 10 月
	過新年	女聲與樂隊		陝西榆村民歌	吳大江		1980 年 12 月
	掐菜苔	獨唱	4'00"	湖北民歌	張永壽		
	滿江紅	女高音與樂隊	1'35"	林聲翕	盧亮輝		1980 年 8 月
	滿江紅	中音與樂隊	2'30"	古曲	盧亮輝		1979 年 10 月
	漁光曲	男高音與樂隊	5'11"	任光	于粦		1980 年 12 月
	瑪依拉	女高音與樂隊	2'31"	新疆民歌	譚志斌		1980 年 9 月
	聞笛	大合唱與樂隊	3'02"	李抱忱	賀大行		1980 年 9 月
	豌豆花開	合奏	5'07"	商易	吳大江		1980 年 11 月
	傻佢姑娘趕街	女聲與樂隊	3'45"	雲南民歌	賀大行		1980 年 6 月
	憶親人	合奏		河南民歌	蔣才如		1980 年 9 月
	霜中的花蕾	大合唱與樂隊	4'07"	約翰·克利曼	李超源		1980 年 9 月
	豐收的田野	合奏	8'00"	朝鮮民歌	賀大行		1980 年 5 月
	獻上心中最美的歌	男高音與樂隊	3'04"	田歌	羅偉倫		1980 年 12 月
	鐵蹄下的歌女	女高音與樂隊	3'08"	聶耳	譚志斌		1981 年 1 月
	歡聚	合奏	6'20"	符任之	于粦		1980 年 5 月
1981 年	玫瑰岩	大合唱	4'56"	于粦	陳能濟		1981 年 7 月
	七星嚴畔	合奏	4'52"	李超源			1981 年 11 月
	十面埋伏	琵琶協奏曲	22'10"	屈文中	符任之		1981 年 9 月
	小白花	女高音與樂隊	3'13"	黃安倫	符任之		1981 年 9 月
	天鵝	革胡獨奏	4'18"	聖桑	李超源		1981 年 12 月
	太陽島上	獨唱與樂隊	3'27"	王立平	符任之		1981 年 9 月
	月兒高	合奏	11'50"	古曲	彭修文		1977 年 10 月
	月夜組曲	合唱與樂隊			葉惠康		1981 年 10 月
	木枕歌	合奏	10'49"	小山清茂	彭修文		1981 年 6 月
	打柴歌	男中音與樂隊	2'59"	沙梅	于粦		1981 年 7 月
	伐木歌	合奏	10'40"	小山清茂	彭修文		1981 年 6 月
	再見吧朋友	合奏	2'00"	電影歌曲	李志群		1981 年 6 月
	江河小	小提琴協奏曲	7'40"	東北民謠	趙震霄		1981 年 5 月
	你送我一支玫瑰花	童聲合唱與樂隊	12'32"	新疆民歌	葛順安		1981 年 10 月
	克拉瑪依贊	女高音與樂隊	2'10"	蕭友硯	譚志斌		1981 年 7 月
	我住長江頭	獨唱與樂隊	2'14"	青主	盧亮輝		1981 年 12 月
	我的花兒	女高音與樂隊	2'30"	新疆民歌	符任之		1981 年 9 月
	我的花兒	高音與樂隊	1'20"	哈薩克民歌	盧亮輝		1981 年 9 月
	抗敵歌	大合唱	1'36"	黃自	卓明理		1981 年 8 月
	見晴牧歌	男聲與樂隊	2'36"	林聲翕	卓明理		1981 年 8 月
	帕米爾——我的家鄉多麼美	男中音與樂隊	4'00"	鄭秋風	盧亮輝		1981 年 8 月
	延河鋼琴協奏曲	鋼琴協奏曲	13'00"	吳豪業、于慶祝	符任之		1981 年 7 月
	拉犂歌	合唱與樂隊	3'30"		譚志斌		1980 年 12 月
	長城頌	女高音與樂隊	2'58"	秦咏誠、楊志忠	盧亮輝		1981 年 8 月
	阿瓦日古里	童聲合唱與樂隊	2'50"	新疆民歌	葉惠康、盧亮輝		1981 年 10 月
	威麗亞之歌	女高音與樂隊	3'08"	雷哈爾	符任之		1981 年 9 月
	思鄉	高音與樂隊	3'00"	黃自	盧亮輝		1981 年 8 月
	春神	男聲與樂隊	2'18"	屈文中	卓明理		1981 年 8 月
	柳琴戲牌子曲	合奏	5'00"	王惠然	盧亮輝		1981 年 6 月
	美麗的天山	合奏	4'30"	王鐵錘	鄭濟民		1981 年 6 月

作曲或修改日期	曲名	類別	樂曲長度	作曲	編曲	配器	首演日期
	風雪人	琵琶與樂隊		吳祖強、王燕樵、劉德海	吳大江		1981年4月
	夏夜	二胡獨奏曲	4'45"		于粦		1981年7月
	海燕之歌	合唱與樂隊	4'14"	于粦	陳能濟		1981年7月
	海韻	合奏	8'13"	趙元任	卓明理		1981年8月
	烏蘇里江	女聲與樂隊	3'44"	東北民歌	譚志斌		1981年7月
	秦腔牌子曲	板胡與樂隊	7'00"	郭富團	黃安源		1981年6月
	送大哥	童聲合唱與樂隊		陝西民歌	葉惠康、盧亮輝		1981年10月
	將軍令	合奏	4'15"	傳統樂曲	彭修文		1981年6月
	採茶歌	合奏	5'25"	福建民歌	彭修文		1981年7月
	採茶燈	童聲合唱與樂隊	2'10"	福建民歌	陳田鶴		1981年10月
	教我如何不想她	男高音與樂隊		趙元任	盧亮輝		1981年12月
	望郎	童聲合唱與樂隊		四川民歌	葉惠康、盧亮輝		1981年10月
	梁祝四重奏	四重奏合奏	6'51"	何占豪、陳鋼	于粦		1981年7月
	這般的日子怎麼過	女高音與樂隊	3'25"	梁寒光	符任之		1981年9月
	喜開豐收鐮	合奏	5'00"	許鏡清	黃安源		1981年6月
	陽關三疊	合奏	8'15"	古曲	彭修文		1981年6月
	雲雀呀雲雀	童聲合唱與樂隊	1'50"	新疆民歌	葉惠康、盧亮輝		1981年10月
	黃河大合唱	大合唱與樂隊	24'36"	冼星海	吳大江、盧亮輝、符任之、郭迪揚、賀大行、羅偉倫		1981年1月
	傜家頌	笙與樂隊	2'30"	傜族民歌	歐鍾慶		1981年10月
	新疆之春	高胡與樂隊	3'04"	新疆民歌	于粦		1981年7月
	節日歡舞	合唱與樂隊		中國民歌組曲	葉惠康		1981年10月
	逼上梁山	伴奏	3'10"	于粦	郭迪揚		1981年7月
	旗正飄飄	大合唱	2'36"	黃自	卓明理		1981年8月
	龍翔操	女高音與樂隊	7'45"	古曲	黃曉飛		1981年8月
	貔貅舞曲	合奏	6'43"	王義平	符任之		1981年8月
	豐收之歌	獨唱與樂隊	4'00"	安英勛	關聖佑		1981年12月
	櫻花	合奏	3'11"	日本民歌	盧亮輝		1981年12月
	櫻花和紅蜻蜓	合奏	9'00"	日本民歌	丘天龍		1981年6月
	歡慶勝利	合奏		楊炎	方智訓		1981年8月
	歡樂的錫伯族	合奏	3'30"	新疆歌曲	黃安源		1981年6月
1982年	三六	小合奏	6'32"	江南絲竹	顧惠昌		1982年12月
	巾幗英雄	歌曲伴奏	1'58"	劉雪庵	賀大行		1982年7月
	五哥放羊	女聲與樂隊	4'00"	山西民歌	賀大行		1981年12月
	內依巴河	男高音與樂隊	1'35"	奧薩其奧·路易斯	盧亮輝		1982年12月
	天鵝湖選曲	合奏	3'14"	柴可夫斯基	彭修文		1981年6月
	日本旋律三關	合奏	8'00"	日本樂曲	李超源		1982年1月
	王貴是個好後生	女高音與樂隊	3'05"	梁寒光	李志群		1982年12月
	回娘家	歌曲伴奏	1'41"	湖北民歌	賀大行		1982年5月
	地震海嘯	合奏		陳健華	盧亮輝		1982年2月
	行街四合	小合奏	5'10"	江南絲竹	顧惠昌		1982年12月
	東海奇緣	合奏	5'48"	中國民間音樂	吳大江		1982年1月
	長城謠·戰歌	混聲重唱與樂隊	5'40"	劉雪庵	李超源		1982年7月
	思故鄉	歌曲伴奏	2'43"	劉雪庵	李超源		1982年7月
	春夜洛城聞笛	歌曲伴奏	2'49"	劉雪庵	李超源		1982年7月
	春野山歌	男高音與樂隊		桑桐	盧亮輝		1982年12月
	星星索	男高音與樂隊		印尼民歌	盧亮輝		1982年12月
	為了藝術為了愛情	伴奏	3'00"	普契尼	符任之		
	美麗的呼倫貝爾草原	合奏		內蒙民歌	吳大江		1982年1月
	胡桃夾子組曲	合奏	24'15"	柴可夫斯基	李超源		1982年8月
	海港之夜	獨唱與樂隊	3'00"	劉詩昆	符任之		
	追尋	歌曲伴奏	14'46"	劉雪庵	賀大行		1982年7月

作曲或修改日期	曲名	類別	樂曲長度	作曲	編曲	配器	首演日期
	梅花三弄	琵琶協奏曲		江南絲竹	林風		1982 年 11 月
	清粼粼的水來藍瑩瑩的天	女高音與樂隊	4'39"	馬可	蘇文慶		1982 年 12 月
	第二新疆舞曲	合奏	7'00"	丁善德	賀大行		1982 年 1 月
	雪花飛	男高音與樂隊	2'02"	劉雪庵	李超源		1982 年 7 月
	喜報	笛與樂隊	3'00"	陸春齡	盧亮輝		1982 年 9 月
	單等着阿布札來到我身旁	女高音與樂隊	5'10"	羅宗賢	符任之		1982 年 12 月
	開場曲	童聲合唱與樂隊	5'30"	兒童民歌	盧亮輝		1981 年 10 月
	節慶	獨唱與樂隊	3'30"	民間樂曲	盧亮輝		1982 年 12 月
	聖誕歌	合奏	2'00"	范天祥	李超源		1981 年 12 月
	跳躍的霍拉舞曲	舞曲	1'42"	迪尼庫	彭修文		1981 年 6 月
	對花	合唱	3'29"	河北民歌	盧亮輝		1981 年 11 月
	滿江紅	男聲與樂隊	4'01"	古曲	李超源		1979 年 10 月
	銀湖金波	柳琴與樂隊	3'54"	王惠然	邱若生		1982 年 11 月
	駱駝隊	笛獨奏		張鏡聰	朱文昌		1982 年 1 月
	龍船調	女高音與樂隊	4'50"	湖北民歌	盧亮輝		1982 年 5 月
	瀘州古調組曲	合奏		崇明島小曲	劉德海		1982 年 4 月
	飄零的落花	歌曲伴奏	2'39"	劉雪庵	賀大行		1982 年 7 月
1983 年	川江無處不飛歌	男聲與樂隊	4'18"	評劇小調	盧亮輝		1983 年 11 月
	心連着心	混聲二重唱	3'52"	羅宗賢	關聖佑		1983 年 6 月
	月下歡舞	琵琶與樂隊	3'00"	王惠然	關聖佑		1983 年 2 月
	在那遙遠的地方	獨唱與樂隊	3'32"	青海民歌	齊爾品、譚志斌		1983 年 11 月
	好久沒到這方來	獨唱與樂隊	2'45"	四川民歌	張永壽		1983 年 6 月
	百鳥爭鳴（百鳥朝鳳）	嗩吶與樂隊	8'00"	岐玉岐	翟建莊、吳大江		1983 年 11 月
	百靈鳥 你這美妙的歌手	女高音與樂隊	8'16"	哈薩克族民歌	譚志斌		1983 年 11 月
	串門	合奏			李志群		1983 年 12 月
	告別南洋	獨唱與樂隊	3'35"	聶耳	陳能濟		1983 年 6 月
	我住長江頭	女聲與樂隊	3'00"	青主	譚志斌		1983 年 11 月
	旱天雷	合奏	3'00"	廣東音樂	鄭思森		1983 年 11 月
	姑娘生來愛唱歌	女高音與樂隊	13'40"	朱千里	盧亮輝		1983 年 6 月
	林沖踏雪（彈詞）	男高音與樂隊	4'05"	彈詞陳調	鄭思森		1983 年 11 月
	松花江上	女高音與樂隊	4'37"	張寒暉	陳能濟		1979 年 6 月
	拴住太陽一隻腳	男低音與樂隊	2'39"	四川民歌	盧亮輝		1979 年 7 月
	春江花月夜	合奏	10'15"	古曲	賀大行		1983 年 2 月
	春鶯囀	合奏	12'45"	古曲	張世彬		1983 年 12 月
	秋花秋蝶	獨唱	3'13"	黃友棣	符任之		1083 年 6 月
	飛蛾	獨唱與樂隊	2'55"	周書紳	許建吾		1983 年 6 月
	唐曲五首	合奏	7'00"	敦煌古譜	胡登跳		1983 年 8 月
	桃花落	女聲與樂隊		電影插曲	楊樺、彭繼分		
	海神廟（打神）	女聲與樂隊	10'03"	粵曲選段	鄭思森		1983 年 11 月
	浮光掠影	合奏	9'30"	祖恩白林納	盧亮輝		1983 年 10 月
	陝北隨想曲	柳葉琴與樂隊	8'16"	王惠然	阮仕春		1983 年 9 月
	甜姑——選曲	女高音與樂隊	2'23"	張沛等	林樂培		1983 年 6 月
	彭浪磯	合奏	2'30"	譚小麟	符任之		1983 年 6 月
	彭浪磯	合奏	2'30"	譚小麟	符任之		1983 年 11 月
	畫眉跳架	管弦樂合奏	5'45"	潮州鑼鼓	鄭思森		1983 年 11 月
	評劇小韻——陝北	評劇	7'33"	陝北評劇	鄭思森		1983 年 11 月
	黃河	鋼琴協奏曲	21'00"	冼星海	殷承宗		1983 年 12 月
	新疆舞曲	彈弦合奏	5'35"	水文彬	林風		1982 年 11 月
	聖誕組曲	合奏	6'17"	外國傳統樂曲	陳能濟		1982 年 12 月
	落水天	男高音與樂隊	2'12"	客家山歌	蔡正怡、謝芷琳		1983 年 6 月
	嘎達梅林交響詩	合奏	19'40"	辛滬光	賀大行		1981 年 8 月
	滿山葡萄紅艷艷	混聲重唱與樂隊	4'08"	黃准	吳大江		1982 年 12 月
	漁光曲	女高音與樂隊	5'21"	任光	符任之		1981 年 9 月
	碧澗流泉	古琴協奏曲	7'20"	嶺南派琴曲	關聖佑		1983 年 5 月

作曲或修改日期	曲名	類別	樂曲長度	作曲	編曲	配器	首演日期
	誓約之歌	混聲二重唱	3'33"	李抱忱	關聖佑		1983 年 6 月
	賽龍奪錦	合奏	4'08"	何柳堂	楊樺		1983 年 1 月
	彝族舞曲	琵琶與樂隊	3'00"	王惠然	關聖佑		1983 年 2 月
	離恨	女高音與樂隊	2'41"	黃友棣	譚志斌		1983 年 6 月
	蘇武	合唱	6'30"		李煥之		1983 年 6 月
1984 年	山村的節日	小合奏	3'00"	劉文金	李石庵		1984 年 4 月
	中花六板──江南絲竹二首	合奏	9'00"	紫竹調	顧惠昌		1984 年 6 月
	心頭恨	男高音與樂隊	2'31"	冼星海	譚志斌		1984 年 5 月
	水鄉豐收人歡唱	合奏		寧保生	鄭濟民		1983 年 6 月
	在太行山上	男高音與樂隊	3'40"	冼星海	譚志斌		1984 年 5 月
	江河水	二胡獨奏	8'00"	笙管曲牌	黃海淮		1983 年 1 月
	奔馳在草原上	笛子與樂隊	7'29"	陸春齡	盧亮輝		1984 年 1 月
	阿細跳月	合奏	4'00"	彝族民歌	關迺忠		1984 年 12 月
	春到沂河	柳琴獨奏	5'00"	王惠然	阮仕春		1984 年 6 月
	秋翁遇仙記	女聲合唱	15'00"	黃准	關迺忠		1985 年 1 月
	苗嶺的早晨	笛與樂隊	2'58"	白誠仁	李崇吉		1984 年 1 月
	晚會	合奏	2'00"	賀綠汀	白德		1988 年 1 月
	梁山伯與祝英台聲樂協奏曲	聲樂與樂隊	25'00"	何占豪、陳鋼	關迺忠		1984 年 10 月
	森吉德馬	合奏	2'20"	賀綠汀	白德		1984 年 7 月
	黃浦江頌	合唱與樂隊	20'25"	丁善德	吳大江		1985 年 1 月
	塞外舞曲	合奏	4'00"	馬思聰	白德		1984 年 4 月
	新春樂	木琴獨奏		茅沅	盧亮輝		1984 年 3 月
	嘎達梅林交響詩	合奏	19'18"	辛滬光	譚志斌		1984 年 7 月
	碧海青天	女高音與樂隊	2'50"	顧嘉煇	吳大江		1984 年 11 月
	彈起我心愛的琵琶	合奏		呂其明	關迺忠		
	熱血	男高音與樂隊	2'47"	冼星海	符任之		1984 年 5 月
	幾內亞舞曲	合奏	3'10"	幾內亞樂曲	關迺忠		1984 年 12 月
	穆桂英掛帥	合奏	25'00"	中央樂團楊牧雲等創作	吳大江、陳能濟等		1984 年 6 月
	邊疆的春天	笛與樂隊	2'06"	新疆音樂	李崇吉		1984 年 1 月
1985 年	下山虎	合奏	3'15"	冼星海	劉文金		1985 年 12 月
	千島情歌	合唱	2'18"	菲律賓民歌	陳能濟		1985 年 11 月
	小溪情	合唱	1'42"	印尼民歌	陳能濟		1985 年 11 月
	山西小景	二胡齊奏	5'35"	王國潼、劉昆	黎華		1985 年 3 月
	天倫歌	女高音與樂隊	3'35"	俞遜發	關迺忠		1985 年 9 月
	古塔感懷──雷峰塔	合奏	14'25"	何占豪	李家華		1985 年 5 月
	古樂亂聲	合奏	3'55"	唐代音樂	張世彬		1985 年 8 月
	巧繡錦圖	合奏	6'10"	吳大江	盧亮輝	盧亮輝	1984 年 11 月
	江南雨	女聲與樂隊	2'40"	民間樂曲	錢永利		1985 年 10 月
	西藏組曲	合奏	6'10"	陸華柏	白德		1985 年 5 月
	我愛你，山河！	女高音與樂隊	10'22"	鄭秋楓	盧亮輝		1985 年 1 月
	夜深沉	京劇	7'30"	京劇曲牌	友賢		1985 年 11 月
	姑嫂塔的傳說	嗩吶協奏曲	14'55"	駱季超	翟建莊		1985 年 6 月
	姑蘇行	笛子與樂隊	5'05"	崑曲曲調	馬勝龍		1985 年 9 月
	延邊舞曲	二胡齊奏	4'40"	王君傳等	黎華		1985 年 3 月
	花兒為甚麼這樣紅	男聲與樂隊	2'26"	雷振邦	于舞		1985 年 4 月
	長慶子	小合奏	8'55"	唐代音樂	張世彬		1985 年 8 月
	阿里山之歌	合唱	4'10"	台灣民歌	黃友棣等		1985 年 11 月
	勇敢的中國人	女聲與樂隊	4'00"	顧嘉煇	于舞		1985 年 4 月
	南音歌唱	女聲合唱與樂隊	3'00"	廣東民歌	于舞		1985 年 4 月
	故鄉的江	合奏	9'40"	吳大江	盧亮輝	盧亮輝	1984 年 11 月

作曲或修改日期	曲名	類別	樂曲長度	作曲	編曲	配器	首演日期
	故鄉情	柳琴協奏曲	6'25"	衛元	王惠然		1984 年 11 月
	春到沂河	琵琶獨奏	5'00"	王惠然	水文彬		1984 年 11 月
	春到草原	笙與樂隊	3'20"	王慧中	關迺忠		1985 年 8 月
	紅梅隨想曲	二胡協奏曲	18'00"	吳厚元	吳厚元		1985 年 10 月
	紅梅贊	合奏		羊鳴等	符任之		
	草原之歌——序曲	合唱與樂隊	5'20"	羅宗賢	陳能濟		1985 年 1 月
	婚禮場面群舞	合奏	2'55"	杜鳴心	白德		1985 年 3 月
	常動曲	弦樂（小提琴）		柏格尼尼	白德		
	彩雲追月		2'26"	任光	于粦		1985 年 4 月
	教我如何不想她	四重唱	4'45"	趙元任	盧亮輝		1985 年 1 月
	晚會	合奏	1'45"	賀綠汀	鄭偉滔等		1985 年 4 月
	梅花三弄	合奏	4'00"	古曲	林風		1985 年 7 月
	喜訊到邊寨	合奏	4'05"	鄭路、馬洪業	符任之		1985 年 10 月
	詠梅	女高音與樂隊	2'42"		譚志斌		1985 年 1 月
	陽關三疊	五重奏	5'10"	古曲	胡登跳		1985 年 6 月
	黃浦江頌	合唱與樂隊	20'25"	丁善德	吳大江		1985 年 1 月
	楊門女將之「探谷」	女高音與樂隊	5'40"	京劇選段	錢永利		1985 年 10 月
	道情	四重唱	3'10"	古曲	盧亮輝		1985 年 1 月
	敲鼓吹笛鬧洋洋						
	保守蝸牛爬行來	合唱與樂隊	1'45"		施金波		1985 年 11 月
	漢宮怨	琵琶協奏曲	8'22"	古曲	張曉峯		1985 年 8 月
	漁舟唱晚主題隨想曲	箏與樂隊	8'10"	王直	蔡雅絲		1985 年 10 月
	漁舟凱歌	管及打擊合奏	7'05"	浙江省歌舞團	劉文金		1985 年 6 月
	鳳凰展翅	笙與小組	3'30"	胡天泉、董洪德		鄭德惠	1985 年 4 月
	數九寒天下大雪	合奏		羅宗賢、王左才	符任之		1985 年 12 月
	蝶戀花	女高音與樂隊	3'10"	蘇州彈詞	譚志斌		1985 年 1 月
	龍的傳人	合唱與樂隊	4'05"	侯德健	任策等		1985 年 7 月
	雞公仔	女聲合唱與樂隊	2'40"	廣東民歌	于粦		1985 年 4 月
	蘭花花敘事曲	二胡協奏曲	14'15"	陝北民歌	丘天龍		1985 年 3 月
	艷陽天	女聲與樂隊	4'25"	譚盾	于粦		1985 年 4 月
	觀花燈	三弦與樂隊	5'15"	趙宗純	蔡自強		1985 年 7 月
1986 年	土耳其進行曲	合奏	3'08"	莫扎特	葉惠康等		1986 年 9 月
	山在虛無漂緲間	合唱	3'20"	黃自	林樂培		1985 年 11 月
	山寨之夜	笙與樂隊	10'00"	張之良	鄭德惠		1986 年 11 月
	今日的我	獨唱與樂隊	5'10"	趙文海	關迺忠		1986 年 10 月
	生活是這樣美好，明天會更好	合唱與樂隊	3'15"	李壽全、鄭秋楓	胡偉立		1986 年 12 月
	交響詩（穆桂英掛帥）	合奏	21'45"	中央樂團，楊牧雲等創作	關迺中		1986 年 5 月
	羊群安然放牧	弦樂合奏	5'30"	巴赫	白德		1986 年 8 月
	快樂的囉囌	童聲合唱與樂隊	1'50"	中國彝族舞曲	葉惠康等		1986 年 9 月
	沙里洪巴	合唱	2'07"	新疆民歌	林樂培		1985 年 11 月
	良宵	合奏	5'00"	劉天華	符任之		1986 年 7 月
	和平頌	合唱與樂隊	5'10"	小田和正	關迺忠		1986 年 10 月
	夜深沉	合奏	5'15"	京劇	游旨賢		1985 年 12 月
	姑蘇風光	女高音與樂隊	7'25"	江蘇民歌	黃安源		1986 年 5 月
	阿里郎	合唱	1'25"	韓國民歌	符任之		1985 年 11 月
	洪湖幻想曲	合奏	11'00"	張敬安、歐陽謙叔	白德		1986 年 8 月
	紅彩妹妹	合唱	2'12"	綏遠民歌	林樂培		1985 年 11 月
	茉莉花	女聲與樂隊	4'50"	劉文金	王慧雲		1985 年 12 月
	哭七七	女高音與樂隊	4'20"	江蘇民歌	郭亨基		1986 年 5 月
	神州之旅	合奏	19'45"	中國民歌	關迺忠		
	送我一支玫瑰花	合唱	2'25"	新疆民歌	符任之		1985 年 11 月
	梁山伯與祝英台高胡協奏曲	高胡協奏曲	28'20"	何占豪、陳鋼	何占豪		1986 年 7 月
	猜調	童聲合唱與樂隊	1'24"	雲南民歌	葉惠康等		1986 年 9 月

作曲或修改日期	曲名	類別	樂曲長度	作曲	編曲	配器	首演日期
	斯里蘭卡民歌	合奏	2'25"	斯里蘭卡民歌	陳能濟		1978 年 10 月
	菲島民歌	合奏	4'00"	菲律賓舞曲	林樂培		1986 年 8 月
	陽關三疊	合奏	6'17"	古曲	羅偉倫		1986 年 7 月
	雲雀呀雲雀	童聲合唱與樂隊	1'50"	新疆民歌	葉惠康等		1986 年 9 月
	滿江紅	男聲與樂隊	4'00"	古曲	文華		1985 年 12 月
	翠湖春曉	合奏	4'05"	聶耳	劉自華	文華	1985 年 12 月
	趕牲靈	女聲與樂隊	3'55"	陝北民歌	王慧雲		1985 年 12 月
	颳地風	童聲合唱與樂隊	1'35"	甘肅民歌	葉惠康等		1986 年 9 月
	燕子	獨唱	2'00"	哈薩克民歌	陳能濟		1986 年 1 月
	懷念曲	合唱	4'12"	黃永熙	符任之		1985 年 11 月
	懷鄉曲三闋	獨唱與樂隊	11'50"	夏之秋、林聲翕	林聲翕		1986 年 8 月
	邊哨之春	笛子與樂隊	6'05"	田地	朱文昌		1986 年 11 月
	歡樂的春江花月夜	合奏	14'35"	陳培勳	陳培勳		1986 年 12 月
	鷓鴣飛	笛子與樂隊	7'00"	民間樂曲	趙松庭		
	讓和平降臨大地	合唱與樂隊	4'00"	杰克遜・吉爾	胡偉立		1986 年 9 月
	靈山路遠	合唱	5'43"	古曲	林樂培		1985 年 11 月
1987 年	蘇武	揚琴協奏曲	9'35"	項祖華	李家華		1987 年 9 月
	八音合鳴	合奏	14'55"	湖北歌舞團	余昭科等		1987 年 1 月
	中花六板	合奏	4'25"	江南音樂	周惠	周惠等	1987 年 6 月
	太行山音畫	合奏	15'37"	王西麟	符任之		1988 年 7 月
	水調歌頭	古琴協奏曲	5'10"	李祥霆	陳能濟		1987 年 12 月
	出北塞	中胡獨奏	8'50"	劉俊鳴	李家華		1987 年 1 月
	白毛女組曲	合奏	21'30"	瞿維	余昭科		1987 年 9 月
	匈牙利第二狂想曲	合奏		李斯特	羅偉倫		1987 年 11 月
	竹木深處	葫蘆絲與樂隊	5'30"	龍全國、楊正璽	李家華		1987 年 7 月
	行街四合	合奏	4'35"	江南音樂	周惠	周惠等	1987 年 6 月
	妝台秋思	洞簫與樂隊	8'53"	古曲	譚寶碩		1987 年 3 月
	迎神	合奏	9'35"	湖北省歌舞團	關迺忠		1987 年 1 月
	金蛇狂舞	合奏	1'30"	聶耳	余昭科		1987 年 6 月
	查爾達斯	二胡與樂隊	5'05"	文迪	白德		1987 年 3 月
	耶和華是喜樂的泉源	合奏	3'40"	巴赫	白德		1987 年 4 月
	神州行組曲	合奏	18'12"	胡偉立			1987 年 9 月
	荊楚雄風	合奏	8'40"	湖北歌舞團	關迺忠		1987 年 1 月
	魚美人組曲	合奏	16'00"	吳祖強、杜鳴心	陳能濟		1987 年 9 月
	陽關三疊	女高音與樂隊	7'00"	古曲	王震亞		1987 年 4 月
	黃鶴樓送孟浩然之廣陵	合唱與樂隊	4'50"	劉文金	羅偉倫		1987 年 4 月
	節日	梆笛與樂隊	6'15"	寧保生	錢兆熹		1987 年 7 月
	葡萄架下	合奏	4'10"	新疆民歌	湯良德		1987 年 6 月
	漢宮秋月	琵琶協奏曲	8'45"	古曲	李家華		1987 年 6 月
	漁歌	柳琴協奏曲	6'00"	劉錫津	陳能濟		1987 年 6 月
	賽龍奪錦	廣東音樂	3'05"	何柳堂	魏照群		1987 年 6 月
	雙聲恨	合奏	6'07"	廣東音樂	錢兆熹		1987 年 6 月
1988 年	賽龍奪錦	合奏	3'40"	何柳堂	魏照群		1988 年 12 月
	了羅山歌	童聲合唱與樂隊	2'45"	僮族民歌	葉惠康	郭亨基	1989 年 3 月
	下漁舟	喉管與樂隊	3'08"	古曲	邱少彬		1988 年 12 月
	山丹丹花開紅艷艷	柳琴協奏曲	5'55"	陝、甘民歌	于舞		1988 年 1 月
	山林之歌	合奏	24'48"	馬思聰	劉占霖		1988 年 11 月
	引子與迴旋隨想曲	小提琴與樂隊	9'23"	聖桑	關迺忠		1989 年 3 月
	四季歌	女高音與樂隊	3'07"	青海民歌	余昭科		1988 年 12 月
	平沙落雁	二胡與樂隊	6'58"	古曲	章純		1988 年 3 月
	打棗	合奏	3'18"	河北民樂	余昭科、葛繼力		1988 年 4 月
	江河水	雙管與樂隊	7'13"	東北民樂	李家華		1988 年 4 月
	自由地飛翔	童聲合唱與樂隊	3'40"	湯・比撒	葉惠康		1989 年 3 月

作曲或修改日期	曲名	類別	樂曲長度	作曲	編曲	配器	首演日期
	西廂記	三弦與樂隊	22'50"	說唱音樂	劉占霖		1988 年 3 月
	我的花兒	女聲與樂隊	2'30"	新疆民歌	葉惠康		
	抗敵歌	合唱與樂隊	2'00"	黃自	余昭科		1988 年 1 月
	旱天雷	合奏	3'30"	廣東音樂	李家華		1987 年 12 月
	良宵	合奏	5'30"	劉天華	符任之		1988 年 12 月
	玫瑰三願	女高音與樂隊	5'15"	黃自	邱少彬		1988 年 1 月
	花非花	女高音與樂隊	3'30"	于粦	于粦		1988 年 1 月
	金蛇狂舞	合奏	1'42"	江南絲竹	湯良德		1988 年 3 月
	金蛇狂舞	合奏	1'40"	江南絲竹	鍾之音		1988 年 12 月
	長恨歌	合唱與樂隊	32'51"	黃自	羅偉倫		1988 年 1 月
	阿瓦日古里	童聲合唱與樂隊	2'49"	新疆民歌	胡偉立、葉惠康	童聲合唱	1989 年 3 月
	阿蘭特舞曲	合奏	15'30"	高大宜	胡偉立		1987 年 11 月
	青年圓舞曲	合奏	5'15"	朝鮮民歌	黎國荃	于粦	1988 年 1 月
	呦呦鹿鳴	合唱與樂隊	3'50"	江定仙	陳能濟		1988 年 1 月
	信	女高音與樂隊	3'35"	林敏怡	于粦		1988 年 1 月
	春風笑語	喉管與樂隊	6'18"	陳添壽	邱少彬		1988 年 12 月
	看秧歌	女高音與樂隊	2'14"	東北民歌	李家華		1988 年 12 月
	茉莉花	女高音與樂隊	3'27"	江蘇民歌	黃安源		1988 年 12 月
	音樂在我心間	童聲合唱與樂隊	3'22"	李察・杜伯	葉惠康		1989 年 3 月
	秦王破陣樂	打擊與樂隊	9'05"	林偉華、張大華	王惠然		1988 年 9 月
	採茶	女高音與樂隊	3'07"	浙江民歌	李家華		1988 年 12 月
	梆笛協奏曲	梆笛協奏曲	17'50"	馬水龍	陳中申		1988 年 11 月
	淘金令	合奏	2'20"	民間吹打樂	關迺忠		1988 年 12 月
	森吉德馬	合奏	2'26"	賀綠汀	胡偉立		1988 年 1 月
	新中華進行曲	合唱與樂隊	2'40"	江定仙	郭亨基		1988 年 1 月
	楊柳青	女高音與樂隊	2'00"	江蘇民歌	余昭科		1988 年 12 月
	跳躍的霍拉舞曲	木琴與樂隊	2'22"	迪尼庫	黃安源		1989 年 3 月
	旗正飄飄	合唱與樂隊	2'36"	黃自	李家華		1988 年 1 月
	撥弦波爾卡	合奏	2'42"	捷克舞曲	關迺忠		1988 年 12 月
	鬧新年	管樂合奏	4'23"	河北吹歌	魏照群、葛繼力		1988 年 4 月
	奮鬥	男聲與樂隊	3'15"	顧嘉煇	于粦		1988 年 1 月
	橄欖樹	男高音與樂隊	3'40"	李泰祥	于粦		1988 年 1 月
	懷舊	合奏	14'24"	黃自	符任之		1988 年 1 月
1989 年	一點燭光	女中音與樂隊	3'42"	陳秋霞	于粦		1989 年 5 月
	二進宮	攝琴與樂隊	6'23"	京劇選段	魏照群	傅定遠、魏照群	1989 年 11 月
	三門峽暢想曲	合奏	9'16"	劉文金	劉占霖		1989 年 9 月
	大得勝	合奏	6'27"	山西民間樂曲	何化均、劉漢林、謝天泉		1989 年 12 月
	女兒歌	女高音與樂隊	3'10"	趙季平	符任之		1989 年 5 月
	小白花	合唱	2'25"	理察・羅杰斯	于粦		1989 年 5 月
	小雲雀高飛	合奏	16'56"	威廉斯	陳錦標		1989 年 10 月
	山林之歌	合奏	28'07"	馬思聰	劉占霖		1989 年 5 月
	友誼之光	女中音與樂隊	3'17"	周藍萍	于粦		1989 年 5 月
	天佑女皇	合奏	24'00"		關迺忠		1989 年 1 月
	月夜	二胡與樂隊	7'00"	劉天華	胡偉立		1989 年 9 月
	包金花	馬頭琴與樂隊	9'10"	內蒙民歌	李家華		1989 年 11 月
	四季	馬頭琴與樂隊	4'56"	內蒙民歌	巴依爾	余昭科	1989 年 11 月
	田園頌	女中音與樂隊	2'46"	鄂倪斯特・高迪	于粦		1989 年 5 月
	光明行	合奏	4'15"	劉天華	余昭科		1989 年 9 月
	全家福	嗩吶與樂隊	6'29"	河南曲牌	魏照群		1989 年 6 月
	匈牙利音畫	合奏	4'33"	巴托	麥偉鑄		1989 年 10 月
	沈勝衣	男高音與樂隊	5'40"	于粦	于粦		1989 年 5 月
	初戀	女高音與樂隊	3'45"	電影插曲	于粦		1989 年 5 月

作曲或修改日期	曲名	類別	樂曲長度	作曲	編曲	配器	首演日期
	迎春曲	合唱	8'04"	史特勞斯	于粦		1989 年 5 月
	阿凡提之歌	揚琴與樂隊	5'16"	克里木・邵光深	魏照群		1989 年 11 月
	帝女花幻想序曲	小提琴與樂隊	16'42"	屈文中	盧亮輝		1990 年 2 月
	思鄉曲	合奏	6'47"	馬思聰	胡偉立		1989 年 11 月
	昭君怨	巴烏與樂隊	6'54"	廣東漢樂箏曲	關迺忠		1989 年 11 月
	秋夜吟	合唱	4'33"	愛爾蘭民歌	于粦		1989 年 5 月
	洙泗操	合奏	12'25"	艾春華・江帆	張式業		1989 年 12 月
	晉鄉秋色（寨嶺風光）	柳琴與樂隊	8'37"	王惠然	羅偉倫		1989 年 5 月
	草原那達慕	馬頭琴與樂隊	8'17"	蘇國安・張式業	張式業		1989 年 12 月
	高山流水	嗩吶與樂隊	5'32"	河北民樂	李家華		1989 年 11 月
	採蓮情歌	女高音與樂隊	4'30"	于粦	于粦		1989 年 5 月
	釵頭鳳	古琴獨奏	3'38"	王迪	羅偉倫		1989 年 4 月
	畫眉跳架	鼓樂與樂隊	4'05"	傳統樂曲	魏照群		1989 年 7 月
	黃河鋼琴協奏曲之第四樂章	鋼琴協奏曲	20'53"	殷承宗	盧亮輝		1989 年 11 月
	塞上曲	琵琶獨奏	9'35"	古曲	關迺忠		1989 年 11 月
	塔什庫爾干印象	合奏	19"58"	劉莊	劉占霖		1989 年 9 月
	搜書院	揚琴與樂隊	3'15"	粵劇選段	魏照群	傅定遠・魏照群	1989 年 11 月
	葡萄牙歌	合奏	4'22"	葡萄牙歌	關迺忠		1989 年 2 月
	劉三姐	揚琴與樂隊	4'12"	歌劇選段	魏照群		1989 年 5 月
	獨弦操	合奏	5'50"	劉天華	李家華		1989 年 9 月
	豫北敘事曲	二胡與樂隊	9'18"	劉文金	羅偉倫		1989 年 9 月
	醒獅	木琴與樂隊	3'46"	呂文成	魏照群		1989 年 4 月
	龍騰虎躍	管及打擊合奏	6'34"	殷二文・高金香	李家華		1989 年 6 月
	燭影搖紅	二胡獨奏	4'00"	劉天華	魏照群		1989 年 9 月
	賽馬	二胡獨奏	1'28"	黃海懷	余昭科		1989 年 2 月
	藍花花	合唱與樂隊	3'35"	陝北民歌	葉惠康等		1986 年 9 月
	雙獅戲球	合奏	5'34"	潮州音樂	朱其		1990 年 2 月
	瀟湘銀河	笛子協奏曲	13'07"	陸春齡・何占豪・郭予春・周仲康	羅偉倫		1989 年 8 月
	蘇三起解	揚琴獨奏	2'48"	京劇	魏照群		1989 年 5 月
	聽松	二胡獨奏	4'38"	華彥鈞	邱少彬		1989 年 9 月
1990 年	天樂	嗩吶協奏曲	18'32"	朱踐耳	陳燮陽		1991 年 2 月
	文成公主	笙協奏曲	20'34"	唐富・高楊・張式功	李家華		1990 年 11 月
	布袋戲的幻想	合奏	10'08"	溫隆信	溫隆信		1990 年 6 月
	血染的風采	女聲與樂隊	4'54"	蘇越	于粦		1990 年 8 月
	西陵峽畔	笙協奏曲	12'50"	方妙英・張祖金	邱少彬		1990 年 8 月
	佛山贊先生	男聲與樂隊	2'27"	顧嘉煇	于粦		1990 年 8 月
	良夜今宵 - 選自《夢斷城西》	合唱與樂隊	2'53"	伯恩斯坦	陳錦標		1990 年 11 月
	拉沙沙央	獨唱與樂隊	4'05"	印尼民歌	陳能濟		1990 年 8 月
	信念	合唱與樂隊	2'56"	雪爾・德雷克・斯蒂爾曼格・雷厄姆	余昭科		1990 年 11 月
	春之海	合奏	8'33"	宮城道雄	林樂培		1990 年 10 月
	春江花月夜	琵琶與樂隊	10'47"	古曲	黃曉飛		1990 年 9 月
	星	男聲與樂隊	4'42"	谷村新司	于粦		1990 年 8 月
	洗衣裳	合唱與樂隊	2'14"	閩南民歌	李石庵		1990 年 11 月
	音樂盒之舞	合唱與樂隊	3'15"	米爾斯	余昭科		1990 年 11 月
	真情實感	合唱與樂隊	3'47"	阿伯特	陳錦標		1990 年 11 月
	琵琶行	琵琶獨奏	14'11"	張曉峯	王彩珍		1990 年 9 月
	漁舟唱晚	小提琴與男聲獨唱	6'41"	古曲	于粦		1990 年 8 月
	管弦樂狂想曲	合奏	7'00"	外山雄三	王燕樵		1990 年 10 月
	瀛洲古調組曲	琵琶與樂隊	11'38"	古曲	黃曉飛		1990 年 9 月

作曲或修改日期	曲名	類別	樂曲長度	作曲	編曲	配器	首演日期
1991 年	三門峽暢想曲	二胡齊奏	8'50"	劉文金	余昭科		1991 年 8 月
	小路	女高音與樂隊	1'39"	綏遠民歌	邱少彬		1991 年 12 月
	克拉瑪依贊	女高音與樂隊	2'20"	蕭友硯	余昭科		1991 年 6 月
	步步高	合奏	3'21"	呂文成	李家華		1991 年 12 月
	南泥灣	女高音與樂隊	1'41"	馬可	余昭科		1991 年 6 月
	春江花月夜	琵琶協奏曲	12'35"	古曲	高為杰		1991 年 7 月
	風雨故人來	管子與樂隊	17'26"	盧偉良	李石庵		1991 年 6 月
	氣壯山河	嗩吶與樂隊	18'20"	陶景陶、翟建莊			1991 年 4 月
	將軍得勝令	鑼鼓協奏曲	5'36"	浙東鑼鼓	李民雄		1991 年 5 月
	梅花三弄	古琴獨奏	10'54"	古曲	李家華		1991 年 8 月
	梅花三弄	箏協奏曲	9'31"	古曲	李家華		1991 年 10 月
	揚琴協奏曲	揚琴協奏曲	17'16"	巴赫	白德		1991 年 9 月
	黃水謠	女高音與樂隊	3'15"	冼星海	李家華		1991 年 6 月
	萬年歡	管及打擊合奏	7'28"	劉漢林	李家華		1991 年 11 月
	踏雪尋梅			黃自	邱少彬		
	鬧元宵	打擊合奏	5'19"	吹打樂	李民雄		1991 年 5 月
	鋼水奔流	雲鑼與樂隊	6'04"	徐景新、李作明、黃啟權	錢國偉		1991 年 11 月
1992 年	水鄉船歌	排笛與樂隊	4'52"	蔣國基	李崇吉		1993 年 2 月
	王昭君（調寄《昭君怨》)	女高音與樂隊	6'15"	傳統曲目	李助炘、余其偉		1992 年 12 月
	江河水	雙管與樂隊	8'49"	民間樂曲	李家華		1993 年 2 月
	我的家在水鄉	女高音與樂隊	2'56"	李揚	李石庵		1992 年 4 月
	良宵（小組)	小合奏		劉天華	符任之		
	帕米爾風情	合奏	18'15"	劉念劬	劉念劬		1992 年 12 月
	松花江漁歌	柳琴與樂隊	6'20"	曹大滄、馮少先	邱少彬		1992 年 5 月
	金蛇狂舞（小組)	小合奏	2'18"	廣東音樂	陳錦標		
	春郊拾翠（調寄《青梅竹馬》)	女高音與樂隊	1'56"	廣東音樂	李助炘、余其偉		1992 年 12 月
	春風得意（雨打芭蕉)	女高音與樂隊	3'02"	廣東音樂	李助炘、余其偉		1992 年 12 月
	昭君怨	中胡與樂隊	9'39"	古曲	李石庵、許莫然		1992 年 7 月
	胡騰舞曲（小組)	小合奏			何占豪		
	降 E 大調第一鋼琴協奏曲	鋼琴協奏曲	18'54"	李斯特	陳培勳		1992 年 10 月
	將軍令（小組)	小合奏	4'37"	古曲	彭修文		1994 年 3 月
	彩雲追月	合奏	3'22"	任光	羅偉倫		1993 年 9 月
	望夫雲的傳説	笙協奏曲	23'30"	張曉峰、高沛	李家華		1992 年 12 月
	梁山伯與祝英台 高胡協奏曲（小組)	小合奏		何占豪、陳鋼	何占豪		
	梅花三弄降 B 調	箏協奏曲		古曲	李家華		1992 年 6 月
	喜訊到邊寨	小合奏	3'57"	鄭路、馬洪業	符任之		
	詠中國笛（選自《田園三唱》)	女高音與樂隊	3'55"	林聲翕	高偉		1992 年 7 月
	閒聊波爾卡	小合奏	2'43"	約翰·史特勞斯	陳燮陽		1992 年 12 月
	節日的西藏	二胡齊奏	5'14"	由《農奴的新生》改編	湯良德		1992 年 3 月
	雷電波爾卡	合奏	3'02"	約翰·史特勞斯	陳燮陽		1992 年 12 月
	嘎達梅林交響詩	合奏	21'23"	辛滬光	劉文金		1992 年 7 月
	奪標	鑼鼓·打擊與樂隊	5'17"	潮州大鑼鼓	房曉敏、陳佐輝		1992 年 8 月
	奪豐收（小組)	小合奏	2'59"	李民雄	李石庵		
	滿江紅	女高音與樂隊	2'06"	林聲翕	高偉		1992 年 7 月
	瑤族舞曲（小組)	小合奏		劉鐵山、茅沅	彭修文		
	慶豐收	嗩吶與樂隊	6'11"	任同祥	魏照群		1992 年 7 月
	輪廻	女高音與樂隊	3'16"	林聲翕	高偉		1992 年 7 月
	甌海漁歌	笙協奏曲	9'43"	潘悟霖	蘇紹勳	李石庵	1992 年 5 月
	蟠桃會（小組)	小合奏		關聖佑	劉自華		

作曲或修改日期	曲名	類別	樂曲長度	作曲	編曲	配器	首演日期
	鏡泊風光	笙與樂隊	7'19"	唐富	李石庵		
	關公過五關	鑼鼓與樂隊	11'13"	潮州大鑼鼓	余亦文、陳佐輝		1992 年 8 月
	歡樂的赤黎村	二胡齊奏	3'16"	陳茂堅	李石庵		1992 年 3 月
1993 年	大得勝	合奏	7'22"		張式業		
	小白菜	合唱與樂隊	1'54"	河北民歌	葉惠康		1993 年 4 月
	小夜曲	小提琴與樂隊	4'08"	海頓	葉惠康		1993 年 4 月
	四季歌、天涯歌女	女聲與樂隊	6'53"	賀綠汀	徐堅強		1993 年 12 月
	用愛將心偷	女聲與樂隊	4'04"	顧嘉煇	陳能濟		1993 年 12 月
	光明行	小合奏	4'15"	劉天華	陳錦標		
	江河水	二胡與樂隊	8'48"	東北民歌	李家華		1993 年 5 月
	步步高	小合奏	3'21"	呂文成	李家華		1992 年 12 月
	京華春夢	女聲與樂隊	3'23"	顧嘉煇	李家華		1993 年 12 月
	兒童進行曲	合唱與樂隊	1'50"	葉惠康	葉惠康		1993 年 4 月
	青海青	合唱與樂隊	2'33"	呂泉生	葉惠康		1993 年 4 月
	勇敢的中國人	女聲與樂隊	3'11"	顧嘉煇	羅偉倫		1993 年 12 月
	春天	小提琴與樂隊	3'10"	羅馬尼亞民歌	葉惠康		1993 年 4 月
	梁祝	鋼琴協奏曲		何占豪、陳鋼	陳鋼		
	黃飛鴻主題隨想	合奏	6'59"	由《南將軍令》改編	李家華		1993 年 10 月
	搖嬰仔歌	合唱與樂隊	3'13"	呂泉生	葉惠康		1993 年 4 月
	楊門女將	女聲與樂隊	2'26"	顧嘉煇	李家華		1993 年 12 月
	萬水千山總是情	女聲與樂隊	2'26"	顧嘉煇	陳能濟		1993 年 12 月
	聖誕組曲	小合奏		外國傳統樂曲	陳能濟		
	跳吧！跳吧！	合唱與樂隊	1'57"	捷克民歌	葉惠康		1993 年 4 月
	道教音樂之嘆文	合奏			羅偉倫		
	像白雲，像清風	女聲與樂隊	3'17"	顧嘉煇	羅偉倫		1993 年 12 月
	漢宮秋月	合奏		古曲	秦鵬章		
	遠方的客人請你留下來	女聲與樂隊	2'48"	麥丁	呂黃		1993 年 12 月
	慶豐收	小提琴與樂隊	4'50"	張靖平	葉惠康		1993 年 4 月
	數蛤蟆	合唱與樂隊	1'00"	四川民歌	葉惠康		1993 年 4 月
	樂器介紹用曲——牧羊姑娘、茉莉花、在那遙遠的地方	合奏	7'34"	傳統樂曲	陳能濟		1993 年 9 月
	疊華山好地方	女聲與樂隊	1'56"	彝族民歌	徐堅強		1993 年 12 月
	龍船調	女聲與樂隊	2'17"	湖北民歌	呂黃		1993 年 12 月
	龍翔操	合奏	7'45"	古曲	黃曉飛		1993 年 5 月
	藍花花	女聲與樂隊	6'28"	陝北民歌	呂黃	王志信、呂黃	1993 年 12 月
	瀟灑走一回	小合奏	3'39"	陳大力、陳秀男	李家華		1993 年 9 月
	瀟灑走一回	合奏	3'37"	陳大力、陳秀男	李家華		1994 年 1 月
	獻花	合唱與樂隊	3'07"	河北民歌	葉惠康		1993 年 4 月
	交響詩《懷》	合奏	31'51"	彭修文	彭修文		1993 年 2 月
1994 年	二泉映月	中西樂合奏	7'03"	華彥鈞	羅偉倫		1994 年 6 月
	人説山西好風光	獨唱與樂隊	2'44"	張棣昌	柴本堯		1994 年 12 月
	小河淌水	合唱與樂隊	2'18"	雲南民歌	柴本堯		1994 年 8 月
	不了情	合奏	5'04"	王福齡	黃曉飛		1994 年 8 月
	天倫歌	女高音與樂隊	3'32"	黃自	杜鳴心		1994 年 8 月
	日本鹿兒島民謠及櫻花	合奏	3'04"	日本民謠	鄭學仁		1994 年 11 月
	火鳳凰樂隊	交響詩	8'34"	楊樺	楊樺		1994 年 9 月
	幻想序曲《包青天》	合奏	8'36"	由電視劇《包青天》改編	李家華		1994 年 3 月
	血染的風采	合奏	3'45"	劉熾	柴本堯		1994 年 12 月
	夜來香	合奏	5'01"	金玉谷	黃曉飛		1994 年 8 月
	玫瑰三願	合唱與樂隊	2'05"	黃自	杜鳴心		1994 年 8 月

作曲或修改日期	曲名	類別	樂曲長度	作曲	編曲	配器	首演日期
	花好月圓	獨唱與樂隊	2'44"	嚴華	柴本堯		1994 年 12 月
	故鄉是北京	獨唱與樂隊		姚明	柴本堯		1994 年 12 月
	流行金曲	中西樂合奏	5'22"	嚴華、林枚、賀綠汀	王強		1994 年 6 月
	洗衣裳	合唱與樂隊	2'08"	湖南民歌	柴本堯		1994 年 8 月
	紅豆詞	女高音與樂隊	2'30"	劉雪庵	杜鳴心		1994 年 8 月
	紅梅贊	合奏	3'27"	羊鳴、姜陽春、金砂	柴本堯		1994 年 12 月
	茉莉花	合唱與樂隊	2'16"	江蘇民歌	柴本堯		1994 年 8 月
	桔梗謠	合唱與樂隊	1'34"	韓國民歌	羅偉倫		1994 年 8 月
	送我一枝玫瑰花	合唱與樂隊	2'10"	新疆民歌	杜鳴心		1994 年 8 月
	梁山伯與祝英台 高胡/小提琴協奏曲	高胡/小提琴 協奏曲	29'24"	何占豪、陳鋼	羅偉倫		1994 年 6 月
	喜迎春吹打樂	打擊與樂隊	3'45"	李民雄	李民雄		1995 年 1 月
	楊枝露滴牡丹開	粵曲演唱	51'56"	譚兆威	李家華、李石庵		1994 年 9 月
	圖畫展覽會——選段	中西樂合奏	30'12"	穆索斯基	王強		1994 年 6 月
	瑪伊拉	合唱與樂隊	2'18"	新疆民歌	杜鳴心		1994 年 8 月
	噢!蘇珊娜	合唱與樂隊	2'42"	美國民歌	郭亨基		1994 年 8 月
	龍騰虎躍	中西樂合奏	7'51"	李民雄	羅偉倫		1994 年 6 月
	蘇三起解京曲演唱	女聲與樂隊	2'27"	京劇	柴本堯		1994 年 12 月
	櫻花	合唱與樂隊	3'59"	日本民謠	郭亨基		1994 年 8 月
	戀歌	合唱與樂隊	2'27"	賀綠汀	羅偉倫		1994 年 8 月
1995 年	一根扁擔	合唱與樂隊	1'31"	江南民歌	楊潔明		1995 年 12 月
	土風四首	三弦與樂隊	20'30"	民間樂曲	王甫建		1993 年 6 月
	大海啊,故鄉	合唱與樂隊	3'24"	王立平	羅偉倫		1996 年 5 月
	天烏烏要下雨	合奏		台灣民謠	盧亮輝		
	月光光	童聲合唱與樂隊	3'27"	廣東兒歌	胡偉立		1995 年 10 月
	月夜	合唱與樂隊	10'27"	中國民歌組曲	盧亮輝		1996 年 5 月
	牛鬥虎	打擊與樂隊	8'44"	王國杰	張烈		1995 年 9 月
	冬天（第一樂章）			韋華弟	葉惠康		
	早晨	笛子獨奏	6'42"	趙松庭	趙咏山		1996 年 7 月
	江河水	合奏	10'09"	民間樂曲	李西安		1995 年 5 月
	你的夢	合唱與樂隊	4'31"	林聲翕	黃曉飛		1995 年 12 月
	我的祖國	女聲與樂隊	4'01"	賀綠汀	楊潔明		1995 年 6 月
	我愛你塞北的雪	女高音與樂隊	3'47"		劉錫津		1995 年 4 月
	放驢	管子與樂隊	4'32"	河北吹歌	李石庵		1996 年 5 月
	阿拉木汗	合唱與樂隊	1'17"	新疆民歌	楊潔明		1995 年 12 月
	雨濛濛	女高音與樂隊	4'05"	黃貽鈞	李家華		1995 年 12 月
	幽蘭逢春	笛子與樂隊	7'53"	趙松庭、曹星	顧冠仁		1996 年 7 月
	故鄉	女高音與樂隊	3'28"	陸華柏、張帆	李家華		1995 年 12 月
	秋天（第一樂章）	小提琴與樂隊	4'20"	韋華弟	葉惠康		1996 年 5 月
	胡笳十八拍	管子與樂隊	8'06"	古曲	高為杰		1995 年 5 月
	茉莉花	合奏		江蘇民歌	李石庵		
	飛花歌	女高音與樂隊	3'44"	聶耳	羅偉倫		1994 年 8 月
	夏夜的星星	女聲合唱與樂隊	4'11"	宗江	郭亨基		1995 年 4 月
	祝酒歌	女聲合唱與樂隊	3'31"	宗江	瞿春泉		1995 年 4 月
	草原上	中胡與樂隊	9'09"	劉明源	李石庵		1996 年 7 月
	歌劇選曲《茶花女》	女聲三重唱	8'35"	浦契尼	杜鳴心		1995 年 12 月
	琵琶韻	合奏	6'16"	俞鵬	盧亮輝		1995 年 11 月
	黃河大合唱	大合唱與樂隊	33'35"	冼星海	盧亮輝		1995 年 4 月
	黃河鼓韻	打擊與樂隊	9'54"	王寶燦	張烈		1995 年 9 月
	黃鳥	合唱與樂隊	2'42"	牙買加民歌	羅偉倫		1994 年 8 月
	黑龍江的波濤	合唱與樂隊	3'43"	克留沙	盧亮輝		1995 年 12 月
	楓橋夜泊	合唱與樂隊	3'06"	郭芝苑	黃曉飛		1995 年 12 月

作曲或修改日期	曲名	類別	樂曲長度	作曲	編曲	配器	首演日期
	落雨大	合奏		廣州民謠	李家華		
	嘉陵江上	男中音與樂隊	3'07"	賀綠汀	瞿春泉		1995 年 4 月
	歌聲與微笑	合唱與樂隊	1'51"	谷健芬	羅偉倫		1996 年 5 月
	滿野歌聲滿野笑	童聲合唱與樂隊	3'50"	內蒙民歌	李家華		1995 年 10 月
	聞笛	合唱與樂隊	2'55"	李抱忱	盧亮輝		1995 年 12 月
	齊瓦哥醫生	合奏	4'04"	查爾	陳能濟		1995 年 12 月
	鬧新年	管子及傳統低音嗩吶	4'56"	魏照群、葛繼力	魏照群		1996 年 5 月
	戰颱風	箏	16'56"	王昌元	楊立青		1995 年 5 月
	戲夢	洞簫與樂隊	12'03"	譚寶碩	高為杰		1995 年 10 月
	貔貅舞曲	合奏	7'39"	王義平	瞿春泉		1996 年 5 月
	瀛洲古調三首	合唱與樂隊	14'24"	古曲	彭修文		1996 年 4 月
	關山月	古琴、洞簫與樂隊	13'39"	據梅庵琴譜	譚寶碩、李西安		1995 年 10 月
	蘭花花敘事曲	二胡與樂隊	15'39"	關銘	朱毅		1995 年 6 月
	霸王卸甲	琵琶獨奏	16'25"	古曲	劉文金		1996 年 4 月
	繡頭巾	女聲合唱與樂隊	3'36"	宗江	郭亨基		1995 年 4 月
1996 年	NAVARRA	小提琴與樂隊	7'45"	薩拉沙泰	葉惠康		1996 年 5 月
	天倫歌	合奏	6'17"	黃自	杜鳴心		1996 年 11 月
	半個月亮爬上來	合唱與樂隊	3'20"	中國西部民歌	陳能濟		1996 年 11 月
	可愛的一朵玫瑰花	合奏	2'05"	中國西部民歌	李家華		1996 年 11 月
	四物擊樂協奏曲	韓國打擊樂器協奏曲	7'24"	姜駿一	瞿春泉		1996 年 10 月
	百靈鳥你這美妙的歌手	女高音與合唱	2'56"	哈薩克族民歌	譚志斌、陳能濟		1996 年 11 月
	西北風組曲	合奏	8'28"	內蒙民歌	陳能濟		1996 年 11 月
	明月千里寄相思	合奏	5'35"	劉如曾	錢兆熹		1997 年 10 月
	河南小曲	二胡與樂隊	4'54"	劉明源	李石庵		1996 年 7 月
	花非花	合奏	5'55"	黃自	羅偉倫		1996 年 11 月
	迎親人	三弦與樂隊	4'37"	山東民間樂曲	盧亮輝		1996 年 8 月
	青春小鳥	獨唱與樂隊	2'59"		劉錫津		1996 年 11 月
	恆河夜歌	低音簫與樂隊	10'59"	譚寶碩	許翔威		1996 年 10 月
	春天（第一樂章）	合唱與樂隊	3'15"	韋華弟	葉惠康	葉惠康	1996 年 5 月
	洛神	箏獨奏	26'5"	姚盛昌	姚盛昌		1996 年 11 月
	紅彩妹妹	男低音合唱與樂隊	3'07"	內蒙民歌	劉錫津		1996 年 8 月
	草原情歌（在那遙遠的地方）	合唱與樂隊	3'47"	青海民歌	李家華		1996 年 11 月
	情人的眼淚	合奏	4'53"	姚敏	錢兆熹		1997 年 10 月
	掀起你的蓋頭來	合唱與樂隊	1'17"	新疆樂曲	李石庵		1996 年 11 月
	野蜂飛舞	二胡齊奏	1'33"	林姆斯基‧高沙可夫	王強		1996 年 8 月
	野蜂飛舞	合奏	18'15"	林姆斯基‧高沙可夫	王強		1997 年 4 月
	喜相逢	四重奏與樂隊	4'16"	周成龍			1997 年 1 月
	楊白勞（歌劇《白毛女》選曲）	男低音合唱與樂隊	5'43"	馬可等	黃曉飛		1996 年 8 月
	嘎哦麗泰	合唱與樂隊	2'28"	哈薩克族	陳能濟		1996 年 11 月
	影視金曲聯奏	合奏	17'15"	胡偉立	胡偉立		1997 年 4 月
	踏雪尋梅	合奏	2'04"	黃自	李家華		1996 年 11 月
	歡樂歌	笛子四重奏與樂隊	5'32"	江南絲竹	周成龍		1997 年 1 月
1997 年	The Rhythm of My Heart	合奏			關迺忠		
	The spirit of H.K.	合奏			關迺忠		
	大海啊！故鄉	男聲與樂隊	3'11"	王立平	陳能濟		1997 年 6 月
	小時候	合奏			盧亮輝		
	文昭關	京曲演唱	12'55"	京劇	瞿春泉		1997 年 5 月
	出水蓮	合奏	3'24"	客家箏曲	瞿春泉		1999 年 4 月
	加拿大國歌	合奏			關迺忠		
	在銀色的月光下	獨唱與樂隊	3'38"	塔塔爾族民歌	陳能濟		1996 年 11 月
	西北風組曲	弦樂與彈撥組	8'30"	傳統樂曲	陳能濟		1998 年 11 月
	妝台秋思	獨唱與樂隊	10'54"	古曲	李助炘		1997 年 5 月

作曲或修改日期	曲名	類別	樂曲長度	作曲	編曲	配器	首演日期
	希望	合唱	3'20"	羅永暉	李石庵		1997 年 8 月
	沙家浜	獨唱與樂隊	4'11"	京曲選段	瞿春泉		1997 年 5 月
	沉默無聲	合唱與樂隊	3'00"	新疆民歌	陳能濟		1996 年 11 月
	制水歌	合奏			李石庵		
	明天會更好	合奏	2'48"	羅大佑	錢兆熹		1997 年 8 月
	花伙里好不過藏金花	合奏	3'15"	歌劇選段	盧亮輝		1997 年 5 月
	青梅竹馬	合奏	1'44"	呂文成	李家華		1998 年 12 月
	昭君出塞	粵劇演唱與樂隊	16'28"	粵劇選段	關迺忠		1997 年 10 月
	紅娘（西廂記）	粵劇演唱與樂隊	3'07"	粵劇選段	關迺忠		1997 年 10 月
	香港是個好地方	合奏			黃曉飛		
	香港飛越二百年	合唱	31'16"	瞿春泉、冼星海、陳能濟等	陳能濟、石信之		1997 年 6 月
	家和萬事興	合唱與樂隊	2'01"	周聰	李家華		1998 年 5 月
	彩雲追月	高胡與樂隊	22'38"	任光	瞿春泉		1997 年 9 月
	晚風	合奏	3'20"	黃霑	陳能濟		1997 年 10 月
	野豬林——[風雪山神廟]	京曲演唱	5'35"	京劇選段	瞿春泉		1997 年 5 月
	最愛是誰	合奏	4'02"	盧冠廷	瞿春泉		1997 年 10 月
	獅子山下	合唱與樂隊	2'58"	顧嘉煇	羅偉倫		1997 年 8 月
	滾核桃	打擊樂合奏	8'22"	山西鼓樂	莫凡		1997 年 12 月
	漢宮秋月	合奏	9'32"	古曲	黃曉飛		1997 年 4 月
	滿江紅	男中低音與樂隊	4'15"	古曲	朱曉谷		1997 年 12 月
	漁舟唱晚	合奏	3'05"	古曲	瞿春泉		1998 年 12 月
	奮鬥	合奏			黃曉飛		
	橄欖樹 弦樂合奏	合奏	6'19"	李泰祥	李家華		1998 年 2 月
1998 年	Sha la la	合奏	1'49"		顧冠仁、陳能濟		1998 年 3 月
	大浪淘沙	琵琶獨奏	5'03"	華彥鈞	李文平	瞿春泉	1998 年 5 月
	小放牛	合奏	0'46"	民間樂曲	陳能濟		
	小城故事	合奏	5'45"	湯尼	陳能濟		1998 年 5 月
	月亮代表我的心	合奏	"4'03"	翁清溪	瞿春泉		1998 年 5 月
	水上人	合奏	3'44"	左宏遠	石信之		1998 年 5 月
	世上只有媽媽好	三重奏		劉宏遠	陳能濟		
	名曲薈萃主題幻想聯奏	合唱與樂隊	19'38"	古曲	胡偉文		1998 年 5 月
	忘記他	合奏	2'58"	黃霑	瞿春泉		1998 年 5 月
	我住長江頭	女高音與樂隊	2'14"	青主	李家華		1999 年 4 月
	旱天雷 弦索合奏	合奏	4'06"	嚴老烈	李家華		1997 年 12 月
	金庸武俠小說主題曲幻想曲（修訂版）	合唱與樂隊	25'48"	顧嘉煇	關迺忠		1998 年 7 月
	長城謠	重唱與樂隊	3'56"	劉雪庵	陳能濟		1998 年 10 月
	茉莉花	合奏	4'30"	江蘇民歌	陳能濟		
	海青拿天鵝	琵琶與樂隊	10'05"	林石城演奏譜	王甫建		1998 年 10 月
	祖國·慈祥的母親	男中音與樂隊	3'48"	陸在易	郭迪揚		1999 年 4 月
	追小狗	三弦與樂隊		《追小狗》配樂	陳能濟		
	彩雲追月	三弦與樂隊		任光	陳能濟		
	甜蜜蜜	合奏	4'02"	莊奴	李英		1998 年 5 月
	船歌	獨唱與樂隊	5'10"	羅大佑	陳能濟		1998 年 10 月
	遊子吟	女高音與樂隊	2'47"	阿鏜	李英		1999 年 4 月
	遐方怨	笛子與樂隊	10'05"	周煜國、孫永志	周煜國		1999 年 12 月
	漁舟唱晚	男聲與樂隊	6'18"	古曲	陳能濟		1998 年 10 月
	瑪依拉	女高音與樂隊	2'16"	新疆民歌	李家華		1999 年 4 月
	彝族舞曲	琵琶獨奏	5'03"	王惠然	李文平	瞿春泉	1998 年 5 月
1999 年	大江東去	合奏	13'29"	譚寶碩	譚寶碩、余昭科		2000 年 6 月
	天仙配幻想曲	胡琴與樂隊	27'59"	吳華	吳華		2000 年 7 月

作曲或修改日期	曲名	類別	樂曲長度	作曲	編曲	配器	首演日期
	雲嶺音畫	獨唱與樂隊	13'09"	王中山	曹文工		1999 年 10 月
	小桃紅	合奏	6'46"	傳統樂曲	李石庵		2000 年 3 月
	友誼萬歲	合奏	5'20"	蘇格蘭民歌	關迺忠		1999 年 12 月
	毛澤東詩詞大合唱—十六字令·山（三首）	合唱	5'16"	鄭律成	陳能濟		2000 年 4 月
	毛澤東詩詞大合唱—沁園春·雪	合唱	6'21"	田豐	陳能濟		1999 年 4 月
	毛澤東詩詞大合唱—清平樂·六盤山	合唱	3'56"	田豐	陳能濟		1999 年 4 月
	毛澤東詩詞大合唱—憶秦娥·婁山關	合唱	7'05"	田豐	陳能濟		2000 年 4 月
	我愛你中國	合奏	4'55"	鄭秋楓	石信之		1999 年 4 月
	杜蘭朵公主	合奏	8'36"	普契尼	石信之		2000 年 5 月
	松之協奏曲	日本箏協奏曲	20'25"	三木稔	陳明志		1999 年 10 月
	牧歌	男中音與樂隊	4'45"	內蒙民歌	李石庵		2000 年 4 月
	長江之歌	合奏	2'52"	王世光	陳能濟		1999 年 4 月
	昭君怨	塤與樂隊	6'43"	古曲	李家華		2000 年 6 月
	香港升起了五星紅旗	合奏		田豐	李家華		1999 年 10 月
	香港愛情組曲	合奏	22'00"	陳光榮、吳國敬、陳少霞等	陳錦標		2000 年 2 月
	高山流水	箏與樂隊	13'07"	浙江箏曲	閻惠昌		1999 年 10 月
	普庵咒	大合奏	8'16"	古曲	閻惠昌		2000 年 6 月
	華夏寫意	合唱音詩	43'00"	莫凡	遲盾		2002 年 5 月
	陽光照耀着塔什庫爾干	二胡與樂隊	8'23"	陳鋼	陳能濟		1999 年 7 月
	漁舟唱晚	胡琴與樂隊	15'38"	婁樹華	陳慶恩		1999 年 2 月
	廣東小調聯奏	合奏	6'11"	廣東小調	丘永基		2000 年 3 月
	舊情綿綿	合奏	20'06"	陳歌辛、梁樂音、陳秋霖	潘耀田		2000 年 2 月
2000 年	Do-Re-Mi	合唱與樂隊	4'15"	李察·羅查士	陳能濟		2000 年 7 月
	Pokarekare	合奏	2'10"	新西蘭樂曲	陳能濟		2000 年 11 月
	九百九十九朵玫瑰	合奏	3'41"	邰正宵	李英		2001 年 2 月
	小老鼠與大花貓	合唱與樂隊	1'03"	姚大衛	陳能濟		2000 年 7 月
	小李飛刀	獨唱與樂隊	14'38"	顧嘉煇	李家華		2000 年 5 月
	中國人	合奏	4'26"	陳耀川	陳錦標		2000 年 2 月
	中國節日組曲（選段）端午賽龍念屈原	合唱與樂隊	3'17"	施金波	李家華		2000 年 7 月
	切爾西的早晨	合奏	3'32"	鍾尼米切爾	劉文金		2001 年 2 月
	天山風情				王建民		2001 年 2 月
	牛歌	合奏		安徽民歌	唐樸林		2001 年 2 月
	世界真細小	合奏	1'11"	李察·雪曼	陳能濟		2000 年 7 月
	打棗	合奏	6'12"	河北民間樂曲	李家華		2000 年 11 月
	民韻集	合奏	30'42"	中樂主題精華	劉念劬		2001 年 1 月
	回歸頌	合唱與樂隊	4'18"	吳敬文、董趙洪娉	陳能濟		2000 年 7 月
	在那遙遠的地方	合奏	2'14"	王洛賓	盧亮輝		2000 年 5 月
	快樂笑笑	合唱與樂隊	1'02'	蔡更德	陳能濟		2000 年 7 月
	我心永在	合奏	6'41"	韓納	周熙杰		2001 年 2 月
	我愛洗澡	合唱與樂隊	1'48"	劉天健	陳能濟		2000 年 7 月
	我願意	合奏	4'06"	黃國倫	潘耀田		2000 年 5 月
	明日天涯	獨唱與樂隊	3'09"	顧嘉煇	潘耀田		2000 年 5 月
	迎新娘	合奏	6'08"	民間樂曲	張一兵		2001 年 2 月
	長城謠	合唱與樂隊	3'13"	劉雪庵	潘耀田		2000 年 7 月
	南泥灣	合奏	3'35"	馬可	盧亮輝		2000 年 5 月
	查爾達斯	二胡與樂隊	5'46"	給多里奧蒙蒂	許可	閻惠昌	2001 年 2 月
	紅棉	合奏	4'38"	鍾肇峰	陳錦標		2000 年 5 月

作曲或修改日期	曲名	類別	樂曲長度	作曲	編曲	配器	首演日期
	郊道	合奏	2'38"	顧嘉煇	陳能濟		2000 年 10 月
	原野頌歌	合奏	64'16"	蒙古、青海民謠	陳明志		2000 年 6 月
	窈窕淑女 - 那不是挺美妙	合唱與樂隊	3'03"	洛伊	陳能濟		2000 年 7 月
	敖包相會	獨唱與樂隊	2'57"	通福	魏冠華		2000 年 5 月
	野蜂飛舞	合奏		里姆斯基·科薩科夫	王建民		2001 年 2 月
	幾許風雨	獨唱與樂隊	4'18"	佚名	陳能濟		2000 年 5 月
	無窮動	合奏	3'21"	帕格尼尼	潘耀田		2001 年 3 月
	超人迪加	合唱與樂隊	3'30"	山本洋太	陳能濟		2000 年 7 月
	愛的問候				王建民		2001 年 2 月
	滄海一聲笑	獨唱與樂隊	3'54"	黃霑	陳錦標		2000 年 5 月
	綠色田園	合唱與樂隊	0'59"	傳統	陳能濟		2000 年 7 月
	蓮步舞	合奏	17'26"	謝爾登	陳明志		2000 年 6 月
	噯姑乖	合唱與樂隊	0'51"	蔡更德	陳能濟		2000 年 7 月
	奮鬥	合奏	3'05"	顧嘉煇	陳能濟		2000 年 5 月
	學寫字	合唱與樂隊	0'55"	傳統樂曲	陳能濟		2000 年 7 月
	激光中	合奏	3'45"	林慕德	陳明志		2000 年 5 月
	霍拉舞曲	合奏		丁尼庫·海費茲	王建民		2001 年 2 月
	橙仔四隻腳	合唱與樂隊	1'09"	蔡更德	陳能濟		2000 年 7 月
2001 年	D 大調魯特琴與 中樂協奏曲	魯特琴與中樂協奏曲	9'20"	韋華第	潘耀田		2002 年 4 月
	Selina's Song	二胡獨奏	3'48"		郭雅志		2002 年 6 月
	天韻	合奏	12'37"	京劇	楊乃林		2001 年 8 月
	幻想敘事曲	協奏	22'16"	王建民	王建民		2001 年 10 月
	心靈之歌	合奏		齊·寶力高	閻惠昌		2001 年 4 月
	妹妹你大膽的往前走	合唱與樂隊	4'10"	趙季平	關迺忠		2001 年 10 月
	茉莉花	二胡與薩克西斯管 的重奏	4'26"	Kenny G.	郭雅志		2002 年 6 月
	萬馬奔騰	合奏		齊·寶力高	閻惠昌		2001 年 4 月
2002 年	Take Five	薩克管、四件中國 弦樂器與樂隊	8'26"	布魯貝克	郭亞慶、郭雅志		2002 年 10 月
	上海灘	獨唱與樂隊	3'10"	顧嘉煇	周熙杰		2003 年 7 月
	引子與迴旋隨想曲	二胡協奏曲	3'50"	聖桑	潘耀田		2003 年 10 月
	江戀	二胡協奏曲	22'36"	周成龍			2002 年 5 月
	妝台秋思	小合奏	7'18"	琵琶古曲	陳能濟、李石庵		2002 年 11 月
	男兒當自強	獨唱與樂隊	3'36"	古曲	潘耀田		2003 年 7 月
	夜驚	獨奏與樂隊	5'23"	崔永剛	崔永剛		2002 年 10 月
	玫瑰香	獨奏與樂隊	4'17"	小蟲	周熙杰		2002 年 10 月
	臥虎藏龍	二胡協奏曲		譚盾	陳遠林		
	春江花月夜	合奏		古曲	秦鵬章、羅忠鎔、 閻惠昌改編		2002 年 11 月
	茉莉花	獨奏與樂隊	4'39"	江蘇民歌 Kenny G	郭雅志	周熙杰	2002 年 10 月
	飛鳥	大合奏	8'16"	櫛田朕之扶	陳明志		2002 年 11 月
	倚天屠龍記	獨唱與樂隊	3'26"	顧嘉煇	潘耀田		2003 年 7 月
	做人愛自由	獨唱與樂隊	2'53"	顧嘉煇	潘耀田		2003 年 7 月
	康定情歌	獨唱與樂隊	2'49"	江蘇民歌	周熙杰		2002 年 9 月
	悼歌（片段）	彈撥	3'00"	趙季平	閻惠昌		
	梅花操	琵琶與樂隊	14'00"	隋唐大曲	羅偉倫		2002 年 3 月
	第二香港愛情組曲	二胡協奏曲	18'55"	五樂城·陳輝陽、 黃丹儀等	陳錦標		2003 年 1 月
	都市浪漫 I. Libertango II. 天鵝與金蛇	獨奏與樂隊	12'32"		郭雅志	周熙杰	2002 年 10 月
	笳山	嗩簫協奏曲	12'00"	白大雄	陳明志		2003 年 1 月
	無條件的愛	獨唱與樂隊	4'32"	倫永亮	潘耀田		2003 年 1 月

作曲或修改日期	曲名	類別	樂曲長度	作曲	編曲	配器	首演日期
	雲的傳説	二胡	20'00"	莫凡	遲盾		2002 年 8 月
	飲勝	合奏		黃霑	潘耀田		2003 年 7 月
	愛情的故事	大合奏	8'17"	何占豪、陳鋼	何占豪		2003 年 1 月
	愛爾蘭風笛組曲	獨奏與樂隊	7'30"	愛爾蘭民歌	周熙杰		2003 年 1 月
	滄海一聲笑	獨唱與樂隊	2'57"	黃霑	潘耀田		2003 年 7 月
	經典童謠齊 OK	童聲與樂隊	24'30"	陳能濟			2002 年 7 月
	歌聲魅影	大合奏	3'27"	萊 韋伯	周熙杰		2003 年 1 月
	銀禧薈萃	大合奏	26'05"	陳培勳、吳大江、譚盾等	閻惠昌、陳明志（整理）		2002 年 9 月
	輪流轉	獨唱與樂隊	3'32"	顧嘉煇	潘耀田		2003 年 7 月
	聰明姑娘愛繡花	女聲二重唱與樂隊	3'45"	由《繡花曲》改編	胡坤	周熙杰	2002 年 9 月
	舊情綿綿（選段）	合奏	8'30"	姚敏、金玉谷等	潘耀田		2002 年 6 月
	櫻花	小合奏		日本民謠	閻惠昌		2002 年 11 月
2003 年	Memories	獨唱與樂隊	3'40"	萊韋伯	潘耀田		2003 年 7 月
	小騎兵	木琴與樂隊	2'56"	吳光鋭、齊景全、王小平	郭亨基		2003 年 6 月
	太極張三豐	二胡與薩克管重奏	3'29"	顧嘉煇	潘耀田		2003 年 7 月
	忘盡心中情	獨唱與樂隊	4'18"	顧嘉煇	潘耀田		2003 年 7 月
	夜來香	合奏		金玉谷	戴樂民		2003 年 8 月
	屈原沉江	粵曲演唱與樂隊	16'02"	蔡衍芬	卜燦榮		2003 年 5 月
	流水行雲	小合奏	6'34"	廣東音樂	盧偉良		
	家有一寶	親子音樂劇	34'43"	貴州民謠、傳統曲、蔡更德等	周熙杰		2003 年 8 月
	晚風	合奏		黃霑	戴樂民		
	甜蜜組曲	二胡與薩克管重奏	8'21"	莊奴、湯尼等	韋懋騰		2002 年 10 月
	笛子姑娘	獨唱與樂隊	4'41"	他卡斯、舒他	潘耀田		2003 年 7 月
	焚心以火	合奏	3'18"	顧嘉煇	戴樂民		2003 年 8 月
	雷霆萬鈞	鼓樂合奏	3'00"	鼓樂	閻惠昌、閻學敏、錢國偉		2003 年 7 月

* 由於譜庫遷移、資料散失及其他種種原因，以至部分樂曲資料（如演奏長度、首演日期等）未能如數納入其中。

** 由於部分作曲者只創作旋律，或樂曲屬非中樂團編制，遂由編曲者按樂隊編制所需重新編定。

III　香港中樂團委約作品一覽表（資料不詳）

作曲或修改日期／委作或委編	曲名	類別	樂曲長度	作曲	編曲	配器	首演日期
1977 年	得勝令	合奏		廣東音樂			1977 年 2 月
1978 年	姑蘇行	笛與樂隊		古曲			1978 年 9 月
1979 年	水鄉送糧						1979 年 4 月
	江南好	合奏					1979 年 6 月
	啊喲媽媽	獨唱與樂隊		印尼民歌			1979 年 6 月
	揚鞭催馬運糧忙	笛與樂隊					1979 年 6 月
	達姆！達姆！	琵琶獨奏			阿爾及利亞樂曲 改編蘇丹樂曲		1979 年 10 月
1980 年	思念	琵琶獨奏					1980 年 7 月
1983 年	陽春白雪	合奏		古曲			1983 年 4 月
	火把節之夜	彈撥合奏	6'00"	郭亨基			1985 年 6 月
	曲調	弦樂合奏	3'20"	巴赫			1985 年 9 月
	秋湖月夜	低音笛獨奏	10'25"	俞遜發、彭正元			1985 年 5 月
	飛天	合奏	12'15"	徐景新、陳大偉			1985 年 7 月
	飛天	女高音與樂隊	6'10"	徐景新			1985 年 9 月
	關山月	八重奏	4'08"	古曲	彭修文		1985 年 6 月
1995 年	大江東去			青主		盧亮輝	
1997 年	中華人民共和國國歌	合奏	1'34"	聶耳		陳能濟	1997 年 10 月
1999 年	狼牙山五壯士	合奏		呂紹恩			
	十面埋伏（為打擊樂器獨奏）				儲望華		
	步步嬌	小合奏		昆曲			1976 年 2 月
	走馬、春郊試馬	木琴與樂隊		廣東音樂			1976 年 2 月
	春山採茶	合奏					1979 年 6 月
	晚歸	合奏					1976 年 11 月
	陽春白雪	琵琶	3'09"	古曲			1983 年 4 月
	漁家組曲	小合奏		王石路			
	趕車	合奏					1976 年 11 月
	霸王卸甲	獨奏（琵琶）		古曲			1977 年 12 月
委作	二胡協奏曲	二胡協奏曲		張永壽			
委作	千里牧騎	笙與樂隊		原野、胡天泉			
委作	大浪淘沙	合奏		阿炳			1979 年 11 月
委作	山茶花	合奏		水文彬			
委作	亞瓦日古里	合奏		盧亮輝			
委作	亞洲之旅 - 印度	合奏		賀大行			
委作	奔馳在草原上	笛與樂隊	7'29"	陸春齡			
委作	幸福渠	柳琴與樂隊		王惠然			1976 年 2 月
委作	東海漁歌	合奏	12'26"	馬聖龍、顧冠仁			1977 年 10 月
委作	油田的早晨	笛協奏曲		王鐵錘			1976 年 11 月
委作	南北醒獅賀太平	合奏		張永壽			
委作	挑新娘	獨唱		張永壽	張永壽		
委作	春城節日	板胡與樂隊		周其昌、丁永盛			1976 年 11 月
委作	捉雀仔	合奏		張永壽			
委作	送大哥	合奏		盧亮輝			
委作	涼山之春	合奏		安瀹	李景鑠		1976 年 2 月
委作	雪蓮	合奏		水文彬			
委作	喜洋洋	合奏		劉明沅		王震東	1976 年 2 月
委作	摘葡萄			盧亮輝			
委作	豪情滿懷學大寨	大三弦領奏曲		翟耀國、池祥生	楊培賢		
委作	趕擺	合奏		王直			
委作	蝴蝶泉邊	獨唱與樂隊	5'00"	雷振邦	張永壽		
委作	黎明牧歌	男高音與樂隊		徐輝才	吳大江		
委作	獨弦操	二胡與樂隊		劉天華			1979 年 11 月

作曲或修改日期／委作或委編	曲名	類別	樂曲長度	作曲	編曲	配器	首演日期
委作	霓裳羽衣曲	合奏		符任之			
委作	燭影搖紅	合奏		劉天華			1979 年 11 月
委作	豐收秧歌	二胡合奏		高明、關銘			1976 年 11 月
委作	魑魅	合奏		盧亮輝			
委編	we are singapore	合奏			關迺忠		
委編	土耳其（烏蘇古達途中）	合奏		土耳其歌	李超源		
委編	大起板	板胡與樂隊	2'15"		何彬		1988 年 12 月
委編	女聲齊唱三首（一江春水一江情、夜晚多美好、採花）	女聲合唱與樂隊	2'50"	民間樂曲	何占豪		
委編	女護士之歌				黃曉飛		
委編	小鳥	器樂合奏		蔡正怡	盧亮輝		
委編	心上的人	獨唱與樂隊	1'25"	內蒙民歌	張永壽		
委編	白蓮花	合奏		日本樂曲	關聖佑		
委編	向澳洲致敬	合奏		澳洲民歌	李超源		
委編	西江月（清平調）	合奏		昆曲	齊爾品		
委編	旱天雷	木琴與樂隊	3'35"	嚴老烈	馬文		1976 年 11 月
委編	亞洲之旅泰國（美麗的月亮）	合奏		泰國民歌	賀大行		
委編	秋收忙	箏與樂隊			嚴觀發		1977 年 2 月
委編	秋收忙	彈弦合奏			俞良模		1976 年 2 月
委編	美麗的梭羅河	合奏		兌桑	彭修文		1977 年 10 月
委編	晉調	笙與樂隊			關海登		1977 年 3 月
委編	馬來西亞甘榜海濱	合奏		馬來民歌	李超源		
委編	推小車	男中音與樂隊	1'45"	大別山山歌	張永壽		
委編	採花	男高音與樂隊	2'15"	雷振邦	張永壽		
委編	教我如何不想她	獨唱與樂隊		趙元任	林樂培		
委編	梔子花兒順牆開	女高音與樂隊			吳大江		
委編	莫札特 G 調小夜曲中之 "小步舞"	合奏		莫札特	林樂培		
委編	雲雀呀雲雀	男聲與樂隊	1'30"	哈薩克民歌	張永壽		
委編	新貨郎	獨唱與樂隊			盧亮輝		
委編	新疆之春	合奏		馬耀光、李中漢	盧亮輝		
委編	摘菜調	獨唱與樂隊		四川民歌	盧亮輝		
委編	漁舟唱晚	合奏		唐樂	朱郁之		
委編	舞樂入調	小合奏			張世彬		
委編	鳳陽花鼓	獨唱與樂隊		中國民歌	賀大行		
委編	鳳陽花鼓	合奏	4'00"	安徽民歌	陳能濟		
委編	劉三姐組曲	合唱	12'00"		張永壽		
委編	醉月	高胡與樂隊					1976 年 2 月
委編	鋤頭歌	男低音與樂隊		華北民歌	盧亮輝		
委編	龍船調	合奏			盧亮輝		
委編	韓國（月下山徑）	合奏		韓國民歌	李超源		
委編	雙槌打鼓鬧洋洋	合唱與樂隊		海南民歌	張永壽		
委編	獻花	合奏	3'28"	河北民歌	盧亮輝		
委編	繡出山河一片春	女聲與樂隊			吳大江		

附錄四

香港中樂團簡介

背景

香港中樂團於1977年由前市政局正式成立,其後由康樂及文化事務署資助及管理,2001年4月正式由香港中樂團有限公司負責運作,是本港目前唯一的職業中樂團。樂團於2003年9月踏入第27樂季,在歷任音樂總監吳大江、關迺忠、石信之及現任藝術總監及首席指揮閻惠昌的帶領下,樂團肩負着推廣中樂的任務。香港中樂團植根於歷史悠久的中國文化,演出的形式及內容包括傳統民族音樂及近代大型作品,樂團更廣泛地委約各種風格及類型的新作品,委約及委編作品逾1,500首,務求以嶄新的技巧與風格,豐富中樂曲目。於2002年10月,樂團更榮獲香港國際現代音樂節頒贈「最傑出弘揚現代中樂榮譽大獎」。

樂團編制

香港中樂團分四個樂器組別——拉弦、彈撥、吹管及打擊,其中包括傳統及新改革的多種樂器。過去26年來,樂團編制由最初50位增至85位樂師,包括一位團長兼助理指揮、一位副團長兼首席、兩位聲部長兼首席、13位首席樂師、10位助理首席樂師及58位樂師。另設助理指揮,研究員及樂器改革主任。

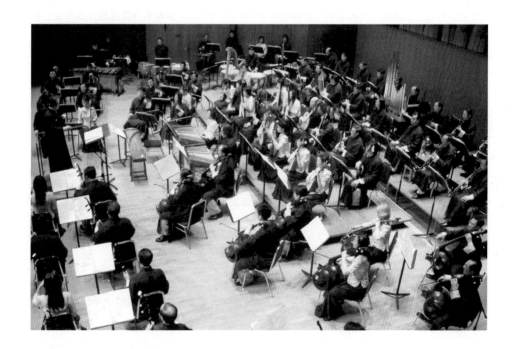

音樂會及社會參與

樂團自1998年起建立一系列的專題音樂會：如「年度精選之夜」、「心樂集」、「情人節音樂會」、「作曲家」及「指揮家的風采」和以地方音樂與樂器為題的音樂會等。樂團更於2002年發起全球投票選出「二十世紀最受樂迷歡迎中樂作品」，並舉辦音樂會，得到各地傳媒及業界的支持和參與，務求以不同形式向全球推廣中國音樂文化。至今，合作的中外演奏家及團體達1,000個。除定期音樂會外，樂團又經常舉辦免費外展及學校音樂會，以擴闊觀眾的層面。

樂團又於1998年與教育署及音樂事務處合作攝製一系列中樂教育電視節目，及後於1999年又與教育署再度攜手，聯同香港教育學院製作中樂電腦光碟《中國音樂寶庫：胡琴篇》，以多媒體形式推廣中樂。為了與喜愛中樂的朋友共享中樂藝術之美，樂團於1998年3月正式成立「中樂摯友會」。2001年2月，香港中樂團及近千名樂手共同締造的「千弦齊鳴」，已獲列入健力士世界紀錄大全，創下最多人同時演奏二胡的紀錄。2003年7月，樂團籌備經年的香港鼓樂節開幕式正式在香港維多利亞公園舉行。當日，三千多名香港市民在閻氏的指揮及全港市民見證下齊奏一曲《雷霆萬鈞》，締造創舉。

海外演出

目前，樂團在港已舉辦音樂會逾2,000場，並經常往外地巡迴演出，足跡遍及澳洲、新加坡、日本、南韓、中國內地、台灣、澳門、加拿大、美國、荷蘭、奧地利、德國及英國等地。近年重要海外演出，包括1997年6月應新加坡國家藝術理事會邀請，在閻氏帶領下參與當地「亞洲演藝節」的演出，座無虛席，好評如潮。1997年11月更獲香港特區政府委派前往加拿大，為「加拿大亞太年」演出，在溫哥華陳氏演藝中心及奧芬音樂廳和多倫多湯臣音樂廳演出三場音樂會，獲得一致讚賞。在閻氏帶領下，樂團曾兩次遠赴歐洲，1998年11月獲邀參加荷蘭「對比藝術節」，在阿姆斯特丹及鹿特丹舉行兩場音樂會，並與當地的Nieuw Ensemble樂隊同台首演著名作曲家許舒亞的作品，成為全球第一個於世界知名的阿姆斯特丹音樂廳演出的中樂團；復於2002年2月，樂團前赴奧地利及德國巡迴演出，首場更於舉世聞名的維也納「金色大廳」舉行；同年5月獲香港駐美國華盛頓經濟貿易辦事處邀請於華盛頓演出，均受到觀眾熱烈歡迎及音樂界高度評價。同年11月，再前赴日本演出，促進彼此音樂文化的交流及協助對外宣傳香港的使命。於2003年11月再獲香港駐英國倫敦經濟貿易辦事處邀請於倫敦Natural History Museum演出。於12月中旬，樂團應中國移動通信邀請於珠江三角洲城市巡迴舉行新年音樂會，隨即應西安報友傳播有限公司邀請至西安演出新年音樂會。

成立樂團發展基金及香港兒童中樂團

樂團於2002年8月成立「香港中樂團發展基金」，目的在於資助樂團的長遠發展，舉辦弘揚及發展中樂的活動及項目。2003年1月，香港兒童中樂團正式成立，以扶育音樂幼苗及培育新一代的觀眾。

國際研討會

樂團於1997年2月特別舉辦了中樂發展國際研討會,以「中國民族管弦樂發展的方向與展望」為主題,邀請了多位海外、中國內地及本地的專家和學者出席,提出了許多具啟發性的意見,於2000年3月舉行「21世紀國際作曲大賽」及「大型中樂作品創作研討會」,推動及探討中樂大合合奏創作,更首次以不同的樂隊擺位探討對作品的演繹效果,將中樂發展推上另一個高峰。於2003年3月,為了配合全球投票「二十世紀最受樂迷歡迎中樂作品選舉」活動,樂團再接再厲舉辦大型國際座談會「探討中國音樂在現代的生存環境及其發展」,邀請世界各地的專家及學者一起交流討論,會議中更特別加上樂器改革示範及研究討論,誠為中樂界一大盛事。

唱片出版

樂團早期灌錄了四張唱片:《梁祝協奏曲/拉薩行》、《十面埋伏/春江花月夜》、《穆桂英掛帥》及《香港中樂團專輯》,成績斐然。在跨入新世紀之際,樂團展開新一輪錄音計劃,包括1999年與香港作曲家聯會合作錄製唱片《風采》,2000年先後推出《喝采》及《美樂獻知音》,深獲好評。於2002年3月推出《秦‧兵馬俑》及《山水響》專輯,其中輯錄近年廣受歡迎的傳統及現代大型中樂交響作品。樂團於2002年將歐洲巡迴演出的精彩片段,輯錄成《維也納金色大廳及歐洲巡迴演出特輯2002》紀念VCD。於2003年3月推出全球首張大型中樂團SACD現場錄音製作《明月星輝──香港中樂團銀禧音樂會》及同名DVD;至10月推出《情綿綿》ACD,12月則有《樂壇神筆趙季平音樂精選之夜》,以饗樂迷。

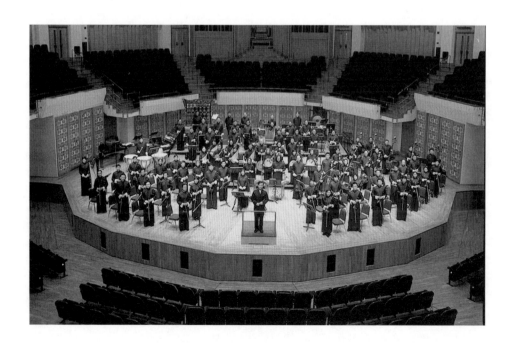

中樂因您更動聽

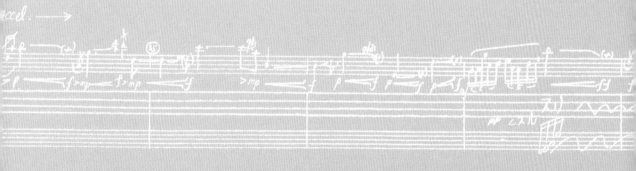

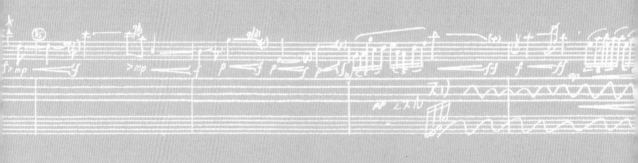

中樂因您更動聽

——民族管弦樂導賞（下冊）

陳明志 編著

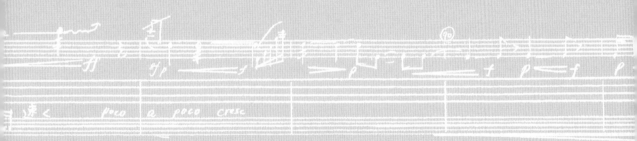

三聯書店（香港）有限公司

目　錄

壹。

意蘊與意象

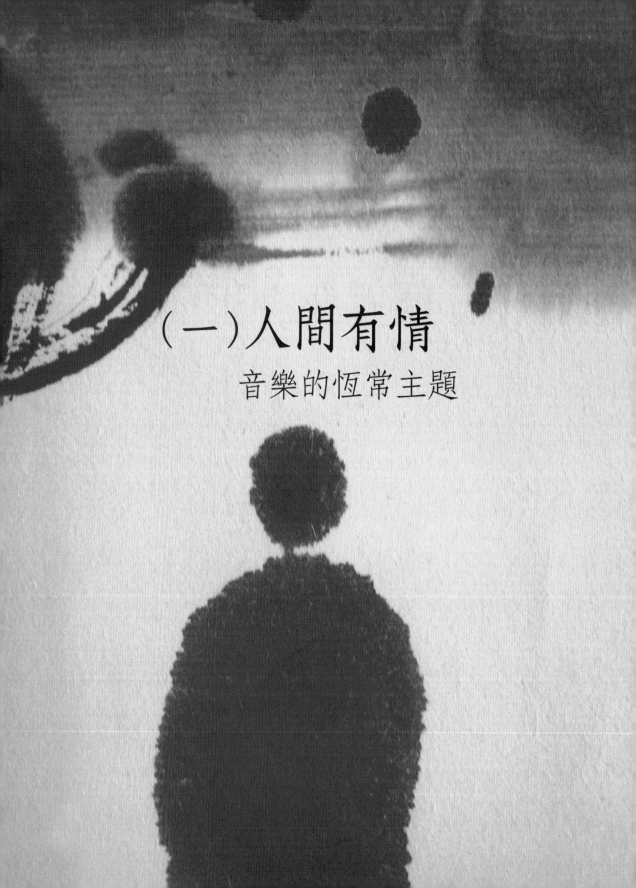

（一）人間有情

音樂的恆常主題

自古「情」與「物」都有着密不可分的關係。音樂創作是作曲家創作時理性思維與感性思維、藝術思維與情感抒發反覆交替結合的產物。創作的技巧是「物」，作曲家的心是「情」，藝術創作很多時需有一個對象。到底甚麼是創作的對象呢？作曲家感懷於時、因景而生情、因情而喻物，皆為靈感的泉源。

雖然情感往往只能意會而不能言傳，但音樂藝術卻可說是言情的箇中高手，而且擅長透過各種層面，細膩地表現情緒的變化；就如較快的節奏可令人心情激動、哀怨的曲調令人愁傷等。因此，古今中外不少的作曲家均以「情」為本，然後利用各種音樂元素，釀製出各具風味特色的「情」曲。

《梁山伯與祝英台》（1959）及《天仙配幻想曲》（1999）均以為人熟悉的中國民間愛情故事為描述對象，並以戲曲的曲調入樂，是首演即獲成功之作。

近半世紀前寫成的《梁祝》協奏曲可說是至今依然觸動着萬千樂迷的心，各種改編的版本不下數十種，唱片的發行量更是以百萬計。最重要的是這首作品為當時的作曲界揭示了一條新的道路，爾後以這類方式寫成的作品更是不勝其數。香港中樂團首任總監吳大江上任後，秉承着以中國民族器樂交響化的信念，就以這首廣為聽眾喜愛的小提琴協奏曲為試金石，按當時中樂團的編制改編為高胡協奏曲，獲得了極大的成功[1]。

至今《梁祝》的高胡協奏曲版已由香港中樂團演出超過一百場次，近期更以最高票數當選為「世紀中樂金曲」。此曲除出色的創作技巧外，感人的愛情故事和豐富的戲曲旋律，均是觸動人心的主要原因。四十年後（1999），吳華以黃梅調入樂的《天仙配幻想曲》，可以說是源出一脈。

（1）吳大江是希望利用此曲來改變中國民族器樂在一般人心目中的形象，並且證實中國民族器樂只要經過適當的改革和吸收科學化的理論，就能夠達成民族器樂交響化。參閱吳大江於1978年高胡協奏曲版的《梁祝》首演時場刊內介紹文章。

1 梁山伯與祝英台

⊙ 何占豪、陳鋼 曲

創作年份 1959年　**改編年份** 1978年　**類別** 高胡協奏曲　**編制** 吹管：梆笛〔2〕曲笛〔2〕新笛、大笛〔2〕高音鍵笙〔2〕中音排笙〔1〕低音抱笙〔1〕高音嗩吶〔2〕中音嗩吶〔1〕　**彈撥**：揚琴〔2〕柳琴〔2〕琵琶〔4〕中阮〔4〕箏〔1〕　**打擊**：定音鼓　鑼　鼓板　**拉弦**：高胡 二胡 中胡 革胡 低音革胡　**演奏時間** 約29'00''　**首演日期** 1978年10月　**地點** 香港大專會堂　**高胡** 黃安源　**指揮** 吳大江　**樂團** 香港中樂團　**錄音出版** 雨果製作有限公司：HRP 775-2　華星唱片有限公司：CD-3002S　福茂唱片：CD-20005

備註 ① 原為小提琴協奏曲，1959年由俞麗拿首演；② 香港中樂團1978年改編為高胡協奏曲作品；③ 獲選為「世紀中樂名曲選」二十世紀最受樂迷歡迎中樂作品選舉十首金曲之一。

　　在「梁山伯與祝英台」這個在民間流傳的動人愛情故事中，感情純真的男女主角，因受封建的家庭阻撓而未能結合的情節，不知觸動了多少中國人的心。藝人們根據各地不同的生活環境和自己的見解來加工創造後，故事的內容、人物性格等均極為豐富，且全國各地都有不同的唱本流傳。當中若論流傳最廣及改編版本最多的作品，莫過於何占豪和陳鋼所創作的小提琴協奏曲《梁山伯與祝英台》。作曲家何占豪因曾任浙江越劇樂隊的二胡演奏員，故對越劇音樂非常熟悉。後來他在音樂學院時為探索交響音樂的民族化，便很自然地用上其最熟悉的越劇旋律。何占豪與同學陳鋼一起研究和創作，以小提琴協奏曲的模式，在1959年完成這部創作，並由小提琴家俞麗拿在上海首演。

　　樂曲為慶祝中華人民共和國建國十週年而寫，亦是他們二人的畢業作品。全曲以浙江越劇唱腔為素材，雖以奏鳴曲式寫成，卻又保留了中國傳統戲曲的「變速結構」——即以一個主題為基礎，通過速度和節奏變化而形成的一種結構。變速尤其適合於戲劇性的情節發展，如音樂開始時笛子模仿鳥兒叫聲的散板樂段、其後小提琴奏出的慢板優美旋律等，而此曲的速度變化，則可歸納為「散板—慢板—中板—快板—散板」。這種將中國民間戲曲音樂交響化的表達手法，在當時可說是一個大膽的創新和成功的嘗試，更被譽為「一個民族在藝術上走向成熟的標誌」。

由於樂曲極受歡迎，何占豪、陳鋼和俞麗拿三人亦因此成名。其後兩位作曲家都曾多次改動《梁祝》，如陳鋼在樂曲的速度和強弱對比做了極端性的改動，主要加強音樂的戲劇性，類似西方的歌劇形式。而何占豪主要將整首樂曲移植到其他樂器上，尤以民族樂器居多，改動的較少。至於香港中樂團經常演出的為吳大江於1978年改編的高胡協奏曲版本。

作品從《梁祝》故事中選取「草橋結拜」、「英台抗婚」和「墳前化蝶」三個主要情節，分別作為樂曲的呈示部、展開部、再現部的內容，表現了梁山伯和祝英台這對青年男女的忠貞愛情和對封建宗法禮教的控訴和反抗。最後化蝶的描寫富於浪漫主義色彩，反映了中國人的願望與理想。

第一部分「草橋結拜」（呈示部）。 樂曲開始，在輕柔的弦樂顫音背景下，新笛模仿鳥叫，奏出優美動人的引子（**譜例1**），笙接着奏出柔和抒情的旋律（**譜例2**），展示出一幅風和日麗、春光明媚、鳥語花香的畫面。高胡在輕淡的揚琴伴奏下，以明朗的高音區奏出詩意的愛情主題，然後與大提琴的對答形式，比擬梁、祝在草橋亭畔結拜的情景，一段華彩樂段之後，引入活潑的迴旋曲，獨奏與樂隊合奏交替出現，輕快的節奏，跳動的旋律，生動地描繪了梁、祝同窗三載、同讀共玩、追逐嬉戲的情景。其後轉入慢板，愛情主題重現，寫的是長亭惜別，依依不捨的情景。

第二部分「英台抗婚」（展開部）。 沉重的低鑼和緩慢、陰森的低音、驚惶的弦樂，展示了不祥的徵兆，就像是悲劇的開始。獨奏用了戲曲的散板節奏，4/4、2/4拍子不斷交替（**譜例3**），寫出祝英台被父母逼婚所引起的不安和痛苦的心情，並以強烈的切分節奏，刻劃英台誓死不屈的反抗精神。在這激烈的抗婚場面裡，纏綿悱惻的音調，如泣如訴；獨奏與大提琴的對答，時合時分，將梁、祝互訴真情的情景表現得淋漓盡致。其後音樂急轉，梁山伯病逝，樂曲運用了京劇倒板與越劇囂板（緊拉慢唱）的手法，表現祝英台在梁山伯墳前向蒼天哭訴、悲痛欲絕、泣不成聲的情景。接着強烈的低鑼響起，以示梁山伯的墳突然裂開，英台毅然投入墓中，樂曲至此亦達到最高潮。

第三部分「墳前化蝶」（再現部）。 美妙的笛聲，把人們帶入了神奇的境界，難忘的愛情主題再現，高胡與大提琴交織奏和（**譜例4**），高胡音色尖銳

譜例 1

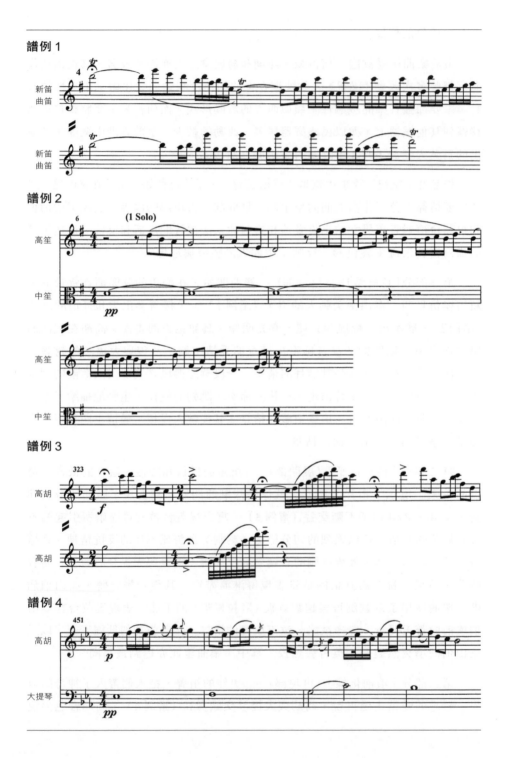

譜例 2

譜例 3

譜例 4

悲鳴，大提琴音色低沉哀傷，彷彿天上地下萬物都為他們哀悼哭泣。然後樂隊激昂鏗鏘的齊奏，有如梁、祝死而後生，化為一對彩蝶。在樂隊輕快的旋律下，一對彩蝶在花叢中飛舞，形影不離。

　　作品在音樂形象的塑造上並非是越劇「卡戲」式的模仿，而是根據協奏曲的形式特點，對原劇內容和曲調進行綜合、提煉、發展和創造。結構上根據標題內容的需要，運用了西洋協奏曲中的奏鳴曲式，表現了戲劇性的矛盾衝突。在藝術處理上，吸收了中國戲曲中豐富的表現手法，在發揮交響性效果的同時，不失去民族音樂的特色，如在呈示部尾段吸取了戲曲中歌唱性的「對話」形式，來表現「梁祝相愛」的主題；展開部中的「哭靈投墳」則用了京劇中的倒板和越劇中的囂板。這部協奏曲旋律優美，色彩絢麗，通俗易懂，藝術性很強，在國內被譽為「民族的交響音樂」，國外音樂評論家則稱它是「《蝴蝶的愛情》協奏曲」，是一部「迷人、新奇、具有獨創性的作品」。

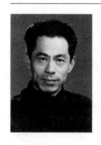

何占豪

1933年生於諸暨何佳山村。1959年在上海音樂學院學習期間與同學陳鋼創作的小提琴協奏曲《梁山伯與祝英台》，是全世界演出和錄音版本最多的中國管弦樂曲。1959年《梁祝》蜚聲樂壇、譽滿中外後，他的弦樂與合唱《決不忘記過去》、交響詩《龍華塔》等大型器樂、聲樂作品相繼問世。何氏的作品除了富有戲劇性、抒情性外，還具有強烈的民族風格。歷任中國上海音樂學院教授，中國上海音樂家協會副主席。

陳 鋼

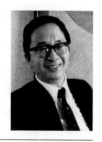

1935年生於上海。早在求學期間，他即以其與何占豪合作之小提琴協奏曲《梁祝》蜚聲中外樂壇。這首流傳最廣的中國交響樂作品曾先後榮獲五次金唱片與白金唱片獎。他在七十年代創作的小提琴獨奏曲《苗嶺的早晨》、《陽光照耀着塔什庫爾幹》和八十年代創作的小提琴協奏曲《王昭君》等，也都成為著名的中國小提琴音樂文獻。陳氏歷任全國政協委員、中國音協理事、上海音樂學院作曲系教授。

參考資料

1. 易有伍《〈梁祝〉創作背景》，載《雨果唱片的故事》，香港：三聯書店，2002年，頁171-172。

2. 胡淨波《談〈梁祝〉協奏曲的曲式結構》，載《中央音樂學院報》1999年第1期，頁93-96。

2 天仙配幻想曲

⊙ 吳華 曲

創作年份 1999年　**類別** 二胡、革胡雙協奏曲　　**編制 吹管**：梆笛〔2〕新笛、大笛〔2〕高音鍵笙〔2〕中音排笙〔2〕低音抱笙〔1〕高音嗩吶〔2〕中音嗩吶〔1〕次中音嗩吶〔1〕低音嗩吶〔1〕中音管〔1〕低音管〔1〕　**彈撥**：揚琴〔1〕柳琴〔1〕琵琶〔4〕中阮〔4〕大阮〔2〕三弦〔1〕箏〔1〕　**打擊**：定音鼓 小鈸 大鈸 吊鈸 鋼片琴 板鼓 小軍鼓 鑼鼓 戲曲武場四大件（單皮鼓、大鑼、小鑼、低鑼）　**拉弦**：高胡 二胡 中胡 革胡 低音革胡
演奏時間 約28'00"　**首演日期** 1999年2月27日　　**地點** 香港文化中心音樂廳　　**二胡** 辛小紅　**革胡** 羅浚和　**指揮** 閻惠昌　**樂團** 香港中樂團

備註　① 原為雙胡協奏曲，由閻惠昌指揮高雄市立國樂團首演，後應香港中樂團委約改編為二胡和革胡協奏曲；② 非常規樂器：塤〔2〕(由梆笛兼奏)；③ 入選「世紀中樂名曲選」二十世紀最受樂迷歡迎中樂作品候選金曲。

《天仙配》是中國著名民間傳奇故事之一。相傳織女為天帝孫女，俗稱「天孫織女」，因為愛上人間牛郎董永遂下凡與他成婚，過着男耕女織的幸福生活。王母得知後十分震怒，命天兵天將把她捉回天庭。牛郎在神牛的幫助下，也直追上天，但卻被王母劃銀河隔阻。於是，人間的喜鵲，每年七月初七都會飛到銀河上架起鵲橋，幫助牛郎織女相會。

人們相信，七月初七（又稱「七夕」）當天，在織女星和牛郎星附近如橋一樣的星群便是所謂的鵲橋，因此，這故事該是人們觀察星象後，結合流傳民間的孝子董永故事而想像的。而天帝孫女因該日而得名「七仙女」，又因相傳她擅於織作，故名「織女」，民間女子慣於當夕加以供奉，乞賜巧手織技，故亦有稱七月初七為「乞巧節」，廣東地區七夕和七姐音近，故又稱七姐誕。亦有人視當天為中國的情人節。

吳華以這個美麗動人的民間故事為素材而創作這首《天仙配幻想曲》[1]，是作家的「梨園樂魂」系列中的第八部。此曲原為雙胡協奏曲，後應香港中樂團委編將樂曲改為二胡及革胡雙協奏曲。

全曲共分《下凡》、《還家》、《慟別》三個樂章。

第一樂章《下凡》是深情的行板、歡樂的快板。引子緩慢而飄逸，表現天宮的縹緲與虛幻，以及七仙女駕雲悠悠而下，來到人間的情景。二胡首先奏出了柔美、舒緩的愛情主題，後半段革胡演奏複調回應（譜例1）。兩種樂器的交織演奏，就像七仙女與董永在途中相遇互表身世、互訴衷情的景象。董永的憨直純樸，七仙女的溫柔善良，這一切構成了二人的戀曲。接着，音樂略去了原劇中土地爺和老槐樹作媒證的情節，直接表現二人喜結良緣的歡慶場面。此部分的歡慶快板，全由十六分音符的節奏型貫連起來。一段民間吹打音樂形式的二重華彩後，樂曲進入了壯麗宏偉的愛情頌歌；全樂隊激昂的齊奏，充分表達了七仙女與董永激動的心情和對愛情的感受。

第二樂章《還家》為喜悅的小快板，是一段純情緒的音樂，主題直接取自原劇中《夫妻還家》中的一段曲調。在輕快活潑的節奏下，夫妻雙雙唱起了情歌（譜例2），展示了他們滿工還家時的歡樂喜悅之情。撥奏（pizz.）和連奏（arco）的對比，更增添了歡愉的情趣。這時音樂進入3/4拍舞蹈性樂段，節奏輕快，表現了夫妻二人雙雙起舞（譜例3），讚美着幸福與吉祥的情景。音樂進入熱烈歡騰的急板後，某種不祥的暗示好像陰霾漸漸襲來，但二人沒有理會，仍然踏着輕快的腳步奔向遠方……。

第三樂章《慟別》是悲愴的搖板與急板。濃雲密佈、電閃雷鳴、恐怖不祥的引子展現二人生離死別的時刻。雙胡掙扎着奏出一個急速下行的華彩樂句（譜例4）。由董永（革胡）悲憤地唱出了「從空降下無情劍」的散板樂段（譜例5），但在天兵天將的威逼下，他只能向七仙女哭唱着「娘了不能把我丟」的祈求。緊接着，二胡與革胡輪番登場，情緒激昂堅定，節奏鏗鏘有力，互表着愛的誓言及永不分離的決心。當垛板出現時，音樂層層遞進，逐漸加速，步步高漲，在三次連續轉調後，樂曲進入了搖板樂段，這是全曲的最高潮，生與死、愛與恨、悲與歡……這一切都在此段中淋漓盡致地發揮出來。一個短促的過渡樂句後，音樂亦趨於平穩和進入尾聲樂段。在此段中，樂曲時常被割裂、

（1）幻想曲原是西方音樂用語（Fantasia〔義〕，fantasy〔英〕，Fantasie〔德〕，Phantasie〔德〕，fantaisie〔法〕），可略分為五類：據大師即興彈奏記錄而成的曲子；如夢如幻性質的樂曲；形式自由或性質特殊的奏鳴曲以及以自由與有些即興手法寫成的作品等。

譜例 1

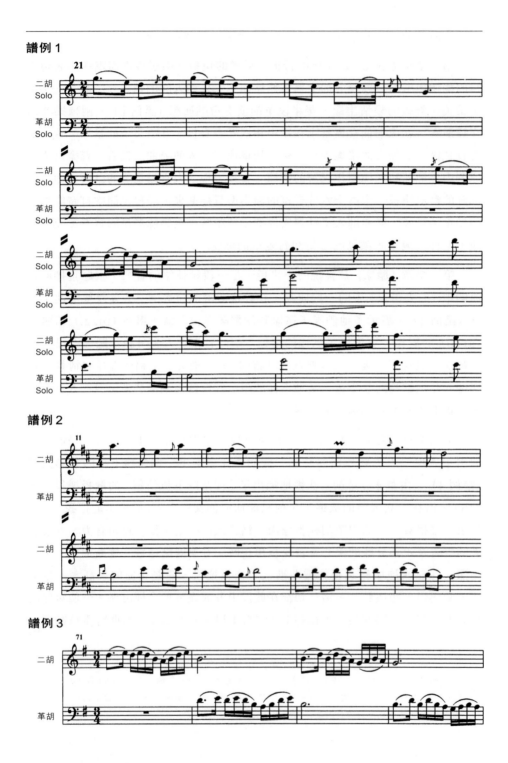

譜例 2

譜例 3

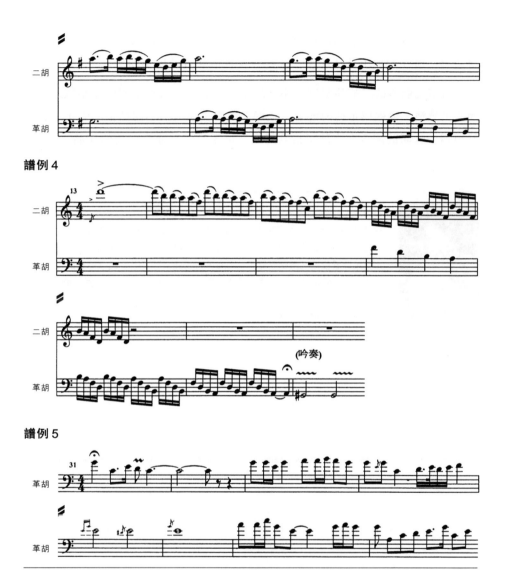

譜例4

譜例5

被切斷，彷彿是夫妻二人離散之後的遙望與思念，又好似他（她）愛戀的聯想及片段……這時，樂隊以恢宏浩大的氣勢鋪天蓋地而來，象徵着「天上人間心一條」那難以遏止的高潮。最後，全曲在「急急風」的鑼鼓聲中凜然而止。

《天仙配幻想曲》是一曲以黃梅調入樂的雙協奏曲，加上取材自人們耳熟能詳的民間故事,所以無論是情節還是旋律上都為大家所熟悉。作曲家將這些素材透過藝術性的加工及精煉後,成為一首雅俗共賞的協奏曲。

首演此版本的二胡演奏家辛小紅認為,由於二胡這種樂器較能細膩地表達內心的感情,通過與革胡的配合,正好能演繹夫妻二人不同的情緒變化,而且旋律與樂隊間的配合亦處理得恰到好處,可說是一首非常成功的作品。

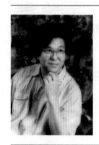

吳華

1942年生於北京。中國音樂家協會理事、中國民族管弦樂學會會員、北京越劇研究會理事、北京京胡研究會副會長。自幼酷愛民族音樂和戲曲。主要作品有大型民族管弦樂《龍國之旅》、《虞美人組曲》等;小型民族器樂曲《故國敘事曲》、《盧溝醒獅》。主要獲獎作品有:京胡曲《夜深沉》獲1990年中國首屆金唱片獎,交響組曲《白蛇傳》獲1994年首屆戲曲音樂比賽一等獎第一名。現任東方歌舞團作曲、指揮。

參考資料

1. 吳華《天仙配幻想曲》的樂曲解說。

2. 陳明志2002年10月3日辛小紅的訪問記錄。

3. 康謳編,李振邦等譯《大陸音樂辭典》,台北:大陸書店,1980年。

4. 《中華人》網頁下之「中華傳奇」http://www.greatchinese.com/gods/tianxianpei.htm,瀏覽日期:7/8/2003。

（二）水的意蘊

音樂的意象經營

「峨峨兮若泰山，洋洋兮若江河」是春秋時代鍾子期初見琴友俞伯牙[1]所說的兩句話。古人以琴會友，惺惺相惜，自此結為至交，這是千古傳頌的故事。潺潺的流水清澈綿長，滾滾的江水滔滔不絕流入東海，千百年來在流淌的流水、短短的樂句自琴聲中表露無遺。《高山》、《流水》[2]這兩首著名的古琴曲，亦隨伯牙鼓琴遇知音的故事，在民間廣為流傳。這就是音樂的魅力，亦是古琴的魅力。

古琴曲《流水》靈活多變的演奏技巧和中厚的音色，展現了中國音樂的線條和空間美。《流水》或靜或動的形態，透過如歌的旋律及音型呈現眼前，那起伏跌宕的氣勢，讓人仿如置身其之中，自源頭開始走過萬水千山，一同感受着山河的美景。《流水》的美，令善感的作曲家產生無限的靈感，作曲家陳培勳的《流水》和彭修文的《流水操》均源自此曲。

兩曲雖同為民族管弦樂團所創作，但在不同年代和背景下，二人採用不同的創作手法，令兩首作品大異其趣，為古曲披上了秀麗的新裝。

相信大家也曾震懾於滔滔江水的氣勢，又或在涓涓的小溪度過寧靜的時光。民族管弦樂豐富的音色，正好把流水的外顯形象表露出來。陳培勳以熟練的西洋音樂配器思維及手法，着墨於表現流水浩瀚澎湃的氣勢。而彭修文的配器手法相對較為簡潔，展現了流水細膩的一面。作曲家借《流水》一曲表達對祖國壯麗山河的歌頌和熱愛，在樂曲如水般連綿的旋律裡滲透了作曲家對國家的情懷。

....

（1）春秋時代著名的古琴師俞伯牙路經漢陽，夜泊山崖下時撫琴抒懷。適逢雨過雲散，引來了山崖下躲雨聽琴且深諳其琴音中意趣和境界的樵夫鍾子期。伯牙琴音一弄，類比高山，子期隨即說巍巍峨峨如泰山；伯牙不語，將琴再鼓，意在流水，子期不自禁讚道洋洋灑灑似長江。子期做過樂尹，善知音律，一句「峨峨兮若泰山，洋洋兮若江河」，使伯牙不勝欽佩子期之諳己琴音，子期也讚歎伯牙的琴音高妙。倆人言歡甚篤，於是相約來年再聚首。

（2）古琴曲《流水》描繪出各種活力的流水形象，並於1977年被作為大自然的聲音，由美國太空船「旅行者二號」送到了浩瀚的太空中，向宇宙星球的高級生物傳遞中華民族的智慧和文明資訊。這是太空船上唯一一首被完整收錄的世界名曲。

1《流水》

⊙ 陳培勳 曲

創作年份 1985年　**類別** 合奏　**編制 吹管**：梆笛〔2〕曲笛〔2〕新笛、大笛〔2〕高音鍵笙〔2〕中音排笙〔1〕低音抱笙〔2〕中音嗩吶〔1〕次中音嗩吶〔1〕中音管〔2〕低音管〔1〕　**彈撥**：揚琴〔2〕柳琴〔2〕琵琶〔6〕中阮〔4〕大阮〔2〕三弦〔1〕箏〔2〕　**打擊**：定音鼓 鋼片琴 大鑼 鐘琴 小堂鼓 三角鐵 吊鈸 小軍鼓 大鈸　**拉弦**：高胡 二胡 中胡 革胡 低音革胡　**演奏時間** 約11'30"　**首演日期** 1986年9月　**地點** 香港大會堂　**指揮** 葉惠康　**樂團** 香港中樂團　**錄音出版** 雨果製作有限公司：HRP 7133-2

備註 ① 1985年香港中樂團委約作品。

陳培勳於1985年根據古琴曲《流水》寫成的管弦樂作品，可說是同類樂曲的典範。作曲家以洗練的管弦樂手法，將山水細流及波濤滾滾的聲勢和動態藝術性地概括起來。透過描寫江水的各種勢態，抒發對祖國山河的熱愛。按樂曲的結構關係，大體上可以把全曲九段分為引子、起、承、轉、合和尾聲。

在引子（1小節-22小節）部分管弦齊奏，旋律在上下八度跳躍，然後一小段的笛子獨奏（譜例1），猶見高山之巔，雲霧繚繞，漸見長江源頭細水長流。彈撥樂流水般的輪音，點出了樂曲的主題含義。

「起」部（23小節-63小節），長笛高低起伏的吹奏（譜例2），猶如水的流動。箏（II）在低、中音區的泛音進行，如山澗清澈的潺潺水聲，隨着音樂在低、中音區迂迴輾轉時，由低至高音的緊密彈奏（譜例3），就如流水的動態。樂曲由降B大調轉為D大調，箏（I）加入，兩部箏互相交織，然後是笛子和揚琴，高低起伏的樂聲，彷彿山林中迴響着清澈不竭的山泉。

「承」部（64小節-116小節），旋律變得委婉動人。在「其韻揚揚悠悠，儼若行雲流水」的跌宕起伏音調中，那不穩健的聲響如涓涓匯集的流水，大有風起水湧之勢。

「轉」部（117小節-149小節），樂曲的展開段落。箏跌宕起伏的彈奏，不斷掀起激流洄瀾。在琵琶的滾奏聲中，出現一個遞升遞降的曲調。隨着音樂遞進式的展開，演奏手法變換出現，加上樂曲力度和速度的增加，音樂情緒猶如滾滾浪濤，把樂曲推至高潮。

「合」的部分（150 小節 -197 小節），一排遞降的音調仿如匯聚的江水源源湧入大海，聲勢浩蕩（譜例 4）。然後彈撥樂的輪音和上下起伏的音調表現大海的波濤。氣氛漸漸平穩。長笛奏出委婉的曲調，抒發了對祖國山河的讚嘆之情。

尾聲（198 小節 -207 小節）結束在齊奏的輪音中，滾滾的江水，一瀉千里奔向無盡的遠方。

陳培勳自言《流水》一曲是祖國壯麗河山的頌歌，形象生動，氣勢磅礡，聽後使人心曠神怡，激起一種進取的精神。全曲運用流水般的滾拂音型和抒情婉轉的歌頌主題，尤突出描繪了波濤洶湧、川流不息的情景，形成全曲的高潮。寫景寫情緊密結合，對高山細流和波濤滾滾所特有的氣勢和動態加以藝術地概括，生動地描寫了江水的情景，歌頌祖國的壯麗河山。樂曲的引子和結尾以音樂氣氛莊重、嚴峻與蕭穆，顯示高山峻嶺之巔，雲霧繚繞的宏偉景象。

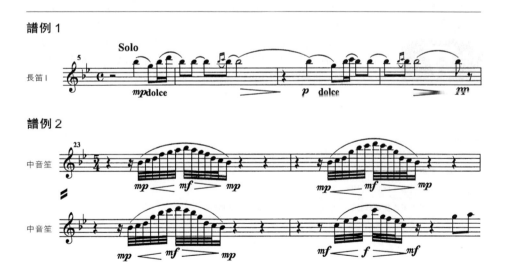

譜例 1

譜例 2

譜例 3

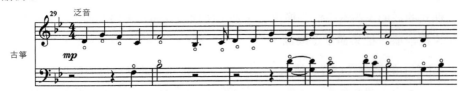

譜例 4

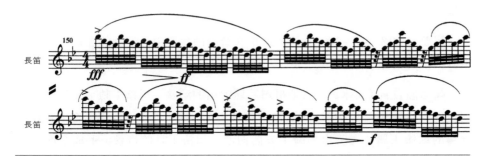

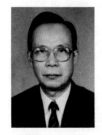

陳培勳

1921年生於香港，1939年進上海國立音專學習作曲。抗戰時陳氏曾在廣東和四川等地的藝術專科學校教授音樂。後來陳氏回港定居，並繼續從事音樂教育工作。他早期著名的鋼琴作品有《賣雜貨》、《旱天雷》和《雙飛蝴蝶》等。近年陳氏以創作管弦樂為主，重要作品包括交響詩《心潮逐浪高》、交響樂《流水》及《春江花月夜》及樂隊敘事曲《追懷》（我的故鄉——香港）等；其中《清明祭》一曲曾獲得1981年中國第一屆交響樂作品比賽優秀獎。

參考資料

1. 陳培勳《流水》樂曲解說。

2. 張靜波《民族器樂賞析》，昆明：雲南大學出版社，2001年。

3. 羅仕藝《大學生民族音樂欣賞》，北京：中國青年出版社，2001年。

2 《流水操》

⊙ 彭修文 曲

創作年份 1979年　**類別** 合奏　**編制** 吹管：梆笛〔2〕新笛、大笛〔1〕高音鍵笙〔2〕中音排笙〔1〕高音嗩吶〔2〕中音嗩吶〔1〕次中音嗩吶〔1〕中音管〔2〕　**彈撥**：揚琴〔2〕柳琴〔2〕中阮〔4〕大阮〔2〕三弦〔1〕箏〔2〕　**打擊**：雲鑼 風鑼 低鑼 小鼓 定音鼓 編鐘 鈴 板鼓　**拉弦**：高胡 二胡 中胡 革胡 低音革胡　**演奏時間** 約13'00''　**錄音出版** 雨果製作有限公司：HRP761G

....

備註　① 全國第三屆音樂作品評獎中獲民族器樂一等獎；② 入選「世紀中樂名曲選」二十世紀最受樂迷歡迎中樂作品候選金曲。

....

　　《流水操》[1]是民族管弦樂大師彭修文於1979年創作的民樂合奏作品。彭修文以其豐富的藝術實踐，調動民族管弦樂隊中各種樂器的表現力，生動地描寫了長江大河從源頭的滴水滙集成河，向着東洋大海，萬里奔流不息。作者借助對流水各種動態的描繪，描繪祖國的大好河山，抒發作者對祖國的熱愛。

　　此作品於1982年在香港舉行的亞洲藝術節上首演，受到熱烈歡迎。在中國第三屆音樂作品（民族器樂）評獎中獲一等獎。

　　樂曲由《引子》、《小溪》、《江流》、《峽灘》、《大河》和《尾聲》組成。

　　《引子》開端出現八度大跳的同音，在弦樂和管樂的長音背景下，彈撥樂奏出舒緩的旋律，模仿小溪流水之聲，對全曲進行了簡練的概括。

　　在寬廣的引子後，流水般的音型引出主題。主題旋律取自原來琴曲中著名的泛音段，箏在2/4和3/4拍子的交替中，唱出這支《小溪》舒展的歌（譜例1），然後編鐘與揚琴先後呈示，意境淡遠，給人以清冷遠逸之感。隨後，主題由弦樂及樂隊變奏，顯得更富表情和歌唱性。而弦樂和彈撥明朗活潑的輪

....

（1）琴曲名，《辭海》風俗通：「其遇閉塞憂愁而作者，名其曲曰操。」

譜例 1

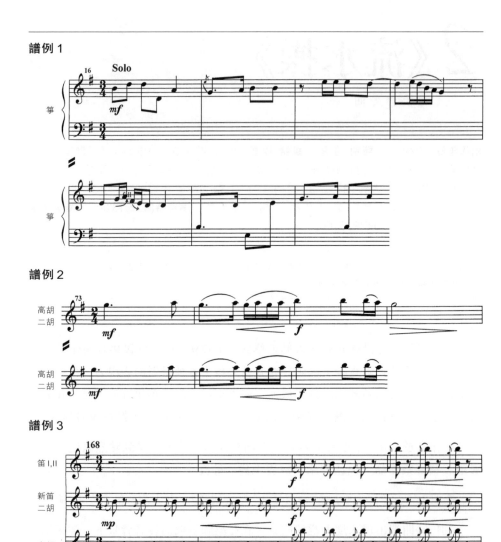

譜例 2

譜例 3

音，彷彿增加了小溪的活力，形成一個小高潮進入展開部。

《江流》一段，開始是由弦樂奏出旋律（**譜例 2**），配合樂器的伴和，仿如緩緩的流水。其後，笛子加入，重複吹奏弦樂的旋律，配器愈來愈豐富，小鼓、低鑼、風鑼、定音鼓的突然鳴響，頓時進入樂曲的高潮——《峽灘》。

在《峽灘》一段，作曲家運用了轉調、模進、對比等手法，描繪流水分而合、合而分，蜿蜒起伏，滙成大河奔流的壯闊情景。音樂高潮迭起，跌宕多姿，表現了一種「騰沸澎湃、蛟龍怒吼」的效果。樂曲由G調轉到E調，作者在拉弦和笛子上加入裝飾音（譜例3），就如海面的波瀾。彈撥樂彈奏漸趨明快而固定的節奏，及後管樂、弦樂和板鼓的加入，使人感到置身於浪花飛濺的激流中。樂曲轉入C調，樂段不時出現三連音的旋律，使人驟然想起水浪奔騰的情景，在定音鼓和大鼓強而有力的敲擊下，營造出驚心動魄、令人震撼的場面。一段拉弦、彈撥的輪音和箏的划奏，猶如江水進入大河。

在《大河》一段，樂曲變得寬廣緩和，連續六連音不斷反覆，上下起伏，有如滔滔江水在河上擴展，開始時柔婉清麗，充滿深情。嗩吶吹奏出豪情的樂聲，然後由曾在《江流》出現的拉弦主題接替，流水平穩，徜徉自得。樂曲逐漸加快，管弦齊奏充滿豪情，同時亦震撼人心。樂曲描繪了大河的壯麗雄偉，抒發了作者對祖國壯麗山河的讚嘆。樂曲的速度漸漸慢下來，在餘音裊裊的短小尾聲中結束。

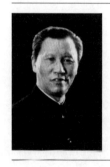

彭修文

1931年出生，湖北武漢人。著名的中國民樂指揮家和作曲家。自1953年，彭氏一直任中國廣播民族樂團首席指揮，還兼任中國廣播藝術團藝術總監、中國音樂家協會常務理事兼民族音樂委員會副主任、中國民族管弦樂學會會長等職。1957年莫斯科第六屆世界青年聯歡節比賽中，他指揮的民族樂團獲金質獎章。他除了擔任指揮工作，還改編、創作了大量民樂曲，如《步步高》、《彩雲追月》、《花好月圓》、《月兒高》等。七十年代後期，彭修文提倡民樂交響化，創作了交響詩《流水操》、《秦·兵馬俑》等大型作品。

參考資料

1. 秋穎《心洗流水、情隨大江——彭修文和他的音詩〈流水操〉》，載《樂器》1997年第4期。

2. 舒新城、沈頤編《辭海》，香港：中華書局，1992年，頁594。

3. 中華古韻 http://www.chinamedley.com/yayun/new/liushuicao/ 瀏覽日期：2003年8月20日。

（三）花的聯想
「民樂」與「新民樂」的取材

自古文人雅士託「花」寄情，以示自己高尚純潔的心志，與冰清玉潔之氣質相契相融。戰國時期楚國詩人和政治家屈原，就常以「香草美人」的象徵手法，標誌自己寧死不屈的志向，以及對國對家的忠誠。

因此，富有象徵的「花」一直被視為美的化身，深受世界各地人民的喜愛。中國書畫中把梅、蘭、菊、竹稱之為「四君子」，常被文人雅士用來表現經霜傲雪的個性、幽芳高潔的情操、純潔的思想感情和正直的氣節。歷代的詩人畫家都喜以「花」作為創作素材，借物詠懷抒發一己之志。古琴曲《梅花三弄》和福建琵琶曲《梅花操》均通過描繪梅花臨寒怒放，展示傲雪經霜的高尚品性，讚頌剛正不阿、高尚純潔的情操。

一株小花為都市人繁囂的生活添上幾分色彩。「花」這一美的象徵，深深的吸引着作曲家們以藝術的手法重新為「花」譜寫一首首令人讚嘆回味的樂曲。

江蘇民歌《茉莉花》的旋律怡人優美，吸引不少中外作曲家將其入樂或改編成不同版本演奏。劉文金根據這民歌寫成民族管弦樂曲，透過不同樂器音色的配搭和組合，展出更迷人的效果，極受廣大聽眾歡迎，成為十首世紀中樂名曲之一。而馮曉泉所作的《雨中花》則採用現代的理念和手段，加入了女聲的唸唱，結合大笛和小型樂隊，展現出雨中及雨後百花的姿采。

1《茉莉花》

⊙ 劉文金 曲

創作年份 1994年　**類別** 合奏　**編制** **吹管**：梆笛〔2〕曲笛〔2〕新笛、大笛〔2〕高音鍵笙〔1〕中音排笙〔1〕低音抱笙〔1〕高音嗩吶〔2〕中音嗩吶〔2〕低音嗩吶〔1〕低音管〔1〕　**彈撥**：揚琴〔2〕柳琴〔2〕琵琶〔4〕中阮〔4〕大阮〔2〕箏〔1〕　**打擊**：雲鑼 編鐘 排鼓 花盆定音鼓 小碰鈴 手鑼 小鈴鼓 小釵 定音鼓 南梆子 手鼓 大鼓 碎子 竹板　**拉弦**：高胡 二胡 中胡 革胡 低音革胡　**演奏時間** 約10'00"　**錄音出版** 雨果製作有限公司：HRP 7159-2

備註 ① 非常規樂器：小笛〔1〕（由梆笛兼奏）；② 獲選為「世紀中樂名曲選」二十世紀最受樂迷歡迎中樂作品選舉十首金曲之一。

　　《茉莉花》原本是一首流行於中國江蘇地區的民歌[1]，歌詞內容描寫茉莉花的雪白和清香，並表達了歌者對茉莉花的欣賞。歷年來，《茉莉花》這首名曲被廣泛演奏或傳唱，如在 1997 年 6 月 30 日午夜，香港回歸祖國的交接儀式上，中英兩國領導人出場前，兩國軍樂隊各自奏樂三首，當時中國軍樂隊演奏的第一首樂曲，就是《茉莉花》。

　　劉文金於 1994 年根據這首非常流行的旋律，譜寫成民族管弦樂曲，表現了東方女性美麗善良、勤勞堅韌的內在品格以及對愛情與命運的理想追求。

　　劉氏的《茉莉花》除保留了原來優美動聽的旋律外，還把原來的旋律變奏和改變歌曲的風格，令人耳目一新。

　　樂曲開首是柔和的慢板，讚美中國女性美麗和善良。低音笙和革胡奏出一段低沉而柔和的旋律，再以中、大阮和箏反覆彈奏出簡單固定的節拍，然後揚琴加入，引入《茉莉花》的主題旋律。樂曲先以笛子吹奏主題旋律，笛子音色

（1）近年，多位中國音樂界專家如何小兵等經論證後認定，《茉莉花》曲調起源於五台山佛教音樂《八段錦》。

柔和、清脆、明亮，猶如一位美麗大方的中國女性立於眼前。接着拉弦、彈撥交替奏出主題旋律片段，並配以排鼓、碰鈴、小鈴鼓重複而穩定的節奏(**譜例1**)。柳琴和琵琶的顫音代表東方女性善良而害羞的一面；笛子跳躍的吹奏(**譜例2**)，展現了東方女性活潑一面。後段是一連串的三連音，由吹管、彈撥和拉弦組交替連接奏出，展現中國女性不屈不撓，堅韌的內在美。最後在溫柔的中音笙和拉弦樂聲中進入較自由的慢板。

作曲家在此段將原來的G調轉為D調。柔和的笛聲緩緩響起，再一次感受東方女性的溫柔嫻淑。其他樂器(柳琴、琵琶、笙、弦樂)漸次加入，但音樂仍保持柔和的本質，然後進入小快板。

小快板展示的是東方女性對愛情與命運的理想追求。開首，彈撥組反覆彈奏特定節奏(**譜例3**)，節奏輕快特別，表現少女的活潑、嬌美，她們不斷為自己的愛情和命運努力。此段氣勢雄厚，充滿希望和生機。後半部分是重複歌曲的主題旋律，有別於歌曲開首的柔和氣氛，而是氣勢澎湃，表現出東方女性對愛情憧憬，希望得到知心人的憐愛，亦不甘受人支配，希望命運能夠掌握在自己的手中。樂曲最後在輕柔的琴箏聲中結束，讓人有一種憐惜之感。

譜例1

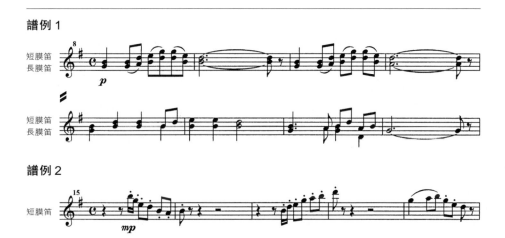

譜例2

譜例 3

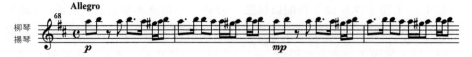

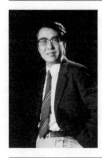

劉文金

1937年出生，河南安陽人。中國當代頗具影響力的作曲家和指揮家之一。歷任中央民族樂團團長、藝術總監、中國歌劇舞劇院院長、中國歌劇舞劇院藝術指導等職，現為中國音樂家協會理事、音樂創作委員會常務副主任、民族音樂委員會委員和中國民族管弦樂學會副會長。他創作了大量的器樂、聲樂作品，如琵琶小協奏曲《劍魂》、二胡與樂隊《秋韻》、民族管弦樂《太行印象》等，而其二胡協奏曲《長城隨想》曾在全國第三屆音樂作品評獎中榮獲一等獎，更被譽為當代二胡作品新的里程碑，影響海內外。

參考資料

1. 劉文金《飛翔的鷹——關於音樂劇〈鷹〉及其他》，載《人民音樂》1995 年第 5 期，頁 9-12。

2《雨中花》

⊙ 馮曉泉 曲

創作年份 2001年　**類別** 竹笛、樂隊與人聲　**編制** 吹管：新笛、大笛〔1〕 彈撥：揚琴〔2〕琵琶〔4〕中阮〔4〕大阮〔2〕箏〔1〕 **打擊**：管鐘 梆子 大鼓 音樹　拉弦：高胡 二胡 中胡 革胡 低音革胡　**演奏時間** 約10'00"　**首演日期** 2001年9月　**地點** 香港 大笛 曾格格　**合唱** 明儀合唱團　**指揮** 閻惠昌　**樂團** 香港中樂團

備註　① 作曲家在樂曲的低音弦樂部分採用大提琴和低音大提琴；② 入選為「世紀中樂名曲選」二十世紀最受樂迷歡迎中樂作品候選金曲。

　　夜色已深，人們各自進入夢鄉，在寧靜、陰暗又細雨濛濛的環境下，深院中的花兒卻仍鮮艷奪目，散發着高貴、清雅的氣質。雖然景象幽美，但細雨毫不「憐香惜玉」地落在花兒身上，使人不禁產生憐惜之情。雨停了，月兒露臉，花兒活潑起來，爭相在明月下弄影，爭妍鬥麗。這些景致最容易引發人們創作的靈感。歷來，不少詩人如蘇軾、李東陽等都被雨中花吸引而題詩作詞。

　　《雨中花》的作曲家馮曉泉根據明代詩人李東陽之「正愛月來雲破，那更柳眠花臥」的美妙詩句，有感而發。此曲創作於2001年，作曲家利用人聲及大笛來演繹「雲破月來花弄影，笛聲常伴雨中花」的意境。

　　此曲被北京音樂界歸類為「新民樂」，所謂「新民樂」，是以民族音樂元素為基礎，用現代理念、手段進行創作和演繹的音樂新形式，人們從其中可感受到現代音樂所帶來的新鮮藝術感受。全曲以中國傳統的徵調式寫成，並以大笛作為主奏樂器。

　　樂曲開首，琵琶、中阮的泛音模仿雨水滴在地上的聲音，加上女聲的輕聲唸白，表示雖是下起雨來，但雨勢不大，周圍的環境仍然非常寧靜。然後是箏、大中阮的彈奏，引入樂曲的主題，大笛吹奏主題旋律（**譜例1**），音樂柔揚清澈，花兒在雨中仍然保持着安靜、高貴、清雅的氣質。跟着拉弦樂器與大笛一問一答，樂聲清澈柔和，彷彿花兒在雨中互相傾訴。大笛的打音就好像雨

譜例 1

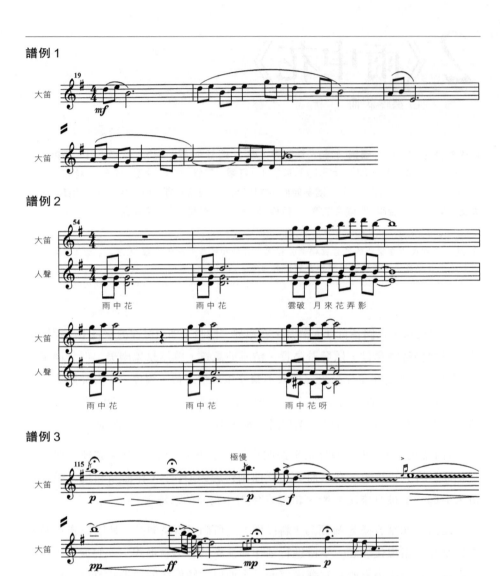

譜例 2

譜例 3

水落到地上。一段大笛和人聲演繹的主題旋律，營造出「雲破月來花弄影，笛
聲常伴雨中花」之意境（譜例 2）。

大笛一段即興加花的獨奏營造出一種靈動的效果（譜例 3），表現出午夜
細雨過後，「百花爭艷，婀娜多姿」的怡人景象。大笛和人聲演繹主題旋律，

加入拉弦、彈撥和打擊樂的奏和，襯托出百花弄影為樂、爭妍鬥麗的美麗情景。然後大笛再一次演奏主題旋律，樂聲開始漸弱，最後消失，而百花也滿足了她們的興味，倦極入睡。

　　香港中樂團大笛助理首席陳鴻燕認為《雨中花》特別之處除笛子用人聲來襯托外，樂曲尾聲部分利用大笛輕吐、垛音、飛指等技巧所營造的效果，確是生動傳神，生動地表現午夜細雨過後百花爭妍，婀娜多姿的景象。

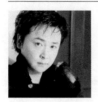

馮曉泉

音樂人、歌手、民族新音樂演奏家，中央民族樂團國家一級演員，也是「新民樂」創始人之一。他多年來創作並演唱演奏的膾炙人口的歌曲及樂曲有：《冰糖葫蘆》、《中華民謠》、《霸王別姬》、《天上人間》、《激情飛越》、《秋水長天》等。1999 年獲文化部頒發「貢獻榮譽獎」。

參考資料

1. 何曉兵《新民樂：傳統音樂的「改版」》，載《音樂周報》2002 年第 40 期。
2. 陳明志 2002 年 11 月 14 日與陳鴻燕的訪問記錄。

（四）和諧空間

作曲家的浪漫情懷

　　躺在綠油油的草地上，輕輕哼着小曲，愜意地欣賞着大自然的風光，對於生活節奏急速的香港人來說，要在忙碌的生活空間裡騰出時間來舒緩一下，也許是一件奢侈的事。然而，偶爾讓音樂融進忙碌的世界裡，正好為刻板沉悶的生活帶來一絲的閒情、一點的色彩。

　　和諧生活源自心中的寧靜。中國人對自然環境產生的情感，始於自然景致予人那種恬靜的感覺。人與天地融洽相處，崇尚自然的生活，那種和諧舒泰的感覺，也許會讓人對自己的生活產生新的體會。

　　同樣，音樂反映着作曲家的心境，懷有閒適的心情，和諧的音樂自然地在作品中表露出來。《春》、《遐思青草地》和《達勃河隨想曲》的作者分別透過不同的題材及不同的景致描寫，透露了樂曲背後作者當時的心境。

　　春天給人生機勃勃的感覺，盧亮輝以美妙的旋律，配合簡練的手法創作的《春》，表達了一種春意融融的感覺。《遐思青草地》是陳錦標在國外留學時，躺在柔軟的青草地上靈機一動之作，作曲家雖以不規則的音樂結構來表達，但聽起來卻不覺帶有太多緊張的氣氛，反而更有一種悠閒自得之感。何訓田則採用了中國少數民族「白馬藏族」的音樂為題材，透過類似印象派的創作手法，以人聲（無詞歌）配合樂器不同的音色和音響效果，展現了達勃河細膩迷人的景致和白馬族人輕歌曼舞的情景。

1《春》

⊙ 盧亮輝 曲

創作年份 1979年　**類別** 合奏　**編制 吹管**：梆笛〔2〕曲笛〔2〕高音鍵笙〔2〕中音排笙〔1〕高音嗩吶〔1〕中音嗩吶〔1〕次中音嗩吶〔1〕中音管〔1〕　**彈撥**：揚琴〔2〕柳琴〔2〕琵琶〔4〕中阮〔4〕三弦〔1〕箏〔1〕　**打擊**：定音鼓 吊鈸 木琴 木魚 碰鈴 三角鐵 鋼片琴　**拉弦**：高胡 二胡 中胡 革胡 低音革胡　**演奏時間** 約11'00''　**首演日期** 1979年2月　**地點** 香港大會堂音樂廳　**指揮** 吳大江　**樂團** 香港中樂團　**錄音出版** 雨果製作有限公司：HRP 7235-2

備註 ① 1979年香港中樂團委約作品；② 非常規樂器：小笛〔1〕（由梆笛兼奏）　簫〔1〕（由短笛兼奏）　板胡〔1〕（獨立聲部）；③ 作曲家在樂曲編制中採用了西洋樂器雙簧管〔1〕；④ 入選「世紀中樂名曲選」二十世紀最受樂迷歡迎中樂作品候選金曲。

經過嚴寒的冬天，溫暖的春天終於到來，大地一片生機勃勃，植物長出了嫩芽，處處充滿生機。所謂「一年之計在於春」，人們也為新的一年積極做好準備。

《春》表現作曲家盧亮輝對春天景色的讚美和歌頌，同時對未來充滿信心和希望。全曲共分為三部分：《春晨》、《春遊》和《春頌》。

第一部分《春晨》，樂曲先由弦樂柔和的顫音描繪天剛破曉、萬物甦醒的景象，長笛跟着加入，然後由箏和揚琴那流水般的音韻引出春天的主題，表現了春天的芬芳和光輝色彩。在柔弱的弦樂顫音之上，簫和笙吹奏出清麗的主題旋律（譜例1），表現春天的明媚。樂曲的速度漸快，笛子和柳琴以高八度奏出樂曲的主題旋律。然後笙回應着（譜例2），彈撥樂亦重複笙的旋律。主題旋律重現，旋律漸快漸強。樂曲的齊奏彷彿歌頌春天的美好。突然旋律慢了下來，如小鳥鳴叫的笛聲響起，正式進入第二部分《春遊》。

這部分以迴旋曲式出現，表現人們懷着興奮的心情到郊外嬉戲遊玩的情景。笛子吹奏出輕快活潑的第一主題旋律，其他樂器漸次加入，表現出人們興奮愉快的心情。然後如歌的第二主題旋律由弦樂和笙奏起（譜例3），笛子如小鳥歌唱的旋律在第二主題旋律間穿插（**譜例4**）。彈撥樂高低起伏的旋律線條，感覺優游舒暢。第二主題旋律由笛子以高八度的吹奏再次響起，緊接着是活潑輕快的第一主題，最後樂隊以急促上揚的旋律進入第三部分《春頌》。

這部分以寬板再現了春天的主題，表現對春天美好的歌頌，和對未來的憧憬，信心和希望。樂章以笛子、嗩吶和拉弦奏出樂章的主題旋律，而其他的吹管樂和彈撥樂以六連音反覆伴奏，表現出春天壯闊偉大之勢，歌頌春天的美好，最後一段由箏的划奏開始後，樂曲在全樂隊激昂的長音中結束。

《春》是盧亮輝第一部的民族管弦樂作品。全曲流露出一種輕快而熱情洋溢的感覺，把春天朝氣勃勃的意境充分表達出來。經過一段隆冬的日子，人和動物都不約而同地跑出來，即使步伐並非十分輕快，但卻毫無倦意，既輕快而又細節豐富的樂章，正好表達人們正為新的一年作好準備。故此曲首演即大受歡迎，為台北、東南亞一些樂團經常演奏的曲目之一。

譜例1

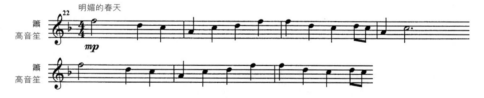

譜例2

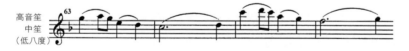

譜例3

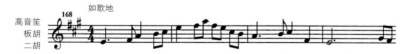

譜例 4

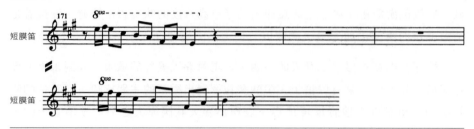

盧亮輝

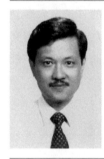

1938 年出生，福建省永定縣人。香港作曲家聯會和香港作曲家及作詞家協會會員。1978至1986年間任香港中樂團全職樂師。為香港中樂團創作了為數不少的大型中樂合奏作品，如《春、夏、秋、冬》、《陽關三疊》、《海奇緣》等。1986 年 4 月離開香港赴台灣。1987 年被特邀為國家音樂廳開幕創作一首《慶典序曲》大合奏。1990 年榮獲交通部觀光局文學藝術作品獎之作曲組佳作獎狀。同年為電視單元劇《俑之舞》創作舞蹈音樂及配樂而榮獲金鐘獎。現任台北中國文化大學現代國樂合奏及作曲法講師。

參考資料

1. 易有伍《雨果唱片的故事》，香港：三聯書店，2002 年。

2. 葉明媚《音樂天地》，香港：商務印書館，1992 年，頁 101-102。

2《遐思青草地》

⊙ 陳錦標 曲

創作年份 1993年　**類別** 合奏　**編制** 吹管：梆笛〔1〕曲笛〔2〕高音鍵笙〔1〕中音排笙〔1〕高音嗩吶〔1〕中音嗩吶〔1〕中音管〔1〕　**彈撥**：揚琴〔1〕柳琴〔1〕琵琶〔2〕中阮〔2〕大阮〔1〕三弦〔1〕箏〔1〕　**打擊**：吊鈸 三角鐵 風鈴 大鼓 小鼓　**拉弦**：高胡 二胡 中胡 革胡 低音革胡　**演奏時間** 約9'17"　**首演日期** 1994年（香港藝術節《埃克森能源輕組曲》）　**地點** 香港　**指揮** 衛承發　**樂團** 香港愛樂民樂團

備註 ① 修訂版本：1999年。

　　《遐思青草地》是一首以富夢幻色彩的旋律和富細膩變化的和聲為主導的作品，而在三拍子的基本節拍及中速的二至八分音符的基礎上，襯托出柔軟的和聲，表達作曲家對大自然及綠林的愛慕。旋律片段往往以較快的頻率在個別樂器及樂器組之間交替，以彰顯中國樂器豐富的音色。在配器上音樂線條經常有不同的重疊演變效果，以達至音色的中長線轉變及對比。樂曲在調性上以A小調為起點，經過C大調的中段後進入升F小調的主題再現，並以A大調和弦終結全曲。

　　此曲由陳錦標於1993年寫成，並於1994年香港藝術節《埃克森能源輕組曲》中由衛承發指揮香港愛樂民樂團首演。作曲家是懷念過去在澳洲悉尼生活時，某日在悉尼歌劇院後面海旁的植物公園的草地上享用三文治午餐的悠閒心情。

　　全曲一氣呵成，但大致可分為A-B-A'三個部分。

　　樂曲開首的第一至八小節是以笙主奏的引子，八個小節分為四句旋律線條(譜例1)，笙的吹奏響亮清澈，加上箏和琵琶的琶音，帶領觀眾進入遐思之中。

　　八小節的引子後，第一部分的旋律正式開始，梆笛和二胡齊奏出柔和的主題旋律，然後由高音笙緊接梆笛及高胡緊接二胡繼續演奏主題旋律（譜例2），這

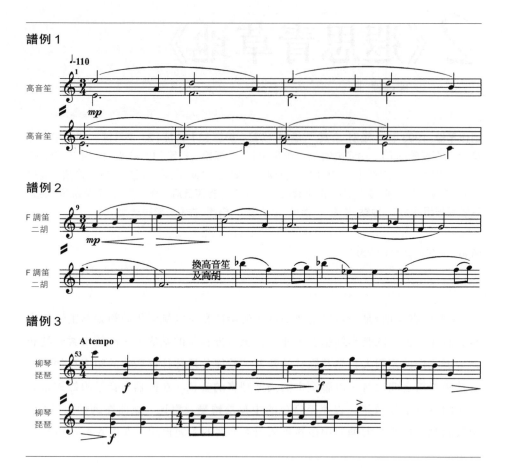

種音色交替手法在此部分的第三十小節再次重現。而彈撥樂高低起伏的協和，猶如腦海內的回憶不斷湧現。然後樂曲開始漸慢漸輕，結束此一部分。

　　第二部分緊接第一部分出現，此部分是樂曲的第一個高潮，音樂較為活潑，彷彿回憶在那草地上開心快樂的片段。彈撥樂不斷重複只是音高和拍子不同的節奏型（**譜例3**），這段旋律不斷在彈撥樂和拉弦樂上交替出現，一問一答，而拍子亦不斷在3/4和4/4拍交替轉換。然後音樂略慢，在第一部分出現的音色交替法再次出現，二胡和低音拉弦拉奏柔和的旋律，高胡、高音笙和曲笛緊接演奏。柔和的旋律正在描繪着大自然的美麗的景色，而樂曲的拍子不斷以2/3、3/4和4/4拍交替，隨後一段拉弦樂的打音進入十數小節的過門。

第三部分是第一部分的主題再現，慢慢進入樂曲的第二高潮，樂隊不同聲部的對奏充滿氣勢及力量，彷彿正在歌頌大自然的美好，表達作曲家對大自然的愛慕。在尾聲部分，樂聲平伏下來，在柔和寧靜的樂聲中結束全曲。

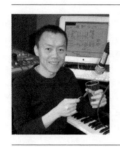

陳錦標

1962 年生於香港，自 1976 年在香港校際音樂節中獲獎後，便開始了他的音樂生涯。他分別在 1985 年及 1987 年贏得阿爾佛・曉爾電子音樂獎及約翰・安提爾作曲獎。他的作品《長笛、單簧管及大提琴三重奏》在 1986 年於香港舉行的第一屆中國現代作曲家音樂節中獲選演出。1986年他在澳洲具領導地位的「活特」電腦音樂組工作，他的作品《女神》成為該音樂組演奏的第一首中國電子音樂作品。現為香港大學音樂系副教授。

參考資料

1. 陳明志 2003 年 7 月 30 日與陳錦標的訪問記錄。

2. 陳錦標 《遐思青草地》樂曲解說。

3 《達勃河隨想曲》

⊙ 何訓田 曲

創作年份 1982年　**類別** 合奏　**編制 吹管**：梆笛〔2〕曲笛〔2〕高音鍵笙〔1〕中音排笙〔1〕中音管〔1〕低音管〔1〕　**彈撥**：揚琴〔1〕琵琶〔8〕中阮〔4〕大阮〔4〕箜篌〔1〕**打擊**：吊鐘　碰鈴　大木魚　沙槌　鈴鼓　排鼓（大・中・小）定音鼓　鐘琴　木琴　雲鑼　管鐘**拉弦**：二胡　中胡　革胡　低音革胡　**演奏時間** 約14'00"

備註 ① 全國第三屆音樂作品（民族器樂）評獎中獲一等獎；② 非常規樂器：簫〔2〕（獨立聲部）；③ 樂曲加入8位女高音和6位男高音；④ 入選「世紀中樂名曲選」二十世紀最受樂迷歡迎中樂作品候選金曲。

中國的少數民族大都生活在邊疆，不同的民族有着自己的風土人情，然而有一點卻是共同的，那就是對國土、家鄉和生活有着無比的熱愛。在少數民族的音樂創作中，這類作品佔有較大的比重。《達勃河隨想曲》表現了生活在達勃河兩岸的達勃人（亦稱白馬藏族）的豪放、熱情、樂觀的性格和多采的生活情景。

《達勃河隨想曲》為何訓田1982年的作品，並在全國第三屆音樂作品（民族器樂）評獎中獲得一等獎。樂曲描繪了達勃河畔的奇麗風光和達勃人聚集在河邊草地歡慶節日的情景，充滿鄉土氣息和民族風情。

達勃河位於四川涪江上游，居住在兩岸的達勃人能歌善舞，跳舞時僅以人聲和一兩件打擊樂器伴和，旋律、節奏具有鮮明的特色。作者把這些特點融入作品中，描繪出一幅充滿鄉土氣息的、色彩斑斕的達勃族風情畫。全樂曲分為兩個樂章。

第一樂章採用了奏鳴曲式。簡短的引子由鐘琴、雲鑼、笛子和弦樂構成迷濛的音響，描繪了夏日黃昏的達勃河畔霧靄飄浮，一派靜謐迷人的綺麗風光。然後是呈示部主部，主題取材於古老的民歌《酒歌》中的「拉珠突格」，悠遠飄逸的旋律由沉重的簫和委婉的二胡先後奏出（**譜例1**），猶如一支柔美的歌曲慢慢升起在波光粼粼、煙雲裊裊的達勃河上。箜篌大幅度高低起伏的伴奏，營造出飄逸的意境。主題旋律不斷反覆重現。音樂開始漸弱，直至消失，副主題跟緊其後。副部主題取材於民歌《撒喲》，熱情活潑，具有舞蹈題材的特點，描繪達勃青年在河邊嬉戲的歡樂情景。活潑跳躍的旋律令人聞歌欲舞（**譜例2**），頗具諧謔色彩的插部用副題材料變化發展而成。其中連續的附點節奏與五連音的對置給人強烈的感受（**譜例3**）。再現部中，主題在箜篌、鐘琴流動的音型襯托下由人聲哼唱出，清亮的雲鑼輕輕模仿，使音樂進入了一個令人心醉的意境。

第二樂章是一首歡樂的迴旋曲。它描繪了節日之夜的達勃人聚集在河邊草地，圍着熊熊篝火盡情歌舞的場面。主部是一個粗獷的、旋風般的舞曲。第一插部是姑娘的跳舞，三拍子的旋律在彈撥樂的伴奏下顯得優美輕盈（**譜例4**）。其他聲部逐漸加入，音樂豐富起來。第二插部由人聲唱出，熱情奔放。

最後，主部和兩個插部疊置在一起，人聲樂聲融成一體，情緒熱烈歡騰，達到了全曲的高潮，生動地刻劃了達勃人豪放、熱情、樂觀的性格。

作曲家此曲採用了全音階、和弦及人聲為樂曲帶來新意，所以在首演後引起強烈的反響。西方印象派的創作手法除樂曲開始的主題部分與民歌原型聯繫較為明顯外，作曲家主要以三全音為骨幹創作了餘下的旋律，但由於三全音在白馬藏族民歌是很有代表性的音程，所以有着共同特點的其他主題，便令各主題間的風格統一起來。

由於此曲在意境營造、樂器配搭及整體樂隊效果上均甚為突出了東方色彩，又照顧到西方觀眾的欣賞口味，所以經常在各類型音樂會中上演。

譜例1

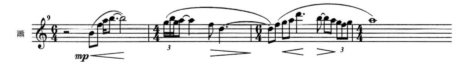

譜例2

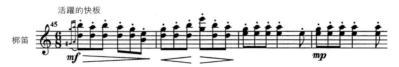

譜例 3

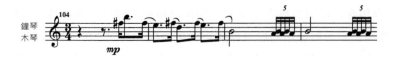

譜例 4

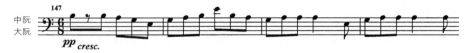

何訓田

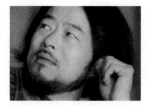

1953 年生於四川省遂寧市。何氏於 1983 年創立了 RD 作曲法（任意律和對應法），是第一位用自己的音樂理論進行創作的中國作曲家。1994 年出版《阿姐鼓》專輯，開闢了音樂創作的新領域，是國際唱片史上第一張在全球發行的中文唱片。1997 年創作的《聲音的圖案》等作品，建立了新音樂語言和新音樂結構。現為上海音樂學院教授、博士班導師、作曲指揮系系主任。

參考資料

1. 何訓田 《達勃河隨想曲》樂曲解説。

2. 藍光明《〈達勃河隨想曲〉簡析》，載《音樂探索》1983 年。

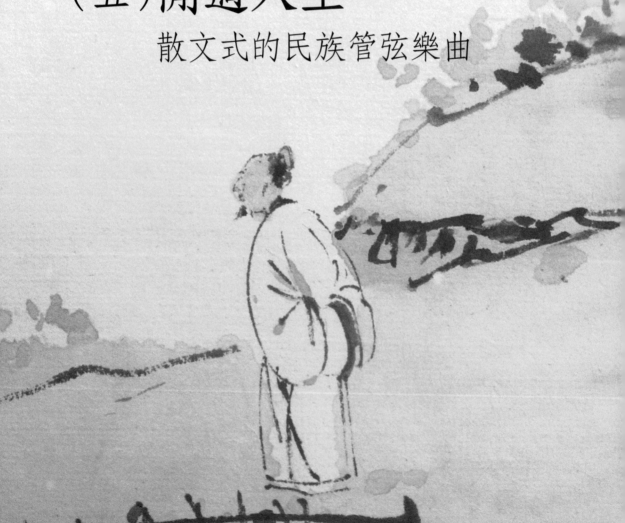

（五）閒適人生
散文式的民族管弦樂曲

每一個民族的藝術文化均受着不同因素影響，而哲學思想就是其中之一。眾多的學說裡，以老子和莊子的學說代表了道家思想，其出世的思想開闢了瀟灑飄逸的藝術風格和審美思想。

百家爭鳴的春秋時代，很多說客都會以寓言故事作為一種遊說的手法，莊子卻以無限的想像力創造出與眾不同的寓言故事。莊子書中的第一篇文章《逍遙遊》，以超乎想像的寓言故事，去表達莊子那種超世脫俗的思想。在此一風格下，他的學說給世人以瀟脫、放達、愉悅、自適的感覺。莊子連夢境也反映出他那豐富的幻想力，「莊周夢蝶」就是眾所周知的故事。

莊子汪洋恣肆的想像，不但為作曲家帶來奇幻的寓言故事，亦引發他們的創作靈感。《逍遙遊》和《夢蝶》兩首作品就在不同的程度上受到莊子的影響。兩首樂曲在風格上和意念上各有特色，作曲家以不同的手法，去演繹那種自由自在的感覺，表現了中國樂曲流露的音樂散文性。

中國音樂多以樂句為單位，注重旋律的線條和音色的濃淡。關迺忠和陳能濟兩位作曲家皆善於創作優美的旋律。關迺忠以管子奏出由不同音程組合而成的旋律，上下不停流轉的音階，透露逍遙自得的感覺。就如作曲家所言，在壯麗山河前感到自己的渺小，反之以平常心去面對世間的種種不如意的事情，這種心意處處在樂曲當中流露着。

旋律同樣優美的《夢蝶》，陳能濟以旋律的線條特色建構出另一種感覺，不同樂器所演奏長短不一的樂句、旋律或音響效果，表面看來只是作者隨心而出之作，實際上就如陳能濟所言，樂器的編排和樂句的長短和調性的安排與組合，就在編織一幅美麗的圖畫。

1《夢蝶》

⊙ 陳能濟 曲

創作年份 1990年　**類別** 合奏　**編制 吹管**：梆笛〔2〕曲笛〔2〕新笛／大笛〔2〕高音鍵笙〔2〕中音排笙〔1〕低音抱笙〔1〕中音嗩吶〔1〕次中音嗩吶〔1〕低音嗩吶〔1〕中音管〔1〕低音管〔1〕　**彈撥**：揚琴〔2〕柳琴〔2〕琵琶〔4〕中阮〔4〕大阮〔2〕三弦〔1〕箏〔1〕　**打擊**：定音鼓 大竹板 吊鐘 風鈴 彈弓盒 吊鈸 雙鈸 木魚 碰鈴 低音鑼 沙槌 響板 梆子 鈴鼓 包鑼 小鈸 小堂鼓 中國大鼓 大鈸 中鑼　**拉弦**：高胡 二胡 中胡 革胡 低音革胡　**演奏時間** 約13'48"　**首演日期** 1990年　**地點** 台北　**指揮** 陳澄雄　**樂團** 台北市立國樂隊　**錄音出版** 雨果製作有限公司：HRP 7208-2

備註 ① 為1990年第四屆台灣作曲家研討會而作；② 吹管樂器：外加傳統高音嗩吶和傳統中音嗩吶；③ 非常規樂器：海笛〔1〕（由高音嗩吶兼奏）；④ 入選「世紀中樂名曲選」二十世紀最受樂迷歡迎中樂作品候選金曲。

　　身處香港這個繁囂的都市，能夠一睹穿花蝴蝶的風采，相信這已經十分困難，更何況享受如蝴蝶飛舞的那份自由自在。生命起落，花開花謝，多少人能珍惜此刻的「擁有」，同時也能放下對「失落」與「挫敗」的恐懼？面對千變萬化的挑戰，誰又能拋開心鎖，無拘無束面對所有，泰然自若地生活？

　　現實中未能排遣的情緒和鬱結，往往自夢中抒發。莊子作了一個夢，他夢見自己變成了一隻美麗的蝴蝶，在山川、林間、花草中，歡天喜地、無拘無束地飛翔；他覺得自己更適合變做蝴蝶的生活，這種上站花蕊吸花粉，下歇草尖採露珠，撲翅於樹林綠葉間的日子，不知道世上還有一個叫莊周的人。突然醒來，究竟是莊周作夢化為了蝴蝶？還是蝴蝶作夢變為了莊周？但蝴蝶不是莊周，莊周也不是蝴蝶，二者在不經意間進行了物化。

　　作曲家在民族音樂當中尋求突破，同時亦保存了音樂的特色。音樂總不如文字般具體，樂曲的體裁、發展和題材等，都跟隨作曲家的創作靈感而行。作曲家受印象主義⑴音樂的影響，此曲透過樂器的音色和音響的追求等表達抽象的意念，同時反映作曲家感性的一面。陳能濟認為好的大型作品需要具備幾個因素：作品的曲式直接影響音樂的發展和結構、和聲的建構和調性的發展。音樂之所以能抒發感情和具備故事性，就是依靠了樂曲的結構。

《夢蝶》透過莊子《齊物論》之「莊周夢蝶」[2]的故事，進一步探討人生存的意義和自我價值的肯定。

樂曲開始，中胡就如莊子夢中的低訴（**譜例 1**），以樂器的音色和音響效果所營造的虛幻氣氛襯托下，拉開了音樂的序幕。中胡加上革胡以片段的形式奏出了旋律。為樂曲的主題做好準備，同時在背景音樂充分營造出夢的感覺。眼前的景象由朦朧變得真實，作曲家突破了吹管樂器一貫被作為演奏旋律的角色，採用了西方管樂的演奏方法，笛子（**譜例 2**）連綿而清晰的樂句，就如眼前的煙霧漸漸消散，四週的顏色也變得光亮了，景物的輪廓亦變得清楚可見了。由主題演變出來的旋律片段，忽快忽慢的跌宕着那種零零碎碎的感覺，仿如莊子心中充滿疑惑，慢慢地一步一步的往前走，到底前面會有些甚麼呢？

樂曲的音量突然間轉強，吹管樂器奏起華美的樂句，把大家嚇了一跳，原來眼前美不勝收的景象令人看得目瞪口獃，美景讓人心情起伏不定，樂曲的感覺變得強烈，置身如花似錦的美景，使人忘卻世間的種種不幸，正自欣賞之間，遠遠看見一隻蝴蝶穿梭花叢間，自得其樂地享受美好的時光，走近一看，原來有無數的蝴蝶正在翩翩起舞，作曲家選用穿透力強、音色清澈的曲笛和梆笛以即興的手法來表達蝴蝶的飛舞，吹奏者隨着樂曲的氣氛，不受節奏和速度的限制吹奏樂句，優美的樂句配合自由的演奏方法，充分展現了萬千蝴蝶飛舞花間的情景。

歡樂的氣氛戛然而止，樂曲的速度和氣氛亦有所轉變。樂曲的感情一沉，二胡和中胡拉奏出略帶哀傷的旋律，作曲家採用了西方的和聲和離調手法，配合樂曲縱橫交錯的場景。原來萬般皆是夢，一切一切都只存在於虛無之中，回

....

（1）印象主義：印象主義原為繪畫的一個流派，印象主義的音樂與繪畫的原理相同，在音樂中音響和音色融為一體。還有，印象（impression）的藝術與表現（expresssion）的藝術，事實上都是在類似的對照上所成立的。

（2）從前莊周做了一個夢，夢到自己變成蝴蝶，自由地翩然飛舞，十分快樂，此時他已完全忘記自己是莊周，只知道自己是蝴蝶。忽然間夢醒了，才發覺自己是莊周。但不知是莊周做夢成蝴蝶！還是蝴蝶做夢變作莊周？莊周與蝴蝶畢竟有所不同，這就是物化。

譜例 1

中胡

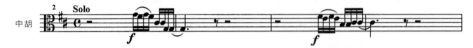

譜例 2

梆笛

曲笛

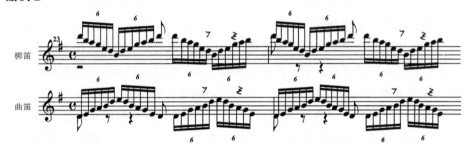

譜例 3

高音笙
木琴

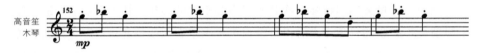

想人生如夢，世上的一切如過眼雲煙，只有我才是真實的。樂曲的氣氛一轉，笛子吹起輕快的旋律，拉弦樂器亦隨之加入，彈撥樂器舞蹈性的節奏，令樂曲的音色由單薄變得濃厚。心中的煩惱消解了，心情亦變得輕鬆愉快了，木琴和高音笙（譜例 3）奏出了輕快的氣氛。

樂曲的尾聲部分與前奏互相呼應。尾聲就如再一次身處夢中。尾段由中胡奏出主題，高胡和革胡以對位的手法再次演奏出主題旋律，高胡奏出婉約的旋律，在寧靜的氣氛下回味剛才一幕幕的情景，到底是夢醒，還是再跌入另一個夢？

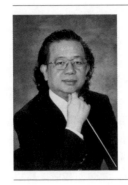

陳能濟

1940年出生，1965年畢業於北京中央音樂學院。早期為業餘香港中樂團指揮之一。1989年移居台灣，應高雄市實驗國樂團邀請任駐團指揮。在台期間並應邀客席指揮台北市立國樂團及台北實驗國樂團。1991年榮獲高雄市文藝獎（音樂類）首獎。陳氏於1999年6月起出任香港中樂團駐團作曲／推廣助理。陳氏寫有大量各種類型之中西音樂作品。如交響合唱《兵車行》、鋼琴曲《赤壁懷古》、大型民族管弦樂曲《故都風情》等。1994年為市政局三大藝團合演音樂劇《城寨風情》作曲，同年又憑《赤壁懷古》獲香港作曲家及作詞家協會頒發最廣泛演出獎。

參考資料

1. 中國藝術研究院音樂研究所《中國音樂詞典》編輯部編《中國音樂詞典》，北京：人民音樂出版社，1995年。

2. 李德真《中國民族民間樂器小百科》，北京：知識出版社，1991年。

3. 音樂之友社編，林勝美譯《新訂標準音樂辭典》，台北：美樂出版社，1999年，頁874-875。

4. 陳明志2003年8月14日與陳能濟的訪問記錄。

5. 鄭志祥《中國美學的文化精神》，上海：上海文藝出版社，1996年。

6. 葉明媚《音樂天地》，香港：商務印書局，1992年，頁29-32。

2《逍遙遊》

⊙ 關迺忠 曲

創作年份 2000年　**類別** 管子與樂隊　**編制** 吹管：梆笛〔2〕曲笛〔2〕新笛、大笛〔2〕高音鍵笙〔2〕中音排笙〔1〕低音抱笙〔1〕高音嗩吶〔2〕中音嗩吶〔1〕次中音嗩吶〔1〕彈撥：揚琴〔2〕柳琴〔2〕琵琶〔4〕中阮〔4〕大阮〔2〕三弦〔1〕箏〔1〕　**打擊**：定音鼓 鐘琴 西洋鈸 低鑼 串鈴 排鼓 鈴鼓 大鼓 大鑼 堂鼓 磬 碰鈴 沙槌 木魚　**拉弦**：高胡 二胡 中胡 革胡 低音革胡　**演奏時間** 約27'54"　**首演日期** 2001年2月　**地點** 香港大會堂音樂廳　**管子** 葛繼力　**指揮** 瞿春泉　**樂團** 香港中樂團

備註　① 2000年香港中樂團委約作品。

生活在高度城市化的香港，街上步履匆匆的行人，摩肩接踵的緊迫情形，反映着生活的壓力。日益加劇的競爭，急速的生活步伐，為了生活，人們難以放下心中的重擔去欣賞身邊的事物，更何況逍遙自在的面對人生？急速的生活就像縮短了的生命，每天醒來只是為了完成未完的工作，這樣的生活磨滅了人的夢想，讓人的眼光變得短淺，營營役役地虛度半生。

關迺忠在樂曲簡介中談及，《逍遙遊》這首樂曲的名字來自莊子的《逍遙遊》。究竟莊子的所言的「逍遙」是甚麼呢？《逍遙遊》為《莊子》內篇的第一篇，反映了莊子多方面的思想，尤其突出顯示了莊子的人生哲學。「逍遙」有行動自如、無所拘束、自由自在等義在內。《逍遙遊》借此詞義，無疑是在討論在自然界和人類社會生活中，有沒有一種獨立的、無須任何憑藉的，不受條件限制的「逍遙」並用生動形象的比喻論證了一切大眾的「逍遙」都是有所憑藉的。

在莊子的《逍遙遊》裡所講述的「鯤鵬之喻」[1]是：「北冥」的海中有一種

---

(1)「北冥有魚，其名為鯤。鯤之大，不知其幾千里也。化而為鳥，其名為鵬。鵬之背，不知其幾千里也；怒而飛，其翼若垂天之雲。是鳥也，海運則將徙於南冥。南冥者，天池也。齊諧者，志怪者也。諧之言曰『鵬之徙於南冥也，水擊三千里，搏扶搖而上者九萬里，去以六月息者也。』」

魚叫作「鯤」。鯤的身軀有幾千里那麼廣大，而且能夠變成一隻「鳥」而到空中飛行，化為鳥時稱為「鵬」，這隻大鵬鳥的背不知有幾千里那麼長。這隻北海的大鵬鳥在海上飛行的目標，是朝向天地極南的一端，叫作「南冥」，一個在天涯海角深不可測的「天池」之處。在空中乘風而起直上九萬里的青雲之天，且一旦升空飛行就會一直飛個不停，要六個月後才會停下來休息。

至於關廼忠的《逍遙遊》則是由香港中樂團 2000 年委約，特為管子演奏家葛繼力而作。全曲大部分採用傳統的音樂語言和技法，優美的流暢的旋律，加上非常謹慎地採用非常規演奏、不協和音等現代音樂手法，作品備受大眾歡迎。

關廼忠在樂曲簡介中提到，驚異莊子在兩千年前就可以站在宇宙的角色來觀察我們的世界。尤其是莊子所言的「若夫乘天地之正，而御六氣之辯以遊無窮者，彼且惡乎待哉！故曰，至人無己，神人無功，聖人無名。」更是讓其受益終生。

《逍遙遊》共分三個樂章：《山》、《雲》及《山村市集》。

第一樂章《山》：要登上高聳入雲的頂峰，當然要克服無數的艱辛，跨過種種的難關才能一嚐登上絕嶺的滋味。關廼忠整段採用上、下行的樂句去營造翻山越嶺的感覺。樂段以慢板開始，低音樂器承接着高胡和二胡所奏悠長而漸強的高音，作曲家以不同音區的樂器，從俯瞰的角度描寫一望無際的群山。管子的旋律反覆地環繞着樂句的起始音，在一個狹窄的音域裡前進，管子旋律的起伏（譜例 1），猶如巍峨的山勢一般。由樂隊演奏的樂段氣氛轉為莊嚴，眼下的群山就如千軍萬馬並列眼前。雄偉的山勢震懾過後，回過神來細看遠處的風光，管子在彈撥樂器奏着簡單而輕柔的伴奏下襯托着，如關廼忠所言身在山中你會感到造物者的偉大，人是如此的渺小，而人世間的是非非亦變得如此的無謂。樂段的氣氛轉為平靜，管子回應樂段開始時的旋律片段，群山的壯麗再一次盡入眼簾，表達了日落之時「萬山紅遍」的景致。彈撥樂器那具有彈性和顆粒性的伴奏，好像滿天的繁星在你觸手可及之處閃爍。

第二樂章《雲》。居高臨下的看着山下的景致，抬頭望，自遠處飄來幾片棉絮般的白雲。關廼忠的樂曲簡介：「世間最變幻莫定的就是雲了。」雲的顏色和形狀就如天氣般變幻無常，時而點點白雲散落在萬里晴空上，時而烏雲籠罩着大地。讓人想起了法國印象派作曲家德布西(Debussy, Achille-Claude)鋼琴曲《板畫》集。樂曲富有牧歌風格[2]。第二樂章採用三段體曲式。樂曲初段作曲家在配器方面比較簡單，樂句的速度自由，而樂隊的旋律均是上行樂句，速度變得整齊而略為輕快，清風帶着雨點陣陣吹來。管子的旋律是單拍子，而背景音樂作曲家卻採用複拍子，這混合顯現的創作方法，拍子的交換令樂曲氣氛轉移。樂曲的背景以平穩的節奏前進（譜例2）。樂曲轉為輕快，揚琴、柳琴和高胡彈奏下行的半音階（譜例3），猶如急驟的雨聲，雨水或落在葉子上、或落在石頭上，各自產生不同的聲音，善於表現跳躍節奏的彈撥樂器正適合演繹這種氣氛。關廼忠採用笒篍來模仿風聲（譜例4），同時氣氛亦變得緊張起來，風雨交集，低音樂器不斷重複的半音階樂句（譜例5）。樂曲的速度轉為行板，回應樂章的主題，樂隊的背景亦變得整齊和清楚，仿如雲層開始變得稀薄，雨後陽光照耀着大地的感覺。

第三樂章《山村市集》。山村的市集遠離繁囂都市，簡樸的生活洗滌人的心靈，人與自然融洽相處，整個環境都是純真質樸的，關廼忠說：「山泉是清涼的，山風是清爽的，山裡的人們是清純的。」此樂章採用了三段體曲式，速度採用「中─快─中」，打破傳統協奏曲「快─慢─快」的常規。開始的複拍子，樂句和旋律給人一種迴蕩之感。第二段在轉調的同時，樂段的節拍亦變成單拍子，速度在樂段尾開始放慢，再轉入第三段，在重複着第一段的同時，調性亦較自由。樂隊一節熱烈的間奏帶出了管子的「華彩」獨奏部分，節奏和速度都比較自由，充分發揮演奏者的高超技巧和管子獨特的音色。樂曲最後在熱鬧的氣氛下結束。就如關廼忠在樂曲介紹所述：「山裡的小集熙熙攘攘，但是它卻比那超級市場多一份情。在山村市集中賣藝的藝人水準怎可以和百老匯相比，但是他們的表演卻多一份真。」

綜觀全曲，對管子吹奏者有着相當高的要求。由於管子演奏時往往大量消耗氣息，因此，不宜作長時間持續不停演奏，但此曲作為獨奏角色的管子，吹奏者不僅沒有太多休息的時間，在「華彩」的部分更採用了兩支不同調的雙管來演奏[3]，可說難度相當高。

....

（2）Magrigal:牧歌是沒有樂器伴奏的聲樂作品，歌詞大多數與感情有關。

（3）兩支管子的哨子同時放入口中，演奏者同時控制兩支不同長度的管子，並運用不同的指法來演奏。

053

譜例 1

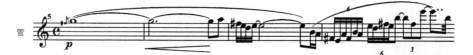

管

譜例 2

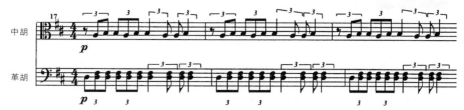

中胡

革胡

譜例 3

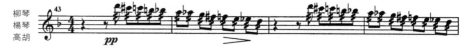

柳琴
楊琴
高胡

譜例 4

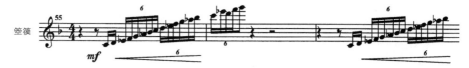

箜篌

譜例 5

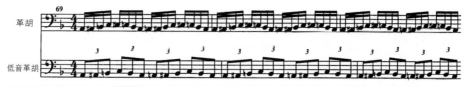

革胡

低音革胡

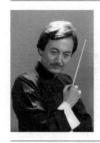

關廼忠

1939年生於北京，十七歲進入中央音樂學院，1961年畢業於作曲系。曾擔任東方歌舞團指揮及駐團作曲家、麗風唱片公司音樂製作人、香港中樂團音樂總監及高雄市實驗國樂團指揮等職。主要作品有交響樂三部、各種樂器之協奏曲十六首、大型樂隊作品十四首，舞劇兩部、交響大合唱三部、中小型樂隊作品過百首；指揮、作曲、編曲之唱片超過三十五張。關氏於1994年移居加拿大。

參考資料

1. 王孝魚《莊子內篇新解》，長沙：嶽麓書社，1983年。

2. 王孝魚《莊子通疏證》，長沙：嶽麓書社，1983年。

3. 音樂之友社編《新訂標準音樂辭典》（初版），台北：美樂出版社，1999年，頁1077-1078。

4. 梁茂春《香港作曲家—三十至九十年代》，香港：三聯書店，1999年，頁157-166。

5. 張小康《先秦諸子的文藝觀》，上海：上海文藝出版社，1981年。

6. 張松如等《老莊論集》，濟南：齊魯書社，1987年。

7. 張耿光譯註《莊子全譯》，貴陽：貴州人民出版社，1991年。

8. 郭慶藩輯《莊子集釋》，北京：中華書局，1961年。

9. 郎擎霄《莊子學案》，天津：天津古籍書店，1990年。

10. 陸 欽《莊周思想研究》，鄭州：河南人民出版社，1983年。

11. 崔大華《莊學研究》，北京：人民出版社，1992年。

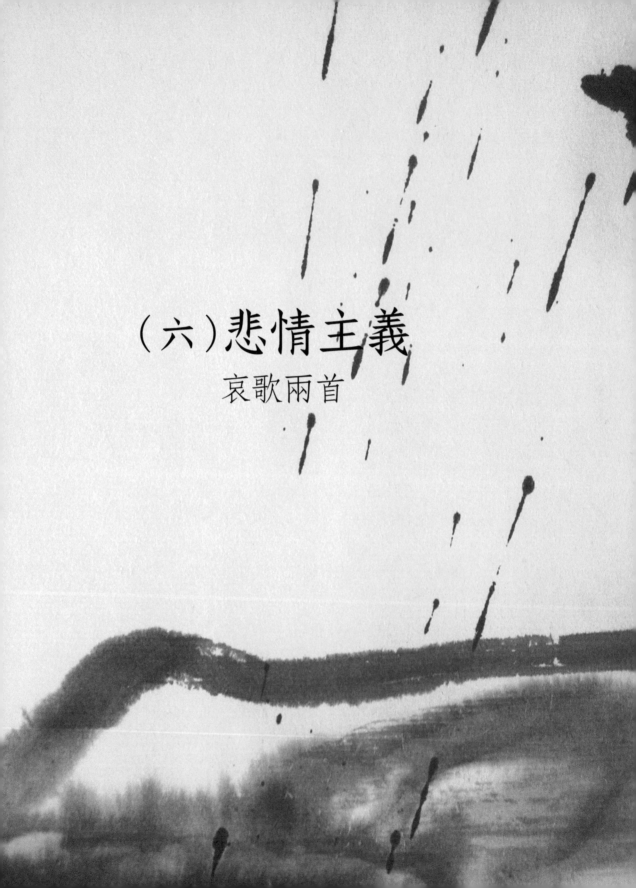

（六）悲情主義
哀歌兩首

人生之中，老，是最殘酷的；死，是躲不了的。哪一個雪白粉嫩的小嬰兒不惹人疼愛？卻有多少個雞皮鶴髮的老人讓人憐惜？哪一個人在臉上發現第一條皺紋時能完全坦然？有多少人不在乎白髮平添？而死呢？有幾個人參得透？為什麼有人得以頤養天年？有人卻連長大都來不及？人，都是一條命，誰的命貴，誰的命賤？誰該轟轟烈烈，誰又該平淡無奇？人，都在世上走一遭，怎麼活叫沒白活，怎麼死叫死得其時、死得其所？

生老病死固然是人生的必經階段，富貴貧賤亦由不得你去選擇。佛家有云「眾生皆苦」，幻變的世事，觸動着人們的七情六慾。自古不知道有多少人，經歷過生離死別、國破家亡而傷心欲絕。生命中的悲情並沒有隨人的死亡而消減。生命中最讓人刻骨銘心的莫過於情，所以「情」這一恆常主題，往往是古典文學和音樂作品的主要描述對象。

以「情」為題的藝術作品，透過哀怨動人的旋律，像蠶絲般牽動聽眾的心。因此，在中國的傳統音樂中，有着很多描寫生離死別、人生苦痛的曲調。

《江河水》以感人的民間故事為題材，展現妻子對丈夫至死不渝的愛情。哀怨感人的管子，如泣如訴地流露出主人翁心中的情感。《故都風情》以昔日繁華的故都為題。輝煌的都市今日變得頹垣敗瓦，眼前如幻似真的景物，追思昔日壯闊的山河，為樂曲帶來了絲絲的無奈和哀愁。這兩種不同層面的情，同樣牽動着聽眾的心。

1《江河水》

⊙ 東北民間樂曲 彭修文 編曲

改編年份 1973年　**類別** 管子獨奏與樂隊　**編制** 吹管：梆笛〔2〕高音鍵笙〔2〕中音排笙〔1〕中音管〔1〕　**彈撥**：揚琴〔2〕琵琶〔4〕中阮〔4〕大阮〔2〕　**打擊**：鈴 定音鼓　**拉弦**：二胡 中胡 革胡 低音革胡　**演奏時間** 約7'20"　**錄音出版** 喜瑪拉雅：HRP7192-2 風雲：MP1038 搖籃唱片：CRCD108

備註　① 1973年彭修文改編為雙管獨奏，1980年再修訂；② 非常規樂器：簫〔1〕（獨立聲部）；③ 作曲家在樂曲低音弦樂部分以大提琴和低音大提琴替代革胡和低音革胡；④ 入選「世紀中樂名曲選」二十世紀最受樂迷歡迎中樂作品候選金曲。

　　悲歡離合交織着人的一生，當今之世有多少人可以像蘇軾「不以雨為憂，不以晴為喜」？有人説「人生皆苦」，命運的無常，往往讓人傷痛不已，更遑論妻離子散、陰陽相隔的悲情呢？

　　《江河水》原是傳統的雙管獨奏曲，二十世紀五十年代由王石路、朱廣慶、朱長慶和谷新善等，據「遼南鼓樂」同名笙管曲牌整理加工改編；樂曲的速度原為中速，旋律簡樸，常用於民間風俗場合，情緒輕快。用「放慢加花」手法改編後，全曲激越、悲憤有力，感染力極強，後由彭修文改編為管子與樂隊演奏。二十世紀六十年代初，湖北藝術學院教授黃海懷把雙管曲移植為二胡獨奏曲，二胡演奏家閔惠芬更因拉奏此曲而獲得盛名。此曲的獨奏與民族管弦樂隊編制版本，1973年由彭修文改編為管子獨奏，以民族樂隊伴奏，1980年再行修改。

　　由於管子音色仿如人聲，善於表達歌唱性的樂曲，因此，表現憂傷情緒的《江河水》，不期然想到故事中的人物在痛失丈夫時的低泣和悲哭。此曲以三段體曲式編寫，透過不同的速度、力度和旋律連續四次四度上揚的創作技巧，表現主人公從「哭泣」、「回憶」到「送葬」時的情緒轉變。描寫一對生活幸福美滿的夫婦，在丈夫被迫服役時，遭受虐待、慘死異鄉。妻子於是去到江邊，對着滔滔江水，以江代信，遙祭夫魂，回憶往事，傷心不已。

　　音樂開始時管子以散板吹奏較低的音區，模仿泣不成聲，欲言難語的傾訴（譜例1）。上板後逐漸吐露椿椿心事，輕輕低訴，扣人心弦。中段先由拉弦樂器拉奏旋律，亦即樂曲的過門部分。

　　笛子的聲音自遠處而來，樂曲的速度輕快起來，就如涼風吹開了思人的愁悶，憶起令人懷念的時光。管子與樂隊樂句的對答，仿似夫婦二人幸福生活的片段，當婦人正自陶醉回味時，驟然想起所有一切的美好都已成過去，心中更添悲憤。

　　旋律在第三段時已成為呼天搶地、悲痛欲絕的形象，而音樂的速度漸急，尾段則呼應了主題旋律（譜例2），速度轉為慢板，就如無奈的嘆息，惟有祝福摯愛的人，在遙遠的那方安然無恙。

譜例 1

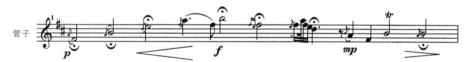

譜例 2

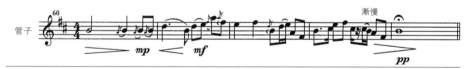

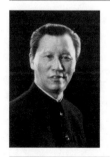

彭修文

1931年出生，湖北武漢人。著名的中國民樂指揮家和作曲家。自1953年，彭氏一直任中國廣播民族樂團首席指揮，還兼任中國廣播藝術團藝術總監、中國音樂家協會常務理事兼民族音樂委員會副主任、中國民族管弦樂學會會長等職。1957年莫斯科第六屆世界青年聯歡節比賽中，他指揮的民族樂團獲金質獎章。他除了擔任指揮工作，還改編、創作了大量民樂曲，如《步步高》、《彩雲追月》、《花好月圓》、《月兒高》等。七十年代後期，彭修文提倡民樂交響化，創作了交響詩《流水操》、《秦・兵馬俑》等大型作品。

參考資料

1. 李德真《中國民族民間樂器小百科》，北京：知識出版社，1991 年。

2. 中國藝術研究院音樂研究所《中國音樂詞典》編輯部編《中國音樂詞典》，北京：人民音樂出版社，1985 年。

3. 鄭志祥《中國美學的文化精神》，上海：上海文藝出版社，1996 年。

2《故都風情》

⊙ 陳能濟 曲

創作年份 1984年　**類別** 合奏　**編制** 吹管：梆笛〔2〕曲笛〔2〕高音鍵笙〔1〕中音排笙〔1〕低音抱笙〔1〕高音嗩吶〔1〕中音管〔1〕　**彈撥**：揚琴〔2〕柳琴〔2〕琵琶〔4〕中阮〔2〕三弦〔1〕箏〔1〕　**打擊**：木琴 鋼片琴 定音鼓 馬鈴 串鈴 大鼓 磬 吊鈸 鈴鼓 串鐘 響板 梆子 大鑼　**拉弦**：高胡 二胡 中胡 革胡 低音革胡　**演奏時間** 約20'00"　修訂版：約13'00"　**首演日期** 1984年月6月　**地點** 香港大會堂音樂廳　**指揮** 吳大江　**樂團** 香港中樂團　**錄音出版** 喜瑪拉雅：HRP7153-2

備註　① 1984年香港中樂團委約作品；　② 非常規樂器：口笛〔1〕(梆笛兼奏)；　③ 修訂版本：1990 年。

故都，讓人充滿了幻想的地方。黃沙漫漫，故都遙遙，似遠還近的都市彷彿近在眼前：繁華的市集，熙來攘往的人群；戰事的壯烈，四處頹垣敗瓦，一幕幕歷史猶如活現眼前。刹那間，古城消失於黃沙之中，究竟我們看到的是真實還是幻象呢？或者，一切已經變得不再重要，那個遙遠的故事，那份悲情究竟如何消解，如何訴說呢？陳能濟以熟練的創作手法，通過調性、節奏、和聲、配器和音響等變化，編織出蕩氣迴腸的《故都風情》。

全曲由三個大樂段組成，而每段則分為兩部分。

首段的第一部分氣氛平靜，作曲家以對位手法和配器手法，編排四次主題旋律的出現。中段二胡的獨奏進入了富新疆民歌特色的第二部分，富舞蹈節奏的音樂背景流出，聽起來更添哀傷。

第二段，樂曲由箏彈奏的琶音開始，猶如湖面泛起的漣漪，引出由梆笛帶起的主題旋律（**譜例1**）。旋律半音為主，抑揚的節奏刻意避開了傳統「一重二輕」的觀念，這不太工整的主題旋律節奏組合，聽起來有一種朦朧和不真實的感覺。之後，曲笛以對位的方式再和應，而木琴的聲音，就像是遠處滴滴答答的水聲。笙在拉弦樂器的襯托下再一次奏起旋律，中胡同時奏出副旋律（**譜**

譜例 1

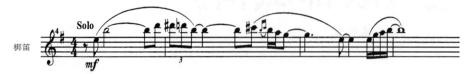

梆笛

譜例 2

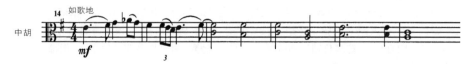

中胡

譜例 3

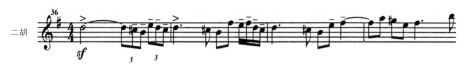

二胡

譜例 4

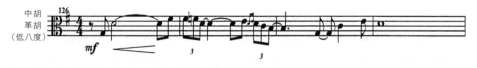

中胡
革胡
（低八度）

例2），箏那劃破靜寂的聲音不時出現。來回交錯的旋律給人迴環的氣氛，就像平和地訴説着遙遠的故事，眼前的景致仿如虛幻。拉弦樂器用顫弓奏出樂句，樂曲的氣氛亦隨之變得激動澎湃起來。此時，由笛子吹奏的主題旋律的拍子漸次明確，伴奏的節奏型亦變得齊整，樂曲的背景漸次清晰，就像一步一步前行，故都面貌亦漸現眼前。

其後，二胡奏着牽動人心的樂句（譜例3），為我們打開了故都的大門。音樂背景採用新疆民歌的旋律，彈撥樂器奏起舞蹈節奏，讓人感受到少數民族對歌舞的熱情。革胡拉起扣動心弦的主題旋律，二胡亦以對位的手法穿插其中。隨着彈撥樂器節奏的改變，樂句以層層遞進的方式手法四次出現，速度亦由慢而快，先是彈撥樂器，其次是拉弦樂器加入，然後樂句變奏，第四次則由吹管樂器奏出。

　　承接吹管樂器所營造的氣氛，第二段的第一部分，先由彈撥樂器奏出輕快的節奏，而配以拉弦和彈撥樂的簡單組合，構成了次段的序幕。此後，不同段落間的連接和安排，多以平穩的節奏、和聲和富調性的旋律過門。承上而演變的節奏型亦轉以二拍子為單位，感覺由緊張變得穩定下來。旋律在不同樂器的伴奏襯托下再次出現，而且速度逐漸增加，感覺起飛。

　　此時，緊張的氣氛忽然收起，西北的風沙無情的颳起，此部分採用簡單的旋律、和聲和音響效果，描寫了風沙遍野的景況。箏的琶音猶如無情的風沙，而木琴的聲音驚醒我們，遠處的木魚聲則像穿透黃沙的魅影。及後，拉弦樂器以顫弓奏出半音組成的樂句。漫天風沙，四周了無人煙，一片蕭殺的景象呈現眼前。

　　樂曲的旋律再一次在第三段再現。與第一段不同，旋律出現了兩次，音區較低，次數亦較少，前後的調性也統一。及後氣氛一轉，箏重複地奏着輕柔的伴奏，這一伴奏型貫徹此段，由中胡和革胡（**譜例4**）同時呼應第一段的副旋律，拉弦樂器引領樂隊第二次奏出相同的副題，重複時加上吹管樂器，感覺由悲哀沉痛慢慢地推至慷慨激昂。

　　熱鬧過後，曲終人散，難免會掀起無限的愁緒。樂曲的尾聲回應引子，並以壓縮的形式再現，革胡沉痛地奏着主題旋律，木琴瀝瀝的聲音，隨着淡淡哀愁，悄悄遠去，四周影像亦變得模糊，箏的琶奏仿似風一般吹走那遙遠的景象，隨同永無窮盡的悲哀一起消失。

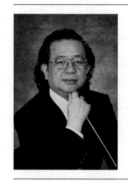

陳能濟

1940年出生，1965年畢業於北京中央音樂學院。早期為業餘香港中樂團指揮之一。1989年移居台灣，應高雄市實驗國樂團邀請任駐團指揮。在台期間並應邀客席指揮台北市立國樂團及台北實驗國樂團。1991年榮獲高雄市文藝獎（音樂類）首獎。陳氏於1999年6月起出任香港中樂團駐團作曲/推廣助理。陳氏寫有大量各種類型之中西音樂作品。如交響合唱《兵車行》、鋼琴曲《赤壁懷古》、大型民族管弦樂曲《故都風情》等。1994年為市政局三大藝團合演音樂劇《城寨風情》作曲，同年又憑《赤壁懷古》獲香港作曲家及作詞家協會頒發最廣泛演出獎。

參考資料

1. 陳明志 2003 年 8 月 14 日與陳能濟的訪問記錄。

2. 梁茂春《香港作曲家—三十年代至九十年代》，香港：三聯書店，1999 年。

（七）感物抒懷

三首動人的「月」曲

　　遙遠而不可及的月亮，在無雲的夜空上溫柔地灑下一串串銀光。月亮的映照下，大地像披上一層銀色的輕紗。月夜引來人們無數的欣賞和讚嘆，善感的人們亦借月夜美好的景致，抒發心中所思所想。

　　中國人的感情較含蓄，常常寄情於物，借物抒情。因此，在寫景詠物的同時，創作者亦寄託自己的心志。音樂雖不如書、畫般能具體地描寫景物的全貌，但擅於營造氣氛；一個觸動心靈的場景，就能引發作曲家的創意，再結合不同的編配技巧，就能創作一首首家喻戶曉的民族音樂。其中同時以「月」為題的作品就有《二泉映月》、《春江花月夜》和《花好月圓》三首。

　　中國傳統音樂講求思情，以情出發，選用不同樂器、角色，加以適當的處理，以表現特定人物的思想情緒或某種場景的氣氛。《二泉映月》、《春江花月夜》和《花好月圓》的作者亦以不同的方式和角度帶領聽眾感受月夜。

　　《二泉映月》是華彥鈞隨自己的意念和心意演奏的作品，音樂內容雖然沒有涉及世稱「天下第二泉」的江蘇無錫惠山泉，但曲中哀而不傷的旋律和不徐不疾的速度，相信聆聽者或多或少都能感受到一種寧靜的氣氛。

　　在明月映照的春夜，順江而下觀賞兩旁嬌艷的花朵，這就是《春江花月夜》所要描繪的圖畫。在描繪泛舟江上那份悠然自得的同時，優美的旋律與環境相結合，亦給人寧靜閒適的感覺，達至情景交融的效果。

　　《花好月圓》原是西洋管弦樂曲，由彭修文改編為民族管弦樂曲。樂曲描述一眾輕歌曼舞、盡情歡樂的場面，在優美愉快的旋律中，透過對歌舞的描述，顯露樂曲所追求那份美好的意境。

1《二泉映月》

⊙ 華彥鈞 曲　彭修文 改編

改編年份 1978年　**類別** 二胡與樂隊　**編制** 吹管：中音排笙〔2〕　**彈撥**：揚琴〔1〕琵琶〔4〕中阮〔4〕大阮〔2〕　**打擊**：鈴　**拉弦**：高胡 二胡 中胡 革胡 低音革胡　**演奏時間** 約6'00"　**首演日期** 1978年10月　**地點** 香港　**指揮** 吳大江　**樂團** 香港中樂團　**錄音出版** 廣州新時代影音公司：MCD 9730

備註 ① 1989年「首屆金唱片獎」；② 1978年香港中樂團委編作品；③ 關廼忠和王祖等亦曾改編《二泉映月》；④ 非常規樂器：簫〔1〕（獨立聲部）；⑤ 作曲家在樂曲低音弦樂部分採用大提琴和低音大提琴；⑥ 獲選「世紀中樂名曲選」二十世紀最受樂迷歡迎中樂作品選舉十首金曲之一。

　　二泉就是江蘇無錫惠山泉，世稱「天下第二泉」，至今已有一千二百多年歷史。「天下第二泉」是著名品茶專家陸羽（字鴻漸）評定的。蘇東坡以「獨攜天上小團月，來試人間第二泉」的詩句對其讚譽備至。

　　惠山泉是華彥鈞（阿炳）常去遊玩的地方，《二泉映月》是他雙目失明後才奏出的作品，阿炳用音樂形象地描繪舊日曾目睹的美麗風景，但心中所感卻一片漆黑，在婉轉優美的旋律中，流露傷感蒼涼的情調。1950年夏天，著名音樂理論家楊蔭瀏、曹安和為阿炳演奏錄音後，經磋商定名為《二泉映月》。《二泉映月》是阿炳的心靈寫照，阿炳稱它為《依心曲》。樂曲的旋律優美而深沉，抒發阿炳對坎坷不平的遭遇的感受，以及對美好理想的憧憬，因此有人稱此曲為「斷腸之聲」。

　　此曲於七十年代由彭修文根據王國潼的演奏譜，編配為二胡與樂隊版本，其演奏錄製唱片後曾榮獲中國唱片總公司1989年「首屆金唱片獎」。

　　《二泉映月》由一個主題加五個變奏組成。樂曲以短小的樂句為引子，像是一聲嘆息，然後進入基本主題。旋律在二胡的低音區徘徊，以表現作曲家低沉、抑鬱的情緒。然後旋律轉向高音區，線條不斷上揚，代表着一種反抗和不屈的性格。其後的五個變奏就是發展自主題。這首作品的旋律變奏，並非單純地加花,而是按着感情的發展,將樂曲逐步推進,編織出一個精密而又有系統的結構。樂曲前半部分出現連續的長音顫弓,輕而細密,表達內心的波濤起伏。隨着樂曲層層推進,情緒更顯高亢激昂,到達全曲最高潮,然後突然抖落,音樂逐漸平靜。音樂末段與引子首尾呼應,曲終而意猶未盡。

彭修文的改編版本,整首樂曲以主題和變奏的方式。香港中樂團二胡助理首席程秀榮指出此曲旋律的變化、延伸、展開是透過力度的變化、幅度起伏和運弓輕重,令整首樂曲扣人心弦。這版本保留引子、主題和第一變奏。最特別之處,就是改寫了最後一個樂句。雖然如此,但原曲那種滄桑味道,還是發揮得淋漓盡致。

引子由簫奏出,樂隊加入主題的第一句(**譜例1**),再加入二胡獨奏,接續主題的第二句(**譜例2**)。而樂隊與二胡之間,由琵琶去補白。由於樂隊部分的主旋律由胡琴和簫負責,感覺上兩種樂器像在對唱,風格典雅的琵琶在附和着,令樂曲的層次更見分明。主題以略慢的速度重現,主角憶起兒時到惠山泉遊玩的情形,優美婉轉的旋律略帶蒼涼。旋律逐漸激昂,速度加快,其他拉弦樂器加入,節奏更為緊湊,主角悲憤地為自己坎坷不平的遭遇而怨恨。最後在激昂中退下來,主題又一次重現,氣氛變得柔和,表達主角對將來美好生活的憧憬。配合樂曲本來的意境,胡琴結尾的泛音,要求演奏者將手指輕放在弦線上,發出飄渺的聲音。聽起來音樂具有結束的意味,卻有餘音裊裊。

顧冠仁認為:「彭修文的改編版本非常利落,沒太多花巧,樂隊完全是襯托二胡,整體淡淡的,但也有集中表現整個樂隊的地方,跟《二泉映月》本身、阿炳本身提供的意境和情緒比較符合。而彭修文在樂曲情緒上的鋪墊,一層層推向高潮,有較強的層次感。這版本只有六分鐘左右,不會給人太冗長煩瑣的感覺。加上保留原曲的蒼涼味道,聽眾能感受到阿炳對坎坷不平生活遭遇的感受和憤怨,以及對美好理想的憧憬。彭先生的安排手法可以說是非常精煉,故此版本是流傳最廣泛的版本之一。」

譜例 1

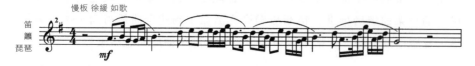

譜例 2

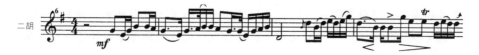

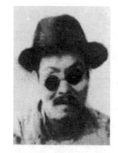

華彥鈞

1893年清光緒十九年出生，江蘇無錫東亭小四房人。阿炳從童年起就從他的父親華清和（無錫雷尊殿當家道士）學習各種民間器樂。阿炳到了卅五歲的時候不幸雙眼失明，從此，人們稱這位街頭賣藝人為「瞎子阿炳」。據説阿炳能演奏和演唱的樂曲有兩百多首，其中大部分是阿炳自己創作的樂曲。後來，著名音樂歷史學家楊蔭瀏和曹安和為阿炳錄下了二胡曲《二泉映月》、《寒春風曲》、《聽松》和琵琶曲《大浪淘沙》、《昭君出塞》、《龍船》，成為中國音樂寶庫中的一份珍貴遺產。

彭修文

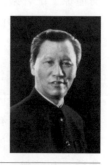

1931年出生，湖北武漢人。著名的中國民樂指揮家和作曲家。自1953年，彭氏一直任中國廣播民族樂團首席指揮，還兼任中國廣播藝術團藝術總監、中國音樂家協會常務理事兼民族音樂委員會副主任、中國民族管弦樂學會會長等職。1957年莫斯科第六屆世界青年聯歡節比賽中，他指揮的民族樂團獲金質獎章。他除了擔任指揮工作，還改編、創作了大量民樂曲，如《步步高》、《彩雲追月》、《花好月圓》、《月兒高》等。七十年代後期，彭修文提倡民樂交響化，創作了交響詩《流水操》、《秦・兵馬俑》等大型作品。

參考資料

1. 阿炳藝術成就國際研討會組委會編《阿炳論》，北京：中國文聯出版社，1995年。

2. 胡登跳《土・新・情—我對中樂作品中關係中國風格的認識》，載《人民音樂》1989年第3期。

3. 程秀榮談《二泉映月》。

4. 陳明志2003年2月12日與顧冠仁的訪問記錄。

5. 楊蔭瀏《阿炳其人其曲》，載《人民音樂》1980年第3期，頁31-34。

2《春江花月夜》

⊙ 古曲　秦鵬章、羅忠鎔 編曲

編曲年份 1983年　**類別** 琵琶與樂隊　**編制** 吹管：高音鍵笙〔1〕　**彈撥**：揚琴〔1〕琵琶〔1〕中阮〔2〕大阮〔1〕箏〔1〕　**打擊**：雲鑼　鈴　木魚　大鼓　大鑼　**拉弦**：高胡　二胡　中胡　革胡　低音革胡　**演奏時間** 約 9'00"　**錄音出版** 雨果製作有限公司：HRP 747-2

備註　① 非常規樂器：簫〔4〕（獨立聲部）；② 作曲家在樂曲的低音弦樂部分，以拉阮和低音拉阮替代革胡和低音革胡；③ 彭修文、劉文金、黃曉飛、高為杰等均曾改編此曲；④ 彭修文改編版本獲選為「世紀中樂名曲選」二十世紀最受樂迷歡迎中樂作品選舉十首金曲之一。

談起《春江花月夜》，相信最能勾起回憶的要算是由粵劇名家唐滌生編劇、名伶任劍輝和白雪仙在《紫釵記》中所唱的「劍合釵圓」。

《春江花月夜》(1)又名《夕陽簫鼓》，實為琵琶古曲。1925年，大同樂會的柳堯章將此曲改為絲竹樂合奏曲，共分十段，每段小標題又作了更改，曲名訂為《春江花月夜》，這也是現今經常聽到的版本。

《春江花月夜》本屬琵琶文曲，「文曲」是指音樂意境優美而富詩意，表達人物內心情意或寫景的樂曲。這種風格的樂曲體現了中國音樂中寧靜、深遠的境界和文人追求高尚和恬靜的情操。

大同樂會的柳堯章，改編的絲竹樂合奏《春江花月夜》，基本上亦保留了原曲結構上的特點，就是每段落在開頭和結尾都有共通的樂句。每段均以琵琶領奏開始，所以每當琵琶獨奏出現，聽眾就知道這是新段落的開始。

(1) 樂譜最早見於清代嘉慶年間（1736－1820），浦東派《鞠士林琵琶譜》手抄本中有《夕陽簫鼓》的曲譜，分七段，但無小標題。另在《陳子敬琵琶譜》手抄本中，也有記載。此外，1842年張兼山的《檀槽集琵琶譜》以及1875年吳畹卿手抄琵琶譜均有此曲。1895年出版的平湖派《李芳園琵琶譜》中，把此曲改為《潯陽琵琶》，共分十段，各段另設小標題。至二十世紀二十年代出版的《養正軒琵琶譜》，曲名也是《夕陽簫鼓》，也是七段，標題跟《陳子敬琵琶譜》相同。李芳園的學生汪昱庭（1872－1951）對此曲又作修訂，改名《潯陽夜月》，分十段，小標題跟李芳園相同。

譜例 1

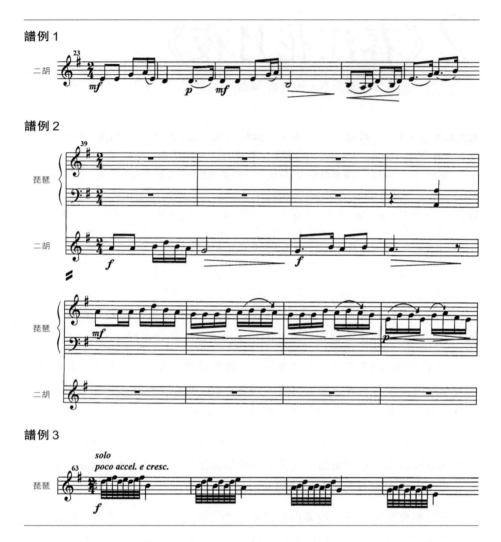

譜例 2

譜例 3

　　琵琶演奏家衛仲樂於1929年加入大同樂會，柳堯章就把《春江花月夜》傳授給他。以後大同樂會演出這首曲子，都是由衛仲樂主奏琵琶。後來他把此曲傳給秦鵬章。而秦鵬章和羅忠鎔的版本，基本上就是衛仲樂的演奏譜，可謂一脈相承。

　　秦鵬章在談及中國民族樂隊發展的時候，認為從中國的器樂傳統看，各種樂器都是以演奏旋律為多。不論古樂或民族樂隊，「都以齊奏旋律為主，加上

譜例 4

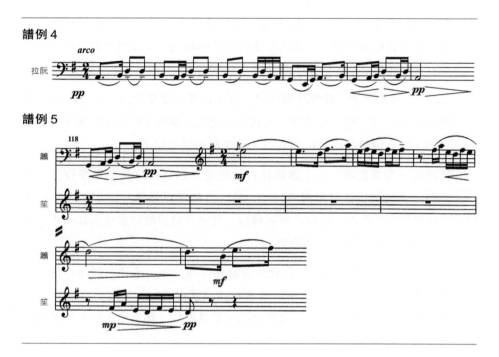

譜例 5

『加花』手法的複調性支聲為輔，各種樂器在互相穿插」，但如果將樂團編制無限擴大，「中國民族樂器的優美音色與特殊奏技就被抹煞了」[2]。因此在改編樂曲的時候，他特別保留絲竹樂柔美細緻的特質。樂隊編制方面，有琵琶、簫、箏、揚琴、二胡、弓胡和打擊樂器。本來十段音樂，他把《風回曲水》與《花影層疊》兩段合併為一段，並刪去《橈鳴遠瀨》，而《漁舟唱晚》的尾末亦有修改，所以實際演奏只有八段。

第一段「江樓鐘鼓」，音樂起始，節奏較自由，琵琶和揚琴模擬鐘鼓聲，然後大鼓加入，鐘鼓交奏，作為暮鼓送走夕陽。簫、琵琶和箏帶出水的聲音，江水在微風的輕拂下，泛起漣漪。然後拉弦奏出抒情優美的主旋律（**譜例1**），其他樂器伴和。這一旋律，在以後各段反覆變奏出現，貫穿全曲。「江樓鐘鼓」揭開了《春江花月夜》景色的序幕。

（2）秦鵬章《要交響化，不要「交響樂隊化」》，載《人民音樂》1998 年 3 期，頁 20 － 22。

第二段「月上東山」，描寫夕陽西下，明月冉冉升空，江水泛漣漪的景致。開始時琵琶的滾奏給人一種朗月徐徐上升的動感。拉弦與琵琶一問一答奏出主題旋律（譜例 2），仿如明月與江水相呼應。

第三段「花影層疊」描繪晚風吹拂，江水蕩漾，繁星閃閃，五光十色，令人心馳神往。琵琶一緊一弛的彈奏表現江水迴旋（譜例 3）。而曲調演奏聲量一大一小，變化迴轉曲折，恰如其題。最後漸慢漸小結束。

第四段「水深雲際」，主題旋律再次出現，以拉弦拉奏，低音拉弦先開始，然後是高音的拉弦（譜例 4），一低一高的旋律好像時望江水、時望天際。其他樂器加入齊奏，旋律柔揚而輝煌，月光透過層層白雲映入江水中，碧天如水，水天一色，令人心曠神怡。

第五段「漁舟唱晚」優美的簫聲吹奏起悠揚的旋律，漁翁在歸途中悠然自得地歌唱着，笙重複吹奏前一小節簫的旋律（譜例 5），製造山谷回音的效果。然而樂隊加入，速度漸快，力度加強，氣氛歡快，彷彿漁人興致勃勃的歸來，然後聲音慢慢遠去。

第六段「迴瀾拍岸」琵琶運用掃、輪技巧，由慢至快，再加上箏的划奏，模擬浪濤拍岸。樂隊合奏，歡快熱鬧。

第七段「欸乃歸舟」描寫搖櫓之聲。用箏配上琵琶，表現舟行江上的情景。節奏上強弱分明，有如一起一落的划槳動作。而力度上由 ppp 漸至 fff，速度上由慢漸快，就像從遠處傳來隱約的櫓槳聲。一小句箏柔和上揚之聲，結束這段怡人景致。

第八段「尾聲」重現了抒情優美的旋律，速度緩慢，拉弦先拉奏，然後簫答和，速度放緩至慢慢消失，並在最後一個音符上輕擊一下大鑼，更襯托出夜闌人靜，餘音裊裊，令人沉醉於整個樂曲的意境中，有種意猶未盡的感覺。

《春江花月夜》是一首意境深遠的作品，有着中國園林建築審美情趣之作，也可以說是中國古典音樂之王。聽其音樂，本身就有意境，它會帶人到一種情景，讓人如遊花園般，欣賞時心是非常清閒的，抱的不是城市那種緊張的心理狀態。它可說是文人音樂，文人音樂主要表現在那種高雅的氣質，悠閒的心理狀態，不急不躁，清靜淡泊的人生境界。

　　香港中樂團琵琶首席王靜認為：「從感性上看，這樂曲也是非常優美、典雅的。你可以跟着樂曲每個段落去聽，每段都有承上啟下，開始結尾都有『合頭』，各段在結尾、開頭處都有共同的東西出現，它一出現，聽者就知道一個段落快要完結，另一段落就要開始。而民樂版本的《春江花月夜》，在加入了吹管拉弦後，音色對比鮮明，豐富了空間和層次感。各段標題，加深了聽眾對音樂的聯想，就像一幅層次和諧統一的山水畫。」

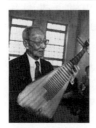

秦鵬章

1919年生於上海，江蘇無錫人。1948年任上海交響樂團首席單簧管和國立音專副教授。1951年起曾三次參加世界青年聯歡節的演出，兩次參加「布拉格之春」國際音樂節任演員和指揮。後任中央歌舞團民樂合奏、舞蹈伴奏的指揮和獨奏，1960年起任中央民族樂團指揮、作曲和獨奏。

羅忠鎔

1924年生於四川省三台縣，1942年在成都四川省立藝術專科學校開始學音樂，主修小提琴，1944年，轉入國立上海音專專科學校繼續學小提琴，這時期，還同時師事譚小麟教授學習作曲。1949年，羅又師事丁善德教授學習對位法，其餘有關作曲理論和技術都是自修。1947年，羅創作了他的第一首作品，歌曲《山那邊喲好地方》。1949年，羅在上海音樂學院教授和聲學；1951年到北京中央樂團創作組工作；從1960年開始，還同時在中央音樂學院作曲系兼授作曲課；1985年，任中國音樂學院作曲系教授。

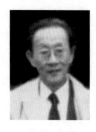

參考資料

1. 林石城《〈春江花月夜〉的演變》，載《樂器》2002年第1期，頁78-79。
2. 秦鵬章《要交響化，不要「交響樂隊化」》，載《人民音樂》1998年第3期，頁20-23。
3. 許光毅《談談優秀古典樂曲〈春江花月夜〉》，載《人民音樂》1983年第2期，頁34。
4. 陳明志2003年1月14日與王靜的訪問記錄。
5. 陳樹熙《細說從頭話春江》，載《音樂欣賞》，台北：三民書店，2002年。
6. 盧亮輝《現代國樂作品運用傳統音樂素材之探索》，載《人民音樂》2001年第6期，頁15-17。

3《花好月圓》

⊙ 黃貽鈞 曲　彭修文 編曲

改編年份 1956年　**重編年份** 1981年　**類型** 合奏　**編制 吹管**：梆笛〔2〕曲笛〔2〕高音鍵笙〔2〕中音排笙〔1〕低音管〔1〕　**彈撥**：揚琴〔2〕柳琴〔2〕琵琶〔4〕中阮〔4〕大阮〔2〕三弦〔1〕　**打擊**：木魚　鈴鼓　大鈸　定音鼓　　**拉弦**：高胡　二胡　中胡　革胡　低音革胡　**演奏時間** 約 3'00"　**錄音出版** 香港中樂團：HKCO-SACD-1-2003-3

備註 ① 修訂版本：1981年； ② 獲選「世紀中樂名曲選」二十世紀最受樂迷歡迎中樂作品選舉十首金曲之一。

　　由嚴華填上《月圓花好》的歌詞：「浮雲散，明月照人來，團圓美滿今朝最，清淺池塘鴛鴦戲水，紅裳翠蓋並蒂蓮開，雙雙對對恩恩愛愛，這款風兒向着好花吹，柔情蜜意滿人間。」正好道出「明月」和「鮮花」的「美好」象徵。「明月」象徵一家人團圓，生活美滿幸福；「花」則象徵情人恩恩愛愛，也為人們帶來不少歡樂。故不少詩人、畫家和音樂家均喜以「明月」和「花」為創作題材。

　　而深受海內外樂迷喜愛的民族管弦樂曲《花好月圓》就是其中一例。《花好月圓》的作者黃貽鈞創作此曲時才二十歲，恰是風華正茂，且對生活及未來滿懷希望和信心，因此他在這首曲子裡，抒發了樂觀的情緒和對美好前景的追求。這首樂曲情感真摯，樸實自然，描寫人們在花前月下中輕歌曼舞的場景，抒發花好月圓時的內心感受。盡抒人間的美好感情，盡展人們追求的美好意境。

　　《花好月圓》是黃貽鈞在一隅沉思，信口哼出一個音調而發展成的一首歡快樂曲。他的同行陳中據樂曲的情緒，題名為《花好月圓》，不想這首匆忙趕寫的即興之作，竟成了一首音樂佳品，廣為流傳。以後黃貽鈞把《花好月圓》改編成管弦樂曲，其後民樂作曲家、指揮家彭修文又把這首管弦樂曲改編成同名民族管弦樂曲。於是《花好月圓》流傳更廣，遍及海內外。

　　彭修文改編的民族管弦樂《花好月圓》是一首採用有再現的單三部曲式的輕音樂作品。全曲在熱烈的快板引子中開始，管弦齊奏沸騰的音調，情緒歡快激越。

　　熱烈歡快的引子帶出第一段的主題，主題柔和輕盈。旋律先由笛子吹奏（**譜例1**），柔和明亮，仿如在明月映照下，花兒以及其他景物都顯得份外明亮美麗。然後轉入高胡和二胡變化重複，描繪了一幅輕歌曼舞的畫面，人們陶醉於這醉人的美景中。

　　第二段的主題由揚琴、柳琴和琵琶演奏（**譜例2**），音色清脆，節奏輕快活潑；然後由二胡和高胡的變化重複。低音樂器（大阮、中胡、革胡）以深厚的音色演奏出舞蹈性的節奏型（**譜例3**），生動地表現了人們在月下盡情歡舞的場面。

　　最後，樂隊以快速的加花演奏，變化再現第一段主題（**譜例4**），節奏緊密，上下起伏，樂曲在熱烈歡騰的情緒中結束。

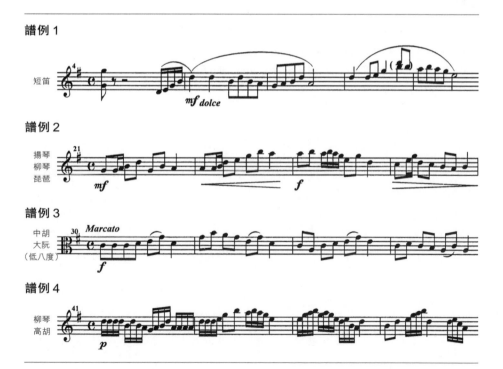

譜例 1

譜例 2

譜例 3

譜例 4

黃貽鈞

1915年生於江蘇蘇州，1934年隻身到上海，進上海百代唱片公司百代國樂隊任演奏員，以後隨中國早期著名音樂家黃自學作曲。1937年考入上海國立音樂專科學校，主科學小號，副科學大提琴和中提琴。1938年10月，他進入上海工部局交響樂隊（上海交響樂團的前身）任演奏員，是最早加入此團的四位中國音樂家之一。他還是最早從事中國電影、話劇音樂創作的作曲家之一。新中國誕生後，他從指揮自己的作品開始了長期的指揮生涯。

彭修文

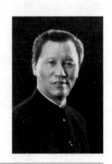

1931年出生，湖北武漢人。著名的中國民樂指揮家和作曲家。自1953年，彭氏一直任中國廣播民族樂團首席指揮，還兼任中國廣播藝術團藝術總監、中國音樂家協會常務理事兼民族音樂委員會副主任、中國民族管弦樂學會會長等職。1957年莫斯科第六屆世界青年聯歡節比賽中，他指揮的民族樂團獲金質獎章。他除了擔任指揮工作，還改編、創作了大量民樂曲，如《步步高》、《彩雲追月》、《花好月圓》、《月兒高》等。七十年代後期，彭修文提倡民樂交響化，創作了交響詩《流水操》、《秦·兵馬俑》等大型作品。

參考資料

1. 沈星揚《彭修文的音樂》，載《人民音樂》，1997年第5期。

2. 張靜波《民族器樂賞析》，昆明：雲南大學出版社，2001年。

3. 羅仕藝《大學生民族音樂欣賞》，北京：中國青年出版社，2001年。

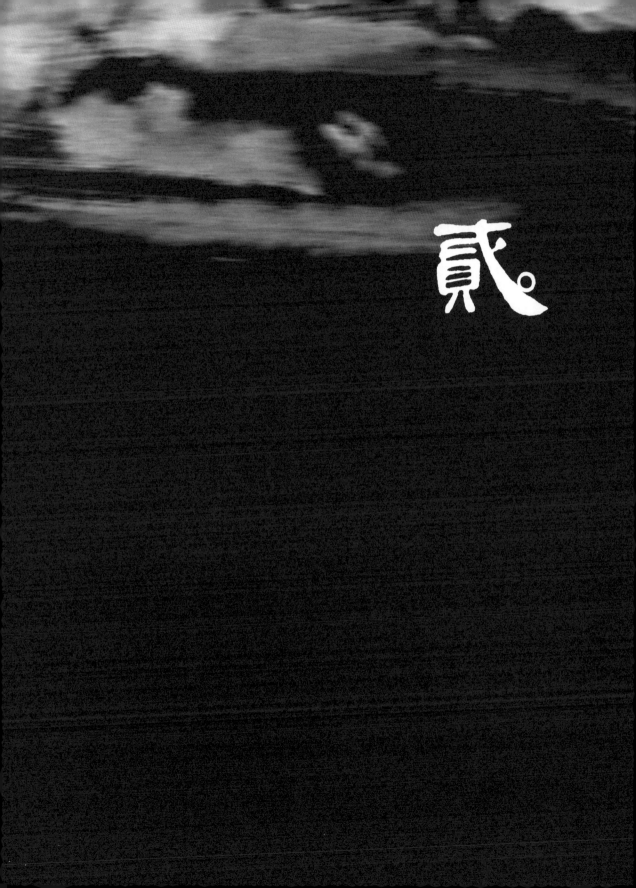

貳。

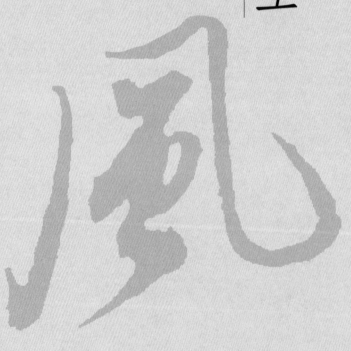

地域與風土

（一）異鄉情濃
曲調的「引用」與「擬作」

生活的點點滴滴在時間的流逝中累積下來，無論服飾、語言、禮俗和宗教等，自然而然地形成了各具特色的風土人情。少數民族那色彩鮮艷的服裝、熱情的歌舞，與我們城市人的生活截然不同。音樂能反映當地的生活文化，而民間的傳統樂器、語言特色亦在不知不覺中融入音樂裡，因此，我們往往能從樂曲辨識是屬哪個民族的音樂。

異地的景致和音樂，往往給予作曲家無限的靈感。台灣的整體面積稱不上很大，但各部族在文化、語言、部落組織、族人的體質乃至音樂表現等，都有極大差異。就如台灣「雅美族」、「平埔族」和「高山族」，族人均喜歌擅舞，不論祭祀或慶典，都少不了載歌載舞的歡樂場面。充滿特色的風俗和民間音樂，在作曲家眼中猶如耀眼璀璨的寶石。作曲家或會選取民間音樂的片段再加以發揮；或會吸收民間音樂的特色再加以創作。無獨有偶，《眾仙會》和《豐年祭》分別運用台灣民間音樂素材為創作基礎。

以民間歌曲入樂由來已久，但要在音樂中反映當地民族特性卻非易事。《眾仙會》是閻惠昌旅居台灣時，取材當地「歌仔戲」[1]的作品，在已有的材料上，作曲家靈活地運用了大型樂隊豐富的音色與織體變化，為樂曲添上新的生命。

同樣不是台灣人的關迺忠，亦受台灣沿海居住的原住民「雅美族」音樂的影響，產生靈感而創作《豐年祭》。當時作曲家雖未親到台灣生活，但憑其幻化的藝術思維和豐富的想像力，創作出這首深受台灣當地人民喜愛的樂曲。

---

(1) 早在十七世紀，大批福建人遷居台灣，在他們辛勤地開墾土地時，唱歌奏樂成為農閒的惟一娛樂，閩南民歌從此在台灣植根。閩南民歌，或稱福佬民歌，當時稱為「歌仔」，原盛行於大陸漳州一帶，是以方言俚語演唱的民間小調。在發展的過程中，兼收福建地方劇種如北管戲、南管戲、四平戲，及一些外江戲，即閩南以外的大陸戲劇，如京劇，蛻變為現今的「歌仔戲」。

1 《眾仙會》

⊙ 閻惠昌 曲

創作年份 1991年　**類別** 合奏　**編制** 吹管：梆笛〔2〕曲笛〔2〕高音鍵笙〔2〕中音排笙〔2〕高音嗩吶〔2〕中音嗩吶〔1〕　**彈撥**：揚琴〔2〕柳琴〔2〕琵琶〔4〕中阮〔4〕大阮〔2〕三弦〔1〕箏〔1〕　**打擊**：定音鼓 小鈸 小鼓 鋼片琴 吊鈸 三角鐵 中國大鈸　**拉弦**：高胡 二胡 中胡 革胡 低音革胡　**演奏時間** 約8'00"　**首演日期** 1994年12月　**地點** 台灣　**指揮** 閻惠昌　**樂團** 高雄市立國樂團　**錄音出版** 雨果製作有限公司：HRP7154-2

備註 ① 受高雄市立國樂團之邀請為「國樂合奏比賽」而作，1994年12月修訂版由該樂團首演；② 修訂版本：1994年；③ 作曲家創作此曲時在低音弦樂部分採用大提琴和低音大提琴；④ 入選「世紀中樂名曲選」二十世紀最受樂迷歡迎中樂作品候選金曲。

　　歌仔戲由閩南傳入台灣的錦歌基礎上發展而成，是現存劇種中惟一起源於台灣的本土戲曲。音樂節奏鮮明，旋律優美，富有濃郁的鄉村情趣。歌仔戲的「歌仔」二字，含有山歌、小曲之意；歌仔戲實指以台灣閩南語演出的一種古裝歌唱劇，較常用的曲調有雜唸仔、留傘調、送哥調、探親仔調等。《眾仙會》就是以歌仔戲歌謠《農村酒歌》（留傘調）[1]為音樂素材寫成的一首民族管弦樂合奏作品。

　　全曲為單樂章，以「快－慢－快」的速度劃分為三個部分。快板歡快詼諧，慢板抒情優美，樂曲在熱烈的氣氛中結束，表現了朋友久別重逢時歡聚一堂的愉快場面。

　　第一部分的快板，樂隊首先響起熱烈明快的齊奏（譜例1），像是為摯友重逢而高聲歡呼。然後主題出現，簡單而跳躍的節奏，予人詼諧活潑的感覺。樂器的不同配搭，以不同的音色和風格演繹主題。笛和笙同時吹奏，顯得格外

（1）留傘調原本是民間小戲中的歌謠，後來被歌仔戲拿來用。因為剛開始被用在「陳三五娘」劇中《益春留傘》的情節，因此才被稱為「留傘調」。

神氣（譜例2）。鋼片琴加上梆笛，音色清脆玲瓏。箏溫婉緩慢地彈奏如歌的主題，然後樂隊帶出機動性的節奏，主旋律由琵琶、二胡、笛子交替奏出，氣氛漸趨熱鬧。

二胡的領奏開始了第二部分（譜例3），旋律線條的高低起伏，弓法的運用刻意挫頓，仿似訴說着故事。琵琶緊接樂隊的過渡樂句奏出主題。樂隊的和應令旋律有爬升上揚之感，把氣氛推向高潮，昂然進入氣氛熱鬧的第三部分。此時第一主題重現，音樂回復喧鬧，最後在熱烈的氣氛中結束。

全曲音樂風格爽朗輕快，樂句分明，各聲部以齊奏為主，節奏鮮明。在樂器選配方面，作曲家巧妙地讓不同的樂器各展所長，主旋律不會偏重於某一兩件樂器。例如第一部分突出了箏，慢板部分則由二胡和琵琶擔任。至於劇曲音樂所不能缺少的打擊樂器，作曲家沒有套用傳統劇曲所用的打擊樂器，而只選用小鈸、小鼓、鋼片琴、吊鈸等常用的樂器。這樣可以保留歌仔戲婉約的特點，作為短篇的民族樂曲，亦特別精緻小巧。

台灣國立實驗國樂團指揮瞿春泉曾談及《眾仙會》時認為：「閻惠昌先生把歌仔戲、民謠素材組合在一起，台灣風格非常濃郁，但它又能配合樂隊不同色彩的對比和變化。樂隊音響變化幅度較大，在表達傳統的素材的樂曲時，更能豐富音樂的氣氛及情緒。」此曲表達的內容並不很複雜，展現大家歡聚時那份單純、喜慶的感覺。因此，使用大樂隊的不同音響對比來深化樂曲的情緒，效果確實不俗。

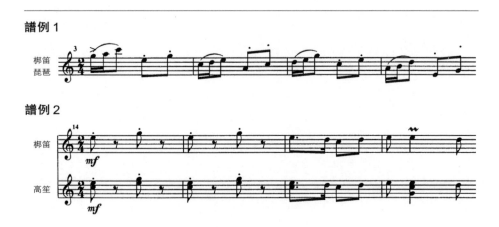

譜例1

譜例2

譜例 3

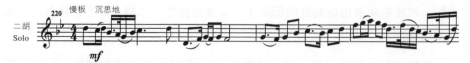

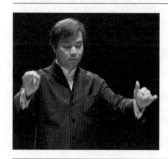

閻惠昌

1954 年生於陝西。師從著名指揮家夏飛雲、著名作曲家胡登跳、何占豪等教授。 1983 年至 1991 年受聘為中國中央民族樂團首席指揮兼樂隊藝術指導。 1995 年至 1997 年 5 月曾任台灣高雄市實驗國樂團駐團客席指揮。1987年被中國首屆專業評級授予國家一級指揮。並於1997年6月起應邀出任香港中樂團音樂總監。閻氏還積極從事音樂創作，代表作品有交響音畫《水之聲》、琵琶獨奏《思鄉曲》、二胡協奏曲《幻》等。

參考資料

1. 張炫文《台灣歌仔戲音樂》，台北：百科文化事業，1982 年。

2. 陳明志 2002 年 12 月與瞿春泉的訪問記錄。

3. 傳統音樂欣賞 http://library.taiwanschoolnet.org/cyberfair2003/C0338220155/amismusic01.htm，瀏覽日期：2003/8/20 。

2《豐年祭》

⊙ 關迺忠 曲

創作年份 1983年　**類別** 合奏　**編制** 吹管：梆笛〔2〕曲笛〔2〕高音鍵笙〔2〕中音排笙〔1〕高音嗩吶〔2〕中音嗩吶〔1〕　**彈撥**：揚琴〔2〕柳琴〔2〕琵琶〔4〕中阮〔4〕大阮〔2〕箏〔1〕　**打擊**：定音鼓 木琴 低鑼 定音鼓 大堂鼓 鈴鼓 南梆子　**拉弦**：高胡 二胡 中胡 革胡 低音革胡　**演奏時間** 約8'30''　**錄音出版** 雨果製作有限公司：HRP772-2

備註 ① 音樂事務統籌處／市政局委約作品；② 入選「世紀中樂名曲選」二十世紀最受樂迷歡迎中樂作品選舉候選金曲。

　　台灣原住民有不少祭祀習俗：祭神、祭祖靈、祭人頭、祭小米豐收、豐年祭等。但凡任何祭典項目，歌舞總是不可缺少的一部分。同樣，台灣的原住民族喜歌擅舞，其中豐年祭就是重要的慶典歌舞之一。

　　「豐年祭」是台灣民間的傳統節日，也稱為「粟祭」、「豐收祭」、「收穫節」。每逢佳節臨近，當地居民便歡聚村社、精心準備祭祀活動。節日時大家圍繞營火，手牽着手邊唱邊跳，熱舞狂歡，欣喜若狂。豐年祭當中，以五年祭最為隆重，每隔五年秋後舉行一次，節慶可持續一個月之久。

　　《豐年祭》是關迺忠於1983年應音樂事務統籌處和市政局委約創作。樂曲以較新穎的手法，描寫雅美族豐年祭中歌舞歡慶的場面，豐富的經過音及活潑的節奏，加上箏運用了以弓來拉奏等演奏手法，使樂曲充滿活力和獨特的色彩。

　　樂曲起首以弓拉弦的手法演奏箏，營造出一種緊張而神秘的氣氛（**譜例1**），其後出現的半音階旋律，旋律線條整體有種向上揚的特性。至於低音弦樂則奏出類似宣敘調[1]的旋律（**譜例2**），就像是祭師在宣佈豐年祭即將開始。繼而一個簡單的舞蹈性旋律由笛子和柳琴奏出（**譜例3**）。緊接其後是木琴和

（1）宣敘調：一種具有敍述、吟唱性質的曲調，也稱朗誦調。以語言音調為基礎，節奏自由，主要用於歌劇等對劇中敍述性以表達情節為主的段落。

譜例 1

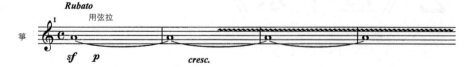

譜例 2

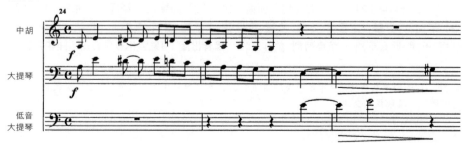

譜例 3

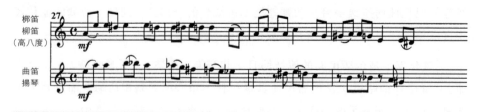

二胡演奏主題旋律，主題旋律在各聲部中緊接交替，氣氛愈來愈熱烈，高潮過後進入了慢板。

慢板樂段仍以簡單的音型為基礎，由於樂段的調性轉為大調，旋律更顯甜美動人。樂段先由二胡領奏，然後加入柳琴、箏、揚琴等彈撥樂器，聲音悠揚。

舞蹈的場面再次出現並發展至高潮，樂曲在歡樂的節日氣氛中結束。

綜觀全曲，作曲家嘗試突出某些樂器的特殊演奏技巧，營造新穎的聲響效果。如用革胡的弓（等於西樂低音大提琴的弓）在箏的弦線上拉奏等。在樂器的選用亦別具特色，木琴和鈴鼓等打擊樂器，令人聯想到部落居民盛裝時，掛在身上或手腳上的鈴兒，隨着身體擺動發出有致的節奏。樂曲第一段的旋律，由高亢明亮的梆笛配合嗩吶的音調，展現遼闊草原上放聲高歌的暢快，極為傳神。

　　關迺忠八十年代初創作了不少寫實和富民族風格的作品，這首描寫台灣山地人民的樂曲，雖然沒有用原始的山地民歌，而是作者憑着對山地同胞祭典的印象創作出來的全新樂曲，其極富動感的旋律及豐富音響變化為一般描寫少數民族風情的樂曲帶來截然不同的感受。

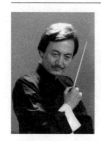

關迺忠

　1939年生於北京，十七歲進入中央音樂學院，1961年畢業於作曲系。曾擔任東方歌舞團指揮及駐團作曲家、麗風唱片公司音樂製作人、香港中樂團音樂總監及高雄市實驗國樂團指揮等職。主要作品有交響樂三部、各種樂器之協奏曲十六首、大型樂隊作品十四首，舞劇兩部、交響大合唱三部、中小型樂隊作品過百首；指揮、作曲、編曲之唱片超過三十五張。關氏於1994年移居加拿大。

參考資料

1. 許常惠、呂錘寬、鄭榮興《台灣傳統音樂之美：多音交響》，台中：晨星出版社，2002年。

2. 陳鄭港《國立實驗國樂團：2002.01~2002.12 演出精粹》，台北：國立實驗國樂團，2003年。

（二）一方風土一方情

音樂與民俗生活

　　中國地形複雜多變，既有巍峨高聳的山峰，也有大小不一的盆地；既有起伏不平的丘陵，也有坦蕩肥沃的平原。從高空俯瞰中國大地，地勢像三級階梯，自西向東，逐級下降。加上自西至東流的黃河和長江，在這縱橫交錯的地理環境中，聚居了各具民族特色的人民。

　　所謂「靠山吃山，靠水吃水」，面對惡劣的環境，中國人仍然堅毅不屈，那份頑強的生命力令我們的足跡踏遍中國每一片土地。一方水土養一方人。不同的民族在語言文字、歷史、民俗、甚至社會結構各有不同，衍生各具特色的風土人情。而地理環境的不同，亦令每個民族產生獨特的音樂。人們的生活總離不開音樂，有人居住的地方就有音樂的存在。不論是人們閒來三五知己，唱歌跳舞輕鬆一番，還是工作時唱起勞動歌曲，音樂總陪伴着我們成長和生活。

　　然而，中國各地的風俗習慣並不相同，要以音樂去表達民族的特色，在內容的選取和剪裁上就需靠作曲家的心思了。譚盾、劉錫津、馬聖龍和顧冠仁分別以中國民族的生活作為題材，創作了《西北第一組曲》、《北方民族生活素描》和《東海漁歌》，三首不同風格、各有特色的作品。

　　譚盾充分利用大型民族管弦樂隊各具特色的樂器，配合現代的創作技法和演奏技巧，還加入了樂隊成員吶喊等多元化的音響效果，構成了一幅幅多姿多彩的生活圖畫。

　　《北方民族生活素描》和《東海漁歌》同樣形象化地把民族生活的片段呈現眼前。劉錫津以極具民族特色的月琴作為主奏樂器，那時而清脆、時而輕快的旋律，不斷地牽動着聽眾的情緒。馬聖龍和顧冠仁為求達至寫實求真的效果，特意採用「風鼓」來模仿風的聲音，更形象化地把捕魚者一天的生活呈現眼前。

　　一幕幕生活的片段，一段段動人的旋律，構成美妙的樂章，刻劃出一幅幅富有民族特色的圖畫。三首扣人心弦的樂曲廣受大眾喜愛，《西北第一組曲》更是香港、新加坡、台灣等地樂團較常演出的樂曲，《東海漁歌》到現今仍廣為聽眾喜愛，可見觸動人心的樂曲能歷久不衰。

1 《西北第一組曲》

⊙ 譚盾 曲

創作年份 1990年　**類別** 合奏　**編制 吹管**：梆笛〔2〕曲笛〔1〕新笛、大笛〔2〕高音鍵笙〔2〕中音排笙〔1〕高音嗩吶〔3〕中音嗩吶〔1〕次中音嗩吶〔1〕中音管〔2〕　**彈撥**：揚琴〔1〕柳琴〔2〕琵琶〔4〕中阮〔2〕大阮〔2〕三弦〔1〕箏〔1〕　**打擊**：大鼓 排鼓 雲鑼 京鑼 小鑼 小釵 大鑼 木魚 碰鈴 定音鼓 小堂鼓 川鑼　**拉弦**：高胡 二胡 中胡 革胡 低音革胡　**演奏時間** 約24'00"　**首演日期** 1990年　**地點** 台灣　**指揮** 陳澄雄　**樂團** 台北市立國樂團　**錄音出版** 香港中樂團：HKCO-3-2002-3　上揚唱片：CD-8541

....

備註 ① 《西北第一組曲》是譚盾在1990年應台北市立國樂團委約據其舞劇《黃土地》選材寫成，同年在台灣首演；② 入選「世紀中樂名曲選」二十世紀最受樂迷歡迎中樂作品選舉候選金曲。

....

　　中國西北地區位於黃河中上游[1]，遍野黃沙的黃土高原，地理風貌獨特，山川溝壑縱橫交錯。人們居住在這氣候寒冷、乾燥少雨的土地上。高原的交通不便，地廣人稀，音樂無疑為枯燥的生活增添了色彩，因此，無需樂器伴奏的山歌，自然成為普遍流傳與發展的類型，如「信天遊」[2]便是其中的代表性歌曲類型。

　　民族管弦樂《西北第一組曲》以粗獷激昂的西北民間音樂為素材，充分發

....

（1）中國西北地區位於黃河中上游，包括山西、陝西的中北部、甘肅、寧夏大部分，還有青海、內蒙西部及河南西部廣大地區。

（2）「信天遊」又稱「順天遊」、「小曲子」，流行於陝西北半部及寧夏、山西、內蒙古與陝西接壤的部分地區。以往，由於交通不便，這裡的生產、經貿全靠驢、騾馱運，當地把從事此種勞動的人稱作「腳戶」、「腳夫」、「趕腳的」。「腳戶」長期行走在寂寞的山川溝壑間，便自然地以唱歌自娛。他們所唱的主要就是「信天遊」。「信天遊」的基本特徵是結構短小簡潔，曲調開闊奔放，感情熾烈深沉，具有濃厚的抒詠性。它的詞曲僅有上、下兩句。唱詞上句起興，下句點明主題。如「馬裡頭挑馬不一般高，人裡頭挑人就數哥哥你好」。曲調多建立在「徵－宮－商－徵」這樣一種「雙四度框架」上，上句分成兩個腔節，並在頭一個腔節上作較長的延伸，給人以遼闊悠遠之感。

揮出中國吹打樂、彈撥樂震撼人心、音色獨特的特點，在濃烈的黃土地氣息中滲進新穎的現代音樂創作手法，有血有肉地表現出黃土高坡上人們的性格，描繪出西北土地上老天落甘雨、腰鼓慶豐收的一幕幕動人場面。

這首樂曲是 1990 年，台北市立國樂團委託譚盾據其舞劇《黃土地》選材寫成的，故又被稱為《黃土地第一組曲》。全曲共分四個樂章《老天爺下甘霖》、《鬧洞房》、《想親親》、《石板腰鼓》。第一樂章《老天爺下甘霖》開首的乾枯音響、嗩吶的獨奏、到後來「下甘雨」的優美旋律，完全是戲劇性的、自由的。樂曲開首低沉雄厚的男聲大喊「嘿」，開始了祈雨的儀式。革胡與大鼓像描寫黃土高原大地乾裂的景象，嗩吶就如火熱的太陽（譜例 1），聽眾猶如置身於一個熾熱、荒蕪、乾旱的地方。接着是一個「祈雨」的儀式，人聲加上鼓聲，祈求上天快下雨。嗩吶的獨奏在自由、空曠中帶點悲涼（譜例 2），經過了漫長的等待，老天爺終於顯靈了，定音鼓引出的廣板，就像突如其來的大雨，降臨在久旱不雨的大地上，吹管、彈撥和拉弦樂奏出主題，天降甘露，大地感恩。雨停了，黃土出現了一絲絲的綠意。

第二樂章《鬧洞房》是三段體曲式。樂章是歡樂的快板，拉弦樂與小、京鑼營造一種新婚喜慶歡樂的氣氛（譜例 3）。樂段對二胡樂師的演奏技巧有相當高的要求，除了速度外，還要頓弓、顫音、泛音等。二胡的拉奏活潑輕快，節奏緊密（譜例 4），仿如親友戲弄一對新人，互相追逐。最後樂隊一聲響亮的齊奏，模擬新房的房門被關上，一對新人共度良宵。

第三樂章《想親親》是溫柔的慢板，其影像則在燭光下，隔着傳統頭紗的幻想。曲笛和拉弦的顫音有如一對龍鳳燭的燈火在新房中閃爍搖晃；雲鑼、碰鈴輕柔清脆之聲表現房間一片寧靜溫暖，一對新人含羞答答，低頭不語。笛聲清脆，弦樂聲柔揚，令人感受得到一對新人的害羞和新婚的溫馨。最後，樂章的聲音漸弱，形象亦漸漸模糊。

第四樂章《石板腰鼓》是興奮的極快板，描繪西北人民打腰鼓慶祝豐收的盛況。樂章開始吹管樂器重新奏起旋律（譜例 5），然後又以打擊協奏的形式鋪展開來，「嘿」一聲的人聲展開了一場熱鬧非凡的歌舞嘉年華。二胡緊密而有技巧的拉奏，表現出西北地區人們的興奮心情。然後是一段人聲與鼓聲充滿氣勢的表演（譜例 6），形象地表現了西北人民打腰鼓、慶豐收的盛況。樂章由極快板轉為行板，各聲部齊奏，喜氣洋洋。然後由急快板、三人鼓、二人鈸

譜例 1

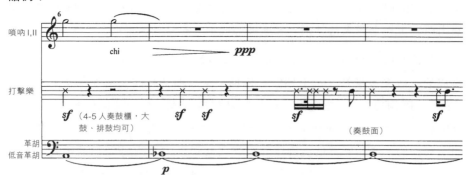

譜例 2

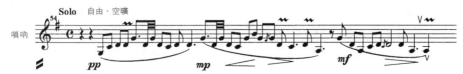

譜例 3

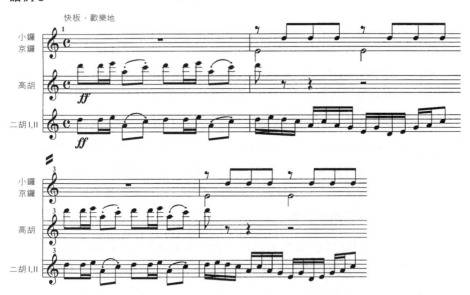

譜例 4

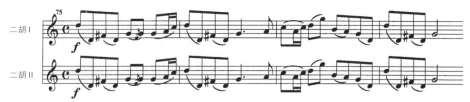

譜例 5

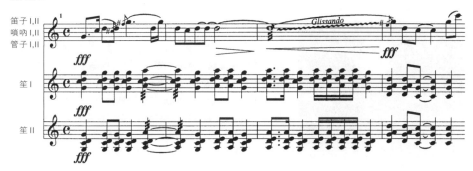

譜例 6

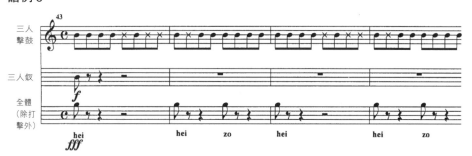

譜例 7

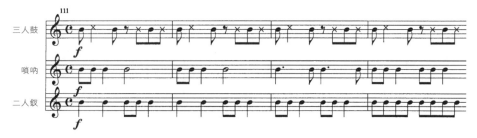

和雲鑼營造出興奮歡快的氣氛（**譜例 7**）。最後在「嘿」一聲的人聲中結束，回應樂曲開始時「嘿」的吶喊。

《西北第一組曲》音響豐滿，體現了傳統音樂和現代創作思維的結合，充分掌握民族樂器的特色與風格，可說是在充斥極端保守與極端前衛作品的國樂世界裡，找到了「雅俗共賞」的平衡點。

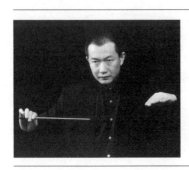

譚盾

1959年生於湖南長沙市郊絲茅沖。獲中央音樂學院碩士學位，後留學美國，獲紐約哥倫比亞大學博士學位。曾被《紐約時報》稱為「當今國際樂壇最重要的作曲家之一」，作為一個東方作曲家，在1995年，他被當今新音樂的權威詮釋者——BBC交響樂團（蘇格蘭）首次聘為駐團作曲家及常任指揮。其代表作品有《道極》、管弦樂《死與火》、歌劇《馬可波羅》、電影音樂《臥虎藏龍》等。

2《北方民族生活素描》

⊙ 劉錫津 曲

創作年份 1985年　**類別** 月琴協奏曲　**編制** 吹管：梆笛〔2〕高音鍵笙〔2〕　彈撥：揚琴〔2〕中阮〔4〕箏〔1〕　打擊：馬鈴 木魚 小軍鼓 鈴鼓 三角鐵　拉弦：高胡 二胡 中胡 革胡 低音革胡　**演奏時間** 約 18'00''　**錄音出版** 雨果製作有限公司：HRP 722-2

....

備註　① 這首樂曲經常以柳琴代替月琴演奏；② 非常規樂器：月琴〔1〕（獨奏）；③ 入選「世紀中樂名曲選」二十世紀最受樂迷歡迎中樂作品選舉候選金曲。

....

中國南方的地理環境與北方大相徑庭，世居東北的各民族先民都經歷了漫長的原始狩獵生活階段，他們「日出而作，日入而息」，崇尚自然，生活多彩多姿，充滿朝氣。

劉錫津於 1985 年創作的《北方民族生活素描》以東北地區[1]的少數民族為創作素材。作者曾深入北方各少數民族地區生活採風，擷取了內蒙古、鄂溫克、赫哲和鄂倫春等民族生活和勞動中最具特徵的場景為內容，以簡練、生動的筆觸，勾勒出四幅充滿生活氣息而又形象各異的北方少數民族風情畫。此曲原為月琴獨奏組曲，後來被改用柳琴演奏。

樂曲通過《賽馬》、《馴鹿》、《漁歌》、《冬獵》四個小曲描繪了北方少數民族幸福而多彩的生活，充滿生活氣息。

第一樂章是《賽馬》。蒙古高原能跑善戰的蒙古馬不僅耐力很強，而且自古以來蒙古人對馬就有特殊的感情，從小就在馬背上長大。馴練烈馬、精騎善射是蒙古族牧民的絕技，他們更以馴馬、賽馬等作為鑒別一個優秀牧民的標準。此樂段就是描繪善騎的內蒙人在「那達慕」大會上進行扣人心弦的賽馬場

....

（1）東北、內蒙古地區，包括內蒙古自治區全部和東北黑、吉、遼三省內的一個自治州、十三個自治縣。東北地區是中國滿族、朝鮮族、赫哲族等主要的聚居地區，其次蒙古族、錫伯、鄂倫春、達幹爾等民族人口也有很高的聚集程度。

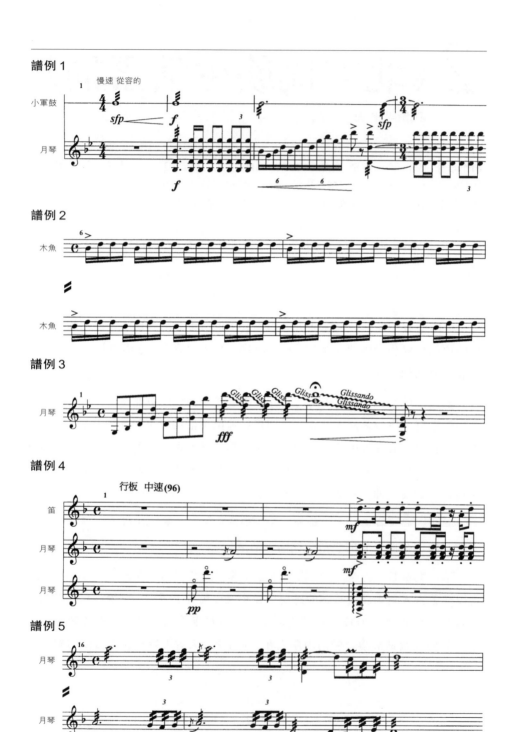

譜例 6

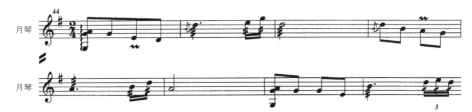

譜例 7

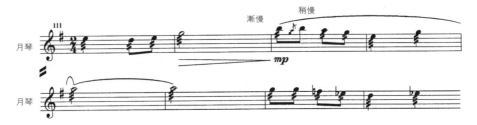

譜例 8

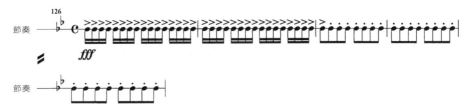

面。在強烈的小軍鼓伴奏下，月琴引出號角一般的引子（**譜例 1**），接着，用木魚敲出如同駿馬奔馳的節奏（**譜例 2**），月琴奏出具內蒙風味的主題，隨後對主題進行加花變奏，形象地描繪出緊張熱烈的賽馬場面。中段是歌唱性的抒情段落，木魚和樂隊仍保持着奔馳的節奏型。最後變化再現第一段，月琴以快速滑音模仿出的駿馬長嘶的效果（**譜例 3**），賽馬在熱烈氣氛中結束。

第二樂章是《馴鹿》。描寫中國東北邊疆的鄂溫克族人馴鹿的情景。「鄂溫克」意即「住在大山林中的人們」，捕鹿馴鹿是鄂溫克人主要的生產活動。樂曲的引子以月琴演奏泛音與笛、笙呼應（**譜例 4**），模擬馴鹿的哨聲。接着在樂隊舞蹈般的節奏型上，月琴奏出極富民族特色、優美歡樂的主題，巧妙地運用裝飾音和推拉滑音（譜例 5），使旋律顯得溫柔可愛，表現了鄂溫克人馴鹿時的喜悅心情和鹿群的馴良、柔順。主題反覆時月琴與二胡及樂隊形成對比複調，豐富了樂曲的意境和色彩。最後月琴和樂隊奏出漸輕漸弱的腳步聲，彷彿是人們趕着鹿群漸漸遠去。

　　第三樂章是《漁歌》。描寫以捕魚為主的赫哲族人在漁舟晚歸時的歡樂歌聲和愉悅心情。月琴以推拉滑音和均勻的滾奏唱出的歌聲（譜例 6），在微微起伏的樂隊伴奏下十分舒展動人，有如泛舟河上。末尾月琴旋律在富於色彩的和聲襯托下（譜例 7），吟唱渲染出晚霞錦繡、船歌悠揚的美麗意境。

　　第四樂章是《冬獵》。描寫了居住在大小興安嶺的鄂倫春人的狩獵場面。「鄂倫春」意即「山嶺上的人」。引子渲染出原始森林的神秘和狩獵前特有的緊張氣氛。接着是急板，伴奏的節奏，跳躍有力（譜例 8），栩栩如生地描繪了追獵的場景，隨後樂隊全奏出歡樂明朗的歌調，抒發獵人滿載而歸時的喜悅心情。

　　顧冠仁認為《北方民族生活素描》（月琴組曲）的風格性很強，旋律線條很清楚。而月琴先天上音色就比較圓潤，不若柳琴的尖銳，散發出北方民族的一種幸福感。從四個樂章的演變，聽眾可窺視到北方少數民族的生活情況：內蒙人在「那達慕」大會上進行緊張刺激的賽馬場面；鄂溫克族人悠閒自得地飼養馴鹿的自然美麗的情境；赫哲族人和鄂倫春人在捕魚和狩獵後，滿載而歸的興奮滿足的表情。對於與北方少數民族生活習慣截然不同的南方人來說，這首樂曲可以讓他們感受到北方少數民族崇尚自然、充滿朝氣的生活方式，生活是多麼豐美，人民是多麼安樂。

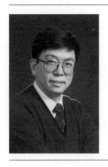

劉錫津

1948年生於哈爾濱。1977-79年於中央音樂學院作曲系進修，並師從黃飛立教授學習指揮。1997年當選黑龍江省文學藝術界聯合會副主席。其代表作品有：月琴組曲《北方民族生活素描》、雙二胡協奏曲《烏蘇吟》、交響詩《烏蘇里》、協奏曲《鐵人之歌》、音樂劇《鷹》、聲樂作品《我愛你，塞北的雪》、第三屆亞洲冬季奧運會主題歌《亞細亞走向輝煌》等。現任黑龍江省歌舞劇院院長、中國民族管弦樂協會常務理事、黑龍江省文聯副主席，黑龍江省音協副主席，國家一級作曲家。

參考資料

1. 江明惇《中國民族音樂欣賞》，北京：高等教育出版社，1991年。

2. 陳明志 2003 年 2 月 12 日與顧冠仁的訪問記錄。

3《東海漁歌》

⊙ 馬聖龍、顧冠仁 曲

創作年份 1959年　**類別** 合奏　**編制 吹管**：梆笛〔2〕曲笛〔2〕高音鍵笙〔2〕中音排笙〔1〕高音嗩吶〔2〕低音嗩吶〔1〕　**彈撥**：揚琴〔2〕柳琴〔2〕琵琶〔4〕中阮〔4〕三弦〔1〕　**打擊**：大鼓 大海鑼 小鼓 小鈸 定音鑼 板鼓 風鼓 大鈸　**拉弦**：高胡 二胡 中胡 革胡 低音革胡　**演奏時間** 約13'00''　**錄音出版** 雨果製作有限公司：HRP 7208-2　藝聲：ATC-127　樂都：T-32　BMG 唱片：8.242158　馬可孛羅：4.225902　滾石唱片：MP1003

備註 ① 非常規樂器：海螺〔2〕（獨立聲部）小笛〔1〕（獨立聲部）板胡〔1〕（獨立聲部）；② 入選為「世紀中樂名曲選」二十世紀最受樂迷歡迎中樂作品選舉候選金曲。

中國的東南方，地貌特徵遠較西北平坦遼闊，江河湖泊密佈。華東是長江下游地帶，由於南方各處語言、生活、風俗、環境和氣候等差別比北方更為繁複，造成中國東南地區民歌異常豐富。而地處中國東南沿海之東的浙江省就是其中之一，其民歌題材內容豐富，風格有的高亢悠揚，有的詼諧風趣，有的優美動聽。

《東海漁歌》是馬聖龍和顧冠仁於1959年以浙江民間音樂為素材創作。當時兩人到浙江舟山一帶生活，跟隨當地漁民出海，聽着漁民唱號子，因感受深刻而創作此曲。兩人採用了浙江漁民號子和民歌為素材，並用浙東鑼鼓的表現手法，展現了漁民出海捕魚、與風浪搏鬥、豐收後凱旋而歸的情景。號子與鑼鼓的結合產生了強烈的「交響性」效果，音樂有着濃厚的鄉土氣息。

此曲最大特點是素材非常原始，其中主題的部分旋律，原封不動採用浙江漁民原本的號子和民歌，保持了濃厚的鄉土氣息。

全曲分為四部分，包括《黎明》、《出海》、《驚濤》和《凱旋》。

第一部分是《黎明》，原名是《黎明時的海洋》，在弦樂器清淡的和弦背景下，曲笛奏出明亮優美的散板旋律(**譜例1**)，構成全曲的引子，拍子由4/4

拍轉為2/4拍。整段引子勾畫出早晨平靜的海洋，在接着一陣舒展的號子聲之後，樂隊奏出輕盈的小快板旋律，再加上號召性的海螺音響，整個漁港頓時變得繁忙起來，形象地描繪出一幅生氣勃勃的漁港晨景。

第二部分是《出海》，原名是《漁民出海捕魚》，歡快而富歌唱性的旋律及嗩吶的號子，以不斷變化的配器手法，有層次地呈示和發展，充分表現出漁民出海捕魚，網網千斤的喜悅。然後由G調轉入C調，主題在拉弦樂器上以慢板的速度演奏，抒發漁民出海時的喜悅心情（**譜例 2**）。這部分由嗩吶以嘹亮的音色奏出號子一樣的音調，樂隊同人聲則以 f （稍強）的力度呼應，句幅減縮，表現出齊力拉網的勞動場面。旋律突慢，風雲突變，進入了第三部分。

第三部分是《驚濤》，原名是《戰勝驚濤駭浪》，用流行於浙江民間的特製大鼓即風鼓等打擊樂器，以特技模仿驚濤駭浪之聲，吹管樂器則以堅定有力的節奏音型（**譜例 3**），表現漁民和風浪搏鬥的勇敢精神，兩種音樂形象並置交織，互相競奏，此起彼伏，驚心動魄。樂章結尾突慢，拉弦和打擊樂器模仿的風聲靜止下來，以示海面趨於平靜。

第四部分是《凱旋》，原名是《豐收歡樂而歸》，第一部分的旋律在這部分變化再現，定音鑼「噹噹」聲響表現收穫豐美，船隊滿載而歸。鼓樂齊鳴，節奏輕快活動，顯得熱烈而歡騰，慶祝豐收而歸。

綜觀全曲，樂曲的旋律簡單和富有生命力。尤其在民間音樂，號子、民歌、鑼鼓等，恰好配合了漁民生活、出海、豐收和凱旋回來歡樂的心情，音樂的形象影響了這首樂曲的感染力，加上旋律比較簡單，音樂性強、素材又迎合大眾，故六十年代首演以來，受到不少樂迷的歡迎。

譜例 1

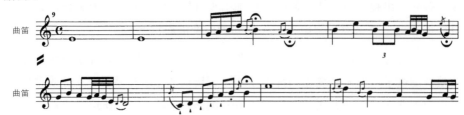

譜例 2

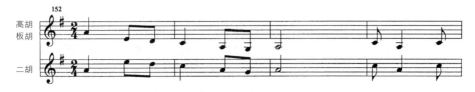

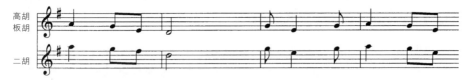

譜例 3

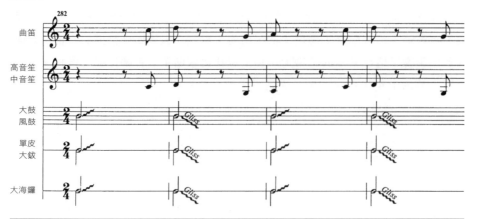

馬聖龍

中國著名作曲家、琵琶演奏家、一級指揮家。曾任上海民族樂團常任指揮。作品有合奏《東海漁歌》、《台灣組曲》，琵琶協奏曲《花木蘭》、二胡協奏曲《滿江紅》等。

顧冠仁

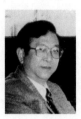

1942年出生於江蘇海門，上海民族樂團藝術總監，國家一級作曲家，中國民族管弦樂學會副會長，上海音樂家協會主席團委員，獲國務院頒發的政府特殊津貼獲得者。主要代表作有：琵琶協奏曲《花木蘭》、《王昭君》、合奏《春天》組曲、《將軍令》、小合奏《京調》、《蘇堤漫步》、彈撥樂合奏《三六》、《駝鈴響叮噹》、《喜悅》、江南絲竹《春暉曲》、《綠野》等。

參考資料

1. 上海文藝出版社編《音樂欣賞手冊》，上海：上海文藝出版社，1981 年。

2. 陳明志 2003 年 2 月 12 日與顧冠仁的訪問記錄。

3. 顧冠仁《努力發展民族樂隊交響性功能及交響性創作手法》，載《人民音樂》1998 年第 6 期，頁 9-11。

（三）民間社火

音樂中的歌舞場面

民間社火[1]是民間集體遊藝活動，源於遠古社會對土地與火的崇拜。社，即土地神；火，即火祖，是傳說中的火神。中國以農立國，土地是人們生活之本；火，則是人們熟食和取暖之源。隨着古人對土地和火的崇拜，產生了祭祀和社火的風俗。社會的發展，亦為傳統社火的祭祀儀式帶來了更多的娛樂成分，成為規模盛大、內容豐富的民娛活動。

同樣，中國不少的民間活動均有歌舞部分，例如流傳於彝族山村邊飲邊唱的彝族、瑤族的酒歌和舞曲。樂與舞的結合交織出生動鮮明的場面。參與慶典的人們聞歌起舞，民間社火的熱鬧氣氛，由歌舞把歡騰的情緒推至高峰。

作曲家以熟練的手法把極具特色的民族音樂，以民族管弦樂曲的姿態重新展現人前。《彝族酒歌》(盧亮輝曲)、《瑤族舞曲》(茅沅、劉鐵山曲，彭修文編)和《林中夜會》(關聖佑曲)均取材於民族傳統音樂，真實地展現了民族特色，是貼近人們生活習慣的民族管弦樂曲。

三首樂曲均描述歌舞場面，作曲家透過樂器不同的音色、旋律的節奏、速度的變化、拍子和音響效果等所產生音樂的線條和空間感，既如圖畫的色彩、線條和構圖，亦如舞蹈的動作、服飾。音樂和畫面互相緊扣，而舞蹈又是一幅立體的圖畫。

---

(1) 民間在節日的集體遊藝活動，如舞獅、龍燈等。

1《彝族酒歌》

⊙ 盧亮輝 曲

創作年份 1978年　**類別** 合奏　**編制** 吹管：梆笛〔1〕曲笛〔2〕高音鍵笙〔1〕中音排笙〔1〕高音嗩吶〔1〕中音嗩吶〔1〕中音管〔1〕　**彈撥**：揚琴〔2〕柳琴〔2〕琵琶〔4〕中阮〔4〕大阮〔2〕三弦〔1〕箏〔1〕　**打擊**：大鼓 大鑼 堂鼓 小堂鼓 排鼓 磬 碰鈴 串鈴 沙槌 木魚 定音鼓 大鈸 小鈸　**拉弦**：高胡 二胡 中胡 革胡 低音革胡　**演奏時間** 約 7'20''　**首演日期** 1978年9月　**地點** 香港大會堂音樂廳　**指揮** 吳大江　**樂團** 香港中樂團　**錄音出版** 香港中樂團：HKCO-1-2000-2

備註 ① 1978年香港中樂團委約作品；② 非常規樂器：板胡〔2〕（獨立聲部）簫〔1〕（獨立聲部）；③ 入選「世紀中樂名曲選」二十世紀最受樂迷歡迎中樂作品候選金曲。

　　彝族是中國西南邊疆的少數民族之一，而在雲南省大部分的縣市均有彝族人居住，是雲南少數民族中人口最多的一個民族。彝族是一個能歌善舞的民族，有着豐富的民間歌舞和音樂藝術，每當節日到來，處處笙歌，彝族人用歌唱來表達歷史、文化、生產、生活等各方面的內容。無論是勞動間隙，還是年節婚喪，都以歌舞抒發其情感。歌舞音樂是彝族精神文化的重要內容。

　　由於彝族大分散、小聚居的分佈特點，使得彝族的歌舞音樂種類繁多，風格各異，內容和表現手法富有民族性和地方特點。在風俗中最有特色的要算是「酒歌」，普遍流傳於山村，通常是邊飲邊唱。

　　《彝族酒歌》的作者盧亮輝曾任香港中樂團全職樂師，為樂團創作了不少大型中樂合奏作品，皆以旋律流暢、易於演奏見稱。以雲南省彝族的音樂為題材的《彝族酒歌》亦不例外，樂曲描寫彝族男女老少歡聚一堂，飲酒歌舞，觥籌交錯，歡笑熱鬧一堂的場面。及至夜深人靜，個個酒酣耳熱，東倒西歪，步履不穩，互相扶持並帶着狂歡後的滿足感，醉步回家。

　　全曲以二段體曲式寫成。曲首的引子由吹管樂器以慢板奏出第一節主題旋律片段，從而引出樂曲第一段的主題旋律。此段主題旋律不斷反覆再現，但作曲家在配器、音樂速度、音量和調性上加以變化和發展，把一眾男女在皎月下開懷暢飲、放聲高歌的場面表露無遺。

緊接着是熱烈歡騰的主題，彈撥樂器舞蹈性的旋律和伴奏（**譜例 1**）展開了樂曲的第二段，歌唱性較強的笛子奏出略帶神秘的旋律（**譜例 2**）。樂段的拍子由單拍子轉為複拍子，調性亦由大調轉為小調（G→D→A），曲調樂段的氣氛隨着速度的增加，以及旋律隨調性作五度的提高而更趨上揚，最後樂曲在一片熱鬧的氣氛中結束。

譜例 1

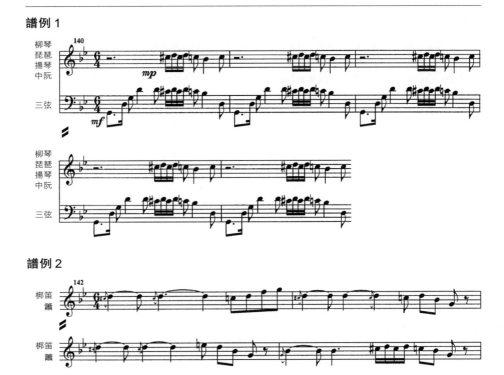

譜例 2

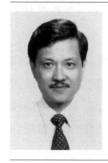

盧亮輝

1938年出生，福建省永定縣人。香港作曲家聯會和香港作曲家及作詞家協會會員。1978至1986年間任香港中樂團全職樂師。為香港中樂團創作了為數不少的大型中樂合奏作品，如《春、夏、秋、冬》、《陽關三疊》、《海奇緣》等。1986年4月離開香港赴台灣。1987年被特邀為國家音樂廳開幕創作一首《慶典序曲》大合奏。1990年榮獲交通部觀光局文學藝術作品獎之作曲組佳作獎狀。同年為電視單元劇《俑之舞》創作舞蹈音樂及配樂而榮獲金鐘獎。現任台北中國文化大學現代國樂合奏及作曲法講師。

參考資料

1. 彝族三道酒：彝族人的禮儀與宗教文化：彝族文化 http://www.yizuren.com/article.asp?newsid=1032，瀏覽日期：20/8/2003。

2. 1978年9月14日香港中樂團九月份音樂會場刊。

2《瑤族舞曲》

⊙ 劉鐵山、茅沅 曲　彭修文 編配

創作年份 1978年　**類別** 合奏　**編制** 吹管：梆笛〔2〕新笛、大笛〔1〕高音鍵笙〔2〕中音排笙〔1〕高音嗩吶〔2〕中音嗩吶〔2〕次中音嗩吶〔1〕低音管〔2〕　**彈撥**：揚琴〔2〕柳琴〔2〕琵琶〔4〕中阮〔4〕大阮〔2〕三弦〔2〕　**打擊**：鈸 小鼓 定音鼓　**拉弦**：高胡 二胡 中胡 革胡 低音革胡　**演奏時間** 約7'00"　**首演日期** 1978年4月　**地點** 香港大會堂音樂廳　**指揮** 吳大江　**樂團** 香港中樂團　**錄音出版** 任詩傑實業有限公司：JRAF-1251　千思唱片：JCD120007　九洲音像出版社：C00311

備註　① 原為管弦樂曲，1978年由彭修文應香港中樂團委編成民族合奏樂；② 獲選「世紀中樂名曲選」二十世紀最受樂迷歡迎中樂作品十大金曲。

中國的瑤族，過去被稱為「徭人」、「傜族」，最早見於七世紀的史書，該名稱與過去的徭役有關係。瑤族本身有二十八種自稱，但百分之七十以上的人自稱「棉」、「門」；他稱有三十多種，如崇拜盤古的「盤古瑤」，用蘭靛染布的「蘭靛瑤」，喜穿紅衣服的「紅衣瑤」，穿白褲子的「白褲瑤」等，新中國成立後，則統稱為瑤族。

劉鐵山、茅沅創作的《瑤族舞曲》原為西洋管弦樂曲，後由彭修文改編為民族管弦樂曲。作曲家顧冠仁認為：「中樂來演繹《瑤族舞曲》非常合適，甚至比管弦樂更合適，因為它的旋律開始非常具有中國特色。而且旋律線條非常清楚，結構也非常簡練。……我想主要還是欣賞它的旋律美，而且樂隊的配器效果十分不錯。可說是充分發揮民族管弦樂隊特有的藝術魅力，生動地描繪瑤族人民歡慶節日時的歌舞場面。」

第一段共分為兩節，樂曲由低音樂器輕輕奏出的舞蹈性節奏開始。仿如姑娘們敲起了心愛的長鼓，迎接歌舞的開始。引子過後，由高胡奏出悠靜委婉的主題（**譜例1**），猶如一位窈窕少女翩翩起舞，婀娜多姿。然後吹管樂器吹奏主旋律，彈撥樂器以跳躍和五聲性的上下行音階式進行作為背景襯托，姑娘們紛紛加入舞隊，人們活躍起來了。

譜例 1

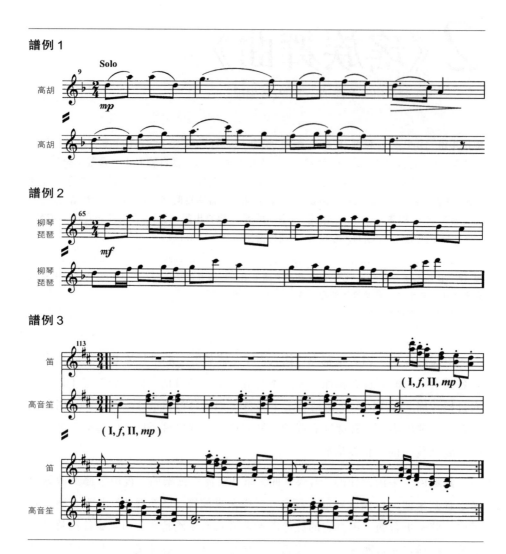

譜例 2

譜例 3

　　由第一主題衍變而來、粗獷熱烈的快板段落，亦即第一段樂曲的第二節，表示小夥子也情不自禁地加入姑娘們的舞列歡跳起來。讓人興奮的旋律（**譜例2**）被不斷重複，主題的力度不斷增強，更渲染了熱烈歡快的舞蹈氣氛。

　　第二樂段的調子由 D 小調轉為 D 大調，在同主音大小調的轉換下，調性色彩對比鮮明。此段改用3/4拍子，笛子和笙幽幽的吹起清新悠揚的樂句，情韻連綿，時而出現跳躍的節奏音型（**譜例3**），恰似一對戀人在輕歌曼舞，互表愛慕之情，憧憬着幸福美好的未來。同時，樂段的旋律風格很強，而且令旋律更富歌唱性。

　　第三大段可説是樂曲的再現部。濃縮第一段的內容，高胡奏出了主題旋律。氣氛一轉，樂隊進入全奏的部分，那令人鼓舞的旋律把音樂往高潮推進，猶如人們紛紛加入舞蹈的行列，歡跳高歌。後段樂隊各組樂器競奏不斷重複的音型，氣氛越來越熱烈，感情愈來愈奔放，表現了人們沉浸在一片狂歡之中，樂曲最後在強烈的全奏中結束。

劉鐵山

中國著名作曲家。他與茅沅合作寫成的管弦樂曲《瑤族舞曲》，曾被彭修文改編成為民族器樂作品。

茅沅

1926年生於北京，原籍山東濟南。1950年畢業於清華大學土木工程系。自幼喜愛音樂，1951年起從事音樂工作，成名作是與劉鐵山合作的《瑤族舞曲》（1952年首演）。其代表作品還有歌劇《劉胡蘭》（與陳紫等合作）、《南海長城》、《王昭君》等，舞劇《寧死不屈》、《敦煌的故事》，小提琴曲《新春樂》。

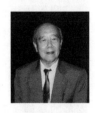

彭修文

1931年出生，湖北武漢人。著名的中國民樂指揮家和作曲家。自1953年，彭氏一直任中國廣播民族樂團首席指揮，還兼任中國廣播藝術團藝術總監、中國音樂家協會常務理事兼民族音樂委員會副主任、中國民族管弦樂學會會長等職。1957年莫斯科第六屆世界青年聯歡節比賽中，他指揮的民族樂團獲金質獎章。他除了擔任指揮工作，還改編、創作了大量民樂曲，如《步步高》、《彩雲追月》、《花好月圓》、《月兒高》等。七十年代後期，彭修文提倡民樂交響化，創作了交響詩《流水操》、《秦·兵馬俑》等大型作品。

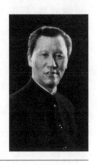

參考資料

1. 沈星揚《彭修文的音樂》，載《人民音樂》1997年第5期。
2. 陳明志2003年2月12日與顧冠仁的訪問記錄。

3 《林中夜會》

⊙ 關聖佑 曲

創作年份 1979年　**類別** 合奏　**編制** 吹管：梆笛〔2〕高音鍵笙〔2〕高音嗩吶〔2〕　**彈撥**：揚琴〔2〕琵琶〔4〕中阮〔4〕三弦〔1〕　**打擊**：鈴 鼓 大鈸 大鼓 碰鈴　**拉弦**：高胡 二胡 中胡 革胡 低音革胡　**演奏時間** 約4'00"　**首演日期** 1979年6月　**地點** 香港 **指揮** 吳大江　**樂團** 香港中樂團　**錄音出版** 香港中樂團：HKCO-1-2000-2　喜瑪拉雅：HRP7215-2　上揚唱片：CD-8546

備註 ① 1979年香港中樂團委約作品；② 作曲家在創作時在低音弦樂採用大提琴和低音大提琴；③ 此曲為作曲家的《廣東民謠組曲》的第三首。

　　關聖佑根據兩首黎族民謠《夜會》、《嘿呢囉》寫成的《林中夜會》，大致可分為兩部分：描寫黎族人民步向營火夜會的地點，以及熱烈歡舞的情景。

　　樂曲的第一部分，在柔弱的弦樂顫音上，笙以清脆的音色奏出主題旋律（譜例1），然後琵琶以答和的形式出現（譜例2），這旋律不斷重複，表現出夜幕的寧靜，其他聲部逐漸加入。笛子吹奏主題旋律，音樂開始豐富起來，仿如黎族族人正在準備營火夜會。然後樂隊鏗鏘有力地不斷重複齊奏出（譜例3）這音型，表示營火夜會快要開始，呼喚族人齊集。拉弦先奏出旋律，彈撥樂和吹管樂漸次加入，最後全體齊奏，模擬族人從四方八面到來齊集。

　　族人齊集，第二部分「營火夜會」正式開始，族人聞歌起舞，樂曲先以彈撥樂（琵琶、揚琴、三弦）奏出這部分富有舞蹈性的旋律（譜例4），再由拉弦樂重複演奏，最後全樂隊奏出，整個結構都很規整，主要是樂隊齊奏。旋律速度愈來愈快，一片興奮、歡樂的氣氛。樂曲其後更加入了團員「嘿嘿」的呼叫，增加了樂曲歡快的氣氛，族人進入了興奮的狀態。吶喊聲與樂隊互相交織，突然管的怪叫聲劃破長空，最後以「嘿嘿」的人聲和樂隊的顫音結束整首樂曲。

　　作曲家以中國傳統音樂的創作手法創作此曲，整首樂曲的結構非常齊整，大部分由全樂隊齊奏。而樂曲強烈的節奏感和舞蹈性的旋律充分表現了黎族營火夜會的熱鬧氣氛和族人興奮愉快的心情，令聽眾深受吸引，猶如置身現場。由於樂曲短小而氣氛熱鬧，很多時候都被選為音樂演奏會中作返場的樂曲。

譜例 1

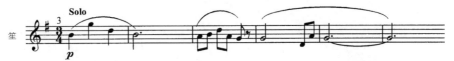

譜例 2

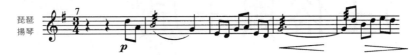

譜例 3

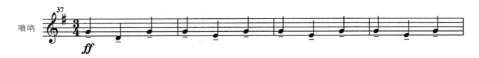

譜例 4

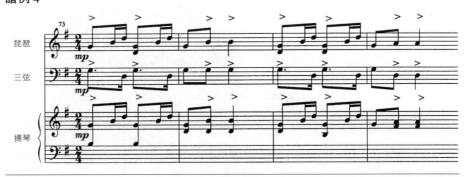

關聖佑

1959年-1965年就讀於廣州音樂附中及本科，為該校同時攻讀作曲與民族器樂系的惟一學生。1965年以優異成績畢業。 1968 年來港後一直從事專業的音樂創作。主要作品有大型的中樂合奏曲《祭神》、《中國戲曲唱腔主題組曲》、《廣東民謠組合》、《歡樂序曲》、大合唱《慈母》、《登月》、大提琴協奏曲《月亮》及大量的歌曲、鋼琴曲、室樂作品，影視歌曲、配樂、輕音樂及流行歌曲。

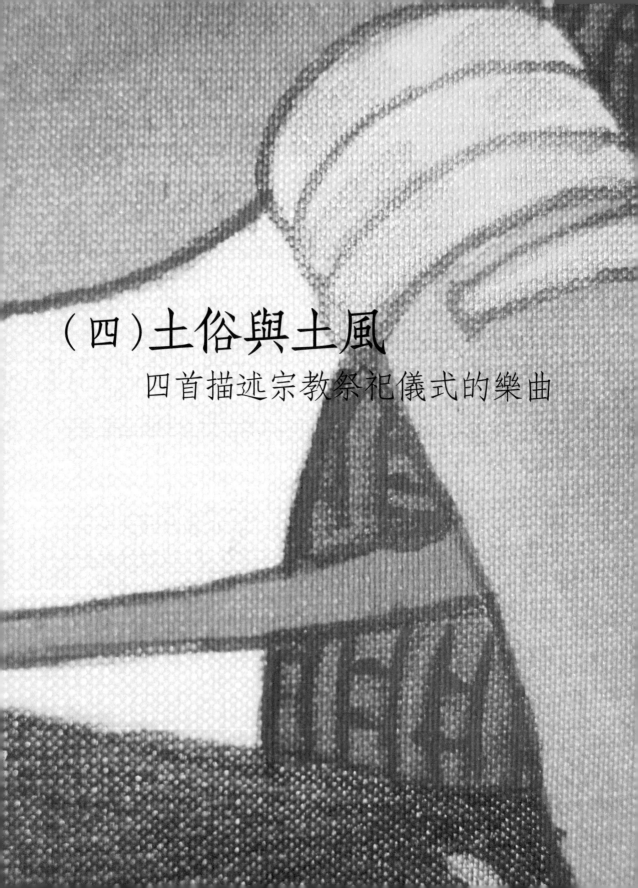

（四）土俗與土風
四首描述宗教祭祀儀式的樂曲

「樂與俗通，樂與俗同」，音樂並不是一種孤立的
藝術現象，當我們把它放進人類文化大背景加以綜合考
察時，發現無論是音樂的形成和發展，或者音樂作品的
創作及傳承，都與社會文化有着千絲萬縷的聯繫。

自古以來人類對自然充滿幻想和好奇，遠古人類更因對自然現象的無知
而產生恐懼。人們相信萬物有靈，既對大自然頂禮膜拜，亦相信通過巫術活
動可以追求來世的幸福。因此每一民族都有獨特的祭祀儀式和風俗習慣。這
些獨特的祭祀場面亦成為音樂及舞蹈發展的源頭。

古代遙遠而神秘的祭祀儀式已不可細考，現代人只能靠古代的石刻、壁
畫、出土文物來推斷遠古人類的生活。然而，披上神秘面紗的古代儀式和樂
舞，卻引發作曲家無數的靈感。《剝牛祭》、《滇西土風兩首》、《拉薩行》
和《祭神》四首就是以此作為題材的作品。雖然每首樂曲的處理手法各有不
同，但皆予人一種神秘詭異的感覺，極富聽覺刺激。

《剝牛祭》與《滇西土風兩首》分別是結合音樂與舞蹈的樂曲。作曲家
以遠古的祭祀作為題材，配合現代的創作手法，透過打擊樂器奏出強烈的節
奏感，配以樂器獨有的音色和音響效果的營造，刻劃出一幕幕古代樂舞。

關迺忠對宗教氣氛濃厚的西藏特感興趣，雖沒有親身到過西藏，但憑其
所見所聞，加上其藝術的感觸，他捕捉了西藏那份神秘及詭異的氛圍，再以
各種的創作手法調製出《拉薩行》。至於關聖佑的《祭神》則以遠古的祭祀
活動為題材，樂曲雖沒有以任何實質的事物作為內容，但透過音響效果和民
族管弦樂團豐富的音色，塑造出遠古祭祀儀式的氣氛，並成為七十年代香港
中樂團成立初期的主要曲目之一。

1《剽牛祭》

⊙ 陳中申 曲

創作年份 1987年　**類別** 合奏　**編制** 吹管：梆笛〔2〕曲笛〔2〕高音嗩吶〔1〕次中音嗩吶〔1〕**彈撥**：揚琴〔2〕柳琴〔2〕琵琶〔2〕大阮〔2〕三弦〔1〕箏〔1〕　**打擊**：小鼓 大鼓 吊鈸 竹筒 彈簧匣 鋩鑼　**拉弦**：高胡 二胡 中胡 革胡 低音革胡　**演奏時間** 約 7'49"　**首演日期** 1988年　**地點** 台北　**指揮** 郭聯昌　**樂團** 台北市立國樂團　**錄音出版** 台北市立國樂團：VHS — 1998-1

備註　① 1987年為蘭陽舞蹈團於台北市傳統藝術季的「邊疆民族舞蹈」而作，是一首為舞蹈而寫的作品；② 非常規樂器：男聲八人，或由整個吹管聲部兼奏；③ 入選「世紀中樂名曲選」二十世紀最受樂迷歡迎中樂作品候選金曲。

　　中國雲南地區一帶有許多奇山異脈，由於地理環境的關係，不少各具特色的少數民族聚居於此，引起遊客、動植物學家和地理學家的興趣，也為音樂家提供很多創作和幻想的空間。描述雲南其中一個民族——獨龍族舉行剽牛祭情景的作品《剽牛祭》(1)，就是並未到過雲南的陳中申，全憑自由想像而創作的作品。

　　獨龍族是雲南特有民族中人口最少的一族，人口約5000人，主要聚居在貢山獨龍族怒族自治縣的獨龍河谷。獨龍族一年中只有一個節日——卡雀哇，即新年。於每年秋收後擇期舉行，一般在12月至次年1月間，具體時間及節期長短不定。獨龍族的新年既是慶賀豐收的節日，也是祭祀性的節日。節日當天，很重要的活動便是剽牛祭祀「格蒙神」及其他各種神靈。「格蒙」是獨龍族神話傳說中人類的祖先，他創造了人類。

　　獨龍人認為剽牛向他祈禱，他就能禳災卻病，保護人類，能讓人間風調雨順，五穀豐登。剽牛祭祀儀式由巫師主持。儀式開始，用於祭祀、身披獨龍毯

（1）陳中申於1987年為蘭陽舞蹈團於台北市傳統藝術季的「邊疆民族舞蹈」而作，由闇伸玲編舞，並於1989年由上海民族樂團錄製CD，於台灣發行。

的牛被牽入場內。人們以牛為中心，自動圍成圓圈，敲起鑼，揮刀弄矛，舞蹈跳躍。主祭人點燃松明，口中唸唸有詞，向格蒙禱告，祈求他保佑人畜平安，諸事順利。接着巫師用鋒利的竹矛向牛的腋下猛刺過去，牛被剽倒至死。然後大家煮肉分食。此時，過年的氣氛達到最高潮。大家邊飲酒吃肉，邊載歌載舞，獨龍江畔，變成了歡樂的海洋。

陳中申指出《剽牛祭》是一首為舞蹈而寫的作品，因此有比較強烈的節奏及富戲劇性的音響。全曲分為三段，音樂先以各種奇特的音響奏出祭曲的神秘的氣氛。樂曲開首，箏和揚琴的刮奏，引領大家進入晚上祭典蕭穆的氣氛中。中國樂器特有的音色和演奏法營造的音響，配合男聲低沉的吟唱，主持祭典的長老帶頭高喊劃破夜空，眾人應和的場面，經過四次的伏拜及喃喃吟詞後，才漸入熱烈的 5/4 拍子節奏，展開熱烈的舞蹈。

第二段神秘詭異的慢板，是一段詭異緊張的殺牛樂段，以弦樂顫音及次中音嗩吶的號角聲揭開殺牛序幕，並逐次加強而以殺牛後的人聲吶喊結束本段。

最後再回到 5/4 拍節奏，並加入發展，描寫獨龍族人的舞蹈狂歡，分贈牛肉的情景。較特別是在結束的時候，作曲家用了開始的第一聲，箏及揚琴的刮奏作為結束，前後呼應，暗示獨龍族的剽牛祭後仍然神秘如昔。

全首樂曲運用了許多不同的配器，聽眾在本曲中可聽到非常獨特的音響，如：箏、揚琴、嗩吶、鼓、人聲等，令人印象深刻。本曲的音樂素材並無採用獨龍族的民歌，全憑作曲家自由想像及創作，故在風格上也不一定具有獨龍族的特色。本曲作者摒除了對事物本體的描繪，尋求事物的內在美感藝術，再運用其幻化的思維和嫻熟的管弦樂法，創作了這首精緻而獨特的樂曲，讓聽眾有無限的空間去領略、捕捉作曲家的思維靈感，甚或幻想獨龍族舉行剽牛祭的景況。

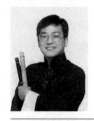

陳中申

生於 1956 年， 11 歲由吹笛進入中國音樂。 1985 年以「笛篇」唱片獲金鼎獎最佳演奏獎。由其首演的《梆笛協奏曲》（馬水龍作曲）入選二十世紀華人經典名曲。從1992年7月起擔任台北市立國樂團指揮至今。同年9月榮獲全國十大傑出青年。由於個人對鄉土的熱愛，創作了大量充滿台灣本土色彩的合奏、協奏及室內樂作品，並多次受文建會委託創作。

參考資料

1. 台北市立國樂團：樂團介紹／成員介紹／陳中申 http://www.tco.gov.tw/default.htm，瀏覽日期：03/08/2003。

2. 中國科普博覽 http://www.kepu.net/big5/civilization/nation/feeling/fee1006.html，瀏覽日期：03/08/2003。

3. 陳明志 2002 年 11 月與陳中申的訪問記錄。

2《滇西土風兩首》

⊙ 郭文景 曲

創作年份 1993年　**類別** 合奏　**編制 吹管**：梆笛〔1〕曲笛〔1〕新笛、大笛〔2〕高音鍵笙〔2〕中音排笙〔1〕低音抱笙〔1〕高音嗩吶〔1〕中音嗩吶〔1〕次中音嗩吶〔1〕低音嗩吶〔1〕中音管〔1〕低音管〔1〕　**彈撥**：揚琴〔2〕柳琴〔2〕琵琶〔4〕中阮〔4〕三弦〔2〕　**打擊**：定音鼓　木琴　馬林巴　鋼片琴　小鋼片琴　管鐘　大軍鼓　吊鈸　大水鈸　三角鐵　牛鈴　大堂鼓　康加鼓　邦戈鼓　馬來鼓　中國大鼓　竹板　椰殼　沙槌　鈸鑼　**拉弦**：高胡　二胡　中胡　革胡　低音革胡　**演奏時間** 約16'51"　**首演日期** 1994年3月　**地點** 香港文化中心音樂廳　**指揮** 福村芳一　**樂團** 香港中樂團　**錄音出版** 雨果製作有限公司：HKCO-3-2002-3

備註 ① 1994年香港中樂團委約作品，這是作曲家的首部大型中樂作品；② 非常規樂器：洞簫〔2〕（由梆笛、曲笛兼奏）　小笛〔2〕（由梆笛、大笛兼奏）；③ 入選「世紀中樂名曲選」二十世紀最受樂迷歡迎中樂作品候選金曲。

中國地大物博，縱橫交錯的江河流水和奇特雄偉的山峰孕育了不少民族，而雲南省更是較多少數民族聚居之處，據統計此處就有二十五個少數民族之多。此處少數民族的生活習慣、宗教祭祀、音樂舞蹈等特色都為音樂家提供了不少創作靈感。本曲與上一首《剽牛祭》樂曲一樣是取材於雲南少數民族的生活習俗。作曲家運用其豐富的想像力和出色的配器技巧，創作出這首出色的《滇西土風兩首》。

「滇」是雲南的簡稱，滇西是雲南滇池至西南一帶的地區。本曲是作曲家郭文景於1994年應香港中樂團委約而創作。全首樂曲分兩大段——《阿佤山》和《基諾舞》。《阿佤山》一段以佤族「拉木鼓」的原始宗教活動作為音樂素材；而《基諾舞》基諾族的充滿山歌風味及輕型歡快的舞曲作為音樂素材。

佤族和基諾族是雲南地區其中兩個少數民族。在佤族的原始習俗中，以「拉木鼓」較具特色。佤族的「格瑞月」（相當於公曆12月），是佤族過去舉行全寨性拉木鼓活動[1]的時節。

至於基諾族有着豐富的文化，同時能歌善舞。在表現基諾族對太陽崇拜的太陽廣場上，歡快熱烈的「太陽鼓舞」鼓聲雄健深厚，舞姿輕快活潑，是基諾族最具民族特色的一項活動。

郭文景在本曲運用了許多如金屬和皮革等不同種類的打擊樂，並在樂曲中扮演了重要的角色。香港中樂團打擊首席閻學敏曾言道：「現代中樂團一般以如此龐大西洋及中國全部敲擊樂一齊表現如此題材比較少見，它動用非常多的鍵盤樂器（如低音木琴、高音木琴、大鋼片琴、小鋼片琴），又有管鐘等具音高的打擊樂，發出非常明亮、尖銳的聲音，為作品增加不少色彩。在定音鼓方面，用了五個不同的音高的定音鼓，每階段均是用二個鼓同時敲五個音，氣勢因而非常之大。」此外，其他樂器（如揚琴、中阮、琵琶等）也用了很多敲擊效果。諸多種類的打擊樂器和其他樂器獨特的彈奏技巧所產生出來的強力、尖銳、明亮的聲音，為聽眾帶來感官和聽覺的刺激。

在「阿佤山」一段，樂曲先以管鐘、小鋼片琴、大鋼片琴等打擊樂器產生強烈、尖銳的音效，再配以琵琶和中阮用指甲彈擊面板和揚琴用竹尾撥弦造出特殊音響效果，正式揭開「拉木鼓」祭祀活動的序幕。這種明亮、尖銳的聲效令聽眾精神為之一振，吸引聽眾聆聽樂曲後來的音樂變化。

在廣板之後，繼而轉入沉重蒼涼的慢板，與開首動態強橫的打擊樂產生強烈的對比，聽眾的感覺亦隨之變得沉重憂怨。旋律在大笛和弦樂中交替出現（譜例1），旋律蒼涼淒美，感心動耳。加上大軍鼓沉重的聲響，讓原來淒美的旋律倍添沉重。

其後是憂鬱如歌的柔板段落。樂曲保持着節奏的凝重質感，而有別於舞曲的跳盪氣質。樂段主要開首以弦樂奏出穩定的節奏，再配以大堂鼓，樂曲保持着沉重的質感。而揚琴棄用琴竹彈奏，改用手指撥弦，產生沉厚的聲音。樂器由原來的揚琴、三弦、中阮、中胡、大提琴（或革胡）和低音大提琴（或低音

（1）頭人和「魔巴」（祭司）帶人到事先選好的高大紅毛樹下，舉行祭祀後，「魔巴」揮斧砍幾下，然後由其他人把樹砍倒再按所需木鼓尺寸截斷樹幹，擊出鼓耳，繫上藤條。全寨男女老幼身穿盛裝，上山拉木鼓。魔巴右手舉樹枝，領唱「拉木鼓」歌，拉木鼓的男人一邊拉，一邊歌舞，其他人或吶喊助威，或送酒送飯。把木鼓毛坯拉到寨門外停放兩天。「魔巴」殺雞祭祀，然後才把大樹幹拉到木鼓房邊的場地上，交給木匠製作。

123

譜例 1

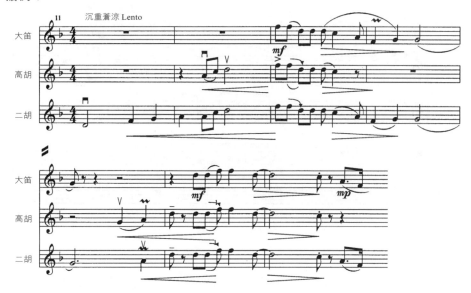

譜例 2

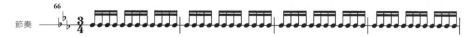

譜例 3

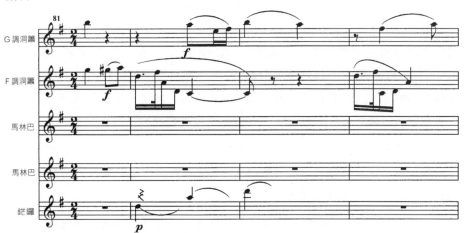

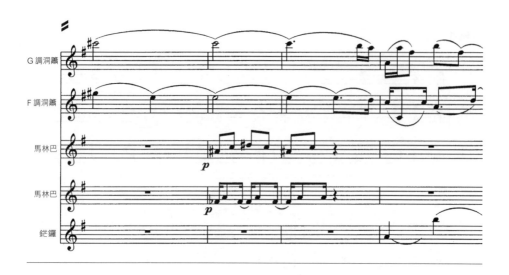

革胡）逐漸加入嗩吶、笛、笙等，沉重的進行感在樂曲中由極弱變為極強；凝重的進行步伐變得更為密集。樂段結束部分運用樂章開首時的配器技巧，以強烈尖銳的打擊樂，配以弦樂指甲彈擊面板等特殊音響效果結束，前後呼應。

　　樂曲第二段是「基諾舞」，最初的小快板並非輕型歡快的舞曲，而是以六個八分音符組成的節奏型，此節奏貫穿整個小快板樂段，營造了沉穩而質樸的氣氛，顯示基諾族的樸實自然。而樂段的開首主要以打擊樂為主，沉實的步伐由弱變為強，彷彿從奇異的原始森林漸漸走進神秘的基諾族村落裡，欣賞基諾族的太陽鼓舞。此樂段運用了康嘎鼓（Conga drum）、邦戈鼓（Bongo drum）和馬來鼓（Malaysian drum），一方面模擬基諾族人打太陽鼓、載歌載舞的情景，一方面表現少數民族的民間特色。此外，小快板後部分的節奏愈來愈緊密（譜例 2），基諾族族人的心情愈來愈高漲，舞蹈也愈跳愈快，

　　中間部分是較自由的山歌樂段，主旋律集中在洞簫和大笛上，旋律柔和寧靜，加上馬林巴和鋩鑼的奏和（譜例 3），營造奇異神秘的氣氛，聽眾彷彿感受得到基諾族村落寧靜而神秘的一面。

　　之後，樂曲轉入小快板，聽眾再一次感受得到基諾族族人載歌載舞興奮的氣氛。樂曲在小快板中逐漸淡淡消失。遊人依依不捨地離開基諾族的村落。

此曲是郭文景的首部大型中樂作品，樂曲骨架完整，內容生動，民間素材與豐富的寫作和配器技巧結合完美。此曲打擊樂動態強橫，而胡琴慢奏蒼涼悽美，抑揚頓挫，感心動耳。舞曲從憂鬱如歌的柔板漸進為浩瀚宏偉的量感動感，凝聚了千斤重，音響質感強烈，令人讚嘆今日經改革和再造的中樂器發聲結實宏偉，亦可見作曲家的深厚功力。

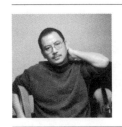

郭文景

1956年出生，1983年畢業於中央音樂學院作曲系，是八十年代以來，中國最活躍和有影響的青年作曲家之一。郭氏主要作品有：交響樂《蜀道難》、《第一小提琴協奏曲》、音詩《川崖懸葬》、室內樂《社火》、竹笛協奏曲《愁空山》。郭氏並曾為四十餘部電影、電視創作配樂，他的許多優秀作品亦經常在歐美上演。郭氏現為中央音樂學院作曲系教授。

參考資料

1. 李吉提《郭文景其人其作》，載《人民音樂》1997 年第 10 期，頁 2-4。
2. 陳明志 2003 年 1 月 21 日與閻學敏的訪問記錄。

3《拉薩行》

⊙ 關迺忠 曲

創作年份 1984年　**類別** 合奏　**編制 吹管**：梆笛〔2〕曲笛〔2〕高音鍵笙〔2〕低音抱笙〔1〕高音嗩吶〔2〕中音嗩吶〔1〕低音嗩吶〔1〕中音管〔1〕　**彈撥**：揚琴〔2〕柳琴〔2〕琵琶〔4〕中阮〔4〕大阮〔2〕三弦〔2〕箏〔1〕　**打擊**：低鑼 串鈴 小排鐘 大軍鼓 南梆子 排鼓 鐘琴 雲鑼 木琴 吊鐘 拍板 大堂鼓 小鈸 中鈸 鈴鼓 彈簧匣 定音鼓　**拉弦**：高胡 二胡 中胡 革胡 低音革胡　**演奏時間** 28'00''　**首演日期** 1984年12月28日　**地點** 香港大會堂　**指揮** 關迺忠　**樂團** 香港中樂團　**錄音出版** 華星唱片公司：CD-3002S　中國唱片公司：CCD88-021　雨果製作有限公司：HRP 761-2、HRP7240-2

備註　① 1984香港中樂團委約作品；② 此曲榮獲香港作曲家及作詞家協會1987年度最受歡迎本地正統音樂樂曲獎；③ 非常規樂器：巴烏〔1〕（由曲笛兼奏）；④ 入選「世紀中樂名曲選」二十世紀最受樂迷歡迎中樂作品候選金曲。

　　中國音樂很多時會借景抒情、描述故事或模擬一些音響，但往往是經過作曲家的藝術性加工，當中可能會出現一些與眾不同的效果，又如要以音樂描述地方面貌時，作曲家不一定需要親臨該地，便可憑想像進行創作，就如關迺忠的《拉薩行》便是透過音樂以形寫神方式，並獲得極大成功的作品。

　　《拉薩行》於1984年由香港中樂團委約關迺忠創作，1987年獲香港作曲家及作詞家協會最受歡迎本地正統音樂樂曲獎。

　　有「世界屋脊」之稱的西藏向來給人神秘的感覺，其位於中國的西南邊陲，青藏高原的西南部，是世界上面積最大、海拔最高的高原，而其首府拉薩，更是當地的宗教聖地。

　　此曲共分《布達拉宮》、《雅魯藏布江》、《天葬》和《打鬼》四個樂章。分別反映藏族人民中人與神、人與自然、人與民族風俗、人與民族文化關係等不同的側面和印象。

　　《布達拉宮》是西藏密宗的聖地，原本是達賴活佛的居所。宮殿依山而

譜例 1

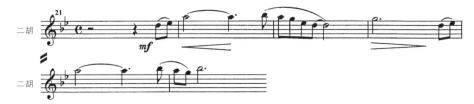

譜例 2

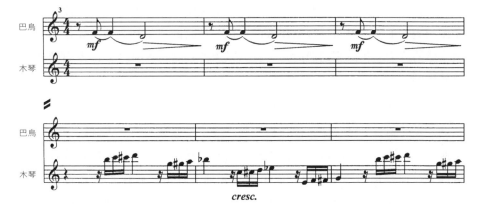

譜例 3

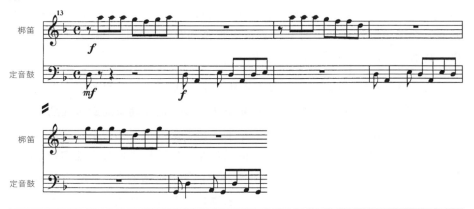

建，雄偉而神秘。作曲家特別抓住其雄偉、神秘的意境作為全個樂章的重點，並以莊嚴緩慢的音調來描繪其雄偉的氣勢。整個樂章以重複組成的動機灌注而成的重複音。開首以低音吹管及拉弦樂器奏出多組緩慢及低沉的重複音，加上大鑼、串鈴、小排鐘的襯托，營造神秘的氣氛，彷彿進入了布達拉宮，聽到喇嘛在敲經誦佛。接着，拉弦和彈撥樂器的加入，它們所奏的樂句仍以重複音為基本材料，再加以發展，其中吹管樂器冷澀的和聲、低音聲部緩慢地進行，勾勒出一片陰陽濃重的色調。忽而，串鐘透明、清脆的劃奏與弦樂高音區細密的顫音，猶如一線陽光透過某一線窗縫，在這幽暗的迷宮閃爍……作曲家借用印象派的表現手法，對布達拉宮陰冷的色調、神秘的氣氛和光線的變化，進行細緻入微的渲染。作曲家通過對布達拉宮景象的描繪，準確地寫出人與神之間的距離感。

第二樂章《雅魯藏布江》採用了歐洲十九世紀浪漫派的手法，畫出了一幅色調溫暖的圖畫。雅魯藏布江位於拉薩之南，是西藏的第一大江，它不僅哺育了西藏的人民，也是西藏文化的泉源。整個樂章以密集而快速的音響效果來營造江上波浪翻滾的感覺，這些波浪載着廣闊而抒情的旋律。箏五聲音階的琶音，隨着笙和低笙的領奏，像消融的滴滴雪水，引進樂隊如風一樣的旋律，帶着雪山母親的愛戀和柔情，匯成一江緩緩流淌的春水，使人感到高原春日的氣息。舒展的音樂主題，由高胡和二胡演奏（**譜例 1**），然後在各聲部多層次地發展、交織，猶如條條小河歡跳着匯入雅魯藏布江的懷抱。溫柔、動情的旋律，真摯地表現了人與大自然的關係。

第三樂章《天葬》以西方先鋒派手法寫成。天葬是藏民的習俗，人死後被放在山腳的台上，由天葬師傅將屍體切成小塊，之後點起桑煙引來禿鷹啄食屍體。如果屍體骨肉被完全吃光，即表示那人已上了天堂。此樂章嘗試以現代音樂技法去描寫天葬的偉大和神秘，一開始作曲家特別用了木琴去描寫骨頭的聲音，採用巴烏模仿鷹的叫聲，營造非常神秘的氣氛（**譜例 2**）。隨後吹管樂器（梆笛、曲笛、笙、嗩吶、管）縱橫交錯的樂句，就是摹擬死者叫魂的聲音與天葬師唸誦經文的呢喃聲，這些蘊含獨特的人情味。急促的鼓聲，使人想到天葬台上那驚心動魄的場面，裊裊的煙雲，箭一般飛落的禿鷹，都在音色對比和樂隊濃烈的音樂氣氛中展現。

第四樂章《打鬼》是作曲家選取的另一色彩鮮明的場面。打鬼是藏民的習俗，每逢正月十五日，西藏寺院的喇嘛便要扮成惡鬼，一邊跳舞一邊被人追打，有驅邪祈福之意。在這裡更能表現人的意志，帶有濃重的人情色彩(**譜例3**)。作曲家採用通俗的手法，將一個精煉簡潔的主題，在幾個聲部（梆笛、曲笛、笙、嗩吶、管）中以不同的調性和色彩同時出現，描繪四方趕來參加打鬼的熙熙攘攘的人流和熱鬧的群眾性舞蹈場面。諸多種類的打擊樂器(拍板、大堂鼓、大軍鼓、中鈸、木魚、彈簧盒)，以其各自個性鮮明的色彩，展現出民族樂隊豐富的音色變化。

此樂曲的最大特色是作曲家沒有採用任何拉薩民謠或地方音樂，作曲家純粹用音樂來描寫他對拉薩的感覺。全樂曲流露原始粗獷而略帶野性的美，具有自然和超自然的形狀，它迫使人們屏住呼吸去領略那帶有陽光之氣的樂之神韻，讓聽眾有無限大的空間去捕捉作曲家的靈感，甚或編織自己的拉薩印象。

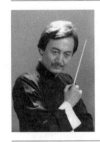

關迺忠

1939年生於北京，十七歲進入中央音樂學院，1961年畢業於作曲系。曾擔任東方歌舞團指揮及駐團作曲家、麗風唱片公司音樂製作人、香港中樂團音樂總監及高雄市實驗國樂團指揮等職。主要作品有交響樂三部、各種樂器之協奏曲十六首、大型樂隊作品十四首，舞劇兩部、交響大合唱三部、中小型樂隊作品過百首；指揮、作曲、編曲之唱片超過三十五張。關氏於1994年移居加拿大。

參考資料

1. 劉麟《獻給故土的花束——關迺忠兩首民族樂曲觀後》，載《人民音樂》1986年第2期。
2. 劉文金《民族管弦樂交響性的實驗》，載《人民音樂》1997年第5期，頁2-6。

4 《祭神》

⊙ 關聖佑 曲

創作年份 1978年　**類別** 合奏　**編制 吹管**：梆笛〔2〕曲笛〔2〕新笛、大笛〔2〕高音鍵笙〔2〕中音排笙〔2〕低音抱笙〔1〕高音嗩吶〔2〕中音管〔1〕　**彈撥**：揚琴〔2〕柳琴〔2〕琵琶〔4〕中阮〔4〕三弦〔2〕箏〔1〕　**打擊**：雲鑼 木魚 板鼓 鐘 磬 鈸 鑼 大手鼓 大堂鼓 碰鈴 三角鐵 拍板 木琴 串鈴 彈簧盒　**拉弦**：高胡 二胡 中胡 革胡 低音革胡　**演奏時間** 13'19"　**首演日期** 1978年4月　**地點** 香港大會堂音樂廳　**指揮** 吳大江　**樂團** 香港中樂團　**錄音出版** 金革科技股份有限公司：JCD070006

備註 ① 1978年香港中樂團委約作品；② 非常規樂器：短笛〔1〕（獨立聲部）。

　　宗教是人文生活中極重要的一環，在民族眾多、幅員遼闊的中國大地，自然充斥着形形色色、豐富多彩的祭祀活動。中國的五十六個民族，各有不同的宗教信仰及傳統習俗，祭神既能寄託人們的冀望追求，又可強化民族的凝聚力和信念。

　　《祭神》於1978年創作，是關聖佑取材於中國民間傳統的祭祀活動，加上其豐富的想像力和出色的配器技巧創作而成。

　　全曲雖沒有明確的分段，但大致亦可分為序、快、慢、快板幾個部分。

　　一段由慢漸快的鼓聲揭開了祭神的序幕（譜例1），人們向上天祈求五穀豐登、風調雨順。其他的打擊樂（磬、鈸、鑼等）和彈撥樂器營造神秘詭異的氣氛。速度慢起漸快的雲鑼，配合笙、鼓和革胡奏和，表示祭祀即將開始。然後拉弦樂器、彈撥樂器和吹管樂器逐漸加入，節奏固定而慢起漸快，仿如眾人的腳步聲，表示人們逐漸到來參與祭神儀式。

　　接着一段響亮清脆的笛聲劃破長空，正式進入樂曲輕快的部分。鼓敲出富有特色和舞蹈性的節奏（譜例2），人們緊隨跳着祭神儀式的舞蹈。樂曲多次連續轉換拍子，由5/4、6/4、5/4、6/4、再轉回5/4，在當時的民族音樂創作中較罕見。多種樂器輪流演奏同一旋律（譜例3），好像巫師喃喃咒語，而拉弦

譜例 1

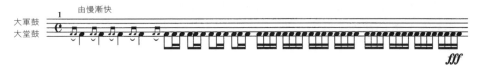

譜例 2

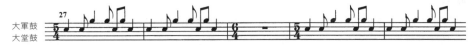

譜例 3

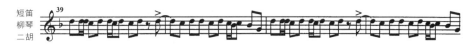

譜例 4

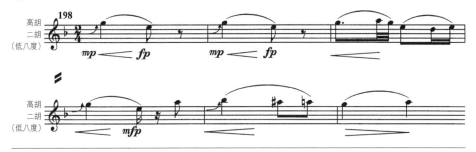

緊密的拉奏營造祭神那詭異的情景，但樂曲很多時都是各聲部的對奏，保留了傳統民族音樂的特色，此部分輕快活潑，節奏性較強。樂曲突然轉慢，給人此部分完結的感覺，揚琴亦以慢起漸快的速度，重現樂曲的主題旋律。

「慢板」部分以揚琴和箏一段刮弦展開。此部分回應着樂曲開首的氣氛，同樣的神秘詭異，拉弦樂、彈撥樂和吹管樂輪流交替，奏出富有祭祀氣氛的詭秘旋律（譜例 4），旋律開首的八度音大跳，猶如參拜者向神明叩頭。向神明參拜後，祭祀的舞蹈再一次出現。

此部分的「快板」其實是重複樂曲輕快的主題旋律。主題旋律反覆出現，彷彿人們不捨得祭祀就此完結，而樂曲亦逐漸加快推向樂曲高潮，氣氛興奮、熱鬧，最後雲鑼響亮、清脆的響聲代表祭祀儀式正式結束。

　　樂曲配器手法簡練嚴謹，每個段落均對比鮮明，而且色彩豐富，實不失為一首雅俗共賞的佳作。

關聖佑

1959年-1965年就讀於廣州音樂附中及本科，為該校同時攻讀作曲與民族器樂系的惟一學生。1965年以優異成績畢業。1968年來港後一直從事專業的音樂創作。主要作品有大型的中樂合奏曲《祭神》、《中國戲曲唱腔主題組曲》、《廣東民謠組合》、《歡樂序曲》、大合唱《慈母》、《登月》、大提琴協奏曲《月亮》及大量的歌曲、鋼琴曲、室樂作品，影視歌曲、配樂、輕音樂及流行歌曲。

（五）絲路繁花

西域的聯想

絲綢之路可說是見證了唐代歷史光輝燦爛的一頁。它把中國古老的文化，與印度、波斯、阿拉伯等地的文化連結起來。絲路的商貿往來不僅為中國帶來名譽和財富，同時引進了大量西域藝術。佛教的興盛令其藝術得以在中國開花結果，而絲路上富有宗教色彩的古蹟，莫過如敦煌石窟。其中以佛教的故事作為題材的壁畫，可說是中西文化交流的藝術結晶。

不同地域的音樂給予人們不同的感受，西北地區融合不同民族的文化，進而形成現今獨特的文化結構，民族的熱情加上粗獷奔放的音樂，引起作曲家莫大的興趣。有些作曲家從敦煌的歷史和藝術中取得靈感，以此作為創作題材，亦有作曲家旅居於當地，以自身的感受加上藝術手法的處理，創作出充滿當地文化特色的音樂。在兩種不同的創作背景下，樂曲風格就會有什麼異同呢？

生於甘肅的趙季平，身處西北地區，過着當地的生活方式，耳濡目染，音樂不期然地流露富有中國西北地區音樂的風格。因此，他的作品大多以西北地區的素材入樂。《絲綢之路幻想組曲》就是選取絲路其中幾個路段，配合他的生活體驗創作而成。

藝術作品動人之處，可以說是精煉地展示景物的神韻，即使經過時間的洗禮，依然能夠觸動人心。杭州出生的作曲家莫凡在參觀敦煌壁畫時，有感於古老的石窟及牆上那離奇的佛家故事，而創作了管樂協奏曲《敦煌印象》。

雖然趙季平和莫凡的創作動機和背景不同，但兩首樂曲均選取了吹管樂器去擔當主要的角色。前者則選取源自西域的管子作為獨奏樂器；後者則以不同的吹管樂器，表達各幅壁畫中的人物故事。

1《絲綢之路幻想組曲》

⊙ 趙季平 曲

創作年份 1983年　**類別** 管子協奏曲　**編制 吹管**：曲笛〔2〕高音鍵笙〔2〕中音排笙〔1〕高音嗩吶〔2〕次中音嗩吶〔1〕　**彈撥**：揚琴〔2〕柳琴〔2〕琵琶〔4〕中阮〔4〕三弦〔1〕箏〔1〕箜篌〔1〕　**打擊**：方響 梆子 碰鈴 大木魚 定音鼓 小鈸 鈴 排鼓 鈴鼓 手鼓
拉弦：高胡 二胡 中胡 革胡 低音革胡　**演奏時間** 約23'00"

備註　① 作曲家在樂曲的低音弦樂部分採用大提琴和低音大提琴；② 非常規樂器：傳統笛〔1〕（獨奏）　簫〔1〕（由笛兼奏）；③ 入選「世紀中樂名曲選」二十世紀最受樂迷歡迎中樂作品候選金曲。

　　一位畫家時常帶着學生往絲綢之路寫生，到達絲路古道上的甘肅省平涼時，其妻誕下他的兒子。兒子自小就覺得父親畫中的絲路充滿旋律感，給他一種神奇的想像。兒子有一個心願：為父親舉辦一個展覽會，並在現場演奏為他而寫的作品……。

　　這位兒子就是本曲的作曲家趙季平，而《絲綢之路幻想組曲》是作曲家基於對父親的懷念而選擇絲路題材創作的。

　　作曲家除採用古代絲綢之路這個素材外，還用了中國古老樂器──管子來表現意境。管子，古稱「篳篥」或「觱篥」。約於隋代（公元581-618年）由西域龜茲（今新疆庫車）傳入中原。管的聲調高亢，音質堅實，近似人聲。

　　這首管子與樂隊的協奏曲分為五個樂章：《長安別》、《古道吟》、《西涼樂》、《樓蘭夢》和《龜茲舞》。這五個樂章以不同的色彩風格展現了古絲綢之路上當年的場景和畫面，使人們產生無盡的遐想。

　　第一、二樂章《長安別》和《古道吟》，令人聯想起王維的詩：「勸君更盡一杯酒，西出陽關無故人。」陽關在今甘肅敦煌西南面，因位於玉門關南，故名陽關，為中國古代通往西域的要道。

　　第一樂章《長安別》，樂曲開首是箏和梆子的散板，充滿淒涼、神秘色彩，其他樂器的加入，引進主題部分。作曲家用了管子吹奏旋律，加上簫的答和（**譜例1**），音樂悲傷，感覺唏噓，仿如兩位友人臨別依依，互訴心情。其後笛和笙的旋律重複交替，最後開始時的管子悲傷旋律再次出現，完結這一樂章。

第二樂章的《古道吟》則用了低音管（**譜例2**），增加內在蒼勁的感覺。中阮和揚琴低音而節奏穩定的背景，猶如古道上的行旅。作曲家把原來的D音管改為A音管，再次重複本樂章的主題旋律。然後樂隊齊奏，猶如從前絲綢之路上一大隊商旅往西行。A音管轉回D音管，主題旋律重現，並在蒼涼柔弱的樂聲中結束此樂章。

第三樂章《西涼曲》，此樂章的舞蹈性旋律輕快活潑，與前兩樂章悲劇蒼涼的旋律形成鮮明的對比。樂隊的齊奏有如號子的聲響，表示行旅已到達當時東西文化交匯、物資集散的重要驛站和商埠──涼州。樂段的節奏輕快，彷彿告訴我們：繁盛的涼州是不同種族互相往來的地方。樂章的旋律時以管子獨奏，樂隊應和；時以管子和樂隊齊奏，代表中西文化、經濟在此地交流。樂曲最後在管子和揚琴聲中結束。

第四樂章《樓蘭夢》，節奏轉慢，像訴說一個愛情故事，商人在絲綢之路上勾起對動人少女的思憶，格外感人。全樂章主要是管子和箏的演奏，樂章以琵琶和箏開始。管子的吹奏如帶點憂鬱愁緒的商人，琵琶的聲音像是遠方那美麗的姑娘。而琵琶的划弦和琶音有種虛幻、不真實的感覺，正好配合本樂章的主題 ──「夢」。

第五個樂章《龜茲舞》，表現西域最繁華時期的音樂和舞蹈。龜茲，即今新疆庫車，也就是這一繽紛旅程的終點站。樂段舞蹈節奏性很強，開始時，樂隊齊奏，排鼓敲出緊密而穩定的節奏（**譜例3**），輕快的節奏令人不期然地隨歌起舞。管子吹奏輕快的舞蹈性旋律，樂聲緊湊響亮，各聲部互相交織、奏和。然後進入行板，先由三弦和管子交替、反覆演奏旋律，富有西域地區民族色彩的手鼓和響板加入伴奏。音樂越來越快，最後在樂隊激動、響亮的齊奏聲中結束。

此曲五個樂章各具意義，內容也不相同，管子在各樂章採用不同情緒來演繹。可見趙季平對管子的音域和技巧以至旋律都很了解，因此在創作的時候能夠充分發揮管子的特長。他選取唐代音樂和西域風格的素材，讓人一聽就產生一種

譜例 1

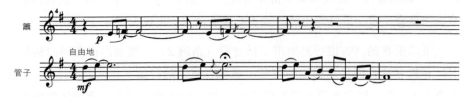

譜例 2

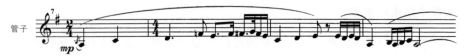

譜例 3

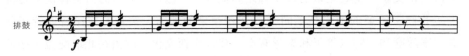

富有西域色彩、不像一般漢族曲子的感覺。聆聽此首曲子，令人仿如置身於絲路
行旅中，欣賞沿途的景致，體驗不同民族的地方色彩，經歷奇異的旅程。

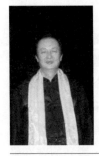

趙季平

1945 年出生，河北東鹿人。國家一級作曲家，被譽為「具有中國民族文化精
神和西部特色的作曲家」。從事音樂創作三十多年，曾為四十多部影片作曲，
多次在國內外電影節獲獎。其中為台灣電影《五個女子和一根繩子》作曲的電
影音樂獲法國南特國際電影節最佳音樂獎，《紅高粱》的配樂則奪得第八屆中
國電影金棕獎。趙氏曾創作多個著名曲目，其中兩首音樂作品交響音畫《太陽
鳥》及交響敘事曲《霸王別姬》於 2000 年由柏林愛樂交響樂團在「柏林森林
音樂會」首演。現任陝西省歌舞劇院院長、中國音樂家協會副主席。

參考資料

1. 周菁葆 《絲綢之路的音樂文化》，新疆：新疆人民出版社，1985 年。

2. 陳明志 2002 年 12 月 24 日與郭雅志的訪問記錄。

2 《敦煌印象》

⊙ 莫凡 曲

類別 管樂協奏曲　　**編制** 吹管：曲笛〔2〕高音鍵笙〔2〕中音排笙〔2〕高音嗩吶〔2〕中音嗩吶〔2〕次中音嗩吶〔1〕低音管〔2〕　**彈撥**：揚琴〔2〕柳琴〔2〕琵琶〔4〕中阮〔4〕大阮〔2〕箏〔1〕　**打擊**：鋼片琴 鋁板 鐘琴 大鑼 響板 小堂鼓 十面鑼 木琴 定音鼓 編鐘 編磬 音樹 木魚 碰鈴 雲鑼 排鼓 大磬 小軍鼓 鈸　**拉弦**：高胡 二胡 中胡 革胡 低音革胡　**演奏時間** 約28'00'　　**錄音出版** 風格：FCD008

備註 ① 非常規樂器：塤〔1〕口笛〔1〕低音竹笛〔1〕巴烏〔1〕簫〔1〕排簫〔1〕（獨奏聲部）；② 入選「世紀中樂名曲選」二十世紀最受樂迷歡迎中樂作品候選金曲。

美學大師宗白華在談到敦煌藝術的意義時，曾說：「因為西域傳來的宗教信仰的刺激及新技術的啟發，中國藝人擺脫了傳統禮教之理智束縛，馳騁他們的幻想，發洩他們的熱力。線條、色彩、形象、無一不飛動奔放，虎虎有生氣。『飛』是他們的精神夢想，飛騰動盪是那時藝術境界的特徵。」[1]的確，敦煌壁畫最迷人之處就是畫中人物手抱樂器、漫天飛舞的造型。

敦煌壁畫提供了大量研究古代音樂的重要線索。壁畫中的「淨土變」，記錄了當時的樂伎在佛前演奏，以作供奉佛的場面，而樂隊編制亦在畫中清楚地繪畫出來。最令人讚嘆的是「伎樂天」橫抱琵琶的樂伎，現今福建南音仍然保留橫抱琵琶的演奏形式。

莫凡被敦煌石窟壁畫深深吸引，為表達他心目中的敦煌，因此以畫中的佛教故事為題材，創作《敦煌印象》一曲。他把「淨土變」和「伎樂天」放在音樂裡，正好代表他對古代音樂的推崇。

《敦煌印象》是一首管樂協奏曲，以多種民族吹管樂器表現不同色彩和風格

（1）雙引《從敦煌畫看樂器》，載《樂友》2003年第1期，頁155－159。

的敦煌壁畫，為人們展示了敦煌莫高窟色彩斑斕的古代壁畫藝術，敘述了一個個離奇而動人的佛經故事。全曲分為《序》、《九色鹿》、《淨土變》、《鹿母蓮》、《伎樂天》、《涅槃變》、《藻井》和《降魔變》。

作曲家莫凡在樂譜中對樂曲有詳細的介紹：

在樂曲開始的《序》中，塤吹奏出悠遠、蒼涼，深沉嗚咽的音色（譜例1），加上隨後一段琵琶自由的獨奏（譜例2），把人們引入到遙遠的古代，似帶我們步入撲朔迷離的大沙漠之中的敦煌莫高窟。

《九色鹿》選自敦煌壁畫中的佛教故事。具有九種毛色的美麗的鹿，有一次把一個叫調達的落水人從滾滾浪濤中救出，但調達卻出賣九色鹿以贏得國王的重賞。當國王率射手捉拿九色鹿時，卻被美麗而奇異的鹿所震驚。九色鹿激昂呈述，斥責了恩將仇報的調達，國王也非常羞愧，最後下令全國不准傷害九色鹿，調達也受到人們的唾棄。作曲家以明亮、高亢的口笛（譜例3）表現九色鹿的純淨、美麗與閃光的品德，亦是一種人類理想的象徵，而音樹的伴和及琵琶的劃奏表現出九色鹿奇異的美麗。

《淨土變》是唐代的壁畫《西方淨土變》，多達一百多壁，大多根據《阿彌陀經》而畫，也有根據《觀無量壽佛經》而畫，二者都描繪佛所居的西方極樂世界情景。莊嚴皎潔，沒有五濁煩惱，表現《天上人間》，其中《十六觀》壁畫，表現被幽閉的韋提希夫人受佛的啟示，作種種沉思、默想。音質淳厚、深沉的低音竹笛（譜例4），加上富有廟堂色彩的打擊樂（編鐘、編磬、音樹、木魚）與飄渺的弦樂群，表現具有濃郁佛教色彩的凝固而沉吟的美，是對理想的希冀與祈禱。

《鹿母蓮》選自敦煌壁畫《鹿母夫人蓮花產子》的故事。母鹿喝了神仙南窟道人洗足的泉水受孕並在泉邊生下一個美麗的小女孩。南窟道人將她撫養長大。鹿女每走一步，地上便綻開一朵蓮花。梵豫王進山打獵，循着蓮花發現了鹿女，並娶她為王妃。後鹿女分娩產一蓮花，花有千葉，葉坐一子，共千子，國王在眾王妃挑唆下將蓮花千子投河流去。下游的烏焉王收養了蓮花千子，長大仗着孔武有力的千子開拓疆土，一直打到梵豫國中，兵臨城下，勢莫能敵。被囚禁的鹿女進言國王，還毅然登上城樓退敵。她以母愛勸退千子，一千支乳注入千子之口，於是解甲歸宗，兩國和好，百姓歡樂。委婉的巴烏與弦樂、彈撥樂長氣息的旋律，表現女性的柔美、溫馨、慈藹與善良，表達人類渴望和平與安寧、愛情與幸福的美好願望。最後樂隊演奏聲部逐漸減少，一場戰爭危機已被解除，兩國和平共處。

《伎樂天》表現殿堂中伎樂歌舞的場景。彩雲繚繞，飛天歌舞，寶地蓮花、飛鳥色彩斑斕，菩提雙樹，樓台殿閣，石欄相連。通過樂舞場面，反映伎樂盛況和唐代高度發達的文化以及對理想的憧憬。樂章較輕快活潑，富有表現力的曲笛在表現仕女飛天，旋律時高時低（譜例5）。歌舞昇平的唐代宮廷氣氛中充分展現其技巧與魅力，音樂充滿動力，表現出盛唐時代的浪漫氣息和勃勃生機。

《涅槃變》表現釋迦牟尼入滅，側身而臥，一群悲痛的弟子圍着他。《涅槃變》所表示的因釋迦牟尼入寂而引起諸弟子的哀痛，體現了人民希望破滅，有苦無處申訴的哀痛。哀怨的簫的音色結合加弱音器的弦樂組以及人聲哼鳴，表現對佛祖的虔誠，凝重、舒緩、連綿起伏的複調音樂，表現眾人的哀思。

《藻井》是西魏的藻井圖案，完全用中國神話題材組成，表現了勁健和豐妍的精神。蓮瓣式的龕楣，組織得精巧富麗，所繪的九首雄兀及飛龍，飛馬、羽人、遊獵人物，筆致奔放，線條飛舞，表現了豐富的想像力和組織能力。排簫奏出富有西域色彩的音樂（譜例6），使人聯想起古代的絲綢之路。音樂像是一幅地域風情畫，讚美了孕育敦煌藝術的那方水土和那方人民。

《降魔變》描述魔王波旬想降服釋迦，三個叫「欲染」，「能悅人」，「可愛樂」的美女作出種種媚態，企圖蠱惑釋迦，破壞他的修煉。而眾魔手持兵器，張牙舞爪地向釋迦進行恫嚇威脅，然而釋迦結跏趺坐，穩如泰山。既不為美色所動，也不為威力所懾。於是魔王技窮，大地震動。波旬昏倒在釋迦座前，而三美女則變成了又老又醜的老姬。樂曲充分展示梆笛靈活多變的演奏技巧，酣暢淋漓地表現正義與邪惡的搏鬥和人民的勝利。其中再現前些段落的主題，強調了對理想的執著追求。

整首樂曲透過不同吹管樂器的演奏，表達不同佛教故事，配合適當，令聽眾彷彿置身在佛教的經典故事中，親身經歷每一個故事發展過程。另一方面，聽眾也可從樂曲中感受到作者對敦煌藝術的讚嘆和對古文明的推崇。

譜例 1

塤

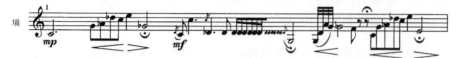

譜例 2

琵琶
Solo

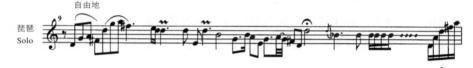

譜例 3

口笛

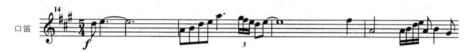

譜例 4

大竹笛

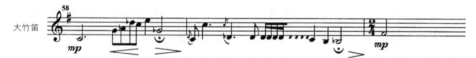

譜例 5

曲笛

曲笛

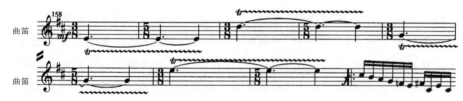

譜例 6

排簫

排簫

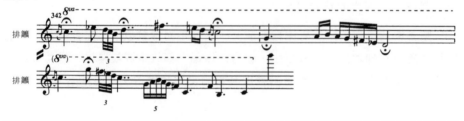

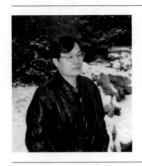

莫凡

1949年生於杭州，1969年到黑龍江插隊並自學作曲，1979年考入上海音樂學院民族音樂理論作曲系，1984年於北京中國廣播藝術團工作至今。其中主要大型作品包括歌劇《雷雨》、舞劇《二泉映月》、清唱劇《洛神賦》、交響詩《松‧竹‧梅》、合唱音詩《昭君出塞》、交響合唱《華夏寫意》、管樂協奏曲《敦煌印象》、琵琶協奏曲《長恨歌》、胡琴協奏曲《京風》、二胡協奏曲《雲的傳説》及雙二胡協奏曲《古道隨想》等。現為國家一級作曲家、中國音樂家協會會員。

參考資料

1. 宗白華《略談敦煌藝術的意義與價值》，《美學的散步》，台北：洪範書店，1981年。

2. 吳釗編《中國音樂史略》（增訂本），北京：人民音樂出版社，1993年。

3. 周菁葆《絲綢之路的音樂文化》，新疆：新疆人民出版社，1985年。

4. 秦咏城編《中國民族音樂大系》，遼寧：瀋陽出版社，1989年。

5. 雙引《從敦煌壁畫看樂器》，載《樂友》，2003年第84期。

6. 中國文化研究院 http://www.chiculture.net/0126/，瀏覽日期：28/8/2003。

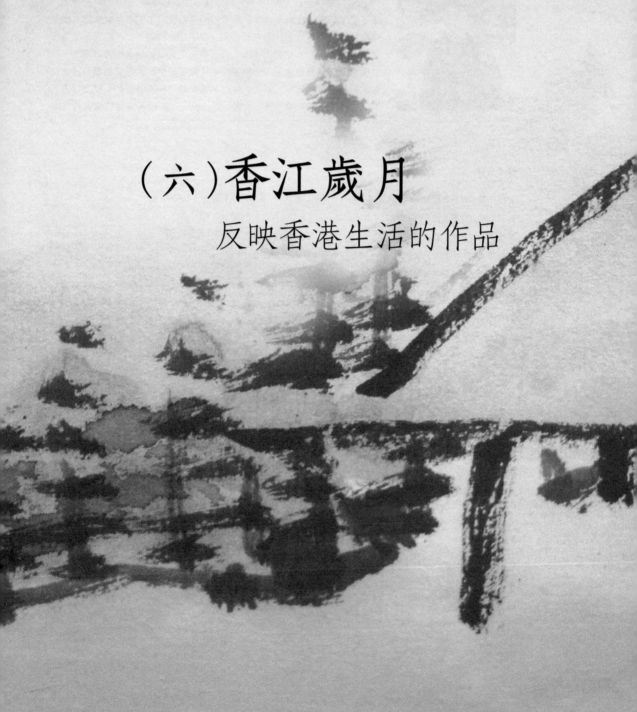

（六）香江歲月
反映香港生活的作品

　　香港的殖民地歷史背景、華洋雜處的社會環境和操不同方言的人士，匯聚成複雜而獨特的文化。音樂方面，無論在內容及形式方面亦隨文化背景各異的港人而變得多彩多姿。戰後從國內各地移居的人士亦同時興旺了香港的音樂文化，並衍生出獨特風格的音樂。

　　時代轉變，科技進步，聽眾層面亦隨之擴大。五六十年代盛行的民族器樂到七八十年代可說到達一個高潮。當時除了有十多個民族管弦樂團外，不少電影和電視劇集亦以民族樂器配樂，顧嘉煇便是其中的佼佼者。他創作了很多膾炙人口的主題曲，及後應香港中樂團擔任客席指揮時，特別選取其中多首主題曲編成《電視主題曲組曲》。

　　藝術家往往感於時事，在時間的洪流裡選取觸動人心的永恆。八十年代中適逢九龍城寨拆除，造就了香港三大藝團的合作，陳能濟為集合了音樂、舞蹈和話劇於一身的《城寨風情》創作音樂，及後為便於演出，編為音樂會用的版本，其中《海盜之歌》和《何處覓真心》給人留下深刻印象。

　　《電視主題曲組曲》和《城寨風情》演出極受觀眾歡迎，除《城寨風情》一劇三度重演外，《電視主題曲組曲》也經常以片段的方式在音樂會再演。

1《電視主題曲組曲》

⊙ 顧嘉煇 曲

創作年份 1986年　**類別** 合奏　**編制** 吹管：梆笛〔1〕曲笛〔2〕高音鍵笙〔2〕中音排笙〔1〕低音抱笙〔1〕高音嗩吶〔2〕中音嗩吶〔1〕次中音嗩吶〔1〕中音管〔1〕低音管〔1〕　**彈撥**：揚琴〔2〕柳琴〔2〕琵琶〔4〕中阮〔4〕大阮〔2〕箏〔1〕　**打擊**：定音鼓 鈸 木琴 鋼片琴 木魚 碰鈴 堂鼓 鑼 軍鼓 南梆子 板鼓　**拉弦**：高胡 二胡 中胡 革胡 低音革胡　**演奏時間** 約 14'25"　**首演日期** 1986 年 10 月　**地點** 香港體育館　**指揮** 顧嘉煇　**樂團** 香港中樂團　**錄音出版** 飛利浦：422 596-2

....

備註　① 1986 年香港中樂團委約作品；② 非常規樂器：簫〔1〕（由曲笛兼奏）。

....

　　七八十年代初，正值香港商貿繁盛、人心奮進之際，一些標榜着俠骨情懷的電視劇集大行其道。一系列的電視劇主題曲風靡眾多的年輕聽眾。電影和電視流行，同時帶動了配樂的發展，八十年代，一些著名的作曲家音樂人開始介入電影，比如顧嘉煇、鮑比達、林敏怡等，就電視和電影而創作大量的配樂，他們的加入使電影的配樂具有了個人風格並趨於原創性。

　　大眾傳媒的發展，提高了人們的生活享受，由電台節目進而電視節目，經濟的進步亦令更多家庭有能力負擔更高的娛樂消費，因此，引人入勝的電視劇滲透社會每一個階層。為此，顧嘉煇所創作第一首的粵語電視主題曲《啼笑姻緣》便成為當時得令的流行曲，七八十年代粵語流行曲已經擺脫了國語時代曲和歐西流行曲而獨當一面。

　　顧嘉煇的創作從國語時代到粵語時代曲，甚至電影的配樂都非常成功[1]。有人說他的作品較為商業化，限制了樂曲的風格和創作。事實上，顧嘉煇在樂器

....

（1）顧嘉煇創作的著名國語時代曲例如：《明日天涯》、《愛你變成害你》等。六十年代顧嘉煇為電影《不了情》創作的同名主題曲《不了情》，獲得亞洲影展最佳主題歌獎。1990 年與黃霑和戴樂民合作，以《秦俑》獲得香港電影金像獎最佳原創配樂。

的運用上，成功地捕捉中國樂器獨有的音色，讓流行曲頓時充滿中國音樂的韻味。傳統的民族音樂，風格較為委婉，速度亦較慢，多抒發個人的感受，顧嘉輝就打破了這個框框，例如《倚天屠龍記》、《勇敢的中國人》、《射鵰英雄傳》等，表現出一種勇往直前的感覺，聽起來有激昂亢奮的豪情，亦有傷感深情的婉約，《啼笑姻緣》、《用愛將心偷》就屬此類，樂曲每每能風靡全港以至東南亞各地。

《電視主題曲組曲》由顧嘉輝選取七十年代風靡一時的電視主題曲，在眾多的作品中包括有：《啼笑姻緣》、《書劍恩仇錄》、《小李飛刀》、《倚天屠龍記》、《網中人》、《上海灘》、《兩忘煙水裡》、《勇敢的中國人》、《世間始終你好》及《陸小鳳》。每首樂曲都是作曲家配合民族管弦樂隊的特性和樂器的特色，編寫出富有中國音樂特色的管弦樂合奏作品。

樂隊以節奏強勁的熱烈氣氛，拉開了組曲的序幕，亦即樂曲的引子部分。第一首出現的作品是《啼笑姻緣》，以箏和二胡演奏出哀怨的旋律，述說了女主角擔心情郎變心，懼怕恩愛一朝了斷，表露了願意生死相隨的心意，感嘆人生無常，期盼上天能夠適從人願。樂隊的齊奏承接二胡如泣如訴的旋律，令氣氛一緊。

接着是金庸筆下的《書劍恩仇錄》，描寫了「紅花會」的不同人物，悲痛江山落入外族之手，傷心無奈的故事。新笛悠悠的吹起旋律，二胡以對答的形式回應（譜例1）。氣氛由彈撥樂器奏起緊密的節奏，引起由嗩吶吹起慷慨激昂的旋律，充滿不惜犧牲性命，誓保家邦的決心。

接踵而至是改編自古龍武俠小說的《小李飛刀》。重複而強烈的節奏由彈撥、拉弦和打擊樂器（譜例2）奏起，曲笛與高音笙在樂隊的伴奏下一同吹起旋律，氣氛隨着樂曲的情緒漸趨熱烈，樂段的尾聲中簫在樂隊的延長音後再一次吹起了旋律，不同的是背景已經變得柔和而且略帶悲苦，聽起來令人心酸。

《倚天屠龍記》由樂隊以（除吹管樂器以外）齊奏的方式奏起旋律，沉重的心情，在音符之間流動，金庸武俠小說中的俠義精神，在強烈的節奏下，更見鮮明。旋律由拉弦樂器奏起，而樂曲的氣氛隨着旋律慢慢轉淡了。

由二胡聲部演繹的《網中人》，在高胡獨奏和高胡合奏的交替下，仿如身不由己地身處困局之中，心情的忽起忽落一般。

譜例 1

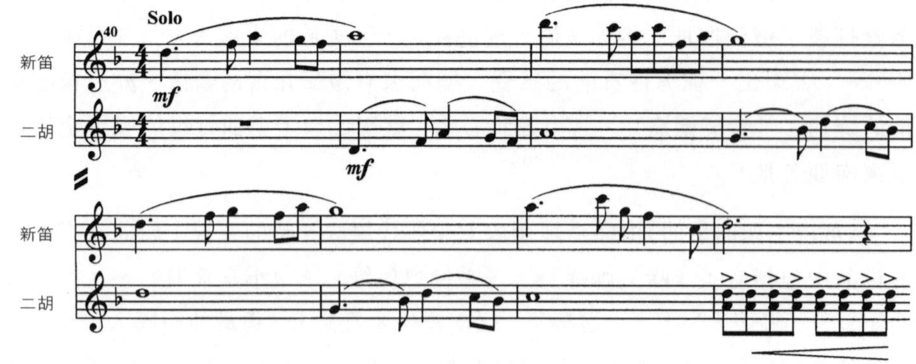

新笛

二胡

新笛

二胡

譜例 2

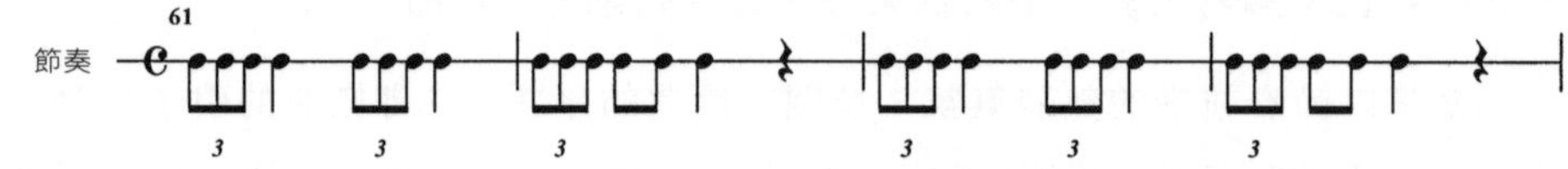

節奏

譜例 3

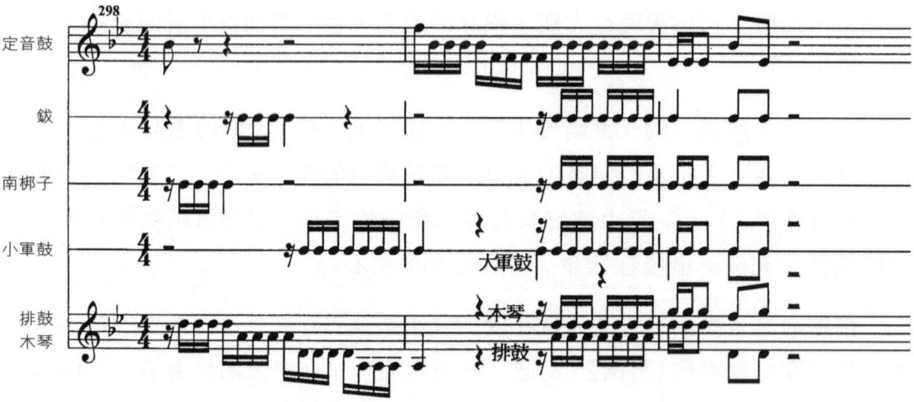

定音鼓

鈸

南梆子

小軍鼓

排鼓
木琴

　　《上海灘》的旋律相信很多人已經耳熟能詳，宏亮的吹管樂器引領我們進入上海灘頭，隨之，樂段的氣氛轉為柔和起來。

　　《兩忘煙水裡》是《射雕英雄傳》的插曲，描寫黃蓉和郭靖純真摯誠、生死相隨的感情。洞簫的低訴在彈撥樂器的陪襯下，顯得哀怨纏綿。樂隊的加入推動了後半樂段的氣氛。

《勇敢的中國人》由柔和漸趨激昂。首先由笙吹起旋律，曲笛以對答的形式襯托着。後端激昂的部分吹管的旋律，配合樂隊伴奏式的齊奏，予人勇往直前的感覺。

電視劇《射雕英雄傳》的主題曲《世間始終你好》。樂曲表達的慷慨激昂，作曲家加插人聲的呼喊，整段的編排令人振奮。

激昂的氣氛伸延至下一首《陸小鳳》，樂隊的強而有力的節奏和旋律的穿插，以至樂曲的尾聲部分，在打擊樂器密集的節奏下結束（譜例3）。

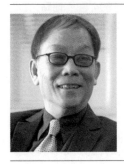

顧嘉煇

1933 年出生，自幼熱愛音樂，1961 年參加一項國際音樂比賽，榮獲獎學金，前往美國波士頓柏奇理音樂學院深造。回港後加入邵氏公司，專職電影配樂，此期主要作品有《小雲雀》、《花團錦簇》等，後者並獲得亞洲電影節最佳歌曲獎。電視廣播有限公司成立後，顧氏即擔任該公司大樂隊的領班，並為電視劇創作了大量的主題曲，備受歡迎。顧氏於1981年前往美國深造，進修現代音樂，1982年因為對香港樂壇作出卓越貢獻而榮獲 MBE 勳銜。此外，顧氏還三次榮獲最佳電影音樂之金馬獎。

參考資料

1. 朱端冰《香港音樂發展概論》，香港：三聯書店，1999 年，頁 261-361。

2. 朱耀偉《香港流行歌詞研究：70 年代中期至 90 年代中期》，香港：三聯書店，1998 年。

3. 香港電台十大中文金曲委員會主編；李再唐編；小傳作者朱耀偉等《香港粵語唱片收藏指南：粵語流行曲 50's-80's》，香港：三聯書店，1998 年。

4. 黃志華《早期香港粵語流行曲，1950-1974》，香港：三聯書店，2000 年。

5. 梁秉鈞《香港流行文化》，香港：三聯書店，1997 年。

6. 重提《射雕英雄傳》— 83 版射雕金曲回顧 http://fm974.tom.com/Archive/1325/1327/2003/5/15-58298.html。

2《城寨風情》（音樂版）

⊙ 陳能濟 曲

創作年份 1994年　　**類別** 合奏　　**編制　吹管**：梆笛〔2〕曲笛〔2〕新笛、大笛〔2〕高音鍵笙〔2〕中音排笙〔1〕低音抱笙〔1〕高音嗩吶〔2〕中音嗩吶〔1〕次中音嗩吶〔1〕低音嗩吶〔1〕中音管〔1〕低音管〔1〕　**彈撥**：揚琴〔2〕柳琴〔2〕琵琶〔4〕中阮〔4〕大阮〔2〕三弦〔1〕箏〔1〕　**打擊**：定音鼓 吊鈴 大鑼 大鼓 中鈸 大、小軍鼓 中堂鼓 小鑼 木魚 文鑼 小釵 鈶鑼 金錢板 小鋼片琴 雙擊木 刮瓜　**拉弦**：高胡 二胡 中胡 革胡 低音革胡　**演奏時間** 原音樂劇長約2小時，音樂版27'31"　**首演日期** 1994年　　**地點** 香港　**指揮** 石信之　**樂團** 香港中樂團　**錄音出版** 香港中樂團：HKCO -2-2000-5　雨果製作有限公司：HRP7218-2

備註　① 1994年香港中樂團委約作品。

　　香港的五六十年代的電台廣播、電影配樂，多是從現成的西方或中國音樂唱片的錄音中選取適合的片段充當。至七十年代初始有顧嘉煇創作的音樂劇[1]《白孃孃》[2]，八十年代初的《白蛇傳》[3]，及後漸成氣候，到了九十年代後期，《劍雪浮生》就有連演一百場全滿的紀錄。

　　《城寨風情》是少有以民族音樂風格寫成的香港音樂劇，在香港中樂團的伴奏下，音樂風格和樂器的音響效果，配合粵語演唱的演出，教人耳目一新。《城寨風情》是香港三大藝術團體：香港中樂團、香港話劇團和香港舞蹈團於1994年傾力製作，陳能濟直言在創作上受很多因素影響：音樂與故事內容的配合、演唱者的歌唱技巧和音域、演出時間的長短等。雖然如此，樂曲仍富有陳能濟的音樂風格，顯示作曲家對於音色、調性、和聲、節奏和結構的追求，

（1）音樂劇：一般指美國大眾演劇 musical comedy 和 musical play 等音樂喜劇的總括性簡稱，但同時也是 musical production 或 musical theatre 的略字。

（2）《白孃孃》由潘迪華主唱。

（3）《白蛇傳》由羅文、汪明荃、米雪主演，由趙文海、鍾肇豐作曲，黃霑填詞的歌舞劇。

在配合了故事內容以外，同時能夠發揮民族管弦樂團的特色。

《城寨風情》的音樂部分約八十分鐘，中樂團選取最具代表性的部分，其中包括：《城寨之歌》、《三寸金蓮》、《月荷之歌》、《海盜之歌》和《何處覓真心》，輯錄成純音樂版本的鐳射唱片。此音樂劇是1994年10月第十五屆亞洲藝術節的揭幕節目，並在1996及1997年重演了兩次，深受觀眾歡迎。

《城寨風情》選取的題材和主題充滿本地色彩。首先，「城寨」是全中國獨一無二的地方，本身就是一個典型。故事濃縮了香港近五個世紀以來的滄桑史，這個地方有被侵略、有抗爭、有勤奮的民眾。由於社會的現代化轉型，後來出現腐朽、墮落、紙醉金迷的風氣。故事以九龍城寨[4]為背景，由清道光年建築城牆展開，發展到1993年居民面臨遷徙為終，透過數代居民的悲歡離合，是非恩怨，反映出城寨這小地方實乃香港社會的縮影。

九龍城寨於1993年拆除，代表新香港的開始，而城寨以往都成歷史回憶，歲月痕跡。全劇以百老滙歌舞劇形式演出，由香港話劇團、香港中樂團及香港舞蹈團三大團傾力合作，於1994年首演，故事寫了清官一家，寫了無良的海盜，寫了兩家數代的男歡女愛，《城寨風情》正正選取故事的重要場景：

《城寨之歌》：貫穿全劇的主題音樂，人們唱着勞動的號子，建築城牆：「山窮將山擴，獅山有金光，水盡碧海之濱建天堂」（譜例1）。氣勢恢宏，有序曲的感覺，像是敘述感人故事的開端。

《三寸金蓮》：關於曾妻及侍女月好的二重唱，道出舊時婦女的命運及遭遇，調子輕快有趣，又充滿了無奈的感覺。

《月荷之歌》：描述劇中兩對主要人物朗日、荷花與金勝、月好的愛情主題曲。音樂纏綿、情深，婉轉動聽，盡訴兩對情人對現實與未來的熱切期望。

《海盜之歌》：描述海盜十五仔的音樂，粗獷狂野，強烈變化的節奏寫出了

（4）在簽訂割讓條約時，聲明九龍城寨這一塊位於香港境內的土地仍屬於中國，但大陸政府也不想深入此地來打擾、或是被當成挑釁的行為，漸漸的就成為無政府的賊窩。許多在香港犯了法的人就逃到這裡，然後落地生根，又因這裡無法可管。自然販毒、走私、殺人、搶劫的亂事不斷。為了根治這個亂源，英國政府在香港回歸前，特別頒佈拆遷的賠償法案，徹底消除這個沒有法理之地，並在現址蓋了九龍城寨公園。

譜例 1

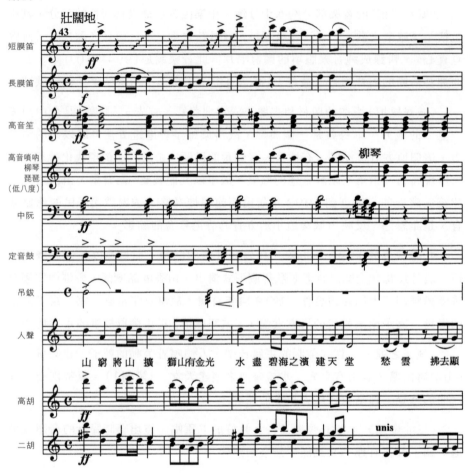

人聲歌詞：山窮將山擴　獅山有金光　水　盡　碧海之濱　建天　堂　愁　雲　拂去顯

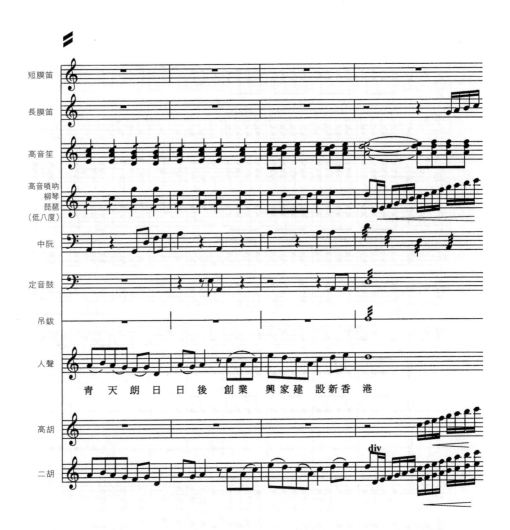

青　天　朗　日　日　後　創　業　興　家　建　設　新　香　港

154

譜例2

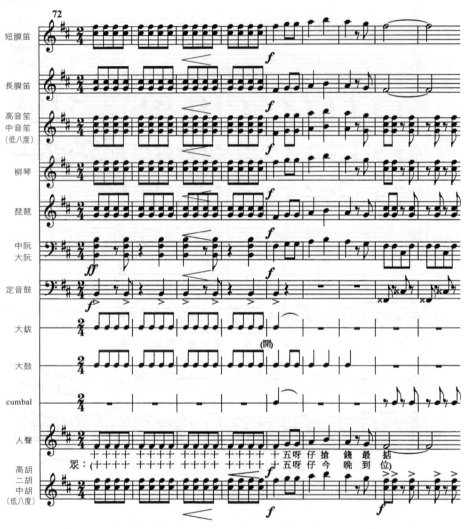

海盜的兇殘氣焰（**譜例2**）。

　　《何處覓真心》：描寫曾家後代明仔與舞女Cindy愛情故事的音樂。純情的明仔在舞場與舞女Cindy相遇，並把她救出火坑，重燃生命的希望。此段音樂有舞場音樂的靡靡之音，Cindy內心充滿的怨恨及期待，亦有明仔對未來的無限憧憬，幻影中只見明仔與Cindy跳起了《星星之舞》。 這段音樂應用了中音加鍵管模仿薩克斯（saxophone），並在音樂中加入了架子鼓（Drum Set），表現出舞場的音樂氛圍。靡靡之音中透出一種無奈、悲憤和雖抗爭又難以擺脫的感覺，反映了男女主人公痛苦的愛情經歷和現實的殘酷。

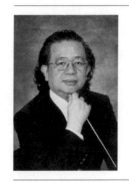

陳能濟

1940年出生，1965年畢業於北京中央音樂學院。早期為業餘香港中樂團指揮之一。1989年移居台灣，應高雄市實驗國樂團邀請任駐團指揮。在台期間並應邀客席指揮台北市立國樂團及台北實驗國樂團。1991年榮獲高雄市文藝獎（音樂類）首獎。陳氏於1999年6月起出任香港中樂團駐團作曲／推廣助理。陳氏寫有大量各種類型之中西音樂作品。如交響合唱《兵車行》、鋼琴曲《赤壁懷古》、大型民族管弦樂曲《故都風情》等。1994年為市政局三大藝團合演音樂劇《城寨風情》作曲，同年又憑《赤壁懷古》獲香港作曲家及作詞家協會頒發最廣泛演出獎。

參考資料

1. 朱端冰《香港音樂發展概論》，香港：三聯書店，1999年，頁305-306。

2. 周凡夫《藝團建制的無奈與音樂劇理解的偏差—市政局三藝團攜手演出〈城寨風情〉的檢討》，《大公報》1997年8月13日。

3. 陳明志2003年8月14日與陳能濟的訪問記錄。

4. 武耕《一半兒成功—評〈城寨風情〉》，《信報》1994年11月1日。

5. 徐詠璇《評〈城寨風情〉》，《明報》1994年10月27、28日。

6. 洪建明《〈城寨風情〉—本地原創音樂劇雛形》，《文匯報》1994年11月12日。

7. 音樂之友編《新訂標準音樂辭典》，台北：美樂出版社，1999年，頁147-148。

8. 香港之旅 http://www.geocities.com/TheTropics/Cove/7756/newpage72.htm。

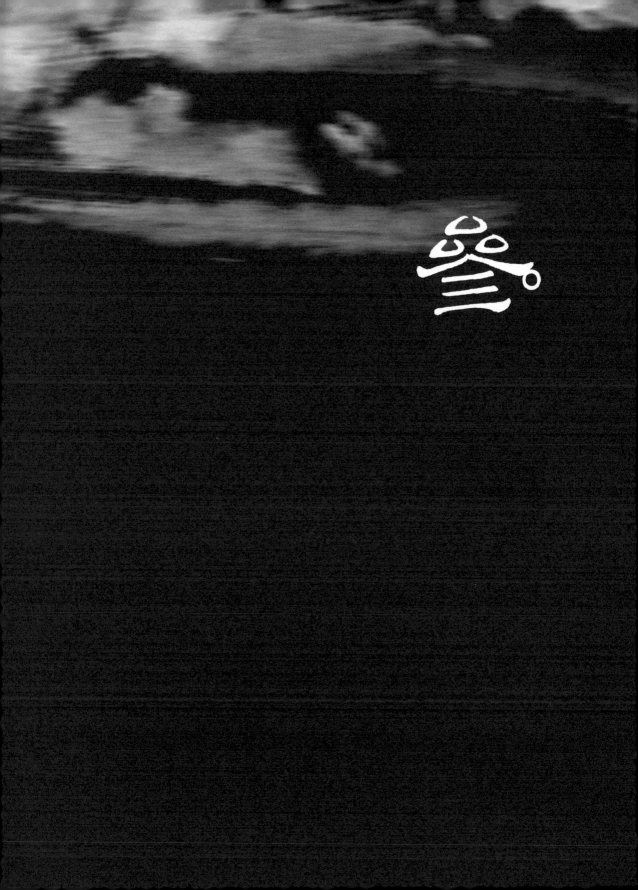

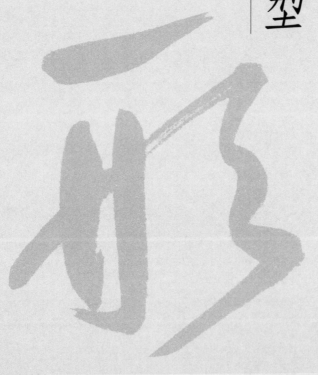

形象與造型

參

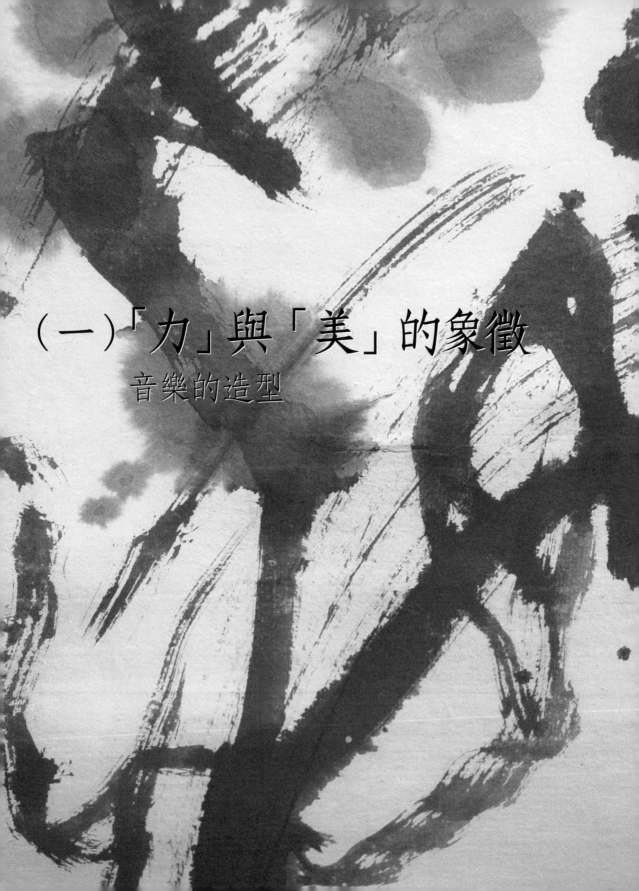

（一）「力」與「美」的象徵

音樂的造型

有云：「龍騰虎躍顯英雄本色，披荊斬棘當勇攀高峰。」龍和虎對於中國人有深遠的意義。

中國人自稱為「龍的傳人」，喜水、好飛、通天、善變、徵瑞、兆禍、示威，是龍的基本特性。對於中國人來說，龍的精神就是團結凝聚的精神，造福人類的精神，奮發開拓的精神和與天和諧的精神。而虎乃百獸之王，其興風狂嘯的神力，挾雷帶電的威勢，斑斕華麗的姿容，凜然從容的氣概，鑄就了那王道天成的尊貴地位。虎的形象美不僅在於它有一身瑰麗的斑紋毛色，更在於它有一種巨大精神力量，它隱藏着昂然的生氣，顯示出一種勇猛的精神，所以虎被人們看作「美」和「力」的象徵，給人以鼓舞和力量。「龍飛於天，虎行於地。」兩者都給予人們一種朝氣勃勃，充滿力量，蓄勢待發，奮勇向前的形象。

在眾多的民族樂器中，鼓可說是最能激發集體潛伏情緒、使人亢奮激昂的樂器，而各式各樣的鼓及鼓樂更是凝聚和沉澱了各國各地的豐富文化，成為源源不斷的動力泉源。加上豐富多彩的民族打擊樂器，正好用以表達中國人堅強不屈，奮勇向前的性格。因此，李民雄及關廼忠兩位作曲家創作打擊樂協奏曲時，均不期然地以鼓為主要樂器。

中國打擊樂大師李民雄創作的《龍騰虎躍》以不同的鼓樂華彩帶出龍、虎的動勢，形象而充滿氣勢，處處洋溢着一種民族自豪感。而《龍年新世紀》的作者關廼忠接受中樂團委約創作時，正值二十一世紀來臨，亦剛好是中國的龍年，遂以中國及西洋打擊樂雙協奏曲的形式，通過兩位獨奏家的超絕技巧，及樂團時而澎湃、時而輕柔的音響鋪陳，表達對新世紀來臨的期盼。

1《龍騰虎躍》

⊙ 李民雄 曲

創作年份 1980年　　**類別** 打擊樂協奏曲　　**編制** 吹管：梆笛〔2〕曲笛〔2〕新笛、大笛〔1〕高音鍵笙〔2〕中音排笙〔1〕低音抱笙〔1〕高音嗩吶〔2〕中音嗩吶〔2〕低音嗩吶〔1〕中音管〔1〕　**彈撥**：揚琴〔2〕柳琴〔2〕琵琶〔2〕中阮〔4〕大阮〔2〕三弦〔2〕箏〔1〕　**打擊**：小堂鼓 花盆鼓 叫鑼 排鼓 定音鼓 十面鑼 吊鑼 小鈸 抬鑼 蓮花板　**拉弦**：高胡 二胡 中胡 革胡 低音革胡　**演奏時間** 約8'00"　　**首演日期** 1980年　　**地點** 上海　**樂團** 上海民族樂團　　**錄音出版** 雨果製作有限公司：HRP719-2　　雨果製作有限公司：HRP7222-2

....

備註　① 1980年為首次復辦的「上海之春」音樂節而作；② 1991年為香港中樂團演出而重新配器；③ 獲選「世紀中樂名曲選」最受樂迷歡迎中樂作品十大金曲之一。

....

　　此曲是李民雄於1980年為文革後首次復辦的「上海之春」音樂節而作，後於1991年為香港中樂團演出而重新配器。打擊樂協奏曲《龍騰虎躍》以各種鼓的不同音色和節奏的多種組合，加上富有激情的演奏，渲染了氣勢壯闊的群眾歡騰場面，表現了人們如龍騰虎躍、奮勇前進的風貌。

　　樂曲以浙東鑼鼓《龍頭龍尾》（地方民間樂曲）的音調變化發展而成，全曲氣勢磅礴，情緒熾烈，一氣呵成，極富濃郁的民族色彩。作者巧妙地利用不同鼓的相異音色和節奏的多樣組合，並加之群鼓表演的多層次立體效果（如在舞台的不同位置擊鼓），拓展了鼓樂合奏的新形式。其中領奏和合奏的段落交替烘托，渲染出氣勢壯闊的場面。樂曲最後部分，主題旋律和鼓聲交相鳴奏，震撼人心，形象地展現了人們如龍騰虎躍、奮勇果敢的氣勢。

　　樂曲開始時，吹管、彈撥、打擊和拉弦齊奏，氣勢雄渾磅礴，然後鼓聲慢起漸快，其他聲部加入，引出熱烈歡快的主題。主要由嗩吶帶領的主題旋律，以兩種不同性格的旋律交替出現，第一旋律短促有力（譜例1），第二旋律熱情寬廣（譜例2），加上浙江鑼鼓風味的打擊樂烘托，使曲調更添光彩，生動地展示出龍騰虎躍的畫面。樂曲氣氛澎湃，一段輪音後，樂曲進入鼓樂演奏部分。

作曲家在此部分安排了「重鼓」演奏增加層次感，以表現四個第一次：八十年代第一個春天，第一次復辦「上海之春」音樂節，第一次音樂會的第一個節目，第一個節目的第一首樂曲。此部分變化多端，一時所有鼓齊奏（**譜例3**），一時以排鼓獨奏（**譜例4**），加上鼓心、鼓邊、打鼓腔等演奏技巧變化，不僅豐富了此段演奏，亦突出鼓樂的演奏技巧，表現出民間打擊樂的特色。

後段，作者引用進行曲式的手法將樂曲主題變化再現，通過緊密的節奏，音型的逐漸上行模進，將樂曲推向高潮。最後主題在舒展的廣板重複再現，由於板式的改變，為曲調添上新意。

《龍騰虎躍》可說是李民雄最別出心裁、極具舞台感和音響演奏效果的作品。這首樂曲的特色是全曲有相當大篇幅是鼓的合奏和獨奏，讓打擊樂器發揮得淋漓盡致。而音響方面，因用了各種各樣不同的鼓：有聲音較低的大鼓、聲音較高的小鼓、排鼓，加上各種金屬製的如鑼、鈸等不同的打擊樂，音色極為豐富多彩。香港中樂團副團長兼打擊樂首席閻學敏描述這首取自浙東鑼鼓《龍頭龍尾》（地方民間樂曲）旋律的樂曲：「非常流暢親切，宛如節日般歡慶，令演奏者、觀賞者非常高興及開心。另一方面，因用了大量的打擊樂，演奏時氣勢龐大，音響也很驚人震撼。觀眾聽到此曲時通常會熱血沸騰，覺得很強勁，很過癮！《龍騰虎躍》絕對是一首非常優秀的作品。」

譜例 1

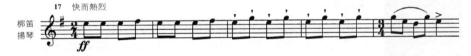

譜例 2

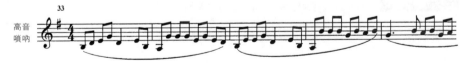

譜例 3

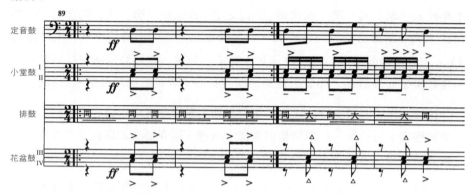

譜例 4

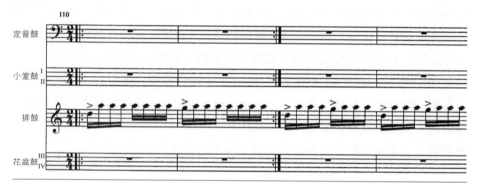

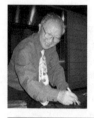

李民雄

1931 年生於浙江省嵊縣。民族音樂理論家、打擊樂演奏家。自幼酷愛民族音樂，學習二胡、月琴、嗩吶、打擊樂器等。1950 年起從事樂隊工作後，民族樂器演奏技藝大進，並學習音樂理論和作曲。1956 年夏進上海音樂學院本科深造，專攻嗩吶，成績優異，於 1958 年夏提前畢業。後長期在上海音樂學院從事民族音樂理論、打擊樂的研究與教學、創作及演奏。

參考資料

1. 易有伍《雨果唱片的故事》，香港：三聯書店，2002 年。

2. 陳明志 2003 年 1 月 21 日與閻學敏的訪問記錄。

2《龍年新世紀》

⊙ 關廼忠 曲

創作年份 1999年　**類別** 中國與西洋打擊樂雙獨奏與樂隊　**編制 吹管**：梆笛〔2〕曲笛〔2〕新笛、大笛〔2〕高音鍵笙〔2〕中音排笙〔1〕低音抱笙〔1〕高音嗩吶〔2〕中音嗩吶〔1〕次中音嗩吶〔1〕低音嗩吶〔1〕中音管〔1〕低音管〔1〕　**彈撥**：揚琴〔2〕柳琴〔2〕琵琶〔2〕中阮〔4〕大阮〔2〕三弦〔1〕箏〔1〕箜篌〔1〕　**打擊**：大鼓 大堂鼓 排鼓 西洋鈸 小京鈸 小堂鑼 定音鼓 套鈸 大木琴 雲鑼 小鈸 堂鑼 十面鑼 小排鐘 南梆子 吊鈸 鐘琴 鈴鼓 低鑼 小軍鼓　**拉弦**：高胡 二胡 中胡 革胡 低音革胡　**演奏時間** 約31'22''　**首演日期** 1999年12月（「龍年新世紀」音樂會）　**地點** 香港大會堂音樂廳　**中國打擊樂** 閻學敏　**西洋打擊樂** 龍向榮　**指揮** 關廼忠　**樂團** 香港中樂團

....

備註　① 1999年香港中樂團委約作品；② 2001年將第一樂章修訂為合奏版。

....

　　二十一世紀的來臨揭開了人類發展歷史的新一頁，無論在政治、經濟、科學、國際關係甚至生活習慣等方面，都將會有重大的改變和發展。世界各地的人們對於新世紀的發展充滿冀盼。恰巧，二十一世紀的第一年是中國的龍年，龍是中華民族的圖騰，據說這樣的機會不僅是千載難逢，而且是三千年才出現一次。故此，二十一世紀的來臨對於中國人來說，意義更為重大：中國愈來愈富強，擺脫前數十年來的積弱和貧窮，成為國際大國之一。

　　作曲家關廼忠為在新世紀帶給人們新的希望，於1999年把自己的希望和期許化為音符，創作了《龍年新世紀》一曲，以表現我們中華民族的精神和氣魄。

　　此曲於1999年12月的「龍年新世紀」音樂會上首演，由關廼忠指揮香港中樂團演出，並由中、西兩位打擊樂的演奏家閻學敏和龍向榮擔任主奏。其後在2001年2月11日的胡琴節開幕禮上，千名二胡手齊集在尖沙咀文化中心廣場演奏，第一個節目就是由香港中樂團打擊首席閻學敏先生領奏的《龍年新世紀》。這項「千弦齊鳴」壯舉更被申請列入健力士世界紀錄大全。而《龍年新世紀》亦成為2003年9月「鼓樂節」開幕音樂會演奏曲目之一。

　　全首樂曲分四個樂章：《太陽》、《月亮》、《星辰》和《大地》。

第一樂章是《太陽》。太陽是光和熱的源泉,它也代表着信念和力量。樂隊氣勢磅礴的齊奏揭開了樂曲的序幕,笙的吹奏響亮有力,簡單的旋律營造出太陽正在升起的情景(**譜例 1**)。在氣勢磅礴的樂隊襯托下,打擊獨奏加入,這一段,中、西兩位打擊樂樂師各顯身手,互相輝映。而笛子和箜篌奏出遞升遞降的快速音序,不時穿梭於樂曲之間。樂隊與打擊獨奏產生的威武氣勢,仿如太陽熾烈的光輝溫暖大地。然後音樂轉慢,笛子柔和、清麗的旋律,正在讚美太陽,感激它給予我們光和熱。一段讚美的旋律過後,開始時氣勢磅礴的旋律再次響起,除了表現出太陽的光和熱之外,也代表我們的信念和力量,在二十一世紀中要繼續努力向前,為人類歷史邁出新的一步。

第二樂章是《月亮》。月光如水,她讓人們寄託了無限的深情。二胡悠揚的拉奏,帶出充滿廣東音樂韻味和富有中國傳統音樂五聲調性的高胡獨奏(**譜例 2**)。木琴和十面鑼那輕柔、高亢和清脆的伴奏,令人有月光如水的夢幻之感,音樂變得活潑輕快,旋律在拉弦和笛子之間交織。人們被美麗的月色吸引,在迷人的月色下,多種情感湧上心頭。然後音樂漸慢,高胡的主題旋律再次出現,人們向月亮寄託無限的深情。

第三樂章是《星辰》。閃閃的星光引人遐想,它給了無數賢者以啟迪,它代表了機敏和希望。開始時箜篌、小排鐘、大木琴和鐘琴的演奏就如一顆一顆星星走出來(**譜例 3**)。然後活潑跳躍的旋律正式開始,緊密的節奏貫穿整個樂章,各種聲音如不同的星星交相輝映,閃閃發光。

第四樂章是《大地》。大地是我們的母親,地球是全世界人們的家鄉。此部分綜合了前三部分的主題。開始時,樂隊齊奏,氣勢龐大,世界各地人們齊聲歌頌我們的大地母親。然後分別重現「月亮」和「星辰」的主題,齊聲表達我們的深情和希望。最後,「太陽」再次升起,希望在明天,只要堅持我們的信念,奮勇向前,必能達到我們的期許。

關迺忠在 1999 年首演的場刊中寫道:「相信在新的世紀中地球會愈來愈小,而人們的心會愈來愈近。而這也就是我在新世紀即將來臨時的唯一祈望吧!」在邁向新的世紀之前,作曲家把自己的希望和期許化為音符。聽眾不但能從樂曲中欣賞到太陽、月亮、星星和大地的面貌,還可體會到它們所展現出來的生機和希望,而中西不同打擊樂的美妙演奏也令人讚嘆。

譜例 1

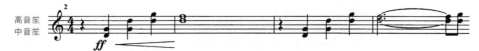

高音笙
中音笙

譜例 2

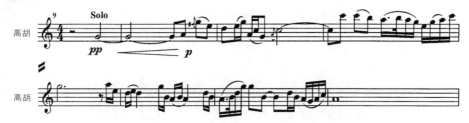

高胡

高胡

譜例 3

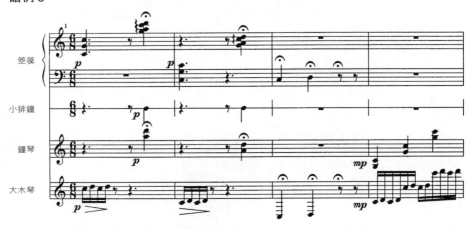

笙簧

小排鐘

鐘琴

大木琴

關迺忠

　1939年生於北京，十七歲進入中央音樂學院，1961年畢業於作曲系。曾擔任東方歌舞團指揮及駐團作曲家、麗風唱片公司音樂製作人、香港中樂團音樂總監及高雄市實驗國樂團指揮等職。主要作品有交響樂三部、各種樂器之協奏曲十六首、大型樂隊作品十四首，舞劇兩部、交響大合唱三部、中小型樂隊作品過百首；指揮、作曲、編曲之唱片超過三十五張。關氏於1994年移居加拿大。

（二）光輝與苦難
兩首啓發自秦朝的樂曲

　　翻開中國的歷史，自遠古的原始部落開始，整個民族的演進，充滿了刀光劍影的征戰和廝殺，國家的興衰往往歸根於一場戰役或重要的軍事決定。對作曲家來說，真實而富戲劇性的歷史，為他們提供一個永恆的題材——戰爭。因此，中國以戰爭為背景的古典戲曲和文學作品亦較多。

　　秦始皇建立中國第一個統一的封建王朝——秦帝國，創建「皇帝」稱號。那顯赫而短暫的功業，在中國歷史上寫下光輝的一頁。但其暴烈的統治方式，迫使百姓群起反抗，人們對暴政的控訴，透過不同的民間傳說和音樂表現出來。

　　秦代的兩項巨大工程——修築長城和製作兵馬陶俑，展現了古代中國人建築及雕塑的宏偉，讓現代的中國人引為自豪。但浩大工程的背後，又有多少人為此而犧牲？經過時間的洗禮，現代人又是如何看待秦朝這一頁歷史的呢？

　　彭修文和劉文金分別以《秦·兵馬俑》和《長城隨想》兩部大型的作品，抒發他們種種情懷。前者把秦代行軍的場面從歷史中抽離出來，側面描述了秦皇暴政下人民的悲苦；後者是對山河變幻的詠嘆，進而聯想到民族的命運，借以抒發對國家的熱愛。

　　彭修文運用寫實的手法描述不同的征戰場景，真切地演繹了百姓的無奈和征夫的困苦。劉文金則採用純音樂的創作手法，透過二胡協奏曲的形式，將西洋的曲式結構融入民族管弦樂中，並使民族樂器自劉天華後又再踏上一個新台階。

1《秦·兵馬俑》

⊙ 彭修文 曲

創作年份 1984年　**類型** 合奏　**編制** 吹管：梆笛〔2〕曲笛〔2〕新笛、大笛〔2〕高音鍵笙〔2〕中音排笙〔2〕高音嗩吶〔2〕中音嗩吶〔1〕次中音嗩吶〔1〕中音管〔1〕低音管〔1〕　**彈撥**：揚琴〔2〕柳琴〔2〕琵琶〔4〕中阮〔4〕大阮〔2〕三弦〔3〕箏〔1〕　**打擊**：定音鼓 小鈸 小鑼 低鑼 大鈸 小堂鼓 大堂鼓 梆子 風鑼 小軍鼓 大軍鼓　**拉弦**：高胡 二胡 中胡 革胡 低音革胡　**演奏時間** 約22'00"　**首演日期** 1984年5月　**地點** 北京　**指揮** 彭修文　**樂團** 中國廣播民族樂團　**錄音出版** 雨果製作有限公司：HRP 761-2　香港中樂團：HKCO-2-2002-2

....

備註 ① 曾改編西洋管弦樂團演奏；② 非常規樂器：塤〔1〕（由梆笛兼奏）　簫〔1〕（由曲笛兼奏）；③ 獲選「世紀中樂名曲選」二十世紀最受樂迷歡迎中樂作品十大金曲之一。

....

　　1974年秦陵出土的兵馬俑群，震驚中外。從公元前230年至221年僅十年時間，秦皇嬴政滅韓、趙、魏、楚、燕、齊六國而統一天下，亦開中國之始；但是秦王朝為人民帶來困苦的暴政，終在十三年後覆滅。彭修文的《秦·兵馬俑》，並非描寫兵馬俑的宏偉，而是從人性角度，細膩地描繪秦代士兵長年行役，思念親人和渴望回家的心情。

　　此曲是彭修文於1984年，因觀賞秦兵馬俑後有感而發，伏案奮筆，一氣呵成，用半個月的時間，創作出這部富悲劇色彩的大型民族管弦樂曲。《秦·兵馬俑》的主題以幻想曲形式寫成，透過作者的配器巧思，配合民族樂器本身的獨特性格，樂曲不僅表現了士兵遠征在外、想念親人的細膩感情，那風沙四起的戰場或夜闌人靜的軍營，同樣活靈活現，盡現眼前。

　　全曲共分三段：「軍整肅，封禪遨遊幾時休」、「春閨夢，征人思婦相思苦」和「大纛懸，關山萬里共雪寒」。

　　第一段「軍整肅，封禪遨遊幾時休」（第1-204小節）。音樂開首用微弱的低音樂器和打擊樂奏出固定而持續的節奏（**譜例1**），描寫在拂曉時，開始新一天的軍旅生活。從遠處傳來軍隊的行進聲和隱約的號角聲，由遠而近，接着引出了古代軍隊行進的主題,然後中阮和大阮加入,奏出第一主題。鑼鼓持續,加上嗩吶輝煌的旋律,聲勢浩大的行軍場面,展現眼前。而此段音樂的第二主題則是描寫士兵抑鬱的心情,二胡奏出略帶憂傷的第二主題,婉約的曲調,令人聯想到思鄉的愁緒。然後在打擊樂低沉而重複的節奏伴隨下,第一主題再重現,音樂進入高潮,在金鼓齊鳴中,描寫皇帝顯赫威武的車駕儀仗出現,最後在緊鑼密鼓中鳴金收兵,安營紮寨的情景。喧鬧的鑼鼓聲悄悄退下來,代表蒼茫暮色,辛勞的一天即將結束。

第二段「春閨夢,征人思婦相思苦」(第205-327小節),是慢板段。通過對夜和夢的描述以及相思情的刻劃,表現征人的痛苦和哀傷。夜闌人靜,不時傳來巡營的梆子聲,在寂靜中隱約傳來士兵哭泣之聲,這種思家之音,引起了其他士兵思鄉之情。軍人回憶家中妻子為自己洗衣服,斷斷續續的梆子聲把搗衣的情節形象地表達出來。此時,塤以低弱的聲音吹奏了一段哀傷的旋律(譜例2),以示軍人在深宵的嗚咽。然後琵琶奏出婉轉優美的曲調(譜例3),在遠方的妻子同樣想念丈夫。二胡加入,伴隨着箏,代表兩心遙遙相向,情意動人。正當回憶與親人傾訴之際,一聲鑼鼓,驚破了相思夢。

第三段「大纛懸,關山萬里共雪寒」(第328-416小節)。號角再次響起,士兵踏上新一天的征途。第一段音樂素材重現,作品進入再現部。浩浩蕩蕩的行軍場面,與第一段相比,音響效果更為豐富。軍隊還在行進,皇帝的儀仗依舊,但是颳起了陣陣寒風,陰雲瀰漫,天空飄起了雪花。為了表達風起雲湧的氣勢和寒風呼嘯的環境變化,作曲家利用中、低音樂器的顫音和胡琴密集的連奏,樂曲的音調逐漸提高,營造了陰霾密佈、山雨欲來的景象,行軍的主題音樂顯得更悲壯。樂曲在澎湃的吹管樂下,進入高潮,並在一片強烈的吶喊聲中結束。

綜觀全曲,作曲家在採用五聲調式創作的同時,糅進了不少傳統樂曲民間鑼鼓及地方音樂等音調,且在運用和發揮樂隊聲部間的對應和特顯樂器本身特點和長處方面,有非常特出的表現。如以中阮、揚琴、笙等在音色方面兼容性強的樂器來擔任和弦、節奏音型和副旋律等演奏部分,使聲部分之間的音色更為靠進和相容,讓樂器得以發揮,同時又能渲染旋律的個性,令樂曲獲得更豐富多變的色彩。第二段二胡、箏等樂器在以獨奏的形式出現,使各具特色的民族樂器得以展示機會,而在深化感情、氣氛轉換以至情緒表達等在樂曲中均起重要的作用。彭修文以自己對民族樂器的了解,以出色的配器手法,配合民族樂器豐富的音色變

化，把一幕幕震撼人心的戰事場面，以至細膩的感情和場景變化，把聽眾帶進古
樸荒涼的秦代征戰場景。

譜例 1

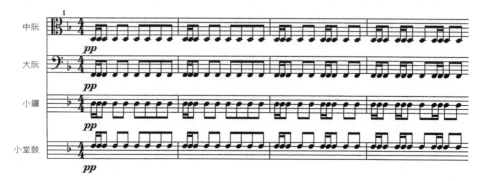

譜例 2

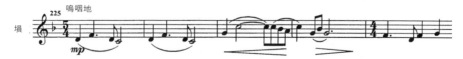

譜例 3

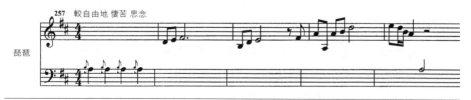

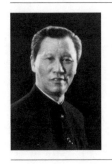

彭修文

1931年出生，湖北武漢人。著名的中國民樂指揮家和作曲家。自1953年，彭氏一直任中國廣播民族樂團首席指揮，還兼任中國廣播藝術團藝術總監、中國音樂家協會常務理事兼民族音樂委員會副主任、中國民族管弦樂學會會長等職。1957年莫斯科第六屆世界青年聯歡節比賽中，他指揮的民族樂團獲金質獎章。他除了擔任指揮工作，還改編、創作了大量民樂曲，如《步步高》、《彩雲追月》、《花好月圓》、《月兒高》等。七十年代後期，彭修文提倡民樂交響化，創作了交響詩《流水操》、《秦‧兵馬俑》等大型作品。

參考資料

1. 王志偉《試析〈秦‧兵馬俑〉的創作特色》，載《人民音樂》1986年第7期，頁24-25。

2. 沈星揚《彭修文的音樂》，載《人民音樂》1997年第5期，頁28-29。

3. 聊「秦兵馬俑幻想曲」http://suona.com/music/mu000117.htm，瀏覽日期：2003/4/17。

2《長城隨想》

⊙ 劉文金 曲

創作年份 1982年　**類型** 二胡協奏曲　**編制** 吹管：梆笛〔2〕新笛、大笛〔2〕高音鍵笙〔2〕中音排笙〔2〕高音嗩吶〔2〕中音嗩吶〔1〕　**彈撥**：揚琴〔2〕柳琴〔2〕琵琶〔4〕中阮〔4〕大阮〔2〕三弦〔2〕箏〔1〕箜篌〔1〕　**打擊**：定音鼓 雲鑼 大鑼 大鈸 吊鈸 板鼓 小軍鼓 方響 鐘管 排鼓 鈴鼓 小堂鼓 串鈴 木魚　**拉弦**：高胡 二胡 中胡 革胡 低音革胡　**演奏時間** 約28'00"　**首演日期** 1982年　**地點** 上海　**獨奏** 閔惠芬　**指揮** 瞿春泉　**樂團** 上海民族樂團　**錄音出版** 雨果唱片有限公司：HRP 785-2

....

備註　① 此曲於1984年獲全國第三屆作品獎一等獎；② 此曲曾被改編西洋管弦樂團演奏；③ 入選「世紀中樂名曲選」二十世紀最受樂迷歡迎中樂作品候選金曲。

....

　　長城是中國民族團結和力量的象徵，它猶如一條巨龍，蜿蜒起伏於世界的東方。劉文金以深厚的愛國主義情感和詩人歌手的氣質創作二胡協奏曲《長城隨想》，表現長城的博大、壯觀、蒼勁、深遠。此曲於1982年「上海之春」首演，劉文金最初的創作動機，並不是要描繪長城的宏偉，而是利用二胡與樂團協奏的形式，去抒發人們登臨長城的感受。

　　事源1978年劉文金隨中國藝術團訪問美國，其中一項活動就是參觀紐約的聯合國大廈。當他步入一間休息廳時，忽見一面積幾乎佔去大廳正面整個牆壁的繡有長城的壁氈，這幅代表中國民族光輝歷史的壁氈，令作曲家的心情頓時激動起來。那時中國「文革」剛結束不久，國家處於百廢待興的時期，經濟還未恢復，人民的奮鬥精神像是失落了。所以當這幅光彩奪目的壁氈映入他的眼簾時，一種民族自豪感，一份自強不息的心被喚起。在他身旁的二胡演奏家閔惠芬也有相同的想法。訪問中閔惠芬覺得不單要國家富強起來，民族精神也要重新振奮起來。於是兩人約定，以二胡協奏曲的形式去抒發人們對古老長城的感受，讚頌中國民族光輝的歷史並放眼美好的將來。

　　正因為這個緣故，《長城隨想》並不着重於山河景致的描寫，作曲家更注重表達自己對長城的深刻感受，抒發愛國情懷。二胡具有深沉和抒情的氣質，最適合拉奏旋律，塑造詩人登上長城時的激盪心情。結構方面，採用西洋協奏曲式，並採用中國傳統樂曲常用的單主題自由發展的寫作手法，進行旋律的變奏。

二胡家閔惠芬認為演奏《長城隨想》最講究沉、隱、深、長的運弓，在過程中應該有意識地調節呼吸，這樣全身的動作和情感才能夠高度配合。她為了更深刻地領受樂曲中那份古琴的韻味，特別拜師學藝，態度非常認真。樂曲某些樂句是借用京胡的技巧，講求響亮的音色，但要用二胡去表現京胡的特性，對演奏者來說是一個挑戰。

全曲分為四個樂章：《關山行》、《烽火操》、《忠魂祭》和《遙望篇》。

第一樂章《關山行》。音樂從莊嚴的氣氛開始，方響、雲鑼（打擊樂器）渾厚深沉的音色，加上革胡低沉而持續的三連音節奏（譜例 1），音量漸次提高，萬里長城彷彿在飄渺雲霧間，隱伏在巍峨山嶺。二胡獨奏出現，主題旋律徐緩而凝重，連續出現的長音與輕柔的顫音，彷彿在詠嘆、在思考中華民族幾千年以來的興衰。這裡作曲家借用古琴的演奏手法，巧妙地將揉、滑的方式應用到二胡上，令整體氣氛變得樸實古雅，二胡演奏更具風韻氣度（譜例 2）。二胡的旋律漸漸明朗，出現大幅度的跳躍。起首的主題委婉細膩，這裡卻是堅定強烈，兩者一柔一剛，對比鮮明。二胡與彈撥樂器互相和應，然後板鼓加入，令這個樂段充滿說唱音樂的味道。樂句連連推進，旋律不斷起伏，這時主題音樂由二胡和樂團交替演奏，樂章在濃烈的情緒中完結。

第二樂章《烽火操》。音樂緊湊而激烈，作者以急促的節奏，象徵古代烽火以及震撼的戰爭場面，但整個樂章着重氣氛的渲染，並非具體地描寫壯烈的戰爭。樂章對拉奏技巧有高度要求，快速的音階與分解和弦必須清楚，顆粒飽滿。運弓要剛勁有力，才能奏出鏗鏘聲。緊張的氣氛，表現了漫天烽火，士兵在沙場上拚戰的場面。強烈的情勢一直持續，然後出現了傳統京劇的鑼鼓節奏（譜例 3），作曲家要求演奏者想像京劇銅錘花臉的氣質，藉以代表戰場英雄的粗獷雄風。然後二胡奏出一連串半度音，從低音一直向上爬，果敢決斷的節奏，將音樂推向高潮，音樂從頂峰急劇下降，速度減慢，樂章進入尾聲。二胡與樂隊一問一答，深化戰爭過後一片頹垣敗瓦的悲涼景況。

第三樂章《忠魂祭》。根據作曲家的想法，這一段音樂「肅穆而內涵，表現人們在靜默中聯想『青山處處埋忠骨，長城內外皆英雄』時的種種心緒，同

時，也是對千百年來為保衛中華民族而犧牲的無名將士的祭祀慰念」。序幕由
箜篌和揚琴揭開，然後笙、大提琴、新笛交替奏出哀慟的樂句，編鐘那蕭瑟的
聲音，蕩漾在廣闊長空，增添一份悠長的韻味。然後二胡奏起委婉深長的主旋
律（譜例4），感情色彩濃烈，強調吟誦和旋律的歌唱性。泛音與顫音的樂
句，彷彿是哀悼情緒的迴響。經過一段二胡和樂隊的對奏，慢慢引入二胡的華
彩樂段。傳統上獨奏者的華彩樂段，純粹炫耀技巧，但這裡卻是「以曲傳
情」。這一樂段屬於散板，即速度和節奏較自由，是作曲家刻意留白，讓演奏
家隨心意發揮。因此華彩樂段着重樂句的鋪排和整體情緒的佈局，而樂隊部分
的旋律由第二樂章發展出來，但更富激情，然後緊接進入第四樂章。

第四樂章《遙望篇》。這一樂章抒發中國人民的高尚情操。腳踏長城，遠眺
萬里山河，對國家美好的將來充滿冀望，在樂隊富於說書味道的打擊節拍伴奏
下，二胡奏出第一樂章的主題旋律。這一節奏逐步發展成富律動性的舞蹈型節
奏，表現出具時代感的人民精神面貌。音樂的速度漸快，開始進入樂章的尾聲，
樂隊再次奏出主題，氣勢磅礴，情緒激昂高漲，象徵人民走向光明的前路。

作曲家把一些富民族色彩的音樂元素，靈活地運用在不同的段落，雖然樂
曲採用西方協奏曲結構，卻又充滿濃厚的民族性格和地道的中國神韻。整體佈
局，更有一種山河壯闊的宏大氣勢。當人們登臨長城，回想中華民族千百年的
滄桑，無數的英雄烈士為保衛國土而犧牲的豪情壯志，相信定可領會到「青山
處處埋忠骨，長城內外皆英雄」的深刻意義。

譜例 1

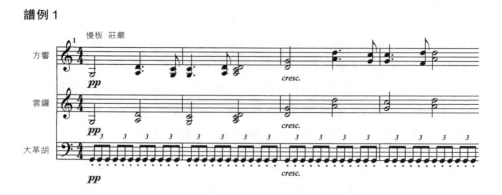

譜例 2

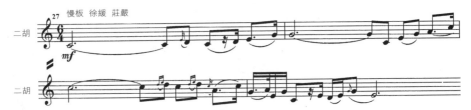

譜例 3

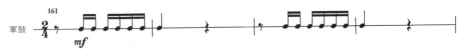

譜例 4

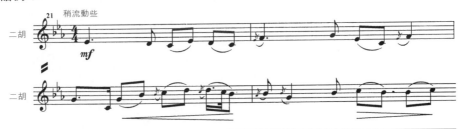

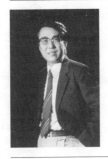

劉文金

1937年出生,河南安陽人。中國當代頗具影響力的作曲家和指揮家之一。歷任中央民族樂團團長、藝術總監、中國歌劇舞劇院院長、中國歌劇舞劇院藝術指導等職,現為中國音樂家協會理事、音樂創作委員會常務副主任、民族音樂委員會委員和中國民族管弦樂學會副會長。他創作了大量的器樂、聲樂作品,如琵琶小協奏曲《劍魂》、二胡與樂隊《秋韻》、民族管弦樂《太行印象》等,而其二胡協奏曲《長城隨想》曾在全國第三屆音樂作品評獎中榮獲一等獎,更被譽為當代二胡作品新的里程碑,影響海內外。

參考資料

1. 閔惠芬《二胡協奏曲〈長城隨想〉演奏札記》,載《中國音樂學》1992 年第 1 期。

2. 黎鍵《大喉演唱會及行當唱法》,大公報,2001 年 11 月 23 日。

3. 錢苑《二胡協奏曲〈長城隨想〉評介》,載《人民音樂》1983 年第 9 期,頁 25-27。

4. 陳明志 2002 年 12 月與閔惠芬的訪問。

（三）蓋世豪俠與巾幗英雄

音樂中的故事

感人肺腑的情節、驚心動魄的場景、形象鮮明的人物，構成了一個個家喻戶曉的故事。自古被稱為「英雄」的人物多是才能出眾，勇武不凡。但英雄不一定指男性，所謂「巾幗不讓鬚眉」，歷代亦有女性英雄的顯赫事蹟。

扣人心弦的英雄故事不僅以文字和圖像來演繹，更能用音樂去表達由事件、人物和背景等部分結合而成的故事。音樂異於文字和圖畫之處，在於它能給人們較大的聯想空間。《草原小姐妹》（吳祖強、王燕樵、劉德海曲）、《花木蘭》（顧冠仁曲）和《沙迪爾傳奇》（劉湲曲）就是透過音樂的不同展現方式，表達故事內容的進展。

民族管弦樂隊的演奏，令整個舞台上充滿音樂，不同的配器方法、樂器的音色和發聲位置，令聽眾恍如置身故事之中，就如《花木蘭》中樂隊與琵琶的配合，營造萬馬奔騰、短兵相接的戰況，亦能夠以配合故事的情節而演繹不同的氣氛。

樂器的音色變化能夠描寫故事的情景，亦能刻劃人物的感情。《花木蘭》和《草原小姐妹》採用琵琶扮演故事裡的主人翁，音色多變的琵琶，以特有的演奏方法演繹花木蘭上陣殺敵的情景，亦能表現她細膩的感情，還能再現草原小姐妹的小主角，在草原上天真爛漫地跳舞的情景。

音樂旋律透過不同樂器的音色、速度和節奏的改變及與樂隊的配合，塑造不同的氣氛，表達不同人物的形象和動作。《沙迪爾傳奇》中樂曲的主題旋律代表故事的主角，這富有新疆音樂色彩的旋律，仿似把聽眾帶到沙迪爾的家鄉。而以急速躍動的處理方式來描述沙迪爾被追趕的一段，可謂活靈活現。

1《草原小姐妹》

⊙ 吳祖強、王燕樵、劉德海 曲　吳大江 編曲

創作年份 1973年　**改編年份** 1980年　**類別** 琵琶協奏曲　**編制 吹管**：梆笛〔2〕曲笛〔2〕新笛、大笛〔2〕高音鍵笙〔2〕中音排笙〔1〕低音抱笙〔1〕高音嗩吶〔2〕中音嗩吶〔1〕次中音嗩吶〔1〕中音管〔1〕低音管〔1〕　**彈撥**：揚琴〔2〕琵琶〔4〕中阮〔4〕三弦〔1〕箏〔1〕　**打擊**：小軍鼓　馬鈴　定音鼓　木琴/鋼片琴　吊鈸　大鑼　彈簧盒　木魚　手鼓　風鑼　**拉弦**：高胡　二胡　中胡　革胡　低音革胡　**演奏時間** 約21'00''　**首演日期** 1980年9月　**地點** 香港荃灣大會堂　**琵琶** 水文彬　**指揮** 吳大江　**樂團** 香港中樂團　**錄音出版** 龍音：RC-011007-3C

備註 ① 原是西洋交響樂團伴奏的樂曲，吳大江於1980年改編為民樂合奏譜，並於同年9月由吳大江指揮香港中樂團首演；② 彭修文編曲版獲選「世紀中樂名曲選」最受樂迷歡迎中樂作品十大金曲之一。

　　居於內蒙古的姐妹倆在草原上放牧，突然北風大作，一場暴風雪驟然降臨在烏蘭察布大草原上。瞬間，羊群驚恐四散，姐妹倆拚命把羊群聚攏在一起，風雪中帶着極度疲勞的身軀，在飢寒交迫下步步前進，終於來到了白雲鄂博車站附近。幾位鐵路工人搶救了草原小姐妹，並送入醫院。她們由於嚴重凍傷而造成終身殘疾。而草原小姐妹放牧的羊群，僅有三隻被凍死。她倆的故事被廣泛傳誦，更曾被拍成電影，搬上舞台，感動了無數觀眾。

　　琵琶協奏曲《草原小姐妹》就是描述這對蒙古族的姐妹龍梅和玉榮，為保護當時公社的羊群，不惜在草原上與暴風雪搏鬥的英勇事蹟。1973年由吳祖強、王燕樵和劉德海共同創作了這首原以西洋交響樂團伴奏的琵琶協奏曲，於1976年首演。吳大江於1980年將之改編為民族管弦樂版，此外，彭修文亦曾改編此曲。本部分所介紹是吳大江的改編版本。

　　樂曲分為五部分：「草原放牧」、「與暴風雪搏鬥」、「在寒夜中前進」、「黨的關懷記心間」和「千萬朵紅花遍地開」。樂曲的第四部分，作曲家引用了當時流行的對毛澤東的頌歌，此外，樂曲也包含蒙古音樂素材。

　　引子部分，響亮清脆的吹管樂帶人進入廣闊的內蒙草原。代表小姐妹的琵琶開始演奏，標誌草原小姐妹英雄氣質的音調貫穿全曲（譜例1），反映內蒙古草原的清新、明朗與朝氣勃勃。

　　第一部分「草原放牧」是呈示性的段落，節奏輕快活潑，具有舞蹈性，表現兩姐妹在草原放牧時歡歌跳舞、天真爛漫的快樂情景。本段由兩個對比主題組成。第一主題根據動畫片《草原英雄小姐妹》的主題改寫，是樂曲的主要主題（譜例2），刻劃草原小姐妹歡樂、活潑的草原生活。第二主題吸收內蒙古音樂中抒情的「長調」風格（譜例3），反映草原放牧生活的另一面。以情景交融來抒發對家鄉、草原和社會主義祖國的熱愛。

　　第二部分「與暴風雪搏鬥」，樂曲預兆暴風雪即將到來，暴風雪來臨後席捲草原、冰雹打散羊群，兩姐妹為保護羊群，不畏嚴寒，與風雪搏鬥的情景。「小姐妹」的主導音調及「草原放牧」的主題音樂材料以各種形態變化、展開，在矛盾衝突中，原來的歡樂、舞蹈性主題變奏為大調式，帶有戰鬥性、進行曲般的風格亦多次出現。為了充分描述各種戲劇效果和發揮極大的表情幅度，琵琶運用了傳統和現代的各種演奏手法，令樂章不但對昏天黑地、風雪交加的草原作出形象化的描繪，也對保護羊群、與暴風雪搏鬥的小姐妹的英雄氣概作了生動的渲染。

　　第三部分「在寒夜中前進」相當於慢樂章的插部。開首，小姐妹在十分艱難的環境中，無畏地掙扎着前進。然後洞簫的吹奏代表孩子發自內心的歌聲（譜例4）。

　　第四部分「黨的關懷記心間」，節奏舒緩自然，旋律如歌而富有深情。黎明時分傳來馬蹄聲的音響表示援救的人來到。作曲家採用質樸和清新的歌謠式曲調開始（譜例5），表達對黨和毛主席無限深情。然後，摘自《敬祝毛主席萬壽無疆》歌曲加以改寫過的重複結構短句（譜例6），以琵琶和革胡及次中音嗩吶相呼應演奏，以傳達深厚感情。

　　第五部分「千萬朵紅花遍地開」起着樂曲尾聲的作用。重複第一段第一主題的旋律，音樂更加歡快、活躍、明亮，樂隊模仿內蒙流行的四胡演奏風格，進一步增強主題音樂的蒙古族特色。

　　全曲對琵琶左右手的指法運用有很多創新的地方，其中以雙弦滑音、搖指等

182

譜例 1

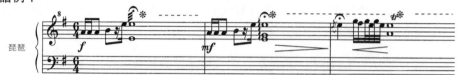

譜例 2

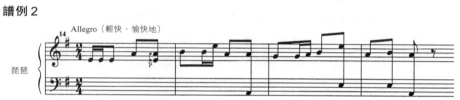

譜例 3

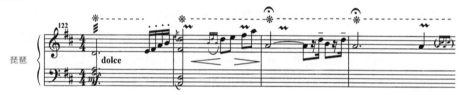

譜例 4

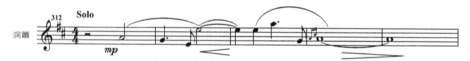

譜例 5

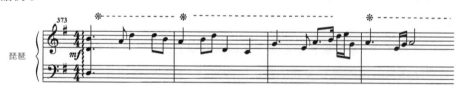

譜例 6

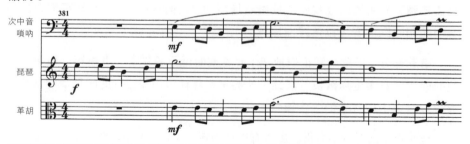

手法，營造一種爽朗粗獷，震撼人心的效果。樂曲的西洋管弦樂版首演於1976年，後曾於1978年和1979年兩次在美國公演，受到了國內外聽眾的讚賞。

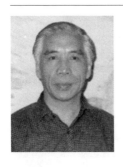

吳祖強

1927年生於北京。1952年到莫斯科柴可夫斯基音樂學院專修理論作曲。回國後在中央音樂學院任教。主要作品有《鋼琴變奏曲》、《弦樂四重奏》、交響音畫《在祖國大地上》、清唱劇《與洪水搏鬥》（以上為留學期間的作品），舞劇音樂《魚美人》、《紅色娘子軍》（均與杜鳴心等合作），琵琶協奏曲《草原小姐妹》（與劉德海、王燕樵合作），根據同名樂曲改編的弦樂合奏《江河水》等。後兩首作品曾在美國波士頓交響樂團主辦的夏季音樂節上公演。代表作品有：琵琶協奏曲《草原小姐妹》等。

王燕樵

1937年出生，十五歲加入中國青年藝術劇院管弦樂隊學習和演奏小提琴。1957年考入中央音樂學院作曲系。王燕樵先後於新疆藝術學院音樂系和中央樂團工作。1985年任日本東京國際音樂學院副院長，現移居加拿大。

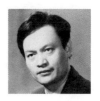

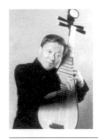

劉德海

1937年生於上海。自幼酷愛民族樂器，掌握二胡、笛、三弦、阮、古琴、打擊樂等多種樂器。經過三十多年的努力，發展琵琶的技藝，逐漸形成了獨特而新穎的藝術風格。1979─1980年期間，劉德海與世界著名指揮家小澤征爾先生以及美國波士頓交響樂團先後在北京和美國多次合作演出琵琶協奏曲《草原小姐妹》、《夕陽簫鼓》，並獲成功。劉德海現任中國民族音樂委員會副主任、中國文學聯合會全國委員及中國音樂家協會理事。

參考資料

1. 吳祖強、王燕樵、劉德海《談琵琶協奏曲〈草原小姐妹〉》，載《人民音樂》1977年第4期。

2. 張靜波《民族器樂賞析》，昆明：雲南大學出版社，2001年。

2 《花木蘭》

⊙ 顧冠仁 曲

創作年份 1979年 　**類別** 琵琶協奏曲 　**編制 吹管：**梆笛〔2〕曲笛〔2〕新笛、大笛〔2〕
高音鍵笙〔2〕中音排笙〔1〕低音抱笙〔1〕高音嗩吶〔2〕中音嗩吶〔1〕次中音嗩吶〔1〕
低音嗩吶〔1〕 **彈撥：**揚琴〔2〕柳琴〔2〕琵琶〔4〕中阮〔4〕大阮〔2〕 **打擊：**定音鼓
鈴鼓 月鑼 小鈸 三角鐵 小鑼 大鑼 吊鈸 雙鈸 小軍鼓 大軍鼓 木魚 馬鈴 雙鈸 **拉弦：**
高胡 二胡 中胡 革胡 低音革胡 （由於總譜沒有標明所需樂器數量，此乃香港中樂團現
有編制） 　**演奏時間** 約18'00'' 　**首演日期** 1980年5月（「上海之春」音樂會） 　**地點** 上
海音樂廳 　**琵琶** 湯良興 　**指揮** 瞿春泉 　**樂團** 上海民族樂團 　**錄音出版** 雨果唱片有
限公司：HRP 743-2 　奇樂唱片：KRD-001A 　台北市立國樂團：VHS-2000-1

備註 ① 作品在全國第三屆音樂作品（民族器樂）評獎中獲三等獎； ② 獲選「世紀中樂名曲選」
最受樂迷歡迎中樂作品十大金曲之一。

　　「唧唧復唧唧，木蘭當戶織。不聞機杼聲，唯聞女嘆息。……」——這首
千古以來中國人耳熟能詳的《木蘭辭》，是中國南北朝時期北朝民歌的代表作
品。敘述的是花木蘭這普通女子，在國家遭到侵略時，毅然女扮男裝，代父從
軍，奔赴疆場，最終凱旋而歸的生動故事。

　　琵琶協奏曲《花木蘭》是顧冠仁於1979年據「花木蘭代父從軍」的故事
而創作，於1980年「上海之春」音樂會上首演，後在全國第三屆音樂作品（民
族器樂）評獎中獲三等獎。

　　此曲的特點是在如何結合民族樂器的傳統表現手法和西洋音樂形式及作曲
技法等方面作出的探索。像在整體的音樂結構方面，樂曲多採用了西洋曲式的
原則，而在細部則發揮琵琶的傳統表現手法；如在呈示部中較多採用傳統文曲
的表現手法，細膩地刻劃了花木蘭溫柔、善良的少女性格；在展開部中更多採
用了傳統武曲的表現手法，生動地描繪花木蘭奮勇殺敵的壯士風貌，使樂曲既
不失傳統韻味，又有強烈的「交響性」效果。

　　開首的呈示部「木蘭愛家鄉」先由竹笛吹出了田園風味的引子（**譜例1**）。

然後在拉弦樂器震音弱奏的長音和弦背景上，獨奏琵琶用琶音奏出一串流水般的泛音，與竹笛相呼應，展現出木蘭家鄉山水秀麗的美好景象。緊接琵琶奏出木蘭少女純潔的音樂主題（譜例2），主題來自五四時期廣泛流傳的愛國歌曲《木蘭辭》（白宗魏曲），質樸委婉，富於民歌風味。琵琶以推、拉、吟、揉等演奏技法，讓旋律更柔美，表現木蘭溫柔的少女性格。副部主題是活潑的小快板，由琵琶與樂隊不斷呼應發展着，表現木蘭練武時的颯爽英姿。主部主題再現，樂隊全奏，琵琶在高音區用搖指重複呼應，是呈示部的高潮，抒發了木蘭對家鄉的熱愛。

接着的展開部「奮勇殺敵頑」描寫戰爭的場面。琵琶與樂隊交織演奏，加上打擊樂配合，把樂隊推向高潮。此部分又可分為三個段落：「入侵」、「出征」和「拚殺」。

「入侵」段以樂隊強烈的不協調和弦開始，低音吹管樂器和大阮奏出兇暴殘忍的侵略者主題（譜例3），節奏紛亂的下行旋律低沉怪誕，渲染出陰森可怖的氣氛，象徵敵人的蹂躪給人民帶來了深重的災難。然後琵琶以散板奏出一連串先寬後緊、先慢後快的音型（譜例4），刻劃木蘭聞敵入侵的不安心情。接着樂隊全奏出高亢明亮的大調旋律，堅定有力，表現了木蘭決心女扮男裝代父從軍的堅強意志。此段以三個突然轉折、簡潔而有層次地展示了「敵人入侵」、「木蘭苦慮」和「下定決心」三個戲劇性場面。

「出征」段開首，木魚和馬鈴模仿急促的馬蹄聲，琵琶以快速的十六分音符進行和鳳點頭、掃輪等技法，描繪出戰馬奔騰、由遠漸近的出征場面。

「拚殺」段是全曲的高潮，定音鼓奏出隆隆的「三通鼓」，揭開了戰爭的序幕；琵琶用傳統武曲中輪拂、掃拂等技巧，表現雙方嚴陣以待的緊張氣氛，然後短小的戰鬥動機音型不斷向下遞降（譜例5），模仿短兵相接的音響。通過與樂隊的快速競奏和頻繁的轉調，展現出木蘭浴血沙場的壯闊畫面。

再現部「凱旋回家園」，樂段開首就鼓角齊鳴，描繪鄉親父老歡迎木蘭凱旋歸來的熱烈場景，然後琵琶奏出變化了的主部主題，細膩地刻劃了木蘭重着女裝時的喜悅心情。

尾聲再一次出現「出征」的主題音調，表達了花木蘭隨時準備重跨戰馬的堅強決心。

譜例 1

笛

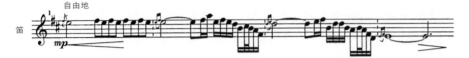

譜例 2

琵琶

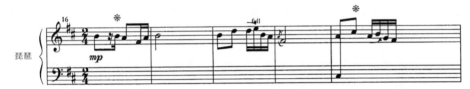

譜例 3

低笙
低嗩
大阮

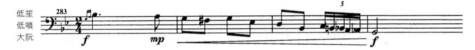

譜例 4

琵琶

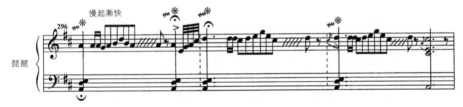

譜例 5

琵琶

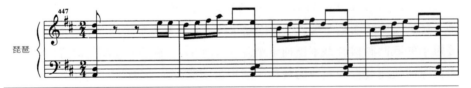

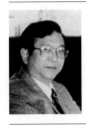

顧冠仁

1942年出生於江蘇海門，上海民族樂團藝術總監，國家一級作曲家，中國民族管弦樂學會副會長，上海音樂家協會主席團委員，獲國務院頒發的政府特殊津貼獲得者。主要代表作有：琵琶協奏曲《花木蘭》、《王昭君》、合奏《春天》組曲、《將軍令》、小合奏《京調》、《蘇堤漫步》、彈撥樂合奏《三六》、《駝鈴響叮噹》、《喜悦》、江南絲竹《春暉曲》、《綠野》等。

參考資料

1. 金建文、周瑞康《巾幗英雄讚——介紹琵琶協奏曲〈花木蘭〉》，載《音樂愛好者》1981年第3期。

3 《沙迪爾傳奇》

◉ 劉湲 曲

創作年份 1990年　**類別** 合奏　**編制** 吹管：梆笛〔2〕曲笛〔1〕新笛、大笛〔2〕高音鍵笙〔1〕中音排笙〔1〕低音抱笙〔1〕高音嗩吶〔1〕中音嗩吶〔1〕低音嗩吶〔1〕　**彈撥**：揚琴〔1〕柳琴〔2〕琵琶〔2〕中阮〔6〕大阮〔4〕箏〔2〕　**打擊**：大鼓 大鑼 堂鼓 排鼓 磬 碰鈴 串鈴 沙槌 木魚 定音鼓　**拉弦**：高胡 二胡 中胡 革胡 低音革胡　**演奏時間** 約14'00''　**首演日期** 1990年　**地點** 新加坡　**指揮** 夏雲飛　**樂團** 新加坡華樂團　**錄音出版** 雨果製作有限公司：HRP 7232-2

....

備註　① 1990年應指揮家夏雲飛教授之邀，特為其赴新加坡訪問演出而作；② 2001年首屆中國音樂金鐘獎銀獎；③ 入選「世紀中樂名曲選」二十世紀最受樂迷歡迎中樂作品候選金曲。

....

　　「音詩」或「交響詩」是西洋音樂的概念，作曲家嘗試將詩歌內容演繹成管弦樂曲，使詩歌得到音樂的形式和內容。

　　《沙迪爾傳奇》是以音詩的體材寫成，作曲家劉湲於1990年應指揮家夏雲飛教授之邀，特為其赴新加坡訪問演出而作。沙迪爾是滿清時，新疆維吾爾族的一位民族英雄，在與清王朝的抗爭中，被清政府所殺害。新疆人民為緬懷他，至今仍傳唱着他的歌。此曲就是描述這位民族英雄沙迪爾與清兵搏鬥，為自己民族而英勇殉難的事蹟。

　　全曲沒有明確的段落，但大致可分為三個部分。

　　樂曲開首以低音弦樂拉奏沉重的旋律（**譜例1**），像要告訴聽眾新疆有一位捨己為人的英雄，揭開這英雄人物的傳奇事蹟。笛子吹起富有新疆音樂色彩的旋律（**譜例2**），天山的景致彷彿呈現眼前。然後拉弦和彈撥組拉奏出主題旋律（**譜例3**）。梆笛與曲笛一唱一和，彷彿告訴我們沙迪爾就是住在這地方。主題旋律再次響起，旋律在各聲部之間交織齊奏，節奏愈來愈快，好像沙迪爾在唱着不同的歌曲以示反抗滿清政府的黑暗統治。而彈撥樂四小節反覆上揚的旋律表現出沙迪爾對抗滿清政府的決心，充滿豪壯感覺的主題旋律重現，

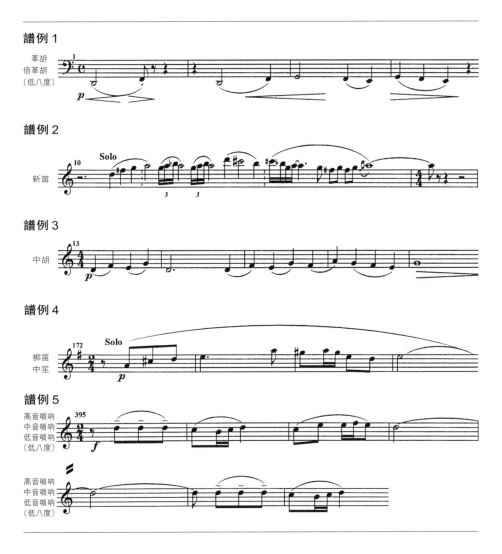

譜例 1

革胡
倍革胡
（低八度）

譜例 2

新笛

譜例 3

中胡

譜例 4

梆笛
中笙

譜例 5

高音嗩吶
中音嗩吶
低音嗩吶
（低八度）

高音嗩吶
中音嗩吶
低音嗩吶
（低八度）

英雄不怕強權，勇敢抗爭。其後笛子和笙的一段獨奏旋律在彈撥和拉弦樂上出現（譜例４）。空洞的笙聲響起，代表不祥之兆，一段低笙的獨奏過後，正式進入第二部分。

　　清政府誓要捉拿抗命的沙迪爾，樂曲的主題旋律再以輕快的速度自低音弦樂響起。笛子、柳琴和琵琶急促跳躍的旋律，就如清兵正捉捕沙迪爾，這旋律與主題旋律反覆出現，樂隊不斷對奏，氣勢磅礴，仿如沙迪爾奮勇與清兵周旋，拉弦樂和彈撥樂的顫音營造刺激緊張的氣氛。最後樂隊的長音中結束此部分，亦表達沙迪爾搏鬥戰死的結果。

　　低音拉弦樂再次奏起樂曲開首的旋律，音色沉重哀傷。其他樂器逐漸加入，族人悼念沙迪爾之死。在樂隊豪壯和聲襯托下，嗩吶吹奏出鏗鏘高亢的旋律（譜例 5），加上強勁的鼓聲，表示沙迪爾英勇的事蹟長留於族人的心中。樂曲最後在激動的齊奏聲中結束。

　　整首樂曲的創作手法較傳統，樂句工整，大多是樂隊的對奏。而音樂旋法、調式音階、混合式節奏等音樂素材的運用和調配，充滿了新疆風情與氣質。

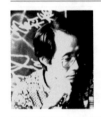

劉湲

中國當代傑出的青年作曲家。現為上海歌劇院駐團作曲家。自 1991 年，劉氏的交響樂《交響狂想詩──為阿佤山的記憶》獲第十四屆「上海之春」音樂節大獎。劉氏的民樂作品有《沙迪爾傳奇》、《南詞》等，電影音樂則有《畫魂》等。

參考資料

1. 民族辭典：http://www.e56.com.cn/minzu/gradus/Lemma_Detail.asp?Auto_ID=1068。

（四）思古幽情

作曲家的精神世界

　　「惻隱之心，人皆有之」。中國人對情的重視，不只是對父母兄弟、子女、夫婦、朋友之情，也不只對一般貧苦大眾之情。人對生者有情，對死者也有情。歷代賢人逸士出色的詞曲書畫不計其數，古人給後世留下為人津津樂道的美事和作品，如天上繁星般各自散發不同光芒。眾多珍品各自有不同風格，不同色彩，何以有些作曲家總會鍾情某些情調或作品呢？

　　「美」難用科學化的方法去解釋，因此，不同的人各自有不同的審美觀。創作靈感往往來自外界的刺激，作曲家或會因某一時期、風格、類型的藝術作品所觸動產生共鳴，從而產生創作靈感。羅永暉和曾葉發以獨特的審美眼光，透過音樂展現心中所追求的美。這種對美的追求不僅是追求某一特定的形象，還是表達作曲家自己的審美觀念，兩者之間交融混合，產生作曲家獨有的風格。

　　唐代的祭祀儀式裡，莊嚴肅穆的音樂中，日理萬機的君主置身於輝煌的宮殿內，臣民遠遠拜倒在地，樂隊奏着的音樂就是「宗廟祭祀之樂——雅樂」。唐代雅樂所展現諧和典雅的色彩深深吸引着曾葉發，《思賢曲》就是以此為題的作品。《思賢曲》糅合古樸的詩意和現代創作的技法，通過現代的管弦樂隊，把唐代莊嚴典雅的雅樂重新展現出來。

　　中國古曲裡，有許多看似模仿的標題，其實旨不重描寫客觀事物。就如中國水墨畫講究寫意、神似一樣，詩詞講「言外之意」，美術講「象外之象」，音樂注重的是「弦外之音」。

　　《風采》和《潑墨仙人》分別透過音樂展現作曲家對於詩、書、畫自有的一番意趣。羅永暉受道家任意自然、超塵脫俗的思想影響，樂曲如《潑墨仙人》流露飄逸的情懷，而《風采》的第二樂章採用唐柳宗元的五言絕句，透過詩意表達中國藝術的意象空間。對於音響色彩的追求，作曲家以水墨畫的意象，配合民族管弦樂隊去表現顏色的濃淡。《風采》的第三樂章以各聲部的音色，長短疏密的樂句和音響效果，讓樂曲的顏色轉換、情感波動。

1《思賢曲》

⊙ 曾葉發 曲

創作年份 1985年　**類別** 合奏　**編制 吹管**：梆笛〔2〕曲笛〔2〕高音鍵笙〔2〕中音排笙〔1〕低音抱笙〔1〕中音管〔2〕低音管〔1〕　**彈撥**：揚琴〔2〕柳琴〔2〕琵琶〔4〕中阮〔4〕三弦〔2〕箏〔1〕　**打擊**：大鼓　大鑼　高音堂鼓　低音堂鼓　排鼓　磬　碰鈴　串鈴　沙槌　木魚　定音鼓　**拉弦**：高胡　二胡　中胡　革胡　低音革胡　**演奏時間** 約 9'40"　**首演日期** 1985 年 8 月　**地點** 香港　**指揮** 曾葉發　**樂團** 香港中樂團

備註　① 1985 年香港中樂團委約作品；② 非常規樂器：簫〔2〕（獨立聲部）。

　　中國歷代名人逸士猶如天上繁星，那麼，千百年來的人和事有否引發你的聯想呢？曾葉發對古代賢人的事蹟有感而發，並借音樂表達思慕古代賢人的感情。「思賢」有思想和思考古人、賢人事蹟的哲學意思。《思賢曲》是曾葉發取材自唐朝雅樂的作品，作品於 1985 年首演，往後有多次演出。曾葉發其他作品如 1982 年中樂作品《神遊三關》、1988 年的《竹意》、1995 年的《古靈》等，均取材於古代的詩意或意境創作而成。

　　雅樂即唐代宮廷音樂，指盛行於周代、在宮廷內部或朝廷儀式中為統治者演奏的音樂。中國的宮廷音樂可分為典制和娛樂兩種。典制性音樂用於典禮如祭祀、朝會等，氣氛莊嚴。例如現存的祭孔儀式，所用的音樂為雅樂，樂器[1]亦是傳統古樂器，儀式中樂師必須演奏各種雅樂，與禮器[2]相呼應，以配合每個儀式進行。演出時，動作緩慢，聲調平靜，造成莊嚴蕭穆、和諧安詳的氣氛。由於《思賢曲》取材雅樂，所以整體的節奏較緩慢、旋律柔和，而且樂句工整。

（1）據袁靜芳的研究，周代雅樂採用的樂器以「金石之樂」為主，即以編鐘、編磬等。編鐘由十六枚金屬鑄成，編磬則是璧石質材，兩者皆分上下兩層懸掛，大小不同的鐘與磬，敲擊可傳高低樂音。

（2）據台灣節慶：http://www.gio.gov.tw/info/festival_c/teacher/music.htm#a 。

這首單樂章的作品共分四段，每段均以打擊樂器劃分。

笛子先吹奏緩慢優美的旋律，帶領聽眾進入序曲。序曲比較簡樸，只有笛子演奏旋律和偶以幾件打擊樂器如磬、大鼓以及揚琴作伴奏、點綴。

一陣大鼓聲過後，整隊樂隊齊奏，隨即進入第二段。吹管樂器以穿插形式吹奏旋律，首先是管子、跟着是洞簫，然後笛子，再到笙。有時一件樂器的樂句還未完結，第二件樂器已加入，讓旋律在不同音域出現，高高低低的、連綿不斷的相互穿插出現。除旋律外還伴着高胡和二胡在高音域的拉奏。

磬的鳴響與板鼓聲把樂曲推進至第三段。高胡和二胡繼續在高音位置拉着長音作伴奏，吹管和中胡奏出旋律。作曲家用唐代「亂聲」的手法讓樂器工整順序地奏出旋律。

但在此曲的「亂聲」除了有唐代故有的「卡農」手法外，作曲家還加入自己獨創的「亂鼓」元素。（譜例1）

曾葉發認為：「古代雅樂注重莊嚴、工整，但是我想如果在工整之上加點對比，造出一種特別的效果，這也是《思賢曲》的特點。」

樂曲這部分的「亂聲」並非亂敲亂打，而是把打擊樂部和其他樂隊部分成兩組，兩組在各自的時間規律中演奏莊嚴的音樂。當這兩部分合奏時便產生一種新效果，就像唐朝室外禁宮的千人大合奏，吹管樂於樂隊中間，整齊地吹出緩慢綿長的旋律，而鼓則分散在四面。由於地方大、距離遠，打擊樂器又不能持續它的聲音，所以大合奏時便造成時間差距，產生不工整及錯亂的音響效果，同時營造一種空間感。作曲家比喻這種氣氛猶如大自然規律中的變化，在我們意料之外。樂曲中鼓與樂隊的節奏不一，感覺猶如「亂聲」一樣。

陣陣「亂聲」過後，只剩下低音管子重現笛子的旋律，有時和笛子對答，並以革胡拉長音作伴奏，慢慢的為此曲畫上句號。

整首「思賢曲」節奏緩慢，音調簡單，用中國五聲音階編寫。旋律簡單，緩慢優美，在不同的段落裡由不同樂器、節奏演奏出，這種重複手法令聽眾感受到旋律的多樣性。令整首樂曲顯得速度平穩，散發着雅樂的莊嚴氣氛。

譜例 1

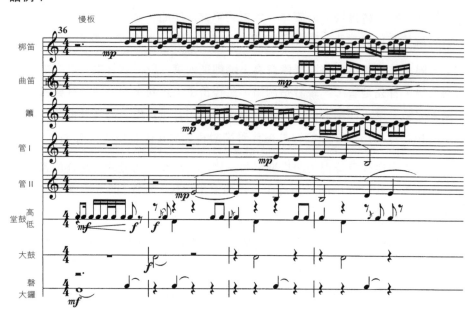

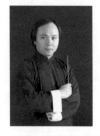

曾葉發

1952年生於香港,以作曲家、廣播員、指揮、樂評人和現代音樂推動人身份活躍於本港樂壇。他曾多次獲音樂及其他獎項,包括1998年的傑出青年獎,1990年的英港文化基金藝術獎、作曲家年獎、1993年的亞洲文化協會藝術家獎等。1989年他的管弦樂曲前奏在美國波士頓交響樂團首演,此曲其後由波士頓交響樂團在香港及其他國家演出。曾氏由 1986 至 1994 年擔任香港電台第四台總監,現為國際現代音樂協會主席。

參考資料

1. 袁靜芳《中國傳統音樂概況》,上海:上海音樂出版社,2000 年,頁 506-509。

2. 梁茂春《香港作曲家——三十至九十年代》,香港:三聯書店,1999 年。

3. 趙桂燕、陳明志 2003 年 7 月 8 日與曾葉發的訪問記錄。

4. 羅仕藝《大學生民族音樂欣賞》,北京:中國青年出版社,2001 年,頁 2-4。

5. 台灣節慶 http://www.gio.gov.tw/info/festival_c/teacher/music.htm#a,瀏覽日期:11/8/2003。

2《風采》

⊙ 羅永暉 曲

創作年份 1996年　**類別** 合奏　**編制 吹管**：梆笛〔2〕曲笛〔2〕新笛、大笛〔2〕高音鍵笙〔2〕中音排笙〔1〕低音抱笙〔1〕**彈撥**：揚琴〔2〕柳琴〔2〕琵琶〔2〕中阮〔2〕大阮〔1〕箏〔1〕**打擊**：三角鐵 木琴 大木魚 小木魚 搖鼓 響板 拍板 大鑼 吊鐘 鋼片琴 碰鈴 沙槌 吊鈸 梆子 風鑼 定音鼓 排鼓 彈簧匣　**拉弦**：高胡 二胡 中胡 革胡 低音革胡　**演奏時間** 約15'00''　**首演日期** 1998年2月　**地點** 香港文化中心音樂廳　**指揮** 閻惠昌　**樂團** 香港中樂團　**錄音出版** 雨果製作有限公司：HRP 7208-2

....

備註　① 1996年香港中樂團委約作品。

....

　　擅於利用聲響捕捉書畫中的藝術精神和古人飄逸情懷的作曲家羅永暉於1996年創作的《風采》共分有：靈感來自唐代畫家韋偃《牧放圖》(1)；源自詩人柳宗元的五言絕句詩意的《江雪》；源自書法家懷素的《醉僧帖》。作曲家借用民族管弦樂特有的音色，表達三位唐代文人的「自由」境界(2)。

　　《牧放圖》是引發羅永暉創作第一樂章的來源。畫家用筆技藝高超、細緻，描繪出一幅可聽鳥啼的山野牧馬圖，每匹馬都像一個活着的精靈，按他們本性，呈現一種馬特有的靈秀之美。作曲家被韋偃精巧的描繪和流暢有力的線條吸引，引發聯想。

　　樂曲開首，先由胡琴奏起節奏輕快密集的碎音，讓人想起萬馬奔馳的景象（**譜例1**），三角鈴清脆的聲音，作為靈巧的點綴。樂章在發展過程中，密集的碎音進而轉由中胡和革胡演奏，並充當伴奏角色。接着二胡奏起鮮明易認的主

....

（1）《牧放圖》原是唐代畫馬名家韋偃所作，描繪當時牧場放馬的盛況。李公麟奉敕臨摹了這件作品。全卷共有143人，1,286匹馬，場面浩大，氣魄宏偉。畫面從右向左展開，絹本，面積46.2 x 429厘米，現藏於北京故宮博物院。

（2）自由，並非自由自在，沒有煩惱，而是指可以自由地創作、自由地表達自己的所思所想。相信這也是唐代文藝興盛的原因。

譜例 1

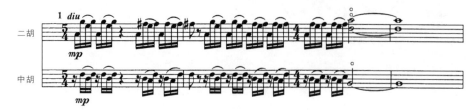

二胡

中胡

譜例 2

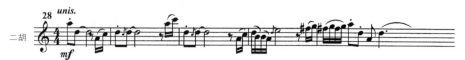

二胡

譜例 3

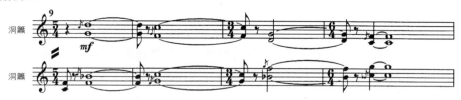

洞簫

洞簫

譜例 4

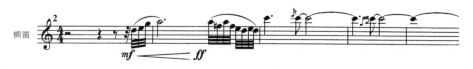

梆笛

旋律（譜例 2）。中段，打擊樂襯托着胡琴及吹管樂的旋律，並以點綴。經過樂隊將旋律輾轉呈現後，轉為低音革胡和阮先後與樂隊的對話。其後，胡琴再次奏起樂曲的主旋律，吹管樂偶以長音相伴。樂隊全體以密集上揚的碎音音型將氣氛推向高潮，最後在笙的強奏後結束。

　　第二樂章由柳宗元的五言絕句《江雪》引起靈感寫成：

　　「千山鳥飛絕，萬徑人蹤滅。孤舟簑笠翁，獨釣寒江雪。」

　　作曲家這慢板的樂章，主要利用彈撥樂器輕巧的點描，伴着兩枝吹奏着旋律，清虛的洞簫（譜例3），營造寧靜的氣氛。樂曲由旋律性樂句對比着碎音性的樂句，長長短短交替着，貫串整個樂章。

彈撥先以碎音音型開始，兩枝簫主要以相隔四度或五度的旋律平衡邁進，其後，漸次加快並推往較高的音域。而揚琴和箏亦雙倍密集的碎音彈奏，有如點點雪花隨風飄盪着。接着，箏輕奏着琶音，樂章回復寧靜、優雅的氛圍。最後簫再次吹起旋律，彈撥樂器奏起碎音音型，讓樂章在首尾呼應下完結。

第三樂章取材自唐代書法家懷素以草書所寫的《醉僧帖》。樂曲琵琶先以掃弦快速彈奏，帶出整個樂章自由激烈的氣氛。

梆笛在彈撥樂器、木魚以及胡琴的襯托下，奏出活潑、靈巧的旋律（譜例4），然而，這旋律時而被不同樂器如笙、琵琶打斷，展示出僧人的醉態以及狂草中興之所至的筆觸。最後樂曲在漸快的齊奏中結束。

三個樂章雖然在氣氛及速度上各異其趣，但每章均由有特定的旋律及氛圍相互串連着，讓聽者易於進入作曲家以聲音描繪的詩畫世界。

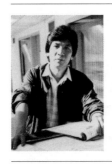

羅永暉

1949年生於中國，先後就讀於台灣師範大學音樂系及美國加州大學，獲碩士學位，並於1981年榮獲亞洲作曲家同盟頒贈入野義朗紀念獎。他曾多次代表香港出席國際現代音樂節ISCM。羅氏曾任香港演藝學院作曲系系主任十三年，1998年獲委任為該院駐校作曲家。除致力現代音樂創作外，他亦為電影電視配樂。1987年獲香港電影金像獎。1992年獲香港藝術家同盟頒贈香港作曲家年獎。1995年獲亞洲文化協會贊助以訪問學人身份在美國史丹福大學研究及深造。

---

3 《潑墨仙人》

⊙ 羅永暉 曲

創作年份 1997年　　**類別** 琵琶與樂隊　　**編制** 吹管：高音加鍵笙〔2〕中音排笙〔1〕　**拉弦**：高胡 二胡 中胡 革胡 低音革胡　　**演奏時間** 9'24''　　**首演日期** 1997年2月　　**地點** 香港　　**琵琶** 王靜　　**指揮** 石信之　　**樂團** 香港中樂團

備註　① 1997年香港中樂團委約作品；② 修訂版本：原曲羅氏於1995年創作的琵琶與弦樂四重奏版本，於1997年修改為琵琶與樂隊版本（樂隊編制根據2003年修改版本）。

　　《潑墨仙人》[1]的曲名取自宋朝畫家梁楷[2]的同名畫作。梁楷筆下人物造型奇特，仙人袒胸露腹，高步街頭，一個大腦袋，卻把眉眼口鼻擠在一起。對琵琶情有獨鍾的羅永暉深受畫家大刀闊斧，又不失靈巧細緻的筆觸吸引，因而創作此曲。

　　琵琶聲響明亮致遠，強弱幅度變化大，穿透力強，正好用以演繹畫家一氣之勢，疾緩行走的筆觸以及畫中仙人醉態的神韻。弦樂的特性與琵琶剛剛相反，它們是延續性的樂器，易於營造張力，那是中國樂器所不及，而且強弱幅度亦可媲美琵琶，所以能夠顯現畫家一揮而就的筆法。中西合璧的搭配在音色、形態變化做成對比，讓畫家揮灑的筆法與畫中仙人的動靜都活靈活現。

　　《潑墨仙人》是單樂章的樂曲，大致分為四個樂段，樂段各有獨特個性與特色，因此樂曲聽起來算不上一氣呵成，但每個段落卻帶來新的感覺，猶如置身

（1）《潑墨仙人圖》是現存最早的一幅潑墨寫意人物畫。可以說是梁楷與畫院畫風決裂後，另闢蹊徑，獨樹一幟，在繪畫創作中首創「減筆」畫之傑作。畫面上的仙人除面目、胸部用細筆勾出神態外，其他部位皆用闊筆橫塗豎掃，筆筆酣暢，墨色淋漓，豪放不羈，如入無人之境。

（2）梁楷是名滿中日的大畫家，生卒不詳，南宋人，祖籍山東，南渡後流寓錢塘（今杭州）。祖先梁義曾任職山東東平縣。他善畫人物、山水、道釋、鬼神。師法賈師古，而青出於藍。他傳世的作品，草草為之者，人謂之「減筆」。梁楷是減筆水墨人物畫的開路人，受歷代評論家推崇。梁楷的著作有《六祖伐竹圖》、《李白行吟圖》、《潑墨仙人圖》等。

藝術館用不同角度去欣賞這幅名作。

　　樂段均以琵琶獨奏作主導，然後加入弦樂擴充及延續琵琶的激情。每段尾聲也有一個，像印章一樣作為標記的短小音型，在多角度欣賞整首曲之餘，樂段間彼此聯繫着。除大的樂段外，每個段落也是由停頓製造出來，形成或長或短的句子，這種設計為每個段落造成長短不一的效果。

　　樂曲開首，琵琶的獨奏仿如腳步不穩的醉翁，東倒西歪（**譜例 1**），伴着弦樂的長音及滑奏。樂曲一陣激流過後，漸趨安靜，短小的音型首次出現。突然琵琶及弦樂狂野的彈奏，令樂曲緊湊起來，及後反客為主，主導樂曲的前進。此樂段由快慢鬆緊的節奏組成，最後樂聲在漸弱中結束。

　　樂曲稍稍停頓，早前出現過的動機由琵琶先用行板奏出。但這並不是短短的一句，而是發展成旋律（**譜例 2**）。弦樂以模仿式的音型，襯托着琵琶的旋律，時而長音襯托，時而短音應和，活潑輕巧的旋律令整個樂段瀰漫着悠然自得的感覺。

　　其後琵琶再次靈巧自由地彈奏，弦樂用片段式的伴奏形式協和着這較短的樂段。最後的樂段，琵琶平靜地彈奏着由動機延伸的旋律；弦樂一方面在高音處奏着延續的長音，另一方面輕輕地奏着密集而零碎的音響，最後琵琶及弦樂在熱烈的齊奏聲中結束。

譜例 1

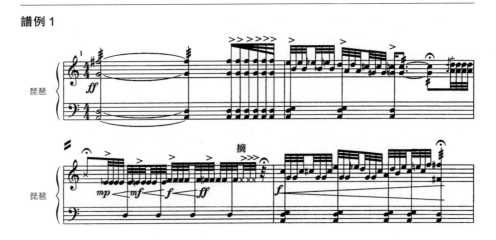

譜例 2

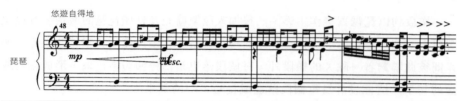

羅永暉

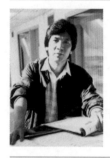

1949年生於中國，先後就讀於台灣師範大學音樂系及美國加州大學，獲碩士學位，並於1981年榮獲亞洲作曲家同盟頒贈入野義朗紀念獎。他曾多次代表香港出席國際現代音樂節ISCM。羅氏曾任香港演藝學院作曲系系主任十三年，1998年獲委任為該院駐校作曲家。除致力現代音樂創作外，他亦為電影電視配樂。1987年獲香港電影金像獎。1992年獲香港藝術家同盟頒贈香港作曲家年獎。1995年獲亞洲文化協會贊助以訪問學人身份在美國史丹福大學研究及深造。

參考資料

1. 趙桂燕、陳明志 2003 年 7 月 8 日與曾葉發的訪問。

2. 趙桂燕 2003 年 7 月 14 日與羅永暉的訪問。

3. 梁茂春 《香港作曲家——三十至九十年代》，香港：三聯書店，1999 年。

4. 葉朗、費振剛和王天有主編《中國文化導讀》，香港：香港城市大學出版，2001 年。

5. 劉靖之、李明主編《中國新音樂史論集：表達方式、表達能力、美學基礎》，香港：香港大學亞洲研究中心，2001 年。

6. 葉朗《中國美學史大綱》，上海：上海人民出版社，1985 年。

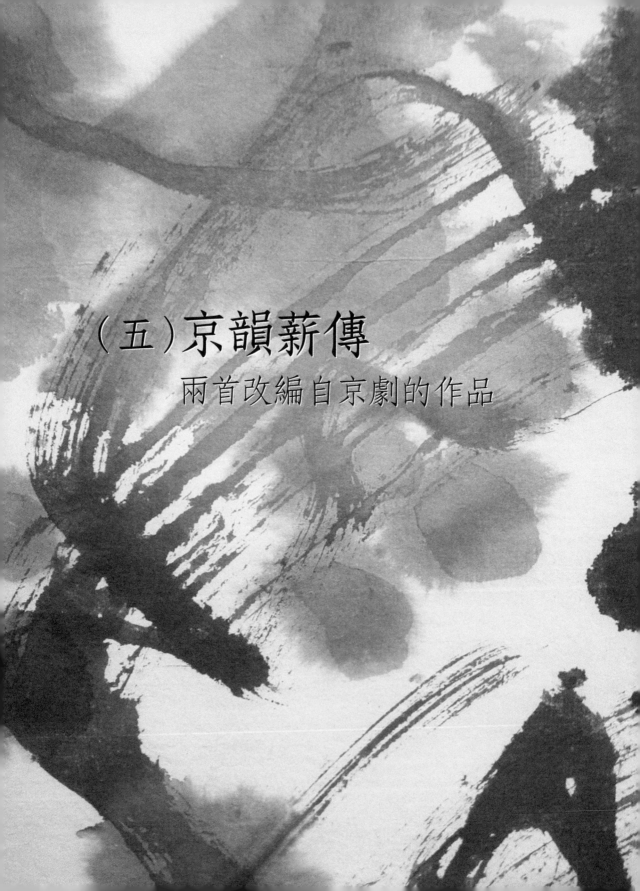

（五）京韻薪傳
兩首改編自京劇的作品

　　「京劇」亦即流行於北京的戲曲，從形成到現在已有二百多年的歷史。期間，京劇匯聚了各地方劇種的藝術精華，逐漸發展成獨特的形式，成為中國近代最具影響力的劇種之一。京劇是綜合性表演藝術，集唱（歌唱）、唸（唸白）、做（表演）、打（武打）和舞（舞蹈）為一體。觀眾很容易地透過演出者的服飾、面譜、鬍子等形象鮮明和獨特的造型，將劇中的生（男）、旦（女）、淨（男）、丑（男／女）四大行當角色分辨開來。

　　2000年8月在山東煙台舉行的「全國京劇音樂創作研討會」中，有講者認為戲曲一半的元素是音樂，戲曲藝術中，唱腔和音樂有着密切的關係。由於每個劇種的音樂各具特色，一個劇本可以編排為不同的戲種，因此我們較難單從劇目去分辨劇種，但那各有特色的樂器和樂隊的伴奏手法，卻讓我們可憑着音樂便足以分辨中國各地的戲曲[1]。

　　京劇打擊樂在演奏時，特別注重音色和音樂的情感傳達，樂器運用也十分考究。唱腔主要組成部分是板腔和曲牌；樂曲主要的伴奏樂器包括京劇文場三大件（京胡、京二胡和月琴）和各種打擊樂器。《夜深沉》和《亂雲飛》均是由京劇改編為民族管弦樂的作品。作為綜合藝術的京劇，作曲家會採用什麼的技法，既能保持京劇的原有韻味，又能為京劇添上新的姿彩呢？

　　《夜深沉》（吳華編曲）和《亂雲飛》（彭修文編曲）均保留以上大部分特點，作曲家把主要伴奏樂器的京胡及京二胡納入編制，甚至作為獨奏樂器使用，配合樂隊豐富的音色，令京劇的旋律更具神彩，而打擊樂部分則直接剪裁自京劇，因此，既保留原曲的神韻，亦開拓了民族管弦樂曲的新貌。

（1）另一講者吳華，提出京劇唱腔大部分以二百年前的湖廣音和中州音（今河南一帶）為基準的，而湖廣音和中州音與現在的普通話的平、仄音調正好相反，這便造成了京劇獨特的曲子和發音的「倒字」現象。

1《夜深沉》

⊙ 京劇曲牌　吳華 編曲

類別 京胡與樂隊　**編制** **吹管**：梆笛〔2〕高音鍵笙〔1〕中音排笙〔2〕中音嗩吶〔2〕次中音嗩吶〔1〕　**彈撥**：揚琴〔2〕琵琶〔4〕中阮〔4〕大阮〔2〕箜篌〔1〕　**打擊**：大堂鼓 大鈸 低鑼 吊釵 板鼓 鋼片琴 鈴　**拉弦**：高胡 二胡 中胡 革胡 低音革胡　**演奏時間** 約6'30"　**錄音出版** 雨果製作有限公司：HRP 7208-2　HPR754-2　HRP723-3　HRP7102-2　HUGOML-C5001

備註 ① 獲1989年中國首屆金唱片獎；② 非常規樂器：京劇文場三大件（京胡〔1〕京二胡〔1〕月琴〔1〕）（獨立聲部）電子琴〔1〕（香港中樂團演奏此曲時並不採用）；③ 入選「世紀中樂名曲選」二十世紀最受樂迷歡迎中樂作品候選金曲。

《夜深沉》是京劇的經典作品，樂曲取材自昆劇《思凡》曲牌「風吹荷葉煞」裡的四句歌腔為基礎：「夜深沉，獨自臥；醒來時，獨自坐。有誰人，孤悽似我。」當改編為京劇時，便以這唱詞的起首為牌名。在京劇《擊鼓罵曹》和《霸王別姬》中，用它來配合「彌衡擊鼓」和「虞姬舞劍」等場面，後來常被音樂家用作京胡獨奏曲來演奏。

《思凡》、《下山》這兩齣戲描寫年輕的女尼與和尚衝破宗教束縛，在出逃中相遇，互生愛慕之情而結為夫婦。原曲旋律句幅起伏不大，曲調變化小。而《夜深沉》既保留原有旋律，同時以堅定有力的節奏一氣呵成的進行，將原本哀嘆不幸和怨恨人世的音樂情緒，變為剛勁有力、優美動聽的樂曲。

《夜深沉》是中國民族器樂的經典作品，它的演奏版本很多，吳華改編的《夜深沉》民族管弦樂版為其中之一。樂曲大致分為序 — 中板 — 快板 — 急板四個部分。

樂曲的開首是樂隊鏗鏘有力的齊奏，京劇文場三大件（京胡、京二胡和月琴）拉奏出柔揚悅耳的旋律，樂曲與原曲的旋律相似，只在節奏等方面略作改動。大堂鼓伴著旋律敲奏出富有京劇色彩的節奏（**譜例1**），為這個美麗的愛情故事揭開序幕。

樂曲漸漸進入中板，琵琶加入，與京劇文場三大件奏出旋律，然後笛和二胡漸次加入。編者在此段加入西方的電子琴，以和弦為旋律伴奏。而其他彈撥樂器和鋼片琴反覆上揚的旋律帶領樂隊正式進入樂曲的小快板（**譜例 2**）。

小快板的旋律仍以琵琶和三大件演奏，大堂鼓亦不讓它們專美，鏗鏘有力地敲出富有京劇演奏色彩的節奏。樂曲漸漸慢下來，「冬、龍、冬、龍」的聲響表示樂曲將進入急板。

彈撥樂配合三大件奏出輕快的旋律，音型不斷在旋律中反覆出現（**譜例 3**）。樂聲愈來愈豐富，一段樂隊激烈的齊奏聲引進，一幕由三大件、琵琶和打擊樂（板鼓、大堂鼓）演奏的華彩式段落，節奏堅定有力，旋律連綿不斷，音樂愈來愈快，最後在樂隊的喧鬧中結束。

譜例 1

譜例 2

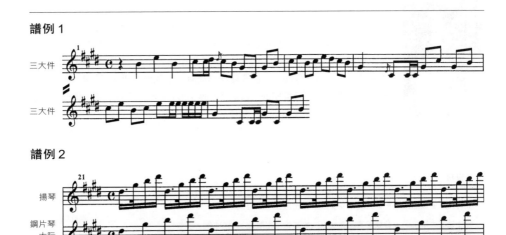

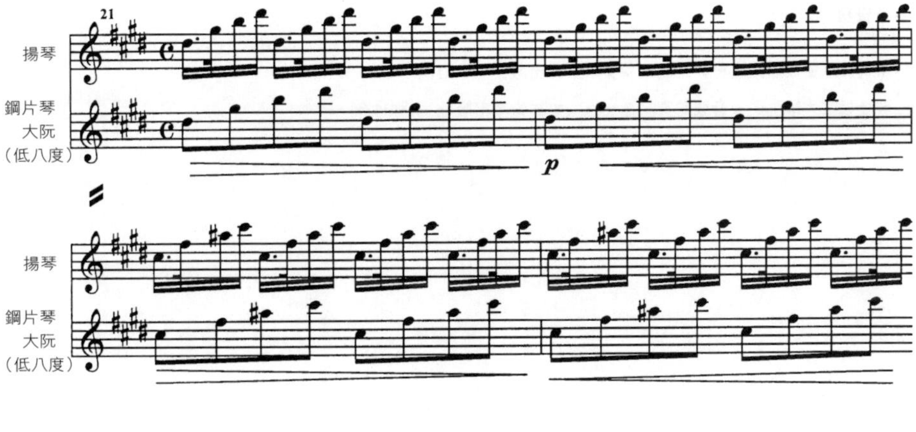

譜例 3

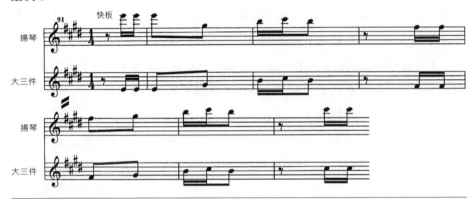

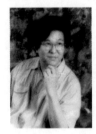

吳華

1942年生於北京。中國音樂家協會理事、中國民族管弦樂學會會員、北京越劇研究會理事、北京京胡研究會副會長。自幼酷愛民族音樂和戲曲。主要作品有大型民族管弦樂《龍國之旅》、《虞美人組曲》等；小型民族器樂曲《故國敘事曲》、《盧溝醒獅》。主要獲獎作品有：京胡曲《夜深沉》獲1990年中國首屆金唱片獎，交響組曲《白蛇傳》獲1994年首屆戲曲音樂比賽一等獎第一名。現任東方歌舞團作曲、指揮。

參考資料

1. 張靜波《民族器樂賞析》，昆明：雲南大學出版社，2001年。

2. 羅仕藝《大學生民族音樂欣賞》，北京：中國青年出版社，2001年。

2 《亂雲飛》

⊙ 現代京劇《杜鵑山》 彭修文 編曲

改編年份 1974年　**類別** 合奏　**編制** 吹管：梆笛〔1〕曲笛〔1〕高音鍵笙〔1〕中音排笙〔1〕高音嗩吶〔2〕中音嗩吶〔1〕次中音嗩吶〔1〕　**彈撥**：揚琴〔2〕柳琴〔1〕琵琶〔2〕中阮〔4〕大阮〔2〕三弦〔2〕　**打擊**：定音鼓 鼓 大鑼 小鑼 鐃鈸 大鈸　**拉弦**：高胡二胡 中胡 革胡 低音革胡　**演奏時間** 約12'00"　**錄音出版** 中國唱片：SCD-058　喜瑪拉雅：HRP760-2

備註　① 非常規樂器：京胡〔1〕京二胡〔1〕；② 作曲家在低音弦樂採用：大提琴〔4〕低音大提琴〔2〕；③ 入選「世紀中樂名曲選」二十世紀最受樂迷歡迎中樂作品候選金曲。

　　《亂雲飛》是彭修文於1974年據八大樣板戲[1]之一《杜鵑山》同名唱腔改編的民族管弦樂曲，樂曲以京劇成套的板腔形式，表現了劇中人起伏跌宕的複雜心情，及充分發揮了京劇唱腔的特色。內容是講述第二次國內革命戰爭時期，黨代表柯湘帶領杜鵑山游擊隊消滅叛徒、粉碎敵人陰謀的鬥爭故事。

　　改編成民樂合奏曲形式的《亂雲飛》，保留戲曲原有的京胡及京二胡並作為主奏樂器。其唱腔部分據唱詞內容，分別由嗩吶、胡琴、笛子、彈撥樂交替擔任演奏。改編者以精緻的配器，發掘調整民族樂隊的潛質，使之成為一首獨具特色的民樂合奏曲。

　　刻劃人物的特性形象，為樂曲的音調建立在京劇「二簧」的唱腔基礎上，並沿用二簧倒板、回龍、慢板和原板的佈局。

　　樂曲開始時，樂隊齊奏出鏗鏘有力的音調，展示柯湘臨危不懼的剛毅形象。而倒板有如散唱的旋律，表現「亂雲飛，松濤吼」的嚴峻形勢。後半部

（1）樣板戲：五個京劇是指上海京劇院的《智取威虎山》、山東省京劇團的《奇襲白虎團》、中國京劇院的《紅燈記》、北京京劇院的《海港》以及《杜鵑山》；兩個芭蕾：上海芭蕾舞團的《白毛女》、中央芭蕾舞團的《紅色娘子軍》，交響樂是指中央交響樂團的《沙家浜》。

譜例 1

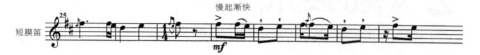

譜例 2

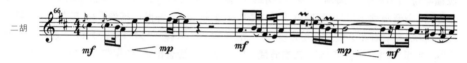

譜例 3

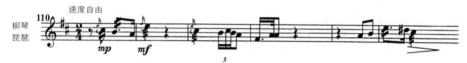

譜例 4

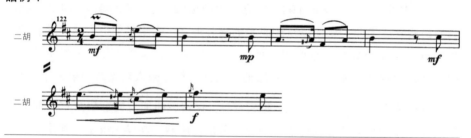

分，作曲家運用了嗩吶的獨奏來唱，使之情緒激昂起來。而彈撥樂的伴奏營造出情緒不安的唱腔。

笛子和拉弦樂演奏出有板有眼的旋律（譜例 1），速度由慢至快，表現出「槍聲急，軍情緊，肩頭壓力重千斤，團團烈火燒」的複雜心情。

音樂速度逐漸放慢，二胡拉奏出猶豫緩慢的旋律（譜例 2），表達了柯湘對戰友和親人安危的擔心、焦慮。

連綿起伏的旋律宛如心中萬千思緒波瀾壯闊，柳琴和琵琶彈奏出自由婉約的旋律（譜例 3），高胡和二胡答和（譜例 4），猶如萬千思緒終於得到平復。

鏗鏘的節奏、穩健的速度，就像柯湘想起了黨的囑託，心中有了明確的方向，隨着速度和配器的加強，音樂去到全曲的高潮，最後在樂隊激動的齊奏中結束。

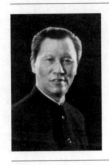

彭修文

1931年出生，湖北武漢人。著名的中國民樂指揮家和作曲家。自1953年，彭氏一直任中國廣播民族樂團首席指揮，還兼任中國廣播藝術團藝術總監、中國音樂家協會常務理事兼民族音樂委員會副主任、中國民族管弦樂學會會長等職。1957年莫斯科第六屆世界青年聯歡節比賽中，他指揮的民族樂團獲金質獎章。他除了擔任指揮工作，還改編、創作了大量民樂曲，如《步步高》、《彩雲追月》、《花好月圓》、《月兒高》等。七十年代後期，彭修文提倡民樂交響化，創作了交響詩《流水操》、《秦‧兵馬俑》等大型作品。

參考資料

1. 中國藝術研究院音樂研究所《中國音樂詞典》編輯部編《中國音樂詞典》，北京：人民音樂出版社，1995年。

2. 李浚主編《音樂藝術博覽》，北京：中國文聯出版社，1988年。

3. 李德真編著《中國民族民間樂器小百科》，北京：知識出版社，1991年。

4. 莊永平《京劇唱腔音樂研究》，北京：中國戲劇出版社，1994年。

5. 羅仕藝《大學生民族音樂欣賞》，北京：中國青年出版社，2001年。

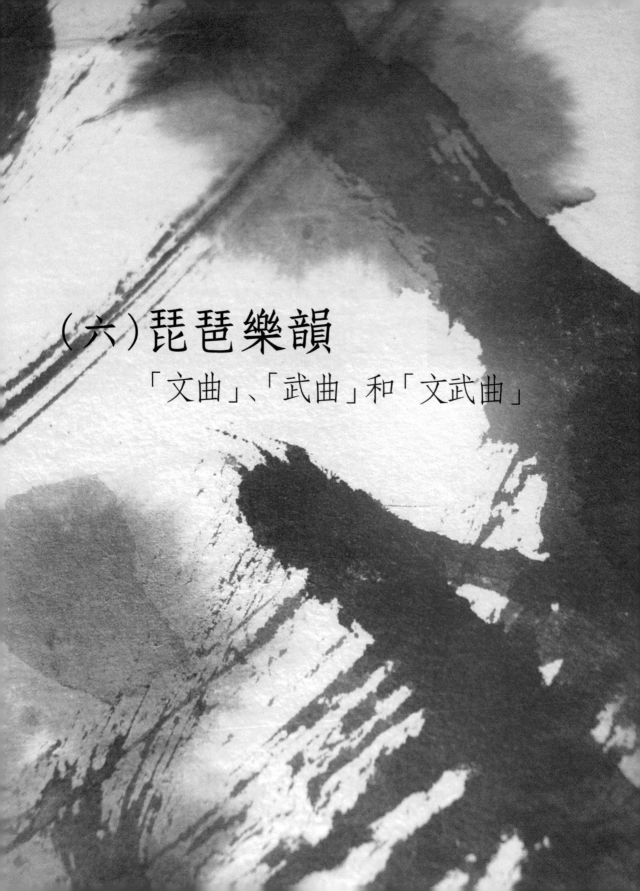

（六）琵琶樂韻

「文曲」、「武曲」和「文武曲」

　　傳統琵琶樂曲中，按樂曲的格調和表現手法，分為文曲、武曲和文武曲。

　　文曲指音樂意境優美而富詩意，表達人物內心感情或描寫風景的樂曲，如《潯陽月夜》、《月兒高》、《塞上曲》等。武曲指結構比較龐大，氣勢雄偉，有一定故事情節的樂曲，如《十面埋伏》、《霸王卸甲》、《將軍令》等。文武曲兼具兩者之長，如《陽春古曲》、《普庵咒》、《水龍吟》等。

　　文曲注重人物或景物的描寫，具抒情和寫意的特點，而樂曲中的小標題，能具體地引領聽眾發揮無限的聯想，從而體會當中深邃的意境。例如以淡雅清麗取勝的《月兒高》，表現出音樂中的靈動。

　　武曲注重故事情節的戲劇性描寫，具敘事和寫實的特點。武曲經常利用演奏技法，營造繪聲繪色的音響效果，令樂曲在情節的描寫上更傳神。如《十面埋伏》着墨於戰場上刀光劍影的真實感，有強烈的感染力。

　　文武曲是綜合琵琶文曲和武曲的表現手法，兼具兩者演繹風格的特點，既具有文曲的抒情性、寫意特點，又具有武曲的敘事性、寫實性的特色，寓情於景，情景交融，不受傳統文曲、武曲格調束縛，風格新穎、活潑歡暢。二十世紀九十年代由唐建平創作的《春秋》便是一例。

　　演奏技法對感情的表達和內容鋪排是相當重要。例如《月兒高》，音樂引子是速度自由和寧靜的散板，配合琵琶常用的技法——輪指，自慢到快，由弱到強，生動地描繪出月亮初升的景致。相同的技法在《十面埋伏》卻完全表現了另一番景象。樂曲起首給人一種強大的氣魄，鏗鏘洪亮的輪指，帶出刀槍齊鳴的激烈戰爭場面。《春秋》則結合兩種不同的手法，造成了音樂的對比，綜合運用各種演奏技法，令旋律及整體效果更為靈活及富於變化。

1《月兒高》

⊙ 古曲　彭修文 編曲

類別 合奏　**編制 吹管**：曲笛〔2〕高音鍵笙〔2〕中音排笙〔2〕中音管〔1〕　**彈撥**：低音管〔1〕揚琴〔1〕琵琶〔4〕中阮〔4〕大阮〔2〕三弦〔1〕箏〔1〕　**打擊**：鈴 梆子 大鈸 低音鑼 大堂鼓 編鐘　**拉弦**：高胡 二胡 中胡 革胡 低音革胡　**演奏時間** 約13'00''　**錄音出版** 雨果製作有限公司：HRP 786-2, HRP 7180-2　任詩傑實業有限公司：JRAF-2061

....

備註 ① 非常規樂器：簫〔1〕（獨立聲部）；② 入選「世紀中樂名曲選」二十世紀最受歡迎中樂作品候選金曲。

....

　　《月兒高》這標題令人聯想起一幅描繪朗月初上的山水畫。在中國古典文學和詩歌中，月是有一種象徵意義，所謂「江樓望月，思緒滿懷」，從月色美好，想到世事有變、人生無常。對文人來說，描繪月亮另有言外之意，實際上是一種委婉曲折的暗示，寄託中國人深刻的情懷。這首樂曲以寧靜的引子開始，聽者自然會產生對月夜的聯想，在音樂中體驗人文精神。

　　清嘉慶年間（1736-1820年），蒙古族人榮齋將流傳在北京的十三套民間弦索合奏曲抄錄成譜，編訂為《弦索備考》（1814年抄本）。譜內收錄的樂曲在清代中葉已經流傳。其中收錄的《月兒高》原是由七首民間曲牌聯綴而成的一部套曲，它是套曲中第一首曲牌，是胡琴、琵琶、弦子、箏等四種樂器的合奏曲。

　　多年來經過演奏家的細心雕琢，原先的曲牌已聯綴成渾然一體的樂曲。雖然依然保留各段的標題，但通過曲牌的變奏和發展，令全曲的結構更見緊密。

　　由民樂大師彭修文改編的民族樂隊版本，參照的是清代琵琶演奏家華秋萍（1784-1859年）編的《琵琶譜》中又名《霓裳羽衣曲》的《月兒高》版本。

　　彭修文曾指出《月兒高》是一首描繪月色的樂曲，描繪了月亮從海上升起直到西山沉沒，以及月光下的種種美麗景色。曲中既有滔滔的大河，也有涓涓的細流；有幽靜的庭院，也有廣闊的原野；有荒寂的河岸，也有亭台重疊的城樓：碧空如洗,繁星點點,月兒正緩緩地渡過銀河,使人感到大自然的壯麗美景。

原曲有十二段,而且原來各段曲牌亦有抒情寫景的小標題,彭修文現時的版本刪去三段,按照中國人「起、承、轉、合」的審美觀,可將樂曲意境分為四個層次。

「起」部有「海島冰輪」、「江樓望月」和「海嶠躊躇」三段。

在「海島冰輪」中,琵琶、三弦等彈撥樂器運用琶音、輪指等技法,由細聲逐漸增強(譜例1),模擬月亮初升的情景,風格幽雅而平和。在「江樓望月」中,由簫領奏開始(譜例2),箏接着和應相同的旋律。其他樂器漸次加入,仿如古人被美麗的月色吸引,登上城樓賞月,在迷人的月色下,引起吹簫的興致,景象悠游清雅。而「海嶠躊躇」則是舞蹈性的音樂,突出打擊樂的節奏和彈撥樂的和諧。

「承」的部分有「銀蟾吐彩」、「秋露滿天」和「素娥旖旎」三段,優美的主題作了大幅度伸展的自由變奏,音樂的律動更為自由和多彩。

在「銀蟾吐彩」中,琵琶運用掃、輪技巧,箏輕拂,音樂富動感,樂隊加入,緊湊地連接下一段的「秋露滿天」。此段音樂的律動感更濃,旋律自由,笛子、簫、揚琴、琵琶和二胡齊奏旋律,大堂鼓敲打固定而強烈的節奏(譜例3),令人有翩翩起舞的衝動;而「素娥旖旎」中,經過兩段熱烈的舞蹈性音樂,旋律變得婉轉嫵媚,情緒開始平靜下來。

「轉」部分有「皓魄當空」和「銀河橫渡」兩段,旋律具有傳統歌舞音樂的特點,使人聯想起飄飄欲仙的舞姿。

「皓魄當空」一段以絲竹樂器為主奏,旋律上下起伏,柔和飄渺,令人感到處身仙境的歡樂;而「銀河橫渡」,據說是象徵牛郎織女堅貞不渝的愛情,音樂活潑非常。

彭修文刪除了原曲中「蟾光炯炯」和「玉兔西沉」兩段,僅以「玉宇千層」作為「合」的部分。「玉宇千層」一段,音樂起首略為低沉,箏一直維持起伏的旋律(譜例4),然後樂隊加入,速度漸快,情緒越見高漲,樂隊奏出充滿氣勢、極強的音量,然後從澎湃中逐漸消失,留下裊裊餘音。

所謂意境,乃是中國文化藝術中最高的境界──天人合一。中國著名國畫

譜例 1

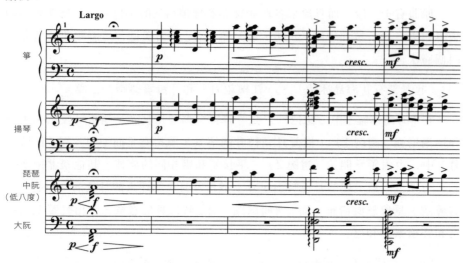

譜例 2

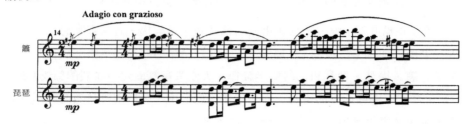

譜例 3

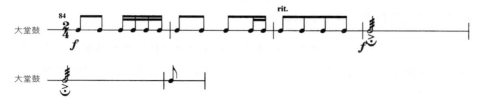

譜例 4

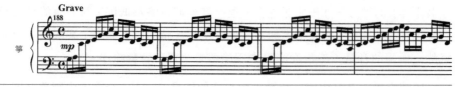

大師齊白石言道：「妙在似與不似之間，太似則媚俗，不似則欺世。」而中國傳統的藝術觀念是以形傳神，《月兒高》就是表達一種含蓄內斂的風格，情景交融的美和虛無飄渺的意境。「高」可以引申為「深」和「遠」。古人就是透過這首琵琶曲把心中追求的理想灌注在音樂之內，而改編者刪除了原曲中「蟾光炯炯」和「玉兔西沉」兩段，類似中國畫「留白」的手法，更加打開了人們想像的空間，讓神秘浩渺的銀河賦予人們無邊無盡的幻想⑴。

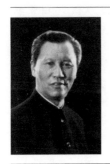

彭修文

1931年出生，湖北武漢人。著名的中國民樂指揮家和作曲家。自1953年，彭氏一直任中國廣播民族樂團首席指揮，還兼任中國廣播藝術團藝術總監、中國音樂家協會常務理事兼民族音樂委員會副主任、中國民族管弦樂學會會長等職。1957年莫斯科第六屆世界青年聯歡節比賽中，他指揮的民族樂團獲金質獎章。他除了擔任指揮工作，還改編、創作了大量民樂曲，如《步步高》、《彩雲追月》、《花好月圓》、《月兒高》等。七十年代後期，彭修文提倡民樂交響化，創作了交響詩《流水操》、《秦‧兵馬俑》等大型作品。

（1）中央音樂學院指揮系主任俞峰指出，對古曲的理解，不是簡單的復古，像《月兒高》這種意境性的樂曲，不一定只是獨奏才表現得完美，合奏也能把那意境表達出來。彭修文用大型的民族樂隊演繹《月兒高》，使樂曲本身色彩更加豐富，音響上更加豐滿，從意境上可鋪疊得更多，可說是一部極為成功的作品。

參考資料

1. 李昆麗《試論〈月兒高〉的藝術魅力》，載《人民音樂》1995年第6期，頁29-31。
2. 沈星揚《彭修文的音樂》，載《人民音樂》1997年第5期，頁28。
3. 陳明志2002年11月與俞峰的訪問記錄。
4. 陳鄭港《國立實現國樂團：2002/01~2002/12演出精粹》，台北：國立實驗國樂團，2003年。
5. 彭修文《月兒高》樂曲解說。

2 《十面埋伏》

⊙ 古曲　劉文金、趙咏山 編曲

改編年份 1979年5月至1980年5月　**類別** 合奏　**編制** 吹管：梆笛〔2〕曲笛〔2〕新笛、大笛〔2〕高音鍵笙〔2〕中音排笙〔2〕低音抱笙〔1〕高音嗩吶〔2〕中音嗩吶〔1〕低音嗩吶〔1〕 **彈撥**：揚琴〔1〕柳琴〔1〕琵琶〔4〕中阮〔4〕大阮〔2〕三弦〔1〕箏〔1〕 **打擊**：定音鼓 小鈸 編鐘 雲鑼 大鼓 碰鈴 馬蹄 竹簡 排鼓 中鈸 吊鈸 大鈸 三角鐵 板鼓 京鑼 小鼓 小軍鼓 大鑼　**拉弦**：高胡 二胡 中胡 革胡 低音革胡　**演奏時間** 約 14'00''　**錄音出版** 雨果製作有限公司：HRP 722-2

....

備註 ① 1979年應香港中樂團委編作品； ② 獲選「世紀中樂名曲選」二十世紀最受歡迎中樂作品十大金曲之一。

....

　　《十面埋伏》[1]一曲簡稱《十面》，最早見於華秋萍編的《琵琶譜》中，後被李芳園收錄於《南北派十三套大曲琵琶新譜》中，改稱為《淮陰平楚》。《十面埋伏》描寫公元前202年楚漢相爭，決戰垓下的情景。漢軍用十面埋伏的陣法，在敵方陣營四周唱起楚歌，以撩動起楚軍思鄉情緒，打擊了軍心。最後楚軍大敗，項羽自刎於烏江邊。

　　唐詩人白居易詩云：「銀瓶乍破水漿迸，鐵騎突出刀槍鳴。曲終收撥當心劃，四弦一聲如裂帛。」正是此曲的寫照。樂曲是從得勝者的角度描寫戰爭場面，原曲有多個段落，段落均附小標題。劉文金和趙咏山於1979年應香港中樂團委約把此曲改編為合奏曲，全曲共七段，為敘事性多段體結構，並大致上

....

（1）明末清初王獻定在《四堂集》記載琵琶演奏家湯應曾演奏《楚漢》一曲時的情形：「當其兩軍決戰時，聲動天地，瓦屋若飛墜。徐而察之，有金聲、鼓聲、劍弩聲、人馬闢易聲，俄而無聲；久之，有怒而難明者為楚歌聲；淒而壯者為項王悲歌慷慨之聲；別姬聲；陷大澤，有追騎聲；至烏江有項王自刎聲、餘騎蹂踐爭項王聲。使聞者始而奮，既而恐，終而涕泣之無從也，其感人如此。」從以上的文字可以推測，《楚漢》就是《十面埋伏》的前身。湯應曾感人至深的演奏技藝，亦說明琵琶擁有其他樂器所沒有的特點，那就是血肉鮮明，具有陽剛性格，擅長氣勢磅礡的作品。因此《十面埋伏》成為武曲的代表作品。

可分為三個段落。

第一段描寫漢軍戰前準備，着重表現威武雄壯、陣容鼎盛的軍隊，其中又可分為《列營》和《吹打》兩部分。

《列營》是全曲的引子，開首以大鼓和彈撥樂器鏗鏘有力的奏和，營造士兵雄赳赳起程、戰爭即將開始（譜例1）的氣氛。彈撥樂器與大鼓的一問一答，充滿緊張氣氛，琵琶用掃、輪等技巧，預示戰爭的激烈。板鼓緊緊追趕，戰爭一觸即發（譜例2）。尾句強而有力的挫頓，顯示軍隊的氣勢。

《吹打》這段模仿簫篥吹奏軍樂的音調，氣氛轉為柔和。樂段由笛子的吹奏開展，二胡和曲笛承接奏出旋律（譜例3），樂段的旋律性較強，抒情氣息濃郁，最後漸慢結束。

第二段描寫楚漢決戰的激烈情景及項王敗陣前的情形。分為《埋伏》、《小戰》和《大戰》。

《埋伏》以一張一弛的節奏，速度漸快，製造恐怖的氣氛，給人一種夜幕籠罩下伏兵四起、陰森可怕的感覺。

《小戰》運用與前段相同的技法，承接緊張的氣氛，情緒卻更高漲。由笙、中阮一問一答演繹漢軍唱起的楚歌，和諧的樂句下營造一種哀戚的情調（譜例4），雖然沒有那麼激烈緊張氣氛，卻有交戰雙方相對等候軍令、大戰一觸即發的預示。

《大戰》是全曲的高潮，樂曲運用多種技巧，描繪千軍萬馬、聲嘶力竭和刀光劍影、驚天動地的激戰。以馬蹄竹筒敲打一組重複的節奏（譜例5），生動地描繪出戰場上鐵馬金戈，風聲鶴唳的場面。此樂段的模擬技巧十分出色，給人一種親臨其境之感。

第三段描寫項羽戰敗及漢軍勝利的情景，分為「烏江」和「奏凱」兩部分。

「烏江」在兩軍交戰過後，滿目瘡痍，悲慟的旋律代表項羽慘烈地自刎。那低沉、淒切、悲壯的樂句，與前段的高潮形成鮮明的對比。

「奏凱」音樂歡快，猶如慶祝劉邦一統天下。尾聲部分，雲鑼和編鐘的運用表現了漢軍金鼓齊鳴、凱旋而歸的氣勢。

譜例 1

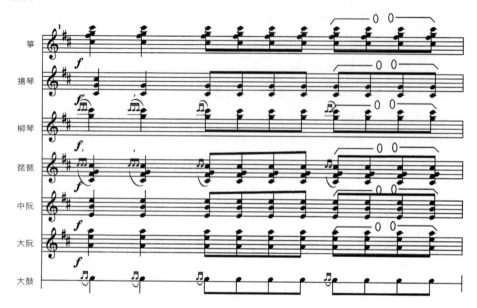

譜例 2

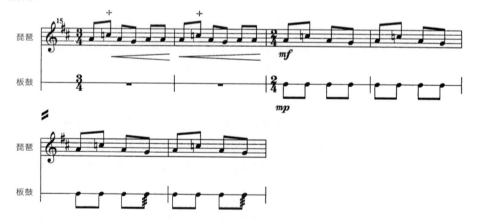

譜例 3

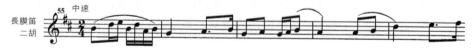

譜例 4

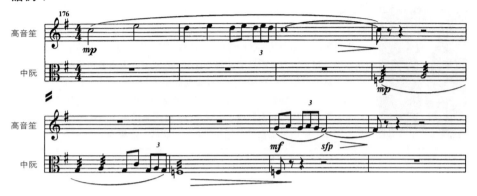

譜例 5

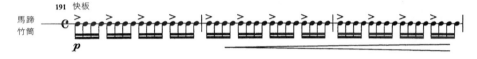

　　《十面埋伏》全曲包含大部分武曲的彈奏技巧。當中最重要的就是掃和輪兩種手法的經常混合使用。演奏者需要集中力度，才能夠營造激烈的氣氛及發揮剛勁雄渾的音響效果。《十面埋伏》原是單憑琵琶獨奏者的技法，奏出壯闊的氣勢和場面。而劉文金和趙咏山把此曲改編的民族管弦樂合奏版本，不僅保留了原曲的旨趣，而且透過豐富的配器和表現手法，將這場垓下決戰的激烈場面，展現得更傳神生動。

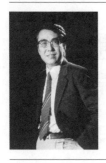

劉文金

1937年出生，河南安陽人。中國當代頗具影響力的作曲家和指揮家之一。歷任中央民族樂團團長、藝術總監、中國歌劇舞劇院院長、中國歌劇舞劇院藝術指導等職，現為中國音樂家協會理事、音樂創作委員會常務副主任、民族音樂委員會委員和中國民族管弦樂學會副會長。他創作了大量的器樂、聲樂作品，如琵琶小協奏曲《劍魂》、二胡與樂隊《秋韻》、民族管弦樂《太行印象》等，而其二胡協奏曲《長城隨想》曾在全國第三屆音樂作品評獎中榮獲一等獎，更被譽為當代二胡作品新的里程碑，影響海內外。

參考資料

1. 齊從容《湯應曾與琵琶曲〈十面埋伏〉》，載《樂器》1989 年第 1 期，頁 41。

2. 中華文化資訊網：琵琶曲《十面理伏》http://big5.ccnt.com.cn/show/zhonghuayf/chuanshizhq/chuanshizhq-11.htm，瀏覽日期：2003 年 6 月 1 日。

3《春秋》

⊙ 唐建平 曲

創作年份 1994年　**類別** 琵琶協奏曲　**編制 吹管**：梆笛〔2〕曲笛〔2〕高音鍵笙〔2〕低音抱笙〔2〕中音嗩吶〔2〕次中音嗩吶〔1〕中音管〔2〕　**彈撥**：揚琴〔2〕柳琴〔2〕琵琶〔4〕中阮〔4〕大阮〔2〕　**打擊**：大鼓 大鑼 堂鼓 排鼓 磬 碰鈴 串鈴 沙槌 木魚 定音鼓　**拉弦**：高胡 二胡 中胡 革胡 低音革胡　**演奏時間** 約23'00"　**首演日期** 1994年10月　**地點** 北京音樂廳　**琵琶** 吳玉霞　**樂團** 中央民族樂隊

備註　① 1994年應「國際儒聯紀念孔子誕辰2545周年活動」委約創作的；② 由琵琶演奏家吳玉霞首演；③ 作曲家創作此曲時在低音弦樂部分採用大提琴和低音大提琴；④ 入選「世紀中樂名曲選」二十世紀最受樂迷歡迎中樂作品候選金曲。

　　中國歷史上春秋時期因《春秋》一書而得名，據記載約始於周代「平王東遷」(1)。這時期由於周朝王室勢力漸弱，地方諸侯日益壯大，發生不少諸侯爭霸、大國兼併的事件(2)，這時期各地君主不計地位、國籍、地區，任用賢人，在中國思想史上形成百家爭鳴的現象，孔子、老子等就是春秋時期著名的思想家。

　　《春秋》是唐建平先生在1994年應「國際儒聯紀念孔子誕辰2545周年活動」委約創作。樂曲的一大特色是作曲家將春秋時代（公元前770-476年）的年份作為音樂的主題材料，以不同的創作方式表達貫穿全曲，展現中國春秋時期社會急劇變革、百家爭鳴的生動局面，並寄託作曲家對中國古老文化的崇拜與追溯之情。

　　此曲由琵琶演奏家吳玉霞於1994年10月在北京音樂廳首演。樂曲由五個音樂風格迥異的部分組成：狂想式的引子、慢而抒情的第一部分、快而愉悅的第二部分、由慢而快的第三部分、輝煌急速的第四部分。

（1）由於內亂和外族入侵，周平王被迫放棄原來的都城「鎬京」，向東遷都至洛邑。

（2）據史書記載，春秋時代的242年之間，就有三十六名君主被殺，五十二個諸侯被滅，並曾發生過四百八十多場戰爭。

引子是以打擊樂器為主體，配合樂隊與琵琶的競奏，整段音樂氣氛激動，表現「禮崩樂壞」的春秋時代，「群雄蜂起」的社會現實。春秋起迄年代數字是770-476，由這些數字轉化為音符的主題，在樂曲中得以戲劇性地展開，為全曲豐富的思想內容提供寬廣的基礎。在這個跌宕起伏的引子段落中，像是為聽眾打開了中華民族數千年來以儒家文化為主體的滄桑歷史。

第一部分由四十四小節開始，緩慢抒情地進行。揭開沉重的歷史帷幕，琵琶輕柔地奏出抒情委婉的主題（譜例 1），表達作曲家對中國燦爛歷史的無限感嘆與由衷讚美，對於中華文化的生命體驗，亦隨琵琶的詠唱緩緩地流出。

第二部分是「愉悅的快板」。作曲家以種種極為生動的音型（譜例 2），塑造一個「禮崩樂壞」、思想解放，但同時充滿危機與挑戰的社會環境，樂隊的律動表達了儒家群體「自強不息」的追求。

第三部分是動態幅度較大的段落，作者定為「感傷的慢板到狂喜的快板」。較慢速的前半部分是在貌似平和而又急切地尋覓，找尋作曲家對儒家群體人格的象徵性賦予，經過大段的沉吟後，到達作品的「黃金分割點」，琵琶以泛音輕輕地奏出琴曲《梅花三弄》的主題（譜例 3）。作曲家採古人「梅為花之最清，琴為聲之最清，以最清之聲寫最清之物，宜其有凌霜之韻」之說，以花喻人，將儒家文人整體精神比喻為梅花。

最後是急速的第四部分及結尾。全曲的鋪陳在段落中得到總結與收束，全曲在極富張力及急速的合奏中，及在一片磅礴的氣勢中結束，代表作曲家對這些中華民族精神的脊樑部分的由衷的讚美，實是非常貼切。

譜例 1

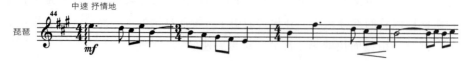

譜例 2

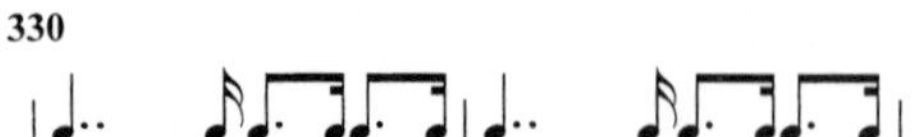

譜例 3

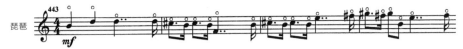

唐建平

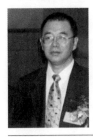

1955出生,吉林省遼源市人。為新中國自己培養的第一位作曲博士,主要作品有:大型舞劇音樂《布依女兒》、現代舞劇音樂《菊豆與天青》、舞蹈詩劇《精衛》。琵琶協奏曲《春秋》。交響序曲《華韻》、人聲和電子音樂作品《打春》、為十四位演奏者而作的嬉遊曲《急急如令》、大型民族管弦樂作品《後土》,以及大量的影視音樂和為國家慶典活動作曲。現為中國音樂家協會會員,中央音樂學院作曲系系主任、教授。

參考資料

1. 明言《春秋》的「音外話」,啟示及其他:陳明志主編《大型中樂作品創作研討會論文集》2001年,頁175-181。

2. 孫麗華《傳統琵琶樂曲中的文曲、武曲、文武曲》,載《音樂研究》2002年第1期,頁63-66。

肆。

技巧與探索

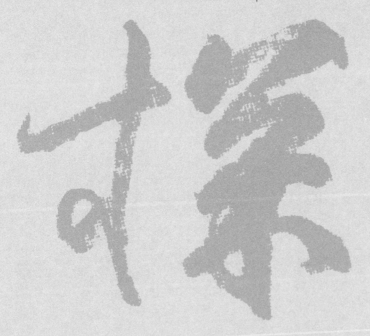

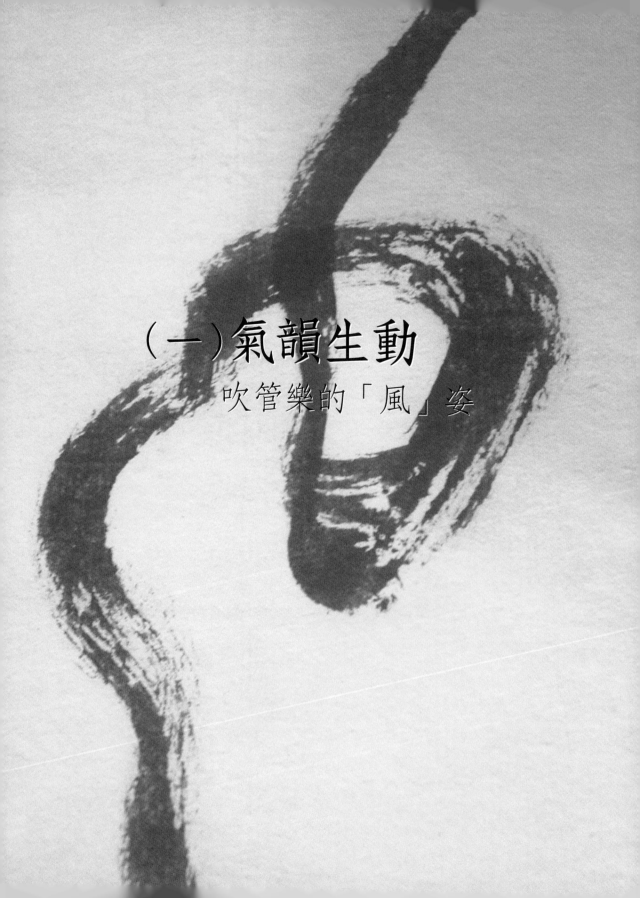

（一）氣韻生動
吹管樂的「風」姿

　　「氣韻生動」這詞最早出現於南齊謝赫的《古畫品錄序》（約成書於公元 530 年）：「夫畫品者，蓋眾畫之優劣也。……六法者何？一曰氣韻生動是也，二曰骨法用筆是也，三曰應物象形是也，四曰隨類賦彩是也，五曰經營位置是也，六曰傳移模寫是也。」

　　所謂「氣」是代表畫中三度空間感的表現，有了氣才有生命感；「韻」是代表畫中時間感（第四度空間）的表現，畫中的形象、動態、線條、色彩及虛實等眾多因素的排列組合，彼此互相感應的結果，產生調和又有節奏的感覺，自然令人有生動感。所以「氣韻生動」的定義，簡單說就是「因有氣而顯示生命的活力，因有韻律自然覺得有感人的動感」。

　　也許你會問「氣韻生動」是用來品評繪畫的，在音樂上代表些甚麼呢？中國樂器中只有吹管樂器在演奏時用氣最多，而吹奏活潑生動的音樂，更需有出色的演奏技巧不可。《神曲》和《梆笛協奏曲》就是以吹管樂器作為主奏的管樂協奏曲。

　　《神曲》是瞿小松根據屈原的《九歌》創作而成，《九歌》描述不同的「山鬼」，亦即山中的神靈，而作曲家則透過吹管樂器的色彩和魅力，演繹不同神祇的外貌形態，塑造迥然各異的神秘氣氛。

　　由馬水龍作曲，陳中申編曲的《梆笛協奏曲》是一首西洋協奏曲，本為西洋管弦樂團創作，後移植為民族管弦樂隊的作品，屬無標題的音樂，是兩首樂曲各異其趣的作品，均讓人回味無窮。

1《神曲》

◉ 瞿小松 曲

創作年份 1987年　**類別** 吹管協奏曲　**編制** **吹管**：梆笛〔3〕曲笛〔2〕新笛、大笛〔2〕高音鍵笙〔2〕中音排笙〔1〕低音抱笙〔1〕高音嗩吶〔2〕中音嗩吶〔1〕次中音嗩吶〔1〕低音嗩吶〔1〕　**彈撥**：揚琴〔2〕柳琴〔2〕琵琶〔4〕中阮〔6〕大阮〔2〕三弦〔2〕　**打擊**：大鑼 排鼓 定音鼓 鋁板鐘琴 雲鑼 音樹 梆子 大堂鼓 京鑼　**拉弦**：高胡 二胡 中胡 革胡 低音革胡　**演奏時間** 約20'00"　**首演日期** 1987年　**地點** 香港　**指揮** 關廼忠　**樂團** 香港中樂團　**錄音出版** 任詩傑實業有限公司：JRAF-1081

備註 ① 非常規樂器：排簫〔1〕 篪〔1〕 塤〔1〕 口垠〔1〕 中低音笛〔1〕 梆笛〔1〕 巴烏〔1〕葫蘆絲〔1〕 （獨立聲部）；② 作曲家在創作時在低音弦樂採用大提琴和低音大提琴；③ 入選「世紀中樂名曲選」二十世紀最受樂迷歡迎中樂作品候選金曲。

　　《神曲》是瞿小松於1987年據笛子演奏家鄭濟民演奏特點創作的大型管樂協奏曲。同年於香港中樂團「笛韻琴聲」音樂會中首演，後被選入香港中樂團赴北京參加「第一屆中國藝術節」音樂會之演奏節目，亦是在1990年香港中樂團赴東京參加亞洲音樂節中被選中在黛敏郎主持的電視節目中的曲目。

　　樂曲根據中國古代著名詩人屈原的《九歌》(1)詩篇而創作。曲中使用了中國古代吹管樂器：塤、篪、排簫；中國少數民族樂器：巴烏、葫蘆絲以及常見的曲笛、梆笛等多種不同音色、不同性格的管樂器，成功地塑造了天帝、河神、山怪、地鬼等不同的音樂形象。

（1）九歌：《楚辭》篇名。《九歌》原為傳說中的一種遠古歌曲的名稱。《楚辭》的《九歌》，是戰國楚人屈原據民間祭神樂歌改作或加工而成。共十一篇：《東皇太一》、《雲中君》、《湘君》、《湘夫人》、《大司命》、《少司命》、《東君》、《河伯》、《山鬼》、《國殤》、《禮魂》。如《國殤》一篇，悼念和讚頌為楚國而戰死的將士，多數篇章則皆描寫神靈間的眷戀，表現出深切的思念或所求未遂的哀傷。王逸說是屈原放逐江南時所作，當時屈原「懷憂苦苦，愁思沸鬱」，故通過製作祭神樂歌，以寄託自己的這種思想感情。但現代研究者多認為作於放逐之前，僅供祭祀之用。（《辭海》，1989）

全曲共分《天帝、河神》、《山怪、地鬼》和《禮魂》三個樂章。

第一樂章《天帝、河神》，樂曲彷彿把觀眾帶到遠古時代，在浩瀚的天際，邁着穩重步伐的天帝接受黎民的頂禮膜拜，人們吶喊歡呼，一片肅穆。排簫飄渺而帶感性的音色似是天帝的呼喚（譜例1）。樂隊用低迴昇騰的意境加以襯托，有種騰雲駕霧、飄渺如夢之感。篪的出現（譜例2），音色委婉而纏綿，在樂隊奏出的浪花聲中，騰起「湘君」、「湘夫人」的女性化音樂。篪的獨奏深化了「河神」的形象，而結尾鋁板琴的拉奏似是河神飄騰而去。

第二樂章《山怪、地鬼》樂隊先奏出肅殺慘烈的音樂，營造「國殤」的背景。塤的華彩樂段音色神秘（譜例3），哀婉而飄忽的樂句表達神出鬼沒的山鬼形象。一聲尖叫後，節奏轉為明朗而肯定，似是一段群舞音樂，曲笛、梆笛輪流奏出跳躍跌宕的音樂，把樂曲逐漸推向高潮；一聲沉重的大鑼聲後，巴烏以哀怨的音色再現塤所演奏的樂段；樂隊亦現「國殤」的音樂背景而轉入第三樂章。

第三樂章《禮魂》亦是此曲的尾聲。傳統和聲營造的意境襯托着平和寧靜的音樂，葫蘆絲那詩般的音色（譜例4），似是頌歌與禮讚。然後樂隊逐漸加入、梆笛與樂隊再奏出昇騰的音樂，在雄渾的凱歌聲中結束全曲。

瞿小松在此曲中運用現代的創作手法和富民間特色的演奏技法，成功地表現這部內容豐富、深刻感人的大型音樂作品。令人在欣賞此作品時，彷彿回到了遠古的時代，觀賞遠古人民熱烈的祭神歌舞，體會中國遠古的民族風情和生活特色。

譜例1

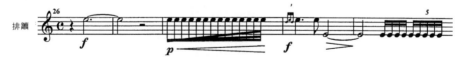

譜例2

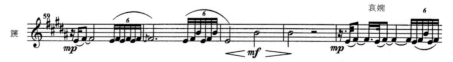

譜例 3

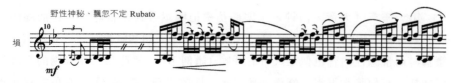

譜例 4

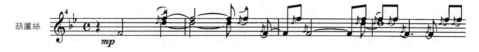

瞿小松

1952 年出生，1972 年開始自學小提琴，後考入貴陽市京劇團管弦樂隊任中、小提琴手。1978年瞿氏入讀北京中央音樂學院作曲系，畢業後留校任教。1982年瞿氏獲美國齊爾品協會舉辦的作曲比賽首獎；翌年獲北京中央音樂學院作曲比賽首獎；1985年他隨中國作曲家代表團出席在韓國舉行的尹伊桑音樂節，其後赴美國考察現代音樂創作。瞿小松現為中國音協會的會員、上海音樂學院作曲系教授。

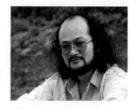

參考資料

1. 王鐵錘 《喜聽〈神曲〉演奏》，載《民族民間音樂》1988 年第 3 期。

2. 彭修銀《中國文人畫美學傳統》，台北：文津出版社，1995 年，頁 68。

3. 辭海編輯委員會《辭海》，上海：上海辭書出版社，1989 年。

2《梆笛協奏曲》

⊙ 馬水龍 曲　陳中申 編曲

創作年份 1981年　**改編年份** 1988年　**類別** 笛子協奏曲　**編制 吹管**：梆笛〔3〕曲笛〔2〕新笛、大笛〔2〕高音鍵笙〔2〕低音抱笙〔1〕高音嗩吶〔1〕中音嗩吶〔1〕次中音嗩吶〔1〕低音嗩吶〔1〕中音管〔1〕低音管〔1〕　**彈撥**：揚琴〔2〕柳琴〔2〕琵琶〔2〕中阮〔4〕大阮〔2〕　**打擊**：大鑼 木魚 定音鼓 三角鐵 西洋大鈸 板鼓 堂鼓 鈴鼓　**拉弦**：高胡 二胡 中胡 革胡 低音革胡　**演奏時間** 約15'00''　**中樂團版首演日期** 1988年11月　**地點** 香港　**笛子** 朱文昌　**指揮** 陳澄雄　**樂團** 香港中樂團　**錄音出版** 上揚唱片：CD-8541

....

備註 ① 原為西洋管弦樂版，為「二十世紀華人音樂經典」之一；② 陳中申於1988年配器成中樂團版本；③ 入選「世紀中樂名曲選」二十世紀最受樂迷歡迎中樂作品候選金曲。

....

　　笛子在中國已有兩千年的歷史，長期在民間流傳，深受各族人民喜愛。由於各地區人民的生活習慣和愛好不同，笛子種類繁多，演奏風格多樣。但普遍應用的大致有兩種：一是「曲笛」，音色柔美、典雅；二是「梆笛」，它比曲笛短、小，在音高上比曲笛高四度以上，它具有清麗優雅，細緻明亮的音質。《梆笛協奏曲》就是以梆笛配合樂隊來演奏。

　　《梆笛協奏曲》是馬水龍於1981年創作，由羅斯托波維奇指揮美國國家交響樂團伴奏，陳中申梆笛獨奏，於台北「第一屆中國現代樂展」首演。香港中樂團梆笛首席朱文昌認為：「樂曲考驗演奏者對笛子音色的控制能力及如何與樂隊配合的能力。此外，此曲雖以西方管弦樂方式表達，在配成中樂版本後，不但沒有影響作品原來的感覺，反而更顯中國的特色。」全首樂曲並分兩個樂章，由陳中申配器的中樂團版本則採用連接演奏的方式。

　　第一樂章開首是莊嚴雄渾的序奏（第一主題），樂隊齊鳴，音響鏗鏘有力、雄厚響亮，表現漢民族堅忍不屈的精神。接着導入輕快活潑的第二主題，由梆笛主奏（**譜例1**），音色清麗、典雅中帶點活潑，表現意識純樸的民風與樂觀進取的態度。第二主題是由第一主題縮影變化而來，亦是這樂章展開的主

譜例 1

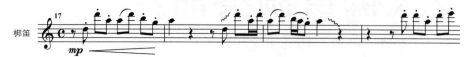

譜例 2

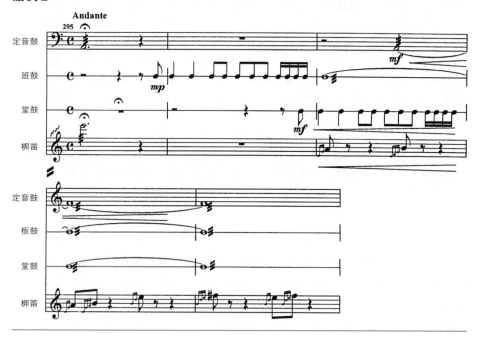

軸。樂曲速度漸快,樂隊與梆笛相互輝映,然後一段梆笛的獨奏,聲音清脆、
活潑,節奏緊密,一氣呵成,充分發揮演奏者的技巧,最後在樂隊雄亮的齊奏
中結束此樂章。

　　第二樂章轉為優雅的慢板,第一樂章中的第一主題在低音弦樂部分重現,
引出梆笛嶄新的樂感:恬靜、祥和,像首詩篇描述中華民族的精神氣質。而低
音弦樂低沉、緩慢的樂聲,更能襯出梆笛的優雅、明亮和細緻。其他聲部漸次
加入,聲勢愈來愈壯大。然後重現鏗鏘有力、雄厚響亮的第一主題,再進入小
快板,第二主題重現,節奏輕快、活潑。在終曲與尾聲再現第一樂章中略加變

化的第一、二主題，使其交互發展，並逐漸地將之推至本曲高潮。最後以班鼓、堂鼓引出梆笛的樂句（**譜例 2**），其後其他聲部加入，在樂隊活潑、響亮的齊奏中結束。

　　陳中申認為：「這首曲子中有許多中國風格，所以中國人的中樂團合作能夠呼應，也更能顯出中國風格。」

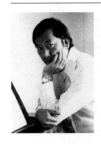

馬水龍

1939年生於台灣基隆市。1964年畢業於國立藝術專科學校，主修作曲，師事蕭而化教授。目前已經創作四十多首作品，1977年以管弦樂曲《孔雀東南飛》獲中山文藝獎音樂創作獎，1980年以《竇娥冤》獲得吳三連文藝創作獎。而完成於1981年的《梆笛協奏曲》，還曾由羅斯托波維奇指揮美國國家交響樂團於台北國父紀念館演出，並由人造衛星將實況轉播至美國公共電視網，並於1985年獲「金影獎」最佳作曲獎。

陳中申

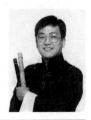

生於1956年，11歲由吹笛進入中國音樂。1985年以「笛篇」唱片獲金鼎獎最佳演奏獎。由其首演的《梆笛協奏曲》（馬水龍作曲）入選二十世紀華人經典名曲。從1992年7月起擔任台北市立國樂團指揮至今。同年9月榮獲全國十大傑出青年。由於個人對鄉土的熱愛，創作了大量充滿台灣本土色彩的合奏、協奏及室內樂作品，並多次受文建會委託創作。

參考資料

1. 馬水龍 《梆子協奏曲》樂曲解説。

2. 陳明志 2002 年 12 月與朱文昌的訪問記錄。

3. 陳鄭港《國立實驗國樂團──2002.01~2002.12 演出精粹》，台北：國立實驗國樂團，2003 年。

（二）技巧借用
技巧、技法與作品的關係

簡單優美的旋律固然能觸動聽眾的心，每位作曲家對音樂的喜好、背景，以至審美觀和創作動機等各有不同，某些不期然地創作了一些對演奏者來說難度極高的作品。

一首技術型作品誕生的背景，有時是作曲家為彰顯演奏家的超絕技巧，特意把樂曲的難度或演奏的複雜性提高，令作品的演奏技術加強；有的則為了表達某些場面，透過配器、和聲或旋律的剪接配合，營造出複雜的氣氛。在民族管弦樂的範圍裡，作品要在演奏技巧或表達方式上有所突破追求，並兼具民族特色，確實不是易事。

王建民的《第一二胡狂想曲》和劉星的中阮協奏曲《雲南回憶》就是其中的佼佼者。

王建民的《第一二胡狂想曲》結構上借鑒了西洋的狂想曲，在格式、速度、氣氛變化、調性編排上，皆是無拘無束、熱情奔放，而二胡在演奏法上參考小提琴的技法，大大豐富二胡的演奏技巧。由於劉星本身高超的結他演奏能力，在創作中阮協奏曲《雲南回憶》時，不期然將大量結他的技法引用到中阮，加上劉星對爵士等音樂的喜好，於是三者融匯的結果，令樂曲無論在技巧探索，表達形式及創意方面，皆達到一個新的高度。

1《第一二胡狂想曲》

⊙ 王建民 曲

創作年份 1988年　**類別** 二胡與民樂隊　**編制 吹管**：梆笛〔2〕曲笛〔2〕高音鍵笙〔2〕中音排笙〔1〕高音嗩吶〔2〕中音嗩吶〔1〕　**彈撥**：揚琴〔2〕柳琴〔2〕琵琶〔4〕中阮〔4〕大阮〔2〕豎琴〔1〕　**打擊**：木魚 定音鼓 鋁板琴 三角鐵 彈板 鈴鼓 吊鈸 吊釵　**拉弦**：高胡 二胡 中胡 革胡 低音革胡　**演奏時間** 約13'00"　**錄音出版** 中央音樂學院北京環球音像：ISRC CN-A64-99-340-00/A.J6　諦聽文化：TWC839903001

備註　① 1988 年獲全國音樂評獎二等獎；② 作曲家在樂曲低音弦樂部分採用大提琴和低音大提琴；③ 入選「世紀中樂名曲選」二十世紀最受樂迷歡迎中樂作品候選金曲。

　　《第一二胡狂想曲》是王建民於1988年創作，並於同年獲得全國音樂作品評獎二等獎，樂曲據雲南少數民族音樂風格創作的並採用西方「狂想曲」的方式，發揮其表現力豐富、結構自由多變的特點。同時，作曲家以鮮明的民族特色，結合近代的作曲技巧，再現了中國西南邊陲旖旎的風光和節日歡慶的盛大場面。樂曲採用單樂章多段體的形式，通過大小三度和弦的交替運用，以及同主題音調的發展變化，展現美麗的西雙版納風光及雲南邊寨的風土人情。那幽深的原始森林、神秘的林間景象、優美的舞姿及驃悍的音樂形象，無不生動地表現了作者對那一片土地的深情和對美好生活的無限眷戀及熱愛。

　　整首樂曲主要以二胡為主線發展。樂曲開首是緩慢的散板，主要以二胡演奏，二胡圍繞高音區拉奏，配合滑音、泛音等演奏技巧，營造西南少數民族地區的氣氛。而木魚的聲音仿如水琴窟發出的聲響，豎琴的划奏令人有如置身水雲間，引領我們走進雲南邊寨。然後是如歌的行板，在節奏穩定的低音弦樂上，二胡拉奏富有西南地區色彩的旋律（譜例1），再配以活躍的豎琴聲和鋁板琴聲、小鳥歌唱的笛聲，令人有如置身於雲南幽深而神秘的山林中。其他聲部漸次加入應和，樂曲亦由原來緩慢地進行至漸快，音樂變得活潑輕快，但仍保留着雲南少數民族的風格，二胡與樂隊互相輝映。歡快過後是一段二胡的「華彩」（譜例2），充分發揮演奏者的技巧。歡快的舞蹈性旋律再次重現，最後樂曲在興奮、充滿朝氣的樂隊齊奏聲中結束。

王建民的《第一二胡狂想曲》雖名為狂想曲，但這首樂曲在本章節介紹的兩首樂曲中是最接近西方的協奏曲式，也是在樂曲中惟一有標明「華彩」樂段的獨奏曲。二胡在整首樂曲都獨立於樂隊，兩者地位明顯有輕重之分。

在二胡演奏方面，除了保持傳統的方法外，作者又參考了小提琴協奏曲中常用的技巧，在運用二胡的極高音區、滑音、泛音及打擊技巧外，又以擊琴面、左手輪指、弓竹模仿竹竿舞的節奏等去探索二胡這件樂器演奏的最大可能性。一洗二胡在傳統樂曲中憂怨、悲淒的形象，把二胡這件樂器的活力和多樣化的音色都得到一一展示。

此外作曲家在樂曲編排和記譜方法上，都表現出現代西方音樂的影響。樂曲主題建基於作者自創的調式，作者以一個大二度和兩個小二度音程，構成一個別緻的音階序列，製造近似西南地區民樂的聲響。此外，曲中拍子變換頻繁，例如：進入華彩樂段之前，作曲家一連串地運用了6/8、5/8、4/8、3/8、2/8拍子引入高潮，造成一種銳不可當的氣勢，這也是傳統民族作品罕見的。

新加坡華樂團二胡首席李寶順表示：「這首作品以西北民間風格的音樂作為一個主題貫穿全曲，二胡在此作品能充分地發揮其演奏技巧，故不少專業的二胡演奏者都會把這首曲目作為保留曲目之一。」

譜例 1

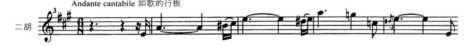

譜例 2

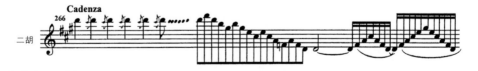

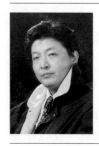

王建民

1965 年 5 月生於江蘇無錫市。 1977 年畢業於南京藝術學院音樂系作曲專業，1985-1987年畢業於上海音樂學院作曲系幹部進修班。現為中國音樂協會會員，中國音樂家協會民族音樂委員會會員，江蘇省音樂家學會理論委員會副主任，江蘇省文化廳新作品評獎專家組成員，江蘇省政協委員。其作品有《第一二胡狂想曲》(獲全國第六屆音樂作品評獎二等獎，一等獎空缺)、《幻想曲》等。

參考資料

1. 陳明志 2002 年 12 月 14 日與李寶順的訪問記錄。

2. 陳建華《讓民族傳統融入時代的新意──王建民及其〈第一二胡狂想曲〉》，載《人民音樂》1990 年第 4 期。

3. 陳鄭港《國立實驗國樂團──2002.01~2002.12 演出精粹》，台北：國立實驗國樂團，2003 年。

2《雲南回憶》

⊙ 劉星 曲

創作年份 1987年　**類別** 中阮協奏曲　**編制 吹管**：梆笛〔2〕曲笛〔1〕高音鍵笙〔2〕中音排笙〔1〕低音抱笙〔1〕高音嗩吶〔2〕中音嗩吶〔2〕次中音嗩吶〔1〕低音嗩吶〔1〕　**彈撥**：揚琴〔2〕柳琴〔2〕琵琶〔4〕中阮〔8〕大阮〔4〕　**打擊**：吊鐘　小鑼　小鑔　雲鑼　鈴鼓　定音鼓　大鼓　沙槌　紅木柳子　南梆子　低鑼　大軍鼓　**拉弦**：高胡　二胡　中胡　革胡　低音革胡　**演奏時間** 約30'00"　**首演日期** 1987年　**地點** 北京　**指揮** 閻惠昌　**樂團** 中央民族樂團　**錄音出版** 雨果唱片有限公司：HRP 737-2

....

備註 ① 非常規樂器：小笛〔2〕(獨立聲部)；② 作曲家創作時在低音弦樂部分採用大提琴和低音大提琴；③ 此曲曾作多次修改，分別是1989年、1995年和1997年，並於1997年9月定稿；④ 此曲有兩個版本：民族管弦樂和西洋管弦樂；⑤ 入選「世紀中樂名曲選」二十世紀最受樂迷歡迎中樂作品候選金曲。

....

「每當她講述童年的情趣，都會令我產生無限的幻想和無盡的思念。那迷人的風情，令人超脫的音樂，滋潤了我的靈感，也為我深鬱的情感帶來清新的感受。令人遺憾的是，我從未到過雲南。但願這不是終身的遺憾。」

——劉星

　　劉星在人生旅途中，認識一位雲南的姑娘，她常常在其身邊講述兒時的回憶，那夢幻般的雲南風景和富詩意的民族風情，促使劉星創作了單樂章的《雲南回憶》。樂曲其後在閻惠昌多次的建議和敦促下，劉星在1987年完成三樂章的中阮協奏曲《雲南回憶》，後又經過多次修改，終在1997年9月定稿。

　　這首樂曲是中國第一首中阮協奏曲，在中阮技巧上有很大突破，運用了爵士樂的節奏及和聲，急促跳動的分解和弦，一改傳統中國音樂風格，擺脫了中阮傳統的伴奏地位，成為獨特風格的獨奏彈撥樂器。全曲分為三部分：第一章是中庸的小快板，第二章是呆滯的慢板，第三章是機械的快板。

譜例 1

中阮

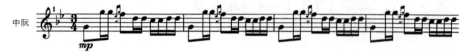

譜例 2

大笛

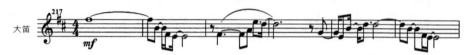

譜例 3

中阮

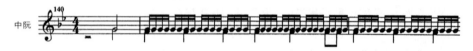

　　在第一樂章，中阮開首不斷重複彈奏着一句中國五聲調式短句（**譜例1**），句中的裝飾音和八度大跳表現出雲南少數民族音樂特有的韻味。其後，笙、弦樂等聲部漸次加入，通過樂隊的變化，這富有雲南少數民族韻味的短句，時而突顯成為主角，時而隱伏於音樂織體的背後作為陪襯，就像是逝去的回憶，忽然又鮮明地顯現出來，歷歷在目。這種不斷重複、變換的短句令整個樂章活動生動，富有雲南音樂色彩的旋律令人恍如置身雲南，親歷雲南如詩如畫的鄉土風情。

　　第二樂章是呆滯的慢板。大笛清吹着悠長輕盈的旋律（**譜例2**），像一片白雲在碧藍的天空中飄遊。這不但是對自然景色逼真的描繪，亦是種被大自然所陶醉而進入遐想時，才能捕捉到的令人神往的藝術境界。其後，樂隊奏出的樂聲漸漸加快，一段段高低起伏的旋律令人陶醉在虛幻飄渺的世界裡。樂聲愈來愈激動，氣勢磅礡，猶如人們被周圍美麗的景色吸引，心受感動，讚嘆這美麗的景色，然後心情開始平復下來，樂聲漸慢、漸小，直至消失。

　　在第三樂章中，開首時樂隊鏗鏘有力的齊奏，氣勢宏大，彈撥樂器低音而固定的伴奏，沉重有力，彷彿向前步步進迫，不斷向前奮鬥。樂隊渲洩過後，中阮獨奏加入（**譜例3**），伴隨打擊樂的敲擊，中阮節奏緊密快速，而此節奏一直貫穿整個樂章，隨着音樂不斷起伏變化，樂章反覆急速的節奏猶如影幕不斷轉畫面，各種圖景撲面而來。樂曲最後在強大震撼的樂聲中結束。

　　整首樂曲流露中國音樂韻味，所用的和聲新穎而不新奇，且用得恰當。曲式及樂句樂段之間的組合十分符合美學原理，對照中有均衡，均衡中有變化。劉星所創作之主題樂句十分有個性，證明其有運用樂音組成有格有局之旋律才華，而劉星也認為此樂曲是其畢生創作生涯之里程碑。

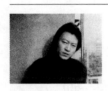

劉星

1962年生於黑龍江省呼蘭縣，十二歲師從月琴演奏家馮少先學月琴。1978年考入上海音樂學院民族樂器系，後轉入民族理論作曲系，創作室內樂《天地之間》（月琴與樂隊）第一、三、五號；鋼琴序曲四首及小合奏、獨奏等作品，並於1982年以月琴專業畢業。畢業後獲分配到黑龍江省歌舞劇院工作，1984年創作「第二民族交響樂」（單樂章首演於哈爾濱，由閻惠昌指揮黑龍江省歌舞劇團）。1985年隨東方歌舞團赴外地演出之後，轉為自由作曲家，一直至今。

參考資料

1. 趙咏山《劉星與他的中阮協奏曲〈雲南回憶〉》，載《人民音樂》1989年第1期。

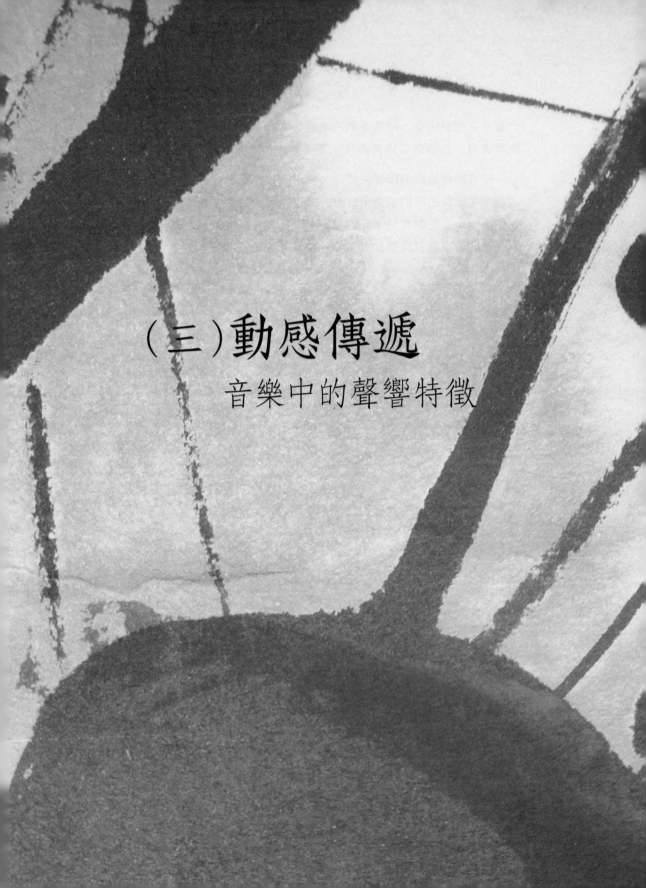

（三）動感傳遞

音樂中的聲響特徵

　　音樂的描繪和敘事性，其實只限於客觀事物中那些有聲響、節奏及動態的對比，亦即運動中的事物。由於音樂是存於音響運動中的藝術，所以音樂作品如要確實地描述對象傳達與聽眾時，往往需要文字標題予以提示，否則便難以明瞭。

　　如描繪地獄裡的旋風，若不先行告知聽眾的話，他們也可能以為是滔滔的大海，皆因二者有着相似的運動方式。

　　音樂的標題可說是內容的一部分或濃縮了的內容，聽眾在欣賞樂曲前，既可透過標題想像樂曲所要描述的內容，亦可自由地聯想樂曲中相關的內容和情景，從而領略樂曲的旨趣。

　　郭迪揚的《騎着毛驢去趕集》講述的是一個風趣幽默的故事，在欣賞音樂前，或許你會猜想騎着毛驢的人是甚麼樣的人？市集到底有甚麼吸引着主人公、到底趕集的路上會有甚麼故事發生？這些聯想和疑問，皆為令聽眾更能細味樂曲發展的主要原因。

　　至於由鄭路和馬洪業作曲、符任之編曲的《喜訊到邊寨》，音樂的內容在標題中經已顯示出來，省卻了交代故事的因由；作曲家在樂曲中主要着墨於喜訊帶來的愉悅，透過曲調動的起伏及疊進，精煉地表達了當時的歡樂氣氛。

1《騎着毛驢去趕集》

◉ 郭迪揚 曲

創作年份 1975年　**類型** 合奏　**經修訂編制** 吹管：梆笛〔2〕高音鍵笙〔3〕　**彈撥**：揚琴〔2〕柳琴〔2〕琵琶〔2〕中阮〔2〕三弦〔1〕　**打擊**：木琴 大木魚 小木魚 新疆鼓　**拉弦**：高胡 二胡 中胡 革胡 低音革胡　**演奏時間** 約4'20"　**首演日期** 1975年　**地點** 香港　**指揮** 黃震東　**樂團** 香港中樂團　**修訂版演出日期** 1978年　**地點** 大會堂音樂廳　**指揮** 郭迪揚　**樂團** 香港中樂團

備註　① 業餘時代的香港中樂團，拉弦樂器的低音聲部採用的是大提琴和低音大提琴，到香港中樂團職業時代，為統一樂團的外觀及音色，以革胡及低音革胡分別替代大提琴及低音大提琴。因此樂曲原定的編制是由大提琴和低音大提琴，編制後亦被現有革胡和低音革胡取代。

《騎着毛驢去趕集》以新疆(1)音樂的風格特色，配合樂器的獨特音色，表達樂曲風趣幽默的戲劇性效果。樂曲以單一主題發展方式，參考新疆北部民歌《黑眉毛》的風格特色，以核心音型 i i7 6 作為主導動機發展而成（**譜例 1**）。

樂曲的開首由音色嘹亮的梆笛奏出描寫新疆的美麗風光（**譜例 2**）；新疆的地勢起伏，山路連綿，居民的往返和來往運輸便需要依靠驢子來幫忙，滴答滴答的木魚聲仿如驢子自遠處蹣跚地走來。輕快活潑的旋律由木琴、琵琶、柳琴奏出，就像騎着驢子的主人公輕鬆愉快的心情。隨後拉弦樂器奏出的躍動旋律，讓人仿如置身其中，與主人公一同欣賞路上壯麗的風光。

臨近墟期時，人們都會騎着毛驢走過崎嶇的山路趕往市集，由於騎毛驢的方法並不像騎馬般手拿韁繩，端坐在馬鞍而行，而是坐在驢的屁股上，手拿樹枝輕輕地抽打催促。木琴華彩的部分（**譜例 3**）繪聲繪色地描寫了騎驢者因山

（1）中國最乾、最熱、最冷的地方都在新疆。中國最長的內陸河、最低的窪地、最大的沙漠也在新疆。新疆北部有阿爾泰山，南部有昆侖山、喀喇昆侖山和阿爾金山。習慣上把天山以南地區叫南疆，天山以北地區叫北疆，把哈密、吐魯番盆地叫東疆。新疆境內地勢高低相差懸殊，山區面積佔新疆總面積的百分之四十四。

路凹凸不平，騎驢者不小心從驢背上掉下來的情景。

　　及後由木琴、琵琶、柳琴再一次奏出樂曲輕快活潑的旋律，好像表示了騎驢者早已習以為常，又重新爬回驢上繼續趕路。樂曲末段主題旋律再現，同時以遞減的方式，加上漸弱的音量，驢子也就在木魚聲中越走越遠，再也看不見了。

譜例 1

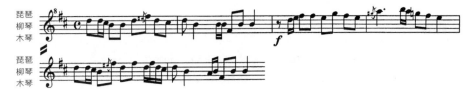

譜例 2

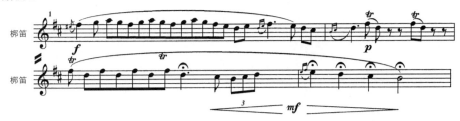

譜例 3

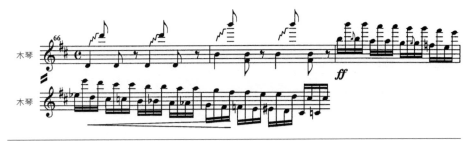

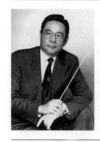

郭迪揚

柬埔寨華僑。曾為多部話劇編配音樂。1974年郭氏來港，先後為本港多個合唱團創作十多首大型合唱曲，又曾指揮「港聲中樂團」及業餘時期的「香港中樂團」。郭氏之作品有《昭君出塞》、《豐收舞曲》及中提琴交響協奏曲《女工自述》等，並曾參與多部大型舞劇之集體創作。郭氏為香港作曲家作詞家協會（CASH）正式會員，並獲選擔任兩屆香港作曲家聯會執行委員。

參考資料

1. 音樂之友編，林勝儀譯《新訂標準音樂辭典》，台北：美樂出版社，1999年，頁1819。

2. 新疆旅遊官方網 http://www.xinjiangtour.gov.cn/，瀏覽日期：2003/7/18。

3. 梁茂春《中國當代音樂（1949-1989)》，北京：北京廣播學院出版社，1993年。

4. 陳明志 2003 年 7 月 16 日與郭迪揚的訪問錄音。

2《喜訊到邊寨》

⊙ 鄭路、馬洪業 曲　符任之 編曲

創作年份 1985年　**類別** 合奏　**編制 吹管**：梆笛〔1〕曲笛〔1〕新笛、大笛〔1〕高音鍵笙〔1〕中音排笙〔1〕低音抱笙〔1〕高音嗩吶〔2〕中音嗩吶〔1〕次中音嗩吶〔1〕低音嗩吶〔1〕中音管〔1〕　**彈撥**：揚琴〔1〕柳琴〔1〕琵琶〔2〕中阮〔2〕三弦〔1〕箏〔1〕　**打擊**：定音鼓 小軍鼓 排鼓 鈴鼓 木琴 吊鈸 木魚 三角鐵　**拉弦**：高胡 二胡 中胡 革胡 低音革胡　**演奏時間** 約4'50"　**首演日期** 1985年10月　**地點** 香港大會堂音樂廳　**指揮** 丘天龍　**樂團** 香港中樂團　**錄音出版** 香港中樂團：HKCO-1-2000-2

備註 ① 1985年香港中樂團委編作品；② 1991年曾獲香港作曲家作詞家協會頒發嚴肅音樂中的「最廣泛演出」獎狀；③ 非常規樂器：巴烏〔1〕（由大笛兼奏）；④ 修訂版本：原名為《北京喜訊到邊寨》，是一首七十年代末期的作品，原為西洋管弦樂曲，現改編為中樂合奏作品。

　　讓人欣喜若狂的喜訊，隨風傳進中國南方邊寨，引來一個華麗的眾人舞蹈場面。男男女女身穿顏色鮮艷的民族服裝，得悉好消息後情不自禁地手舞足蹈，有些人更吹奏起蘆笙：一種雲南、廣西、青海一帶少數民族使用的民間樂器。在輕快熱烈的節奏及旋律推動下，大家隨樂起舞，當你聽到由符任之為香港中樂團編曲的《喜訊到邊寨》時，或許你也會不經意的聞歌起舞呢！

　　符任之在1985年接受香港中樂團委約，把七十年代原是西洋管弦樂的作品《喜訊到邊寨》（鄭路、馬洪業曲）改編為民族管弦樂曲。此曲原名為《北京喜訊到邊寨》，符氏覺得這標題與香港情況有出入，此曲正是1985年中英雙方就香港回歸進行會談的時候，許多人擔心回歸以後香港社會的情況，甚至有不少人希望離開，為此符任之便將樂名中「北京」二字取消。

　　由於民族樂器音色、結構及其代表的民族和民間的氣息皆不盡相同，如雲南、廣西、青海一帶少數民族使用的蘆笙便是一例。礙於這樂器結構較原始及簡單，所以樂曲開首採用高音笙、中音笙、低音笙，這些可吹奏和聲及變音組合的樂器替代了蘆笙。

　　樂曲以富雲南地區色彩的苗族、彝族民歌的音調作為素材，形象鮮明、節

譜例 1

巴烏

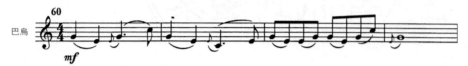

譜例 2

琵琶

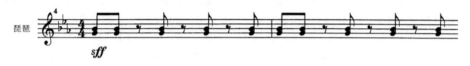

奏明快，並由歡快的旋律從頭到尾貫穿着，形象地表達了西南地區的少數民族，在聽到喜訊後熱烈快樂的舞蹈場面。此外，中國鑼鼓的導入，亦豐富其民間的色彩（**譜例 1**）。

　　綜觀而言，全曲節奏明快，貫穿始終的舞蹈性音型（**譜例 2**），更使得歡樂的情緒表現得十分強烈和集中，加上配器手法簡潔精練，調性和力度的多變，使樂曲極富色彩和對比。樂曲採用的主題並置寫法，風格既統一又各有真趣。

鄭路

生於北京。1948年參加中國人民解放軍。1952年後歷任中國人民解放軍軍樂團單簧管演奏員、創作室副主任。他的代表作品有：器樂曲《民歌主題組曲》、《北京喜訊到邊寨》（與馬洪業合作）、《灘江音畫》等。

馬洪業

1948年參加中國人民解放軍，在宣傳隊任演奏員，並從事音樂創作。1954年後在東北、上海、中央等廣播樂團任單簧管演奏員。他創作的音樂作品除與鄭路合作的管弦樂《北京喜訊到邊寨》外，還有《愉快的勞動》、《春曉》、《圓舞曲》等。

符任之

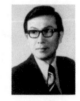

1930 年出生，廣東文昌人。香港作曲家及作詞家協會及香港作曲家聯會會員。1976 年來港後主要作品：歌劇《甜姑》，歌舞劇《霓裳羽衣曲》，民族管弦樂曲《阿里山》、《新疆情調組曲》、《南島組曲》、《香港組歌》，清唱劇《唐明皇與楊貴妃》，雙笛協奏曲《慶相逢》，箏曲《九州丰采》等。

參考資料

1. 中國藝術研究院音樂研究所編輯部編《中國音樂詞典》，北京：人民音樂出版社，1985 年。

2. 鄭路《談管弦樂曲〈北京喜訊到邊寨〉》，載《人民音樂》1979 年第 11 期，頁 32-35。

（四）音樂的造型

樂曲的擬聲化處理

當我們說故事的時候，總會利用各種的方法務求令故事更為傳神和生動有趣。說故事者會刻意改變自己的聲調以配合故事的角色，或者調整語速的快慢令內容更為緊湊。語言文字的好處，在於能夠形象化地告知別人情景和故事內容。器樂因沒有歌詞的關係，惟有利用音樂本身的特質，如旋律、和聲、音階、指法和音色等來模擬外界事物或者內心的感受。

自然界的事物均有其特徵，我們要模擬這些事物時，往往就他們的聲音、外貌、動態、性格特徵等着手。樂器除了演繹細膩的旋律外，亦善於模仿某些自然界的聲音，如嗩吶就能模擬馬的嘶叫聲，打擊樂器透過模擬馬匹奔跑的聲音，亦能營造萬馬奔騰的氣勢。樂器除能直接模擬事物的聲響外，在作曲家無窮的創意和嘗試下，結合民族器樂的演奏技巧和西方的音樂創作手法，為傳統民族音樂開展新的視野。

林樂培的《秋決》分別以不同的樂器，分別以唱或者說出故事中主角的說話，加上樂隊的鋪陳和渲染，繪聲繪色。其中在第三回以墜胡為竇娥喊出「冤枉呀！」「冤枉呀！」更是份外傳神，令人印象難忘。而陳中申的《草蜢弄雞公》，則借助笛子獨特的演奏法和旋律的節奏，講述小蚱蜢如何與笨拙卻愛鬥的「雞公」相嬉的情景。

1 《秋決》

⊙ 林樂培 曲

創作年份 1978年　**類別** 合奏　**編制** 吹管：梆笛〔3〕曲笛〔1〕高音鍵笙〔1〕中音鍵笙〔2〕高音嗩吶〔2〕低音嗩吶〔2〕　**彈撥**：揚琴〔2〕柳琴〔2〕琵琶〔7〕大阮〔4〕三弦〔3〕箏〔2〕　**拉弦**：高胡 二胡 中胡 革胡 低音革胡　**打擊**：串鈴 星鈴 蓮花板 彈簧盒 木筒 小冬鑼 蘇鑼 小京鑼 鳩鑼 文鑼 武鑼 磬 雙擊木 板 大鼓 定音鼓　**演奏時間** 約 18'00''　**首演日期** 1978年11月　**地點** 香港　**指揮** 林樂培　**樂團** 香港中樂團　**錄音出版** 雨果製作有限公司：HRP 7239-2

備註 ① 1978年香港中樂團委約作品；② 1993年被北京音樂界選為「二十世紀華人音樂經典」作品；③ 非常規樂器：洞簫〔1〕（獨立聲部）海笛〔1〕（獨立聲部）墜胡〔1〕（獨立聲部）。

　　《秋決》是香港中樂團嘗試走向現代交響化樂團的一個里程碑。此曲是香港中樂團於1978年委約林樂培創作，同年11月由作曲家親自指揮首演。作品雖然用了很多新的手法與概念，卻仍能把中國傳統的表演藝術，如京劇的功架、人物的感情及對白等作精細的描述。

　　作曲家有感於關漢卿的《竇娥冤》中無辜弱女的題材，正符合其「從古思中尋根」，「創新而不忘本」的作曲方向，於是《秋決》這個曲名就馬上呈現腦海。

　　中國音樂本來就是標題性的，亦是林樂培喜用的作曲方式。全曲分為五段，每段都要有迥然不同的創新技巧與表現手法，又為保存「元劇」的古風，特別套用章回小說的模式，為五個樂段定下標題，分別為第一回「貪官到、強權逞霸道」；第二回「孝媳婦、公堂判極刑」；第三回「呼冤聲、動地又驚天」；第四回「痛別離、記前塵舊夢」及第五回「赴法場、秋風送紅葉」。

　　第一回「貪官到，強權呈霸道」，樂章以不對稱的節奏，寫出兵馬進城的景象。

　　第二回「孝媳婦，公堂判極刑」，以交響化的聲音組合，表達出京劇舞台的功架，以海笛奏出主審官的嚴詞呼喝聲，以洞簫描寫弱女的心態，以高胡唱出媳婦的道白。樂章中的模擬唱腔：「大人（嗩吶）：升—堂—！把犯人帶上！報上名來—」；「竇娥（墜胡）：大人呀—，小女子姓竇名瑞雲，是蔡家的媳婦，無辜被告毒死老公公，實在冤枉—請大人明鑑。」；「大人（嗩吶）：胡説八道！給我打—」

第三回「叫冤聲，動地又驚天」，全段只有「冤枉呀！」三個字的音調作為動機，以有計劃及有控制的「即興」手法，造成意想不到的逼真意境。

第四回「痛別離，記前塵舊夢」，將大樂團分成小組獨奏，恬靜地寫出行刑前夕對生命的無奈與失望的心聲。

第五回「赴法場，秋風送紅葉」，在兵馬引領下，「引刀成一快」，一陣箏、揚琴的亂聲中，再帶出冤魂不息的洞簫樂句終結全曲。

《秋決》是林樂培受到民族器樂的演奏技巧和西方的音樂創作手法影響，首次以前衛作曲技法創作的大型民族管弦樂曲。他把關漢卿元劇舞台功架、排場、唱功等以電影樂化的聲音幻象（Sound Vision）重現舞台。希望聽眾欣賞時，腦海中可以產生看電影般的幻覺。

此外，作曲家在七十年代曾醉心研究波蘭前衛派（avant-grade）作曲始祖李給耆（Ligeti, 1923-）與潘德列斯基（Pendericki, 1933-1994）的有控制的即興手法（controlled improvisation）和國畫宗師張大千晚年的潑墨及潑彩。所以《秋決》在調性和節奏方面的運用自然而然地使用了各式各樣的前衛手法。

調性是決定旋律、和聲與織體的基本方式，要破舊立新，作曲家首先放棄調性的束縛，剷除主屬調等舊關係，沒有先決的音階，一切音樂素材都由心生，沒有不協和之聲，沒有不可行之徑，一切都由自己的耳朵去鑑定，一切樂音都隨遇而安，為所欲為。所以就不容易以傳統方式去分析理解。不過作者最喜歡用的前衛手法有下列幾種：

1. 多調組合（Polytonality），如樂曲第一回中第十八-二十三小節，在革胡 G 羽調式的主旋律上，伴奏的彈撥樂器交替綜合有 D 宮調、A 宮調等混合體。

2. 雙調性（Dual Modality），如樂曲第一回中第四十七-五十二小節，嗩吶的主旋律 G 角調，伴奏是 E 宮調。

譜例 1

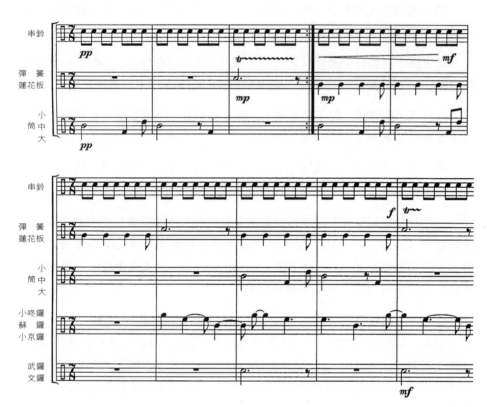

3. 移動調性（Shifting Tonality），如第二回十九 - 二十二小節，洞簫獨奏四小節就移動了 G，bE，A 三個調。

4. 無調性（Atonality），第二回二十三-二十八小節的墜子唸白的地方，無確定的調性。

5. 音群（Tone Clusters），第二回第二 - 四小節高胡和二胡分奏音群。

6. 音層（Sound Mass），如第二回中，第三十五小節彈撥的亂聲。

7. 即興演奏（Improvisation），本是最原始最直接、最有生命的奏樂方式，雖然也依靠機緣巧合不能確定（Aleatory）結果，但是在充分提示及控制

譜例 2

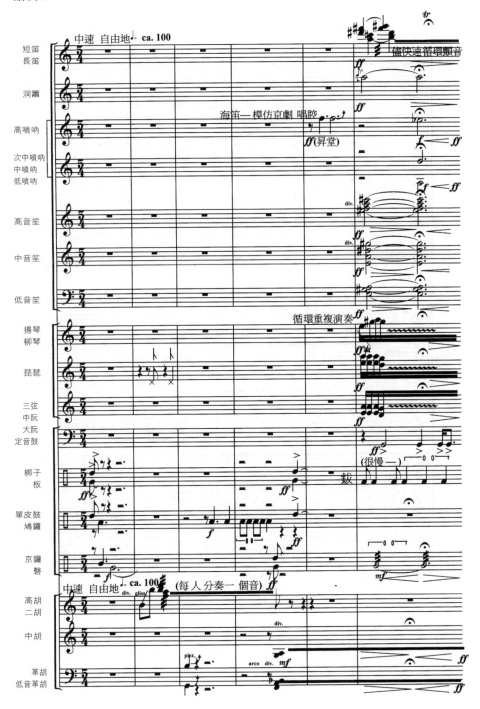

譜例 3

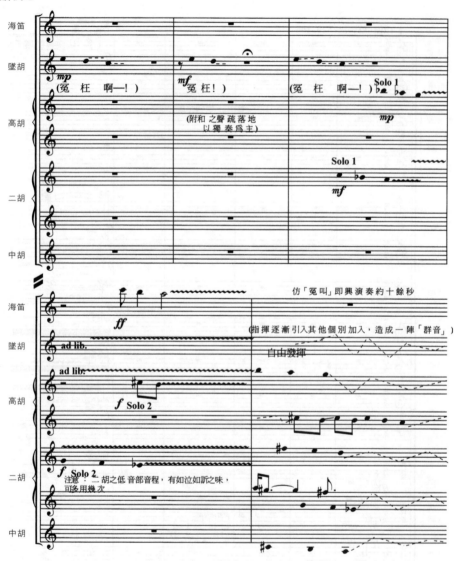

下，每次演奏結果都會大同小異。無論在獨奏的「墜子唱腔」及集體合奏的「呼冤聲」第三回，都能營造出不可思議的震撼效果，就算一陣簡短的「亂聲」也很具體地寫出心亂如麻的感覺。

在節奏方面，作曲家有不對稱和不規則的節拍來渲染故事中的情節，更以如不對稱的節奏（Asymmetric Meter），如第一回中，作曲家運用了7/8拍，描繪新官到時的兵馬儀仗（譜例1）；另又用了5/4拍，描述竇娥心亂如麻；第五回，作曲家運用了5/4描寫冤魂不息的靈氣。

其次是隨變更的拍子（Changing Time Signatures），如第二回從1至38小節全段以5/4、0/4（散板）重複六次組成，將公堂審判的情節一氣呵成，其活生生的情況非古老公式化的固定拍子能表達（譜例2）。

在沒有固定拍子的「散板」（Nometric Rhythms），第二回中海笛及墜胡的唸白唱腔；第三回中的「呼冤聲」（譜例3）。

林樂培在《秋決》一曲運用大量西方的前衛作曲手法破舊立新，使樂師及聽眾都耳目一新。首演後一直受到音樂界重視。成為香港中樂團的代表曲目之一，對民族樂壇及作曲界產生了極大的啟示作用。

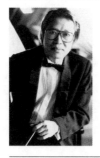

林樂培

1926年出生，在1964至1994年間，在香港從事作曲、指揮、教學、評論、推廣現代音樂達三十年之久，曾為電台及電視台製作及主持音樂節目。他亦是香港作曲家聯會（HKCG），香港作曲家及作詞家協會（CASH）與亞洲作曲家同盟（ACL）的創辦會員。曾任香港中樂團名譽顧問十四年（1979至1992）。他早年應中樂團委約的作品如敘事詩《秋決》（1978），給兒童的交響幻想曲《昆蟲世界》（1979）等，都早被國內外行家公認為經典。《秋決》於1993年被北京音樂界選為「二十世紀經典作品」。1994年退休並移居多倫多安享晚年。

參考資料

1. 林樂培《〈秋決〉及〈昆蟲世界〉如何以「洋為中用」，為香港中樂團奠下「現代交響化的基礎」》，載《中國民族管弦發生的方向與展望——中樂發展國際研究會論文集》，香港：香港臨時市政局，1997年，頁48-62。

2 《草蝀弄雞公》

⊙ 陳中申 曲

創作年份 1988 年　**類別** 雙笛協奏曲　**編制** 吹管：高音鍵笙〔1〕高音嗩吶〔1〕彈撥：揚琴〔2〕柳琴〔2〕琵琶〔2〕中阮〔2〕大阮〔2〕**打擊**：定音鼓 大鑼 小鑼 小鈸 小鼓 排鼓 碰鈴 串鈴 木魚 定音鼓　**拉弦**：高胡 二胡 中胡 革胡 低音革胡　**演奏時間** 約 13'00"　**首演日期** 1988年　**地點** 台灣　**笛子** 陳中申、鄭濟民　**指揮** 陳如祁　**樂團** 台灣聯合國樂團　**錄音出版** 鍾石：RM-316

備註 ① 1988 年應台灣的文化建設委員會委約創作；② 非常規樂器：管子〔1〕（由高音嗩吶兼奏）梆子〔1〕（由弦樂兼奏）鈴鼓〔1〕（由小鈸兼奏）小鼓〔1〕（由南管的響盞兼奏）；③ 另有周成龍和閔惠芬改編的二胡獨奏版本；④ 入選「世紀中樂名曲選」二十世紀最受樂迷歡迎中樂作品候選金曲。

《草蝀弄雞公》原為台灣民謠。草蝀仔，就是我們所稱的「蚱蜢」，牠雙腿頗具彈力，蹦跳自如，動作靈敏，在此曲中是用來比喻年輕的少女，而「雞公」則是形容動作有些笨拙卻愛鬥小蚱蜢的老翁，是台灣民謠中很傳統的富有農村氣息及逗趣的歌謠。

陳中申在學習音樂的過程中，從長笛的二重奏感受到和聲對位法帶來的合奏之美，而中國民間音樂的笛子二重奏，如《頂嘴》、《蝶雙飛》，都充滿民間色彩及趣味的音樂，充分發揮了中國笛子的演奏特色。因此，當台灣的文化建設委員會於1988年委託其創作一首雙笛子協奏曲時，他決定把中西笛子創作的特色融合在一起，然後以台灣出名的民歌《草蝀弄雞公》來作題材。並於1989 年與上海民族樂團錄製ＣＤ出版。

《草蝀弄雞公》是描寫農村生活相當鮮活的一首台灣民謠。作者將這首古老素材重新融入鄉土的趣味，並運用各種不同的演奏技法，將雙笛比擬成固執的雞公和敏捷的草蝀，兩者互相鬥弄，卻絲毫不帶火爆氣味，是一首饒富趣味的雙笛協奏曲。

樂曲先以低音弦樂和彈撥樂模擬公雞的腳步聲，慢慢走向草蝀。然後雞啼的笛子聲響起，彷彿告訴草蜢要捉它，模擬草蜢的笛子也回應着：我不會給你捉到。然後笛子吹奏跳躍的旋律，模擬草蜢與公雞互相捉逐，兩支笛子一唱一和，草蜢和公雞一趕一追。累了，停下來喘息，再繼續追逐。嗩吶的伴奏穿插其中，仿如其他途經的小動物看着它們。

然後旋律慢下來，草蜢和公雞停止追逐。接着是一段對唱，先由模擬草蜢的笛子吹奏出歌曲的主題旋律，而模擬公雞的笛子在伴和。之後就是以模擬公雞的笛子吹奏主題旋律，另一笛子奏和。這一情節配合了《草蜢弄雞公》的民歌原型：公雞與草蜢的對唱。

對唱後，草蜢和公雞又開始展開追逐，時而停下來對唱，時而追逐。由於草蜢比較年輕，動作靈敏，所以笛子以大音程的跳躍模擬草蜢仔蹦跳自如，年老笨拙的公雞被草蜢戲弄至暈眩得快沒氣力了。但公雞沒有罷休，仍然與草蜢追逐。笛子緊密的吹奏，表示草蜢和公雞追逐愈來愈快，最後兩位都沒有氣力了，笛子模擬着牠們的喘氣聲，樂曲在公雞的喘氣聲中結束。

草蜢跟雞公是兩個個性完全不同的角色，彼此鬥弄，作曲家藉着笛子不同的演奏技巧，發展很有趣而且很形象化的音樂，如雞公的叫聲、草蜢的跳動、它們兩個在追逐和捉迷藏的情境，聽眾都可以透過這種模擬音效在音樂中感受得到。

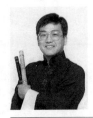

陳中申

生於 1956 年，11 歲由吹笛進入中國音樂。 1985 年以「笛篇」唱片獲金鼎獎最佳演奏獎。由其首演的《梆笛協奏曲》（馬水龍作曲）入選二十世紀華人經典名曲。從 1992 年 7 月起擔任台北市立國樂團指揮至今。同年 9 月榮獲全國十大傑出青年。由於個人對鄉土的熱愛，創作了大量充滿台灣本土色彩的合奏、協奏及室內樂作品，並多次受文建會委託創作。

參考資料

1. 陳明志 2002 年 11 月與陳中申的訪問記錄。

（五）觀演之間

作品中互動思維的實踐

二十世紀八十年代以來，電腦科技的普及與傳播媒
體的快速發展，不僅對社會經濟及文化各領域產生了前
所未有的影響，亦使音樂在演奏、表演形式以至欣賞模
式等方面產生了極大的改變。

創作方面，不少作曲家將當代音樂的創作思維注入民族管弦樂的天地
裡，這些作品雖然成效不一，但卻為我們展現了一種前所未有的樂隊音響結
構和嶄新的藝術表現空間，令人意識到民族管弦樂還有很多尚未開拓的空間
和發展潛力。自九十年代開始專注於民族管弦樂的創作及研究的香港作曲家
陳明志，其糅合「音樂劇場／多媒體」及「互動」概念創作而成的一系列作
品，便是其中一例。

所謂「音樂劇場／多媒體」是綜合視覺（燈光、錄像等）、舞蹈（個人
或集體舞蹈／動作等）、舞台（道具，佈景等）及電影（運用多熒幕投影，錄
像片段等）等多種演出媒介的一種複合性藝術形式[1]。這些音樂劇場或多媒體
的演出特色讓觀眾可於同一時空通過聽覺、視覺等不同感官來感受作曲家的創
意。事實上，在不同的文化領域中，不同媒體間相互聯繫的情況早已有之。就
如中國的嫁娶、喪禮、宗教節日等禮儀習俗及大多數的地方戲曲中，舞蹈、服
裝、道具甚至是佈景等都是非常緊密地與音樂結合一起的表達形式。至於音樂
作品中的互動概念，更是自古以來已體現在大多數的作品裡，其範圍包括舞台
上音樂家相互間、音樂家與觀眾間、音樂家與指揮間、音樂家與不同媒體以及
音樂與其他演出媒體的配合／互動等。

香港作曲家的現代中樂創作大致可分為以現代思維（不論是東方或西
方）配合民族傳統藝術特質進行「開拓式」的創作；以及在民族傳統的基礎
上汲取現代技巧進行再創造兩大方向。陳明志的創作可說偏向前者居多，其
不少作品均是從時間及空間出發，探討民族樂團的音響潛能和時空的效應。

由於這類作品有別於傳統中樂合奏的聽覺體驗，能否開拓新的局面則仍
有待時間的證明；但其中兩首以與觀眾互動為主導的《醉眼看西貢》及以多
角度展現「聲、音、藝」的《庖廚樂》則是首演即獲成功的例子。

民族管弦樂不斷求變求新的今天，這種與觀眾互動的作品將為民族管弦
樂壇帶來一個新的契機。

(1) 但每種藝術媒體間不一定有直接的關係。

1《醉眼看西貢》

⊙ 陳明志 曲

創作年份 1998年　**類別** 朗誦與樂隊　**編制** **吹管**：梆笛〔2〕曲笛〔2〕新笛、大笛〔2〕高音鍵笙〔2〕中音排笙〔1〕低音抱笙〔1〕高音嗩吶〔2〕中音嗩吶〔1〕低音嗩吶〔1〕中音管〔1〕低音管〔1〕　**彈撥**：揚琴〔2〕柳琴〔2〕琵琶〔4〕中阮〔4〕大阮〔2〕三弦〔1〕箏〔1〕　**打擊**：風鈴 鋼片琴 小鈸 彈簧盒 風鑼 吊鈸 木魚〔5〕梆子 京鈸 大鑼 大鼓 馬鈴 定音鼓　**拉弦**：高胡 二胡 中胡 革胡 低音革胡　**演奏時間** 8'30"　**首演日期** 1998年4月　**地點** 香港大會堂音樂廳　**朗誦** 麥志堅　**指揮** 陳明志　**樂團** 新聲國樂團　**錄音出版** 中日音樂研究社：MCE98001　香港中樂團：HKCO-SACD-1-2003-3（選段）

備註 ①《醉眼看西貢》取自詩人陳中禧的同名詩作；② 修訂版由閻惠昌1998年11月指揮香港中樂團於香港跑馬地運動場演出；③ 2001年由新加坡華樂團按當地情況改訂為《螞蟻人》，內容描述上班一族每天在上班時的情況，由葉聰領導新加坡華樂團於2001年1月於新加坡藝術節演出；④ 2002年9月香港中樂團二十五週年紀念音樂會，再配以切合中樂團的詩句，由閻惠昌聯同盧偉力及中樂團演出（選段）。

　　當一個典型的香港人在石屎森林中被工作和尖銳的人際衝突磨損了大半生之後，赫然發覺眼前的世界已改變了，且變得異常厲害。香港，到處綿延不絕的，不但是車龍人龍，更是酒樓飯店海鮮館。西貢，這個原本是海、雲、沙灘和樹木盤踞的世界，如今已景物全非。一向喜歡幻想和獨處的詩人，怎樣面對近年急劇變遷的大都會文化？如何在混亂中仍然執着對生命的熱愛與包容？意象一閃即逝，詩人卻捕捉了剎那間洶湧澎湃的思緒，以具體的、形象化的語言向現實社會發出吶喊，提出質詢……

　　《醉眼看西貢》[1]的靈感源自陳中禧的同名詩作，這首後現代的新詩，透過曾在不同時空出現的樂壇及文壇人物，加上香港獨特的環境及不同的語言，編織了一種非常獨特的藝術氛圍。

[1] 編者按：作者以互動為創作前提的作品還包括有為互聯網、裝置、律動、打擊樂演奏家及中樂團而作的《不可視的宇宙》，為錄像與中樂團而作的《雨中尖東》等。

　　樂曲開首由兩根站於舞台兩側的梆笛奏出自由但充滿躍動的樂句，在鋼片琴偶爾的打點中，為即要出場的詩人營造出「In Progress 進行中：瘋癲的腦袋」的特定氛圍（**譜例 1**）。隨着詩人（朗誦者）帶出以種種與西貢有關的人和物，樂隊成員時以非常規的演奏法描繪詩人所述的景象、時而以線狀強音表示認同又或直接以人聲和應，從而帶出詩中所要表達「人類最重要的行為是——討論」的旨趣。

　　在迷惘氣氛的層層疊進下，詩人與樂團成員以惶恐及四處尋覓的動作，然後透過「數白欖」（Rap-talk）的方式（**譜例 2**）「喊」出全曲的中心思想「I, I was born in Hong Kong !」，強化香港人對自我身份的認同。

　　但「曾被精英教育打落十八層地獄」的詩人隨即又對現況提出了種種的疑問，此段音樂則以模擬音響為主，藉着不同的音色及演奏法，如嗩吶模擬後現代人的笑聲、全體演奏極短促的上行音型來模擬火箭升空（**譜例 3**）等營造出各種的氣氛，以示詩人一閃即逝的意象和剎那間的澎湃起伏的心潮。

　　樂曲的末段，則與現場觀眾以互動的方式進行。「瘋癲的腦袋」（詩人）徵詢演奏者及觀眾多條有關環保、香港文化歷史、以至香港人身份認同等問題，演奏者手持貼有「✔」或「✗」的紙扇回應，而觀眾則在坐位中喊「Yes」或「No」加入和應（**譜例 4**）。吊詭的是，演奏者可高舉「✔」但卻可口喊「No」，表示對處身的種種環境問題不置可否。

　　樂曲的結尾是誦唱者以普通話向在場的參與答問的朋友們致歉，但人們卻以日語回答「そうですね！」，原來剛才參與討論的均是不知所云，當然，最重要的，還是要繼續討論下去……

譜例 1

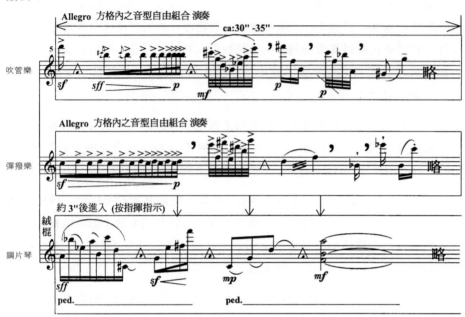

譜例 2

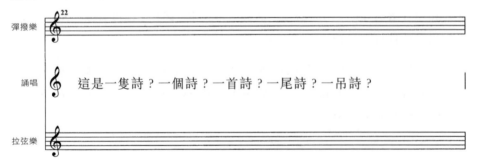

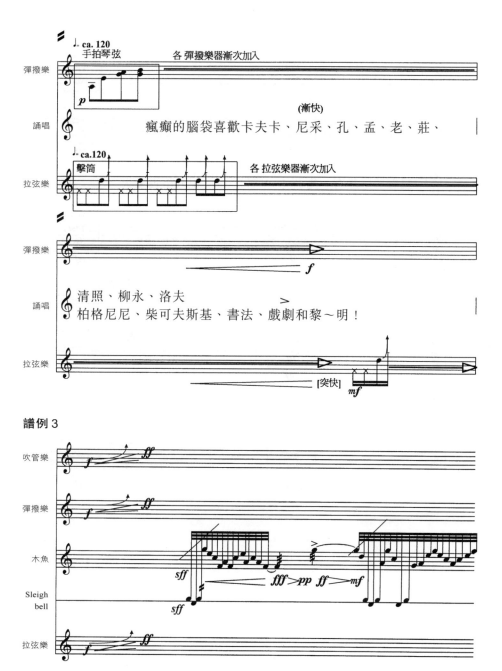

瘋癲的腦袋喜歡卡夫卡、尼采、孔、孟、老、莊、

清照、柳永、洛夫
柏格尼尼、柴可夫斯基、書法、戲劇和黎～明！

譜例 3

譜例 4

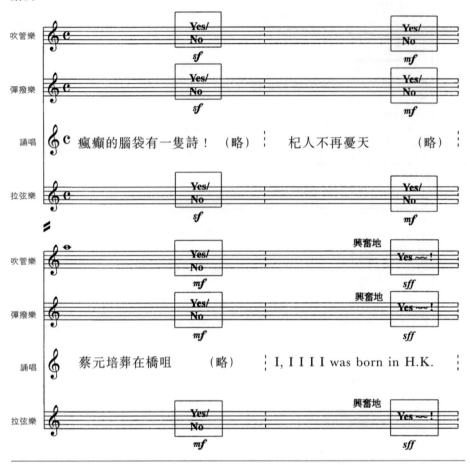

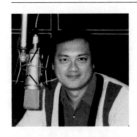

陳明志

1961年生於香港，先後於香港演藝學院、國立東京藝術大學、伊利沙伯音樂大學接受音樂教育，專研亞洲民族音樂及現代音樂創作。 1989年成立中國器樂合奏團，開始致力於現代中國民族音樂的創作及研究。近期除繼續以東方美學及哲學作為創作的原點外，更以香港及多元文化為題，展開了一系列的多媒體創作活動。近作有《精·氣·神》獲巴黎聯合國國際現代音樂交流會選為十大推薦樂曲之一（2001）、《颱風的日子》入選國際現代音樂節(2002)，《聽風的歌》入選華人作曲家音樂節(2003)。歷任香港中樂團駐團作曲家、助理指揮（研究／教育）、香港電台第四台「美樂集」編輯，現為香港中樂團研究員、香港演藝學院作曲及電子音樂系講師、香港藝術發展局審批員（音樂）及香港作曲家聯會理事。

參考資料

1. 陳明志《民族管弦樂的時間與空間的探索》，陳明志編《大型中樂作品創作研討會論文集》，香港：康樂及文化事務署，2001年，頁38-42。

2. 陳明志《民族管弦樂作品中互動思維的實踐》，陳鄭港編《2002世界華人民族音樂創作暨發展論壇》，台北：中國民國國樂會、國立實驗國樂團，2002年，頁46-48。

3. 陳真怡2003年8月23日與陳明志的訪問。

4. 香港文化委員會 http://www.chc.org.hk/pure_chi/index.asp，瀏覽日期：13/8/2003。

2 《庖廚樂》

◎ 陳明志 曲

創作年份 2001年　**類別** 敘述／演員與樂隊　**編制** 吹管：梆笛〔2〕曲笛〔2〕新笛、大笛〔2〕高音鍵笙〔2〕中音排笙〔1〕低音抱笙〔1〕高音嗩吶〔2〕中音嗩吶〔1〕低音嗩吶〔1〕中音管〔1〕低音管〔1〕　**彈撥**：揚琴〔2〕柳琴〔2〕琵琶〔4〕中阮〔4〕大阮〔2〕三弦〔1〕箏〔1〕　**打擊**：定音鼓〔5〕吊鈸 小磬 Bango〔2〕Conga〔2〕沙槌 深波 碰鈴 編木 排鼓 大鼓 大軍鼓 溜子鈸 排鈴 木魚〔5〕小吊鈸 風鈴 竹風鈴 小鑼 鈴鼓 風鑼 大鑼 彈弓匣 碰鈴 鋼片琴 木琴 堂鼓 南梆子 管鐘琴 馬鈴 低鑼 小鋼片琴 大鑼　**拉弦**：高胡 二胡 中胡 革胡 低音革胡　**演奏時間** 25'35"　**首演日期** 2001年7月　**地點** 香港大會堂音樂廳　**敘述** 盧偉力　**演員** 熊熊兒童合唱團　**指揮** 葉詠詩　**樂團** 香港中樂團

備註　① 2001年香港中樂團委約作品；② 非常規樂器：廣興隆粟米條〔可用其他紙包食物代替〕（全體兼奏）排簫〔1〕（由短笛I兼奏）簫〔1〕（由短笛II兼奏）號筒〔2〕（由長笛II及大笛II兼奏）法號〔2〕（由笛I兼奏）。

　　中國的飲食文化源遠流長，每一種食物的味道和質感都不盡相同，而食物的不同配搭創造出的各地菜餚的特色和風格。廚師們在對食物材料的特質、形狀的選擇和利用的同時，對菜餚的組合與配搭、色彩的諧調與互補、餐具的配合與使用等方面其實都遵循着形式美的規律，發揮自己的創造才能，使其達到材料美，顯示出技藝美、整體形態美以及感情趣味之美。因此，透過菜餚的「色、香、味、形、器」的和諧統一，烹飪不僅能予人食用，且能給人以審美的享受。

　　同樣，不同組合的食物交織出美味而吸引的美食，就如大型民族管弦樂團融合了不同特色的民族樂器，樂器的相互交融，織造出諧和的音樂。此外，當食客品嚐不同國籍的料理時，其獲得的味覺時間旅程，正好如欣賞各種不同風格的音樂一樣，各有截然不同的感受。

　　作曲家在創作時，亦須詳加考慮如何將素材作藝術性的加工，使之既能表達作曲者的細膩韻思以及達到雅俗共賞的效果。

　　《庖廚樂》透過《味蕾在燃燒‧胃口在飛騰》、《和平飯店》、《我係一棵蔥》、

《碰碰蔥》、《食神物語》、《藍調滿砂煲》、《快樂的牛蹄筋》、《母親》、《廚房的呼喚》、《庖丁之歌》、《排骨舞曲》、《我愛 Wasabi》及《甜酸苦辣甘》等不同風格的音樂，及敘述者和兩位小演員帶出由母親以愛心烹調的才是天下間最美味的菜餚；同時藉着音樂的流程，體現「音聲藝」相互配搭的樂趣。

樂曲的設置除樂隊在舞台中央外，六組打擊樂分置兩側，小演員與身兼旁白、演員及演唱者器的敘述者則在舞台不同的區域（有時在台下）穿梭，與樂團共同演唱／奏不同的角色。

由於敘述者除演技及聲調處理等的特別要求外，在樂曲中段還須以人聲作為樂器與樂團共同演出，因此在另一角度來説，此作品亦是一部「另類」的聲樂協奏曲，對敘述者的技術有相當的要求。此外，原為舞台照明的燈光亦被調動為音樂的一部分，當中將全場燈光熄滅作為高潮的處理（這些均在樂譜上註明），可説是音樂與其他媒體有機互動的顯著例證。

樂曲開首的《味蕾在燃燒·胃口在飛騰》以各類的鼓擊奏出跳躍活動的節奏，以示燃燒中的味蕾。在飛騰的胃口中，全體樂師按印尼克查舞(Ketjak)[1] (譜例 1)的特定節奏，以潮州語喊出「吃飯」(jak-bon)兩字，人聲與鼓聲、配合管鐘和定音鼓的領奏，在縱橫交錯中帶出熱騰騰的歡樂氣氛。接着全體團員以地道的潮州語喊出「吃飯」後，故事亦由此展開。

中音管獨奏開始了《和平飯店》一節，伴隨兩位小朋友的出場，她們睡眼惺忪地走出來，原來是因為饞嘴的關係，弄得肚子作反，還須在家裡休息。

小明在夢境裡搖身變為一顆蔥，成為《我係一棵蔥 I》的主角並跳起芭蕾舞，吹管樂器則奏起了輕鬆愉快的的音樂伴奏着（取材自笛子曲《我是一個兵》）。其後三弦的滑奏引入了《我係一棵蔥 II》，肥嘟嘟的小芬「洋蔥」在音樂的襯托下亦跌跌撞撞地跳起芭蕾舞來（譜例 2）。

在夢境裡分別變成了「中蔥」和「洋蔥」的小明和小芬依然常為食事互不相讓，在《碰碰蔥》一段，簫和大笛形象化地以自由及規整的樂曲配合小演員

（1）印尼巴里島的一種舞蹈。約150名男子以篝火為中心，席地而坐圍成五六個圈，伸手靠在前者的肩上，口唱節奏似的語言（ketjak-ketjak……），一邊舞動滲透，作出複雜的複節奏。（1999《新訂標準音樂辭典》，頁 967）

274

譜例 1

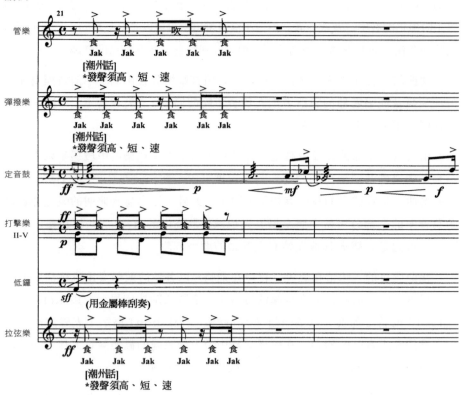

譜例 2

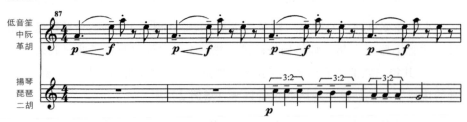

譜例 3

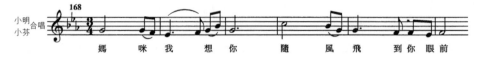

譜例 4

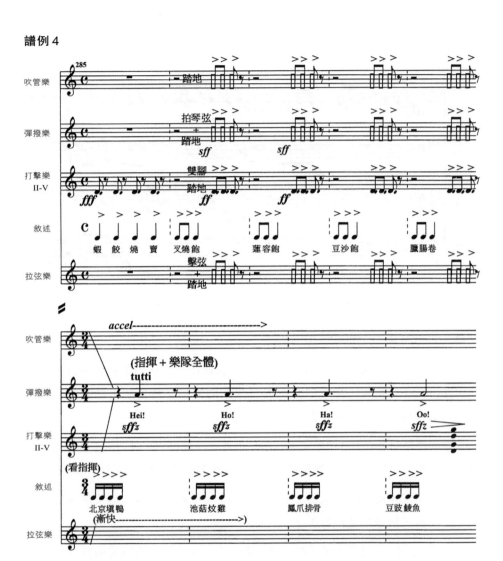

的演出，音樂的氣氛亦由此變得緊張。

在《食神物語》中食神（由敘述者扮演）為讓兄妹二人和諧共處，進入兩人的夢境裡告之飲食之道在於配合的訊息，猶如民族樂團裡的樂器間亦要互相配合才能夠譜出美妙的樂章。

《藍調滿砂煲》全段以「藍調」譜出舞蹈的旋律及節奏，配合小主角們一同

譜例 5

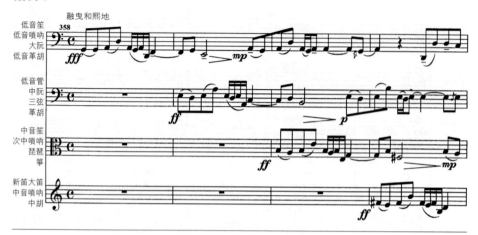

共舞，以示兄妹二人和好如初。

　　吹管的主奏進入了《快樂的牛蹄筋》，這段別具風格的躍動音型以沖繩音階（ｄｍｆｓｔ）寫成，樂隊的齊奏與打擊樂的緊接交替營造出熱鬧歡騰的氣氛，配合台前紛紛出場的各種「食物」。

　　箏與揚琴的琶音令音樂的氣氛一轉，進入了《母親》一段，笛子輕輕地奏起溫柔的前奏，小明小芬以真摯無邪的歌聲，唱出對母親的思念與感激（譜例3）。

　　音樂情景至此一轉，成為《廚房的呼喚》，嗩吶吹起靈巧俏皮的節奏帶我們進入廚房，廚師們亦回來了。

　　《庖丁之歌》是特為負責「斬、鋸、刮、切、劈」的庖廚師傅而設計。透過食神極富特色的香港語言和音調，以中國樂器的不同演奏特質和配合演奏形象化的動作，介紹廚師厲害的刀法。如以平刀法是弦樂器、斜刀法是彈撥樂等（譜例4）。此段以勞動號子[2]的呼應方式和變奏的手法，將本為無義的叱喝聲

（2）號子，亦稱勞動號子、哨子。流傳於中國各地。這種體裁是人們在參與需要相互協作的集體勞動時，為統一勞動節奏、協調勞動動作、調解勞動情緒而唱的一種歌曲。產生「號子」的必備條件首先是集體勞動，同時還必須是需要互相協作。

變為大家熟識的菜餚名稱，樂隊與敘述者的節奏相互交替，在熱烈的氣氛下，食神繼而邀請在場觀眾跟着節奏拍手加入，至舞台上下的歡樂氣氛達至高潮時，忽然燈光一暗，舞台的動作與聲音均戛然而止。

隨着燈光漸明，食神亦轉回敘述者的角色，帶出縱有美味的食物，還須有知心的食客才相得益彰的訊息。在台上先是由排簫形象地吹起一曲《排骨舞曲》，然後是吹管與弦樂吹起了由日本歌謠《永遠向前，永不停步》旋律變奏出來的《我愛Wasabi》。

往後音樂亦漸趨平靜，並進入了尾聲《甜酸苦辣甘》。這五種喻作人生歷程的五味，作曲家按樂隊的高中低聲部分為五組，以五度層疊的「卡農」方式先後奏出，就如人生在不同的階段出現不同的景況，從而交織出百味的人生。最後樂隊全體奏出平靜安泰的五音旋律（**譜例5**），猶如生命中充滿了風浪，最後依然能夠平穩地度過。最後全體慢慢地仰望及手指向前方，意謂對前景寄與滿懷的信心。

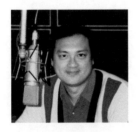

陳明志

1961年生於香港，先後於香港演藝學院、國立東京藝術大學、伊利沙伯音樂大學接受音樂教育，專研亞洲民族音樂及現代音樂創作。1989年成立中國器樂合奏團，開始致力於現代中國民族音樂的創作及研究。近期除繼續以東方美學與哲學作為創作的原點外，更以香港及多元文化為題，展開了一系列的多媒體創作活動。近作有《精·氣·神》獲巴黎聯合國國際現代音樂交流會選為十大推薦樂曲之一（2001）、《颱風的日子》入選國際現代音樂節(2002)，《聽風的歌》入選華人作曲家音樂節(2003)。歷任香港中樂團駐團作曲家、助理指揮（研究/教育）、香港電台第四台「美樂集」編輯，現為香港中樂團研究員、香港演藝學院作曲及電子音樂系講師、香港藝術發展局審批員（音樂）及香港作曲家聯會理事。

參考資料

1. 音樂之友社編《新訂標準音樂辭典》（初版），台北 市：美樂出版社，1999年，頁967。

2. 陳明志《民族管弦樂作品中互動思維的實踐》，陳鄭港編《2002世界華人民族音樂創作暨發展論壇》，台北：中國民國國樂會、國立實驗國樂團，2002年，頁46-48。

3. 陳明志《民族管弦樂的時間與空間的探索》，陳明志編《大型中樂作品創作研討會論文集》，香港：康樂及文化事務署，2001年，頁38-42。

4. 陳真怡2003年8月23日陳明志的訪問記錄。

（六）上下求索

開拓民族管弦樂的新境地

在民族管弦樂團不斷趨向完善的過程中，為了便於演奏和聲、轉調、均衡聲部及增強樂隊的表現力，大部分樂器已進行改革和十二平均律化，而吹管、拉弦及彈撥組的高中低聲部亦被交易強化和擴展。雖然這種追求整齊協和取向的結果，會犧牲每種樂器的個性，卻令樂團間的交流和作曲家帶來了不少方便。因此，作曲家們在不同的時期為這種編制創作、改編了很多廣受歡迎的作品。

到八十年代，隨着中國的改革開放，這種以民族音樂素材或旋律配以歐洲古典作曲技法的創作模式，與異常活躍的交響樂相比下就顯得缺乏活力。於是一些年輕作曲家便實行另闢路徑，以現代音樂的思維注入了民族管弦樂的天地，讓人意識到民族管弦樂還有很多尚未開拓的空間。

九十年代一些作曲家吸收了大量現代音樂的創作經驗後，再一次把注意力放在民族管弦樂的領域上。富有特色的作品為我們展現了一種前所未有的樂隊音響結構和嶄新的藝術表現空間，這些作品包括有1979年由林樂培創作《昆蟲世界》、1981年吳大江創作《緣》和1998年陳明志創作《精·氣·神》三首。

林樂培雖沒有正式學習過民族音樂，但西洋音樂的訓練背景，讓他可以從一個新的視野，去探求民族管弦樂的發展空間和可能性。《昆蟲世界》（林樂培曲）以新的手法運用民族樂器的特色，沒有清晰悠長的旋律，有的只是豐富的配器手法和音響效果。《緣》（吳大江曲）則以純音響去營造不同的氣氛。在當時這些創新的創作手法，對新一代作曲家帶來不少的影響。

時隔差不多二十年後，對於香港本土文化深感興趣的陳明志，創作出糅合了樂器的音色和音響、現代音樂和傳統音色的《精·氣·神》，這首樂曲所探求的不僅是中國的文化，同時正自探索大型民族樂隊藏潛的音響、時間與空間。

參考資料

1. 陳明志編《大型民族管弦樂作品賞析》（第一冊），香港：康樂及文化事務署出版，2000年。

1《昆蟲世界》

⊙ 林樂培 曲

創作年份 1979年 **類別** 合奏 **編制** 吹管：梆笛〔1〕曲笛〔2〕高音鍵笙〔2〕中音排笙〔2〕中音管〔1〕低音管〔1〕 **彈撥**：揚琴〔2〕柳琴〔2〕琵琶〔6〕中阮〔4〕三弦〔3〕 **打擊**：星鈴 沙槌 吊鈸 木琴 鋼片琴 串鈴 串鐘 三角鐵 小鼓 小鈴 搖鼓 雙木 磬 彈簧盒 定音鼓 **拉弦**：高胡 二胡 中胡 革胡 低音革胡 **演奏時間** 約 19'00'' **首演日期** 1979年8月16日 **地點** 香港大會堂音樂廳 **指揮** 林樂培 **樂團** 香港中樂團 **錄音出版** 雨果製作有限公司：HRP 7147-2

....

備註 ① 1979年香港中樂團委約作品；② 非常規樂器：巴烏〔1〕（獨立聲部）、簫〔1〕（獨立聲部）；③ 入選「世紀中樂名曲選」二十世紀最受樂迷歡迎中樂作品候選金曲。

....

　　《昆蟲世界》是林樂培1979年應香港中樂團委約創作，亦是作曲家第二首民族管弦樂作品。那年剛好是國際兒童年（International Year of Children），聯合國提醒人們要尊重兒童權利，希望音樂工作者要留意兒童欣賞音樂的權利，不僅要多製造聽音樂的機會，更需提供有親切感、有新意、有創造性與富現代感的音樂去滿足與教育兒童，於是作者便產生寫作此曲的萌動。

　　林樂培認為兒童的想像力非常豐富，創作兒童音樂並非用簡單的素材就可成功。他認為兒童音樂可以寫得很複雜新奇，因兒童沒有先入為主的根性，不會以古典的尺度去衡量新音樂，只要本身有特性，多變化，能夠啟發思想，就會聽得津津有味。這也是啟發作者大膽嘗新的原動力。

　　樂曲分成五個樂章，分別賦以《勤蜂嗡嗡》、《蜻蜓點水》、《春蠶吐絲》、《穿花蝴蝶》及《昆蟲天地》等充滿動感令小孩子們開心的字眼做主題。每個樂章都會由不同的「主題」樂器去描寫昆蟲的形態及神韻，其他樂器只陪伴製造一個故事的環境。目的在發揮樂曲創意的同時，向兒童們介紹中國的民間樂器。加上每個樂章亦附有詩句，可在演出前先行朗讀，讓聽眾易於理解曲中的真趣。

第一樂章是《勤蜂嗡嗡》：

小蜜蜂，嗡嗡嗡，飛到西，飛到東；採花粉兒做蜜糖，一生一世勤做工。

作曲家的用意是以主樂器捕捉昆蟲的形象；以副樂器寫出詩句的意境。這也是構成其他樂章結構的公式。這樂章的主樂器是拉弦組。樂曲開始由副樂器吹管組的短笛、笙（吐舌）及長笛展開五十秒開場曲。然後由二胡分成十二個聲部，以微距密集的有機性即興（improvised micro-polyphony）去捕捉群蜂嗡嗡的聲音（譜例1）。其後中胡、革胡、高胡分成四聲部加入混戰。整組拉弦二十三人，每人依指示各自為陣地模仿蜜蜂亂飛到了高峰，吸引觀眾也飛入群蜂之中。這時其他樂器加入奏出兒歌式的簡短曲調、繪出蜜蜂採花工作的情趣。

第二樂章是《蜻蜓點水》：

小蜻蜓，像飛機，飛來飛去真頑皮；點着花兒在含笑，點着塘兒水花起。

此章的主樂器是彈撥組。由拉弦為主的副樂器寫出清溪流水、鳥語花香的圖畫。主樂器全部以彈撥形式出現（譜例2），寫出蜻蜓頑皮嬉戲的形狀。然後重彈第一樂章片段為間奏。最後由彈撥樂器奏出長滑音描繪出蜻蜓點水。

第三章是《春蠶吐絲》：

蠶吐絲，造新衣，一圈一圈結繭兒；慢條斯理有分寸，不慌不忙到死時。

主樂器是吹管組。由革胡六人、低音革胡四人，全部十個聲部以泛音奏出輕絲一般的引子。琵琶及揚琴分成八聲部，細碎急奏的引子，帶出洞簫獨奏過場。長笛、洞簫、巴烏、中音管及低音管各有獨立的旋律，以多調形式，反映出一堆蠶蟲春眠形狀。洞簫及巴烏對唱，慢條斯理的吐絲。然後全體樂器造成一層密集的聲音象徵一絲一絲把自己包結成繭。最後巴烏脫繭而出，大功告成，十隻革胡奏出輕絲聲（譜例3）。

第四樂章是《穿花蝴蝶》：

蝴蝶飛，多優美，百花叢中來遊戲；無憂無慮無牽掛，一雙一對多歡喜。

主樂器是笙。扮演蝴蝶的三支笙，穿插在其他樂器中，一如蝴蝶寫意地周旋於百花叢中。至二十一小節起引進全曲各樂章的主題，慢慢進入第五部分《昆蟲天地》：小昆蟲，多品種，你你我我忙做工；大自然裡齊享受。互不侵犯

譜例 1

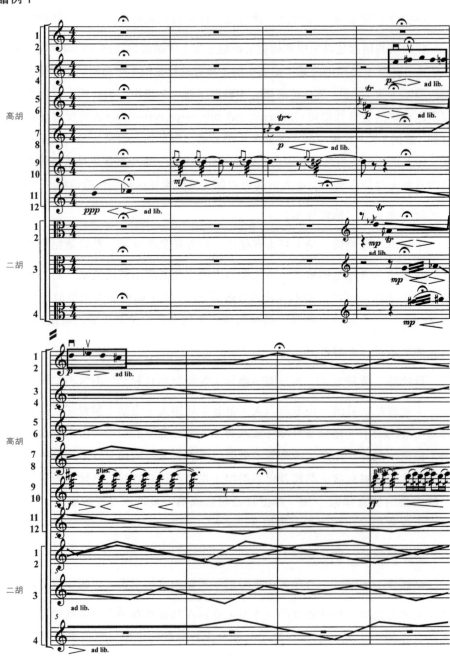

高胡

二胡

高胡

二胡

譜例 2

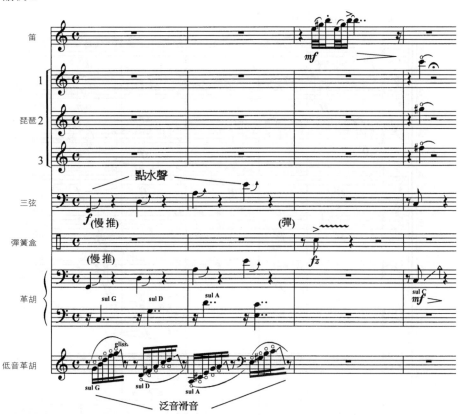

譜例 3

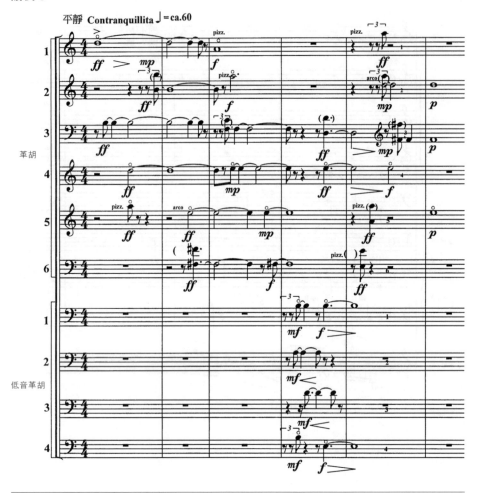

樂融融，樂融融。前回樂章的某些素材再現，以示各種昆蟲的大會串，並終結全曲。

　　中國中央音樂學院指揮系主任俞峰認為：《昆蟲世界》是一首非常優秀的作品，在二十多年前，這首作品是非常前衛、非常富有探索性，尤其是以大型民族管弦樂團來表現，它發揮了很多民族樂隊所特有的音色的特長。《昆蟲世界》就像聖桑的《動物狂歡節》，只是用自然界的昆蟲，然後用樂隊的聲音來表現。作曲家通過民族樂器將自然界一些熟悉的聲音反映出來，然後進一步提高人們對中國民族樂器的認識。故此，《昆蟲世界》於1979年8月在香港大會堂音樂廳首演後，大獲好評。其後在世界各地演奏，均獲觀眾熱烈的歡迎。

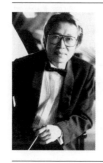

林樂培

1926年出生，在1964至1994年間，在香港從事作曲、指揮、教學、評論、推廣現代音樂達三十年之久，曾為電台及電視台製作及主持音樂節目。他亦是香港作曲家聯會（HKCG），香港作曲家及作詞家協會（CASH）與亞洲作曲家同盟（ACL）的創辦會員。曾任香港中樂團名譽顧問十四年（1979至1992）。他早年應中樂團委約的作品如敘事詩《秋決》（1978），給兒童的交響幻想曲《昆蟲世界》（1979）等，都早被國內外行家公認為經典。《秋決》於1993年被北京音樂界選為「二十世紀經典作品」。 1994年退休並移居多倫多安享晚年。

參考資料

1. 林樂培《〈秋決〉及〈昆蟲世界〉如何以「洋為中用」，為香港中樂團奠下「現代交響化的基礎」》，載《中國民族管弦發生的方向與展望——中樂發展國際研究會論文集》，香港：香港臨時市政局，1997年，頁48-62。

2. 陳明志 2002 年 11 月俞峰訪問記錄。

2 《緣》

⊙ 吳大江 曲

創作年份 1981年　**類別** 合奏　**編制** 吹管：梆笛〔2〕曲笛〔2〕高音鍵笙〔1〕中音排笙〔1〕高音嗩吶〔1〕次中音嗩吶〔1〕　**彈撥**：揚琴〔2〕柳琴〔2〕琵琶〔4〕中阮〔4〕三弦〔1〕箏〔1〕　**打擊**：大木琴 吊鈸 長串鈴 低大鑼 定音鼓 磬 沙槌 小鋼片琴 鈴 排鼓 三音缸鑼 十面鑼 雲鑼 木魚 雙擊木 小串鈴 馬頭鑼 風鑼　**拉弦**：高胡 二胡 中胡 革胡 低音革胡　**演奏時間** 約15'00''　**首演日期** 1981年11月　**地點** 香港大會堂音樂廳　**指揮** 吳大江　**樂團** 香港中樂團　**錄音出版** 雨果製作有限公司：HRP 7208-2

備註 ① 1981年香港中樂團委約作品；② 非常規樂器：簫〔1〕（獨立聲部）；③ 入選「世紀中樂名曲選」二十世紀最受樂迷歡迎中樂作品候選金曲。

　　人與人由相遇、相識、相知都只是眾多巧合一同出現的結果。每天擦身而過的人不下數百，為什麼我與你成為朋友而不是與他呢？就如吳大江所言，緣似是冥冥中安排的機會。有緣千里能相會，是偶然、是巧合，也許都是命運中安排。彼此間有緣的相遇，可能帶來好果，亦可能帶來後患，緣就是那麼不可捉摸的一回事。

　　八十年代香港民族管弦音樂還是以改編的作品比較多，而且創作手法較趨向傳統。《緣》就以現代音樂的思維注入了民族管弦樂曲，樂曲以純音響效果，再配合重複出現的音型，營造四種不同的氣氛，樂曲共分為四個樂章：《冥》、《靈》、《承》、《空》。

　　第一樂章：《冥》，作曲家以純音響效果，營造出一種虛無迷幻的氣氛，如吳大江所述：「在我們生命未來之初，我們的命數，已在冥冥中。」樂章的開始由打擊樂器帶動下，給人一種模糊不清的感覺，突然間幾個節奏整齊的長音由雲鑼奏出，恍如置身在迷霧中肉眼僅僅能夠捕捉到的幾點光芒（**譜例1**）。樂章尾段作曲家利用民族管弦樂團持續的、漸強的音量變化，把樂段的氣氛推至高峰。

第二樂章：《靈》，如吳大江在場刊所説：「從生活中一些跡象，電光火石的刹那間，我們可能看到這定數。但必須靈台寧靜，才能領悟。」這一段以固定的節奏型來演繹那種默默前進的感覺，在不同的音響效果配合下，產生出一種空靈的感覺。

第三樂章：《承》，由高音笙吹起一個不太合諧的和弦，揭開了第三樂章。吳大江認為「知道這是命數，但必須是達觀的人，才肯去面對它、接受它，不論它是悲歡離合。能夠與命數的節奏配合得宜，就能產生出生命的美。生命畢竟是美的」。樂章的速度開始變得急速，氣氛亦緊張起來，一片由各種即興演變的混沌的感覺，把我們帶進了另一個畫面（**譜例 2**）。笙再一次吹起那熟悉的和弦，慢慢地把熱烈的情緒淡化。

第四樂章：《空》，吹管和拉弦樂器相互的配合着，兩者奏着同樣的高音。拉弦樂器拉奏的長音，隱隱透露着不安的情緒。氣氛一轉，樂隊整齊有力地奏出那不甚合諧的和弦（**譜例 3**），把樂章的不安感覺推至高峰。樂章的尾端回應着樂段的開始，就如吳大江所言：「這樣的接受，仍舊會有不安定的感覺。很多人，通過宗教來穩定自己，來彌補、來填滿。但實際上，在另一個角度看，這一切仍是一片空白。作者按中國人的佛教意識，以音樂表達出色色皆空的理念。」

譜例 1

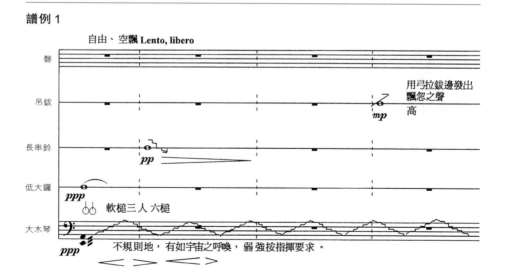

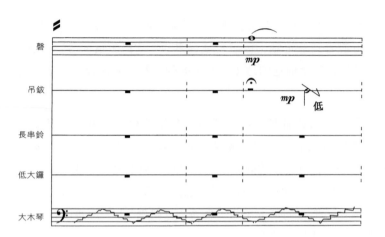

譜例2

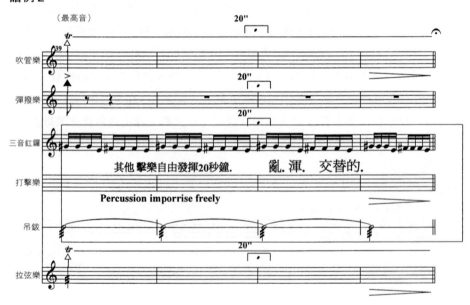

譜例 3

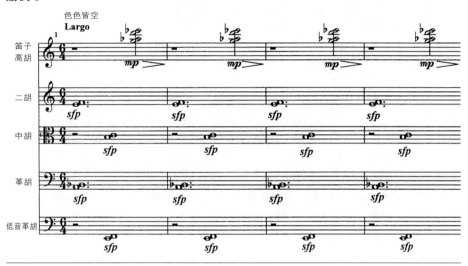

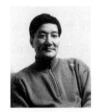

吳大江

1943年出生，1962年來港，在香港中文大學教授中國音樂，亦在演奏會、電台、電視等演出，又先後替百多部電影和電視片集配樂。1974年應新加坡政府之邀，擔任新加坡人民協會文工團的策劃及節目統籌工作，並成立了交響樂團、華樂團、舞蹈團及合唱團。三年後又應香港政府的邀請，回港創立香港中樂團，同時出任音樂總監及指揮，多次率團往海外演出。

參考資料

1. 吳大江 香港中樂團 1981 年 11 月 21 日音樂會場刊。

3 《精·氣·神》

⊙ 陳明志 曲

創作年份 1998年　**類別** 合奏　**編制 吹管**：梆笛〔2〕曲笛〔2〕新笛、大笛〔2〕高音鍵笙〔2〕中音排笙〔1〕低音抱笙〔1〕高音嗩吶〔1〕中音嗩吶〔1〕次中音嗩吶〔1〕低音嗩吶〔1〕中音管〔1〕低音管〔1〕　**彈撥**：揚琴〔2〕柳琴〔2〕琵琶〔2〕中阮〔2〕大阮〔2〕三弦〔2〕箏〔1〕　**打擊**：定音鼓 小鈸 大鼓 Bass Drum 碰鈴 梆子 鋼片琴 小鈸 鞭 風鑼 小沙槌 木魚 吊鈸 排鈴 小鼓 流水器 傳聲筒 刮瓜　**拉弦**：高胡 二胡 中胡 革胡 低音革胡　**演奏時間** 約9'12''　**首演日期** 1998年2月　**地點** 香港文化中心音樂廳　**指揮** 曾葉發　**樂團** 香港中樂團　**錄音出版** 雨果製作有限公司：HRP 7208-2

備註　① 1998年香港中樂團委約作品；　② 2001年巴黎聯合國國際音樂局選為十首推薦樂曲之一；　③ 非常規樂器：塤〔2〕（由梆笛、曲笛兼奏）　小沙槌〔1〕（由所有彈撥樂兼奏）。

　　在東亞的哲學觀念裡，「氣」乃宇宙萬物內在的生機，其與深層生命內涵有着凝聚內化的特性。因此「氣」可創生轉化和包容萬象，並在其內部蘊含的陰陽兩極的對比統一中，呈現出無窮的生命活力。因此，在藝術的殿堂裡，「氣」的流轉「自然」也成為作品的創造與生命力的本源。

　　宇宙間事物的流變，隨着時間自有潛伏、顯現、增長、躍動、飛騰、滿盈。靜穆的關照，飛躍的生命，如果沒有幕天席地，就不會驚天動地，藝術往往就在一動一靜之間，成就永恆。陳明志選取這宇宙間的常規作為材料，創作出《精·氣·神》，作為作曲家「氣韻系列」[1]的最後一首樂曲。

　　作曲家受德國現代噪音音樂作曲家泰斗拉克曼（Lachnmnan），及日本作曲家武滿徹的影響，認為每一個音皆各自擁有生命，而且都是一首歌，所謂創作就是一個提供聲音流動的環境。

　　此外，由於文化的差異，不同國度的時間觀念亦各有不同，如西方音樂的時

（1）氣韻系列：自1991年開始創作《氣韻瀟灑》、《凝聚》、《韻》、《氣》、《吐納》、《氣韻生動（一）、（二）、（三）》、《氣·光·音》、《正氣·歌》、《氣化宇宙》、《精·氣·神》等。

間是橫向發展；日本的音樂中時間是表裡關係；而印度則是環形的時間觀。中國
文化着重虛實之間的相容和平衡，而這些「留白」(2)往往造成時間中不同的流向。
音樂中的「留白」可以理解為音響的沉默，但絕對的空白和絕對的沉默在觀念上
和實質上都不存在。沉默，是語言的一種形式，同時也是對話的一部分。

音樂中的「留白」是對音樂意境的感性理解和認知，對音樂的整體的把握
而言，就是分句、分段，樂節間自然的呼吸等問題。究竟音樂中寂靜和聲音的
距離與張力應該如何融匯結合？陳明志認為音樂中的時間觀念是橫和豎關係的
綜合體，就如《黃帝內經》裡所載，人的氣脈是因任督二脈間的輾轉流動而形
成。當人演奏樂器時，身體須要灌注「氣」，所以作為生命體的氣息是與橫向
音樂時間交錯下產生斷層。氣息在縱橫之間流轉，結合聲音的異化，從而產生
種種的萬千世界。

《精‧氣‧神》以宇宙生命的環形運動為背景，嘗試透過不同的音形和特
變、多變得音色、或動或靜的承接轉換，以求在一陰一陽，一虛一實的節奏韻
律中，現東亞藝術文化中，剛柔並重，抑揚頓挫的美，以及中華民族所崇尚那
種鍥而不捨，百折不撓的「精‧氣‧神」韻，以及奮鬥的精神。

全曲着重疊聲音和音響的結合、聲音的空間流動、樂隊、聲部和單件樂器
間的組合。你可以想像自己身在音樂廳之中，而聲音就如不同顏色的光，在樂
隊之間穿插交融，再結合而成不同顏色、形狀、大小、體積的光束以踴動的方
式投射開來，從而構成一幅幅立體而內容豐富的圖畫，讓人細心地回味。

開始由樂隊低音樂器引出了神秘的色彩，作曲家刻意要求尺八採用較多的
氣聲來吹奏，配合了「氣」這一創作意念。此段是樂曲的引子部分，以聲部為
組群，同時配合單件樂器營造的迴環音響效果。聲音猶如跳豆一般在樂隊之間
飛動。在樂器運用方面採用了傳聲筒，造成仿如天外飛仙的音效（**譜例1**）。
承接着的是聲音的突變，自開始深沉的色彩，除吹管以外樂隊把氣氛推高再止
住，就如發光的氣球不停的往上昇，上昇之勢突然止住，光球輕輕的一跳便飄
然遠去。

---

(2)「留白」是中國傳統繪畫技法之一。中國畫與西方繪畫不同的地方很多，最明顯之處就是「留
　　白」，國畫傳統上不加底色，於是留白甚多，而疏、密、聚、散稱為留白的佈局。在留白之處，
　　有人以書法、詩詞、印章等來補白。亦有讓其空白，故從佈局可見作者獨到之處。

譜例 1

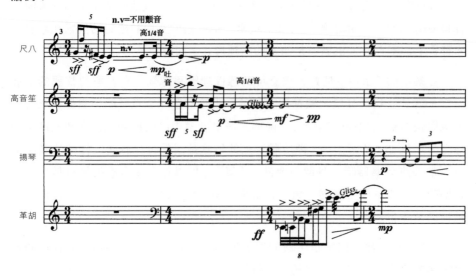

　　樂曲的第二段緊接在打擊樂器的樂句之後，此段以單件樂器和小組聲部的結合互換，構成了立體的環迴音響。先是透過在主音上下微型波動而造成的異化效果讓樂隊產生流動，如湖上起起伏伏的漣漪。又以聲部為單位，如拉弦樂器四度的重疊音響，各組聲部疊置後形成一種強大的張力，加上每個聲部所產生的色彩和聲音的方向各有不同，有如一片煙霧朝四方飛騰。與此同時，樂曲的音樂時間亦不斷往前推進中，大軍鼓低沉而連綿的音色成為持續可聞的固定音響，仿似迷霧中的方向盤，這種虛實的交織組成了一片迷濛的圖畫。

　　當音量漸強及聲音的密度達至高點時，吹管與弦樂緊接自上而下，由高至低的樂句，帶出樂曲的第二主題音響。這就如一顆石頭掉落在潭中，人的氣聲就是引起聲音的迴蕩。樂器緊接另一種，每一組聲音的方向漸趨混亂，它們各走各方，而小組短句式的音響猶如萬箭亂飆。窗外的陽光映照着滿地的玻璃，散發着耀眼而細碎的光芒。樂句的尾端再不是赫然而止的聲音，一陣高音嗩吶的笑聲打斷了樂句的延續，接着打擊樂器同質同和的樂句，令氣氛稍稍平靜下來。

　　後段以樂隊的全體律動為基礎，繼笛子模仿馬的嘶叫聲後，氣氛亦轉入熱烈。作曲家套用了印尼克查舞（Ketjak）[3]的概念，把一組的節奏分拆開，使聲音之間產生互動，而突變音色在推動着音樂時間的前進。每個樂句都有動機式的開始和漣漪般的餘音。氣氛的推動達至高峰時，樂隊採用了各自即興的方法散發凝聚已久的的氣息，把氣氛推至高峰，或者你會認為隨之而來的是聲音自高的滑落，作曲家在樂句的盡頭，先採用延長的休止符，當大家正自猜度之際，樂隊同一時間以不同的音色製造一個由下行的音型，然後樂隊全體以吐納方式帶進一個靜虛的世界。

生命的無盡迴環，連綿不斷的氣息構成了生命的延續。東方音樂講求氣息的循環，在樂曲的尾聲裡，革胡及尺八的上行泛音配以縈繞的排鈴，正是「言有盡而意無窮」，一切的開始又再蓄勢待發……

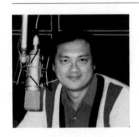

陳明志

1961年生於香港，先後於香港演藝學院、國立東京藝術大學、伊利沙伯音樂大學接受音樂教育，專研亞洲民族音樂及現代音樂創作。1989年成立中國器樂合奏團，開始致力於現代中國民族音樂的創作及研究。近期除繼續以東方美學及哲學作為創作的原點外，更以香港及多元文化為題，展開了一系列的多媒體創作活動。近作有《精・氣・神》獲巴黎聯合國國際現代音樂交流會選為十大推薦樂曲之一（2001）、《颱風的日子》入選國際現代音樂節(2002)，《聽風的歌》入選華人作曲家音樂節(2003)。歷任香港中樂團駐團作曲家、助理指揮（研究/教育）、香港電台第四台「美樂集」編輯，現為香港中樂團研究員、香港演藝學院作曲及電子音樂系講師、香港藝術發展局審批員（音樂）及香港作曲家聯會理事。

（3）據《新訂標準音樂辭典》，印尼巴里島的一種舞蹈。約150名男子以鑄火為中心，席地而坐圍成五、六個圈，伸手靠在前者的肩上，口唱節奏似的語言（ketjak-ketjak……），一邊舞動滲透，作出複雜的複節奏。

參考資料

1. 香港作曲家聯會有限公司《2002香港作曲家聯會簡介》，香港：香港作曲家聯會有限公司出版，2002年，頁58-64。

2. 陳真怡 2003 年 8 月 15 日與陳明志的訪問記錄。

3. 彭修銀《中國文人畫美學傳統》，台北：文津出版社，1995 年。

4. 文心雕情（三）～浪淘盡千古風流人物 楊旭平著 http://www.n-mart.com.tw/docs/b13.htm 。

5. 谷雨 《淺談音樂中的「留白」(rubato)》http://culture.qianlong.com/6861/2003-4-19/213@797675.htm 。

6. 龔靜 《留白韻事》http://www.prcedu.com/exam/text/file02/0811703.htm 。

7. 《新訂標準音樂辭典》，台北：美樂出版社， 1999 年，頁 967 。

民族管弦樂曲選粹曲目

Disc 1

1. 合奏《龍騰虎躍》（選段） 　　　　　　　　　　　　　　　7'32"
   曲 _ 李民雄　鼓領奏 _ 閻學敏
   選自 2003 年 3 月 22 日「世紀名曲」揭曉音樂會現場錄音

2. 琵琶與樂隊《春江花月夜》（選段） 　　　　　　　　　　　6'27"
   古曲　編曲 _ 秦鵬章、羅忠鎔　琵琶 _ 王靜　笛子領奏 _ 孫永志
   選自 2003 年 3 月 22 日「世紀名曲」揭曉音樂會現場錄音

3. 二胡與樂隊《二泉映月》 　　　　　　　　　　　　　　　　6'32"
   曲 _ 華彥鈞　編曲 _ 彭修文　二胡 _ 黃安源
   選自 2001 年 10 月 20 日「名家名曲知多少」音樂會現場錄音

4. 合奏《月兒高》 　　　　　　　　　　　　　　　　　　　12'40"
   古曲　編曲 _ 彭修文
   選自 1999 年 9 月 18 日「98-99 年度精選之夜」音樂會現場錄音

5. 管子與樂隊《絲綢之路幻想組曲》（選段） 　　　　　　　　5'44"
   曲 _ 趙季平　管子 _ 郭雅志　第二樂章 _《古道吟》
   選自 2003 年 3 月 9 日「樂壇神筆」音樂會現場錄音

6. 管子與樂隊《絲綢之路幻想組曲》（選段） 　　　　　　　　5'05"
   曲 _ 趙季平　管子 _ 郭雅志　第五樂章 _《龜茲舞》
   選自 2003 年 3 月 9 日「樂壇神筆」音樂會現場錄音

7. 二胡與樂隊《長城隨想》（選段） 　　　　　　　　　　　　8'18"
   曲 _ 劉文金　二胡 _ 劉揚　第一樂章 _《關山行》
   選自 2003 年 10 月 10 日「不朽中樂金曲 I」音樂會現場錄音

8. 合奏《十面埋伏》 　　　　　　　　　　　　　　　　　　12'18"
   曲 _ 劉文金
   選自 2003 年 3 月 22 日「世紀名曲」揭曉音樂會現場錄音

指揮：閻惠昌
演奏：香港中樂團

Disc 2

1. 合奏《西北第一組曲》(選段)　　　　　　　　　　　　6'00"
   曲 _ 譚盾
   選自香港中樂團鐳射唱片「山水響」HKCO-3-2002-3　第四樂章 _《石板腰鼓》

2. 合奏《茉莉花》　　　　　　　　　　　　　　　　　7'02"
   曲 _ 劉文金
   選自 2003 年 3 月 22 日「世紀名曲」揭曉音樂會現場錄音

3. 京胡與樂隊《夜深沉》　　　　　　　　　　　　　　5'35"
   京劇曲牌　編曲 _ 吳華　京胡 _ 魏冠華　京二胡 _ 陸雲霞
   選自 2003 年 10 月 10 日「不朽中樂金曲 I」音樂會現場錄音

4. 琵琶與樂隊《花木蘭》(選段)　　　　　　　　　　　8'47"
   曲 _ 顧冠仁　琵琶 _ 王靜　第一樂段 _《木蘭愛家鄉》
   選自 2003 年 10 月 10 日「不朽中樂金曲 I」音樂會現場錄音

5. 合奏《東海漁歌》　　　　　　　　　　　　　　　11'36"
   曲 _ 馬聖龍、顧冠仁
   選自 2004 年 10 月 11 日「不朽中樂金曲 II」音樂會現場錄音

6. 二胡、革胡雙協奏曲《天仙配幻想曲》(選段)　　　　9'00"
   曲 _ 吳華　二胡 _ 辛小紅　革胡 _ 羅浚和　第一樂章 _《下凡》
   選自 2003 年 10 月 11 日「不朽中樂金曲 II」音樂會現場錄音

7. 合奏《拉薩行》(選段)　　　　　　　　　　　　　5'17"
   曲 _ 關迺忠　第三樂章 _《天葬》
   選自香港中樂團鐳射唱片「山水響」HKCO-3-2002-3

8. 合奏《秦 · 兵馬俑》(選段)　　　　　　　　　　　10'42"
   曲 _ 彭修文
   選自香港中樂團鐳射唱片「秦 · 兵馬俑」HKCO-4-2002-3

指揮：閻惠昌
演奏：香港中樂團

後 記

　　二十一世紀是一個全球各種文化激烈碰撞和競爭的時代，也是多元文化對話的時代。在對話基礎上的碰撞與融合，才能互相取長補短、彼此影響，而不會加劇矛盾和衝突，以至在競爭中兩敗俱傷。以對話意識為導向的競爭可形成一種良性的、積極活躍的環境，彼此在互利互補中共同發展、進步。

　　民族管弦樂在二十一世紀如何發展，關鍵在於其能否保持自我調節、自我更新和自我超越的有序結構，並使之與新世紀文化發展的趨勢相應，在保持獨特風格的基礎上，使自己的文化內涵更加提昇。為此，便需不斷培育具有創造力的樂團群體和有高品味的欣賞者。

　　我集中寫作《中樂因您更動聽》亦已逾半載，期間的資料搜集及整理，令我對民族管弦樂得以再認識。工作畢竟是用生命、青春、智慧、努力留下的紀錄，能有機會與一群熱衷於中國音樂藝術的同工共事，實為本人投身音樂以來多年的願望。這本從不同的導賞角度對民族管弦樂所進行的資料搜集、整理及研究，也可說是為已出版的《大型民族管弦樂作品賞析》及《大型中樂作品創作研討會論文集》作了一些補充，及為民族管弦樂的發展做了一定的回顧。

　　《中樂因您更動聽》中所選的六十多首樂曲，其多采的創作手法不僅印證了作曲家對發展民族管弦樂的熱忱，且在繼承和探索方面所作的不懈努力，實在令我由衷地敬佩。願這書能加深音樂愛好者對民族管弦樂的認識，從而感受到民族管弦樂世界裡的各方姿彩。

　　我要感謝所有為這書提供資料、分享藝術心得的作曲家、指揮及演奏者們的大力支持，沒有大家衷心熱誠的幫助，這書將無法順利完成。我特別感謝閻惠昌總監對本人的信任和鞭策，更感謝何志平民政事務局局長、李西安教授為本書所寫的「序言」。此外，我更要感謝侯越博士的夙夜憂勤、提點拾漏，及陳真怡、黃嘉茵小姐在過去個多月來，每天幾近十二小時的艱苦和細緻的資料整理工作，還有本書的編輯付出的努力和香港中樂團行政部的協助。

　　由於民族管弦樂的天地廣闊，且不斷有新的作品湧現，而這些作品往往與作曲家所處的環境和經驗有關，因此在史料、分析觀點上難免有所偏差，敬請各方友好及有識之士不吝指正。欣賞者亦不用將此書的導賞文字看得太絕對，畢竟欣賞音樂是一種積極而又創意性極高的思維活動，感悟多少因人而異。

　　在此，不禁想起管仲連先生的一首詩作：

《尋常》

沒有起伏 / 何來樂韻 / 沒有曲折 / 何來通幽 / 光暗虛實之間 / 藝術成形 / 喜怒哀樂之中 / 生命得活 / 抑揚頓挫 / 動靜剛柔 / 一生萬 / 萬歸一 / 生活因此多姿彩 / 人生因此是人生

人生如此，試問音樂又何嘗不是？

　　寫完本書附錄的最後一節，心情真有如釋重負之感。超過一年的上環文娛中心的外牆翻新工程經已完成，鮮亮的外觀予人一種脫胎換骨、煥然一新之感。深信香港中樂團亦將煥發出更豐盛充沛的活力，成為推動中樂發展的重要基地。

祝願各位身心康泰！

陳明志

2003 年 9 月 1 日零晨

於上環文娛中心

鳴 謝

本書承蒙下列人士及機構的支持及協助，特此致謝。

（按筆劃序）

王　靜　朱文昌　何　濤　吳俊凱　李冠恆　李寶順　杜淑芝　辛小紅　林悅恆　侯　越　俞　峰
胡海輝　孫鳳枝　徐英輝　張志偉　張鑫華　符任之　郭迪揚　郭雅志　陳中申　陳中禧　陳能濟
陳錦標　陳鴻燕　陸雲霞　曾葉發　程秀榮　費明儀　閔惠芬　馮幸瑜　黃安源　黃志超　黃嘉茵
源漢華　葛　雋　葛繼力　趙桂燕　趙國良　蔡自強　鄭德惠　盧偉力　閻學敏　戴倩雯　瞿春泉
羅　晶　羅乃新　羅永暉　顧冠仁　Gothic Heart

上海民族樂團
三聯書店（香港）有限公司
中央民族樂團
中國廣播民族樂團
台北市立國樂團
台灣國立實驗國樂團
宏光國樂團
雨果製作有限公司
香港大學美術博物館
香港大學圖書館
香港女青中樂團
香港中文大學音樂系中國音樂資料館
香港中文大學圖書館
香港電台第四台
高雄市國樂團
集古齋
新加坡華樂團
濟南前衛民族樂團
龍音製作有限公司

香 港 中 樂 團
HongKong Chinese Orchestra

香港中樂團藝術總監　　閻惠昌
香港中樂團行政總監　　錢敏華
製作統籌　　黃卓思　何思慧　陳家華
助　　理　　李潔嫻　陳真怡　廖雪雲　鄭燕虹
樂譜製作　　黃嘉茵

文字編輯　　俞笛
圖片編輯　　李安
美術設計　　吳冠曼

書　　名　中樂因您更動聽——民族管弦樂導賞（上、下冊）
編　　著　陳明志
出版發行　三聯書店（香港）有限公司
　　　　　香港荃灣德士古道 220-248 號 16 字樓
　　　　　JOINT PUBLISHING (H.K.) CO., LTD.
　　　　　16/F., 220-248 Texaco Road, Tsuen Wan, Hong Kong
印　　刷　中華商務彩色印刷有限公司
版　　次　2004 年 3 月香港第一版第一次印刷
規　　格　16 開（184 × 235mm）564 面
國際書號　ISBN 962.04.2342.9
©2004 Joint Publishing (H.K.) Co., Ltd.
Published in Hong Kong